U0022148

中國現代史叢書 **2**

張玉法 主編

學潮與戰後中國政治

(1945～1949)

廖風德 著

東大圖書公司

國立中央圖書館出版品預行編目資料

學潮與戰後中國政治 (1945-1949)／
廖風德著.--初版.--臺北市：東大
發行：三民總經銷，民83
　　面　公分.--（中國現代史叢書）
參考書目：面
含索引
ISBN 957-19-1719-2（精裝）
ISBN 957-19-1720-6（平裝）

1. 學潮　2. 中國-歷史-民國34-38
（1945-1949）

527.87　　　　　　　　　　83010229

© 學潮與戰後中國政治

著作人　廖風德
發行人　劉仲文
著作財　東大圖書股份有限公司
產權人　臺北市復興北路三八六號
發行所　東大圖書股份有限公司
　　　　地　址／臺北市復興北路三八六號
　　　　郵　撥／〇一〇七一七五一〇號
印刷所　東大圖書股份有限公司
總經銷　三民書局股份有限公司
門市部　復北店／臺北市復興北路三八六號
　　　　重南店／臺北市重慶南路一段六十一號
初　版　中華民國八十三年十一月
編　號　E 62030
基本定價　柒元伍角陸分
行政院新聞局登記證局版臺業字

學潮與戰後中國政治

編　號　E 62030

東 大 圖 書 公 司

ISBN 957-19-1720-6（平裝）

主編者序

　　二十世紀在中國歷史上是一個變遷迅速的世紀。在二十世紀將要結束以前，回頭看看二十世紀初年的中國；或從二十世紀初年的中國，看看二十世紀將要結束的中國；不僅歷史學家會不斷檢討這一段的歷史總成績，走過這個時代的人或走不過這個時代的人，無論自己流過多少汗、多少淚、多少血，受過多少飢寒、多少苦難、多少折磨，還是犧牲過什麼、享受過什麼、獲得過什麼，站在二十世紀的盡頭，不能不對這一個世紀作些回顧、作些省思，然後勇敢地走向或走入二十一世紀。這是東大圖書公司出版「中國現代史叢書」，為讀者提供歷史資訊的最大旨趣。

　　二十一世紀是否為中國人的世紀？有人很關心，有人不關心。但在地球村逐漸形成的今日，不管是冷漠還是熱心，不管是不自願還是自願，都得住在這個村，並為這個村的一員。就中國現代史的研究而論，不僅臺海兩岸的歷史學者，多投入研究，或表示關懷，歐美及日本等地的歷史學者，不少亦研究中國現代史。這便是史學界的地球村。

　　中國現代史的起點，臺海兩岸的學者有不同的看法，一般說來，臺灣地區的學者，主張始於辛亥革命時期；大陸地區的學者，早年主張始於五四運動時期，近年又主張始於 1949 年中華人民共和國的成立。外國學者的看法，不出上述兩種。嚴格說來，臺海兩岸學者對現

代史分期的看法，都受到政治的影響。許多學者以鴉片戰爭作爲近代史的開端，也是受政治的影響；因爲鴉片戰爭被視爲反帝反封建起始的年代。

　　爲了擺脫政治的糾葛，可以從世界史的觀點來考慮中國歷史分期問題。梁啓超將中國歷史分爲中國之中國、亞洲之中國、世界之中國三個時期，如果將中國人在中國境內活動的歷史劃爲上古史，將中國人向亞洲其他地區擴張的歷史劃爲中古史，將中西接觸以後、中國納入世界體系劃爲近代史，則中國近代史應該始於明末清初。明末清初的中國，不僅與歐洲、美洲進行海上貿易，而且歐洲帝國主義的勢力已經進入中國，譬如葡萄牙占有澳門（1557），荷蘭（1624）和西班牙（1626）占有臺灣，俄國進入中國黑龍江流域（1644）。在葡人占有澳門以後的二、三百年，中西之間有商業、文化、宗教交流，到 1830 年代以後，因通商、傳教所引起的糾紛日多，由於中國國勢不振，利權、領土不斷喪失，成爲帝國主義國家的殖民對象，到 1897～1898 年的瓜分之禍達於頂點。1899 年英美發布「中國門戶開放政策」以後，中國免於被殖民瓜分的局勢始獲穩定。我們可以將 1577～1899 年的歷史定爲近代史的範圍。1901 年，中國在義和團的激情反帝國主義以後，開始進行教育、經濟、政治改革，革命運動亦大獲進展，將歷史帶入現代時期。

　　中國上古史爲中國歷史文化的創建期，中古史爲中國歷史文化的擴張期，近代史爲中國歷史文化的收縮期，現代史爲中國歷史文化的更新重建期。本叢書所謂中國現代史，即始於 1900 年，涵蓋整個二十世紀，如果中國更新重建的大方向不變，亦可能涵蓋二十一世紀及其

以後。儘管由於政治的糾葛，「中國」一詞在近數十年的臺灣及海外各地已經變成模糊的概念，出現了歷史中國、文化中國、大陸中國、海洋中國等名詞，但中國畢竟是現在世界上歷史悠久、土地廣大、人口眾多的國家，不能因為它時常出現外力入侵、內部分裂，而忽視它的歷史存在。而且自二次世界大戰結束以後，中國躍為世界五強之一，它在世界上的地位愈來愈重要。因此，檢討二十世紀的中國史，在世界史中也饒富意義。

現代史上的中國雖然災難重重，亦有機會撥雲見日，這是中外史家對研究中國現代史有興趣的原因之一。但不可否認的，由於臺海兩岸長期缺乏學術自由，而臺海兩岸及世界各國有關學者，由於掌握材料的性質和多寡不同，許多現代史的著作，流於各說各話，這是學術上不易克服的困難，有些困難則是學術界的不幸。本叢書希望包羅一些不同國度、不同地區、不同觀點的學術著作，透過互相欣賞、批評，以達到學術交流的效果。收入本叢書的專著，儘管有不同的理論架構或觀點，但必須是實證的、避免主觀褒貶的。

傳統中國史學，有些持道德主義，主觀的褒貶性很強；近代中國史學，有些受作者個人信仰或好惡的影響，流於宣傳或謾罵；凡此都妨害歷史求知的客觀性。本叢書在選取稿件時，當在這方面多作考量。

承東大圖書公司大力支持，使本叢書得以順利出版，非常感謝。收入本叢書之二的《學潮與戰後中國政治 (1945～1949)》，係廖風德先生將其博士論文改寫而成。廖先生係國立政治大學歷史系副教授，臺灣宜蘭人，1951 年生，國立政治大學新聞研究所碩士、歷史研究所博士，曾任《中華日報》記者、世界新聞專科學校講師、韓國漢陽大

學客座教授，現任國立政治大學歷史系副教授。著有《清代之噶瑪蘭
——一個臺灣史的區域研究》（正中書局），以及小說集《隔壁親家》
（九歌出版社）等。《學潮與戰後中國政治（1945～1949)》主要探討
中共為對抗國民黨、並對抗支持國民黨的美國，所策動的學潮。抗戰
勝利後，國共兩黨鬥爭，中共於武裝鬥爭之外，另闢第二條戰線，即
學潮鬥爭。戰後學潮，始於 1945 年十二月的昆明學潮，止於 1949 年十
二月國民黨領導的中華民國政府撤退到臺灣，其間各類學潮層出不
窮，其主要的訴求不外反戰與排外。由於學潮直接有助於中共勢力之
擴張，1949 年以來，大陸地區的學者都給予很高的評價，史料與研究
成果之出版非常多。相反的，臺澎金馬地區的政學界人士，認為學潮
是導致大陸赤化的罪因，視學潮為洪水猛獸；由於史料的闕如、政學
界的禁忌，有關學潮史料和研究成果的出版，寥寥無幾。廖先生此書，
不僅彌補了臺澎金馬地區學者對現代中國歷史建構中的一小片空白，
而且跳出黨派立場，客觀地檢討了戰後學潮對國共兩黨勢力消長的關
係。特向讀者推薦。

張玉法

1994年10月10日

於中央研究院

閻序

　　廖風德博士的大著《學潮與戰後中國政治(一九四五～一九四九)》
即將出版，聞訊格外欣喜。由於二十餘年的交誼，都沉浸在史學與傳
播學的相同經歷，加以我對於本書的愛好及讚賞，爲文以表達心中的
所感所思，若說捨我其誰，不免高估自己，但是情不自禁卻是事實。

　　治學之人需要具備兩個條件：第一是勤奮努力，第二是天賦過
人。在學術領域中能夠出類拔萃、卓然有成，並不是垂手可得，亦非
人人都能做到。而風德兄的才智的確得天獨厚，他孜孜不倦的鑽研，
也是常人所不及。在剛步入壯年期的學人中間，擁有最高的學位，事
業上一帆風順，文藝及史學著作受到很高的評價，他的努力和成就令
人羨慕，也令人欽佩。

　　在學術界跨入兩種領域，究竟有益還是有害，往往也會因人而異，
或者因學科的性質而有不同。風德兄在大學專攻史學，畢業後考進入
國立政治大學新聞研究所深造，同時經歷過一段新聞採訪的實務歷
練。因爲那段時間，我對於內容分析方法的應用相當投入，所以當他
決定以「中共香港《大公報》之宣傳分析（一九七二～一九七五）」作
爲碩士論文題目時，我就表示了很大的興趣與支持，彼此的相熟和結
緣即從討論這篇論文的進行開始。以後他以優異的成績畢業，獲授碩
士學位，並在不久之後，接受母校的聘請，擔任講師，開始了大學的

教學生涯。任教多年後，當政大歷史研究所博士班首次招生，他以第一名錄取。本書即爲風德兄深造四年通過的博士論文，另加以補充與訂正後的成果。

　　抗戰勝利後，中國的損失慘重，復員工作進行頗不順利，國共衝突日趨尖銳，民生困苦難獲紓解，人心浮動，社會不寧，加上政治陰謀的介入，各地學潮頻頻發生，其影響亦十分深遠。風德兄以此論題作核心，構想發展成一篇博士論文的主體，當然是值得肯定的。相信對於戰後中國學潮運動的眞象、校園外勢力介入學潮的狀況、學潮對於政局與社會人心的影響等這類問題關心的人，都渴望見到經過縝密而週全的研究，提供值得信賴的敍述及分析；本書恰好就是我們所期待的這樣一本書。

　　以史家的嚴謹、新聞記者的敏銳、文學作家的修辭工夫，來做爲本書的三項優點，是我讀後的心得，亦願提供出來做大家的參考。戰後中國的學潮是一個牽涉廣泛、內情相當複雜的問題，可以從不同學術領域的角度去探索。風德兄以史家慣常處理問題的方法，兼及若干社會科學領域中相關知識的應運，所以本書不但對學潮的來龍去脈有清楚的交待，對於學潮造成的後果更有理性的分析，尤其在兩岸學術交流還欠方便時，能克服困難，將留存大陸的學潮資料蒐羅殆盡，亦可見出史家鍥而不捨，務求完備的使命感和求全之心。

　　如此好友，如此可佩的治史伙伴，出版如此具有學術與應用價值的著作，能爲序，是榮幸，也是一大快事。

閻沁恒

自　序

在本書出版前夕，適有俄羅斯及東歐之行，踏訪莫斯科、聖彼得堡、華沙、布拉格等從共黨禁制中解放的城市，完成一趟夢想之旅。

十餘天的旅程，飛渡數萬里，行腳不免匆匆，對城市的印象，止於浮光掠影；參觀文物，不免走馬看花，然而，幾處歷史遺留和時空交會的景致和感觸，則長駐心頭，久久難以忘懷。

在莫斯科，無論參觀紅場或克里姆林宮，都想在燦爛的陽光中找尋昔日紅色帝國的蹤影，然只見拜占庭式教堂的金頂寂寞地閃耀著，不由得爲歷史的法力而感嘆不已。

去華沙，漫步在根據記憶和舊照片拼湊重建的老街，佇足在意涵著保鄉衛土悽美故事的彫塑前，彷彿隱約聽到侵略者鐵蹄坦克的風雷，不禁爲波蘭屢次的亡國感到深沉的悲哀。

在波蘭邊界的小鎮奧斯威辛，參觀納粹的集中營，面對重達二噸半堆積如小丘般的囚犯毛髮，腦海浮現「辛德勒名單」的片斷，不自主地爲納粹暴行下慘死的數百萬冤魂，致上最深的哀悼。

歷史的傷感之外，竟然還是傷感。

造訪蕭邦故居，靜坐在萬株叢林包圍的小屋前，聆聽鋼琴演奏，在感傷的旋律中放縱思緒騰空飛翔，但仍忍不住爲蕭邦去國思鄉的悲痛而悵惘。

　　在布拉格，漫遊在王宮的小街，夕陽斜照裡，驀然發現卡夫卡故居，莫名的喜悅翻湧心頭，但隨即被他生命和小說中的絕望與憂愁所吞滅。

　　歷史的遺留令人觸景傷情，肇因於歷史有太多的不愉快，而不愉快的根源則在於歷史中有太多的罪惡人物(sinister people)，他們為了遂行一己的慾念，不惜發動戰爭，踩躪鄰邦，視人命如草芥；不惜興風作浪，爭權奪利，荼毒善良百姓；不惜勞民傷財，搜括聚斂，網羅奇珍異貨。歷史因為他們，而抹上陰影。

　　很湊巧地，本書所涉及的也是一段不愉快的歷史。民國三十四年八月抗戰勝利至三十八年十二月大陸淪陷，是中國現代史的轉折點，在這四年多的時間裡，國民黨從勝利的高峰跌入潰退的淵谷，共產黨則從被圍剿的匪寇一躍成為共和國的主人。暫且不論成敗，但江山逐鹿，中原沸騰，百姓不免妻離子散，顛沛流離。多少人間悲劇，竟是我輩親眼目睹，思之黯然。至於這種急遽轉折的原因，咸信所有現代史研究者皆想一探究竟，筆者自不例外。

　　在戰後國共兩黨的對抗中，中共採取所謂兩條路線的鬥爭策略：武力的鬥爭，動止猶見；學潮的鬥爭，則激越詭密。青年學子的純潔、熱忱、正義和理想，往往遮掩了政客和野心家的佈局和圖謀。關於青年學子和大陸鼎革的關係，筆者認為：歷史的是非，可以不論；但歷史的真相，不容不彰。執著於這個小小的信念，筆者終於完成這趟歷史的探索之旅。

　　回溯過去，竟發覺這趟歷史探索之旅，在心境和感觸上，和俄羅斯及東歐之行，如此雷同。爬梳戰後學潮的史料，情緒難以避免地陷

溺戰後中國歷史的悲哀中；日寇鐵蹄踐踏的傷痛猶未消退，美蘇即虎視鷹瞵，而國內黨派則你爭我奪地搶摘抗日勝利的「桃子」，野心家和政客爲達到目的，不惜勾引外力，點燃內戰之火。在內戰和八年抗戰後遺症併發的苦楚裡，青年學子悲憤地高舉反戰和排外的大旗，隨著黨派的節拍而揮舞。

　　歷史舞臺的鑼鼓終必沉寂，成王敗寇，在時間的檢視中，正義的旗幟褪色，民主的吶喊瘖啞，而奸邪之策大白於世，幾處歷史時空的追撫，除了浩嘆，更有無限的蒼涼。

　　歷史的精神是求眞；歷史存在的價值，也在於它指引人類永恒地朝著求眞的目標前進。缺少了眞，歷史不僅不具任何意義，且將爲人類帶來無窮困擾。本書以「暴陳往事眞相」(what actually happened)作爲研究的鵠的，目的即在揚棄超越過去的研究，尋找歷史的眞相。

　　本書的出版，戰後學潮的眞相或已浮現，但歷史的工作者仍要對自己說：「再接再厲，歷史眞相的追尋是永無止境的！」

83・9・20 中秋

寫於指南山下蝸居

學潮與戰後中國政治(1945～1949)

目　　次

主編者序

閻序

自序

第五章　反飢餓反內戰學潮

第六章　戰線化學潮

第一章　緒論

第一節　研究旨趣

　　按照中國傳統的說法，學潮或學生運動的出現，對一個社會而言，絕非祥瑞之兆。太平盛世甚少學潮，學潮必是季世的現象。史學家鄧之誠嘗言：

> 數十年來所見學潮屢矣。每一學潮之起，俱難得到預期結果。而影響所及，往往出人意料之外。學潮一起，當局應付，必倍感困難。輕既不能，重又不可。最忌高壓，愈壓愈糟，鹵莽決裂，必至不可收拾。辛亥爭路罷學，而清室以亡。……前事不遠，可爲殷鑒。故學潮絕非祥瑞之事。❶

學潮既爲不祥之物、亡亂之徵，執政者視之若蛇蠍，有識之士亦給予低貶，學潮遂淪爲邪惡之代名詞。

　　學潮一詞與學生運動往往混雜使用，就約定俗成的意義而言，稱學生運動是正面評價，稱學潮則是負面評價。事實上，學潮與學生運動係一體兩面，名異實同之事物；嚴格而論，學潮一詞較學生運動更

---

❶　鄧之誠，〈哀學潮〉，《現代知識》第一卷第三期，民國三十六年六月，頁四。

為貼切。學潮係指學界風潮，在學生群眾以罷課、請願、靜坐、遊行示威、街頭演講或其他集體暴力行動來反抗既存體制的過程中，教授及其他知識分子往往參與其中，數量雖寡，但影響力不可忽視。在檢視民國三十四年至三十八年的學潮，這個現象尤為普遍，這也是本書捨學生運動而用學潮一詞的原因。就政府而言，對戰後學潮的處理，除了回應學生的要求外，尚要顧及學校中的教職員工和研究機構的研究人員。學界風潮中，學生以人數眾多而受重視，固可理解，然而教授扮演誘發指導之角色，亦不可忽視。

根據現代社會心理學的觀點，學潮和學生運動並不如想像中的可怕，在追求合理社會的前提下，學生運動甚至是改革社會的力量。如麥斯韋伯（Max Weber）學派就認為學生運動只是一小撮學生過渡到成人階段的不安表現，是青年次文化調整適應的現象，所以是短暫的而非持久的過渡性文化現象。持此觀點者都相信社會的既有體制必會對學生運動的次文化作出恰如其分的回應，並予以容納整合（integration），而不會導致突發和嚴重的破壞。由於學生運動是宣洩青年人不滿的渠道，有助於解決他們在社會化過程中所遭遇到的問題，且往往能孕育出新的價值觀念，能夠促進社會的整合進步，故具有促進社會化（Socialization）和社會整合（Social Integration）的作用 ❷。這種樂觀的期待，在一個健全的社會中並非奢望，事實上許多民主國家的學生運動已經印證了這個理論的正確性。

此外，共產黨對學生運動亦有其獨特的詮釋，基於階級鬥爭的理論，他們認為學生運動是當時社會的生產力（the force of production）與生產關係（the relation of production）之間的矛盾於高等學

---

❷ 香港專上學生聯會編著，《香港學生運動回顧》香港，廣角鏡出版社，一九八三年一月，頁三。

府內體現的結果；可是學生本身並不構成一個階級，亦缺乏被剝削受壓迫的生活體驗和服務人民的階級感情，因此不是社會改革的主要動力。但是，學生卻擁有一些優越的條件，諸如有較高的知識水平，又不受經濟權勢束縛，這些都提供了他們從事政治實踐的機會，而統治者亦對之採取投鼠忌器的忍讓態度，所以依照他們的觀點，學生應該走到勞苦大眾中體驗他們所受的壓迫，接受他們的再教育，以培養一種崇高的無產階級世界觀❸。根據這種見解，學生運動必須結合廣大勞動群眾才有出路，才有可能成功。換言之，學生運動可以是先鋒性的，也可以是支援性的；前者的作用是喚起群眾要求改革，後者則是對湧現的社會運動加以支持。總之，無論是先鋒性或支援性的，學生運動皆被視爲社會運動的構成部份。

　　若將麥斯韋伯學派的理論驗證於戰後中國社會，則可發現戰後瀕臨解體的政治社會體制，不僅無法對學生的訴求作出恰如其分的回應，反而以壓制整肅的措施觸犯了青年學生的道德意識，發生了「通電」作用，導致學潮蔓延愈甚。而共產黨的學生運動理論對於戰後國共兩黨針鋒相對的鬥爭，則具有指導的作用。毛澤東說：「五四以來，中國青年起了什麼作用呢？起了某種先鋒隊的作用，……什麼叫做先鋒隊的作用？就是帶頭作用，就是站在革命隊伍的前頭。」❹郭沫若亦說：「時局的大轉變，每每以學生運動開其端。五四運動固然是歷史上劃時期最光輝的先例，如三一八是北伐的先驅，一二九是抗戰的前奏。」❺實際負責中共學生運動的羅邁（李維漢）亦曾指出：「兩年內戰期間，國民黨統治區的學生，首先是大學生，在保衛祖國和爭

---

❸　同前注。

❹　毛澤東，〈青年運動的方向〉，《毛澤東選集》第二卷，北京，人民出版社，一九六九年七月，頁五二九。

取民主自由的運動中進行了英勇忘我的鬥爭，政治上嚴重地打擊了蔣美統治，配合了解放戰爭，對敵區革命群衆則起了帶頭作用。」❻這些說詞證明學生運動在中共的運用下，發揮先鋒性的作用，成爲所謂「人民運動」的先鋒隊。

　　戰後中國的學潮或學生運動的鬥爭，中共因有理論的指導，所以毫無疑問地是居於攻勢的地位，國民黨及政府則居於守勢，在攻守的過程中，中共將理論與實踐緊密結合，所以使「學生運動的堅持性、群衆的聯繫性、策略的靈活性，都超過了學運歷史上的任何時期。」❼因此，作爲一個研究的對象而言，戰後學潮雖然是中共武裝戰爭外的第二條戰線，但是其鬥爭策略的靈活、鬥爭手段的激詭、鬥爭素材的豐富及影響的重大深遠，比起武裝戰爭，不僅毫不遜色，而且更加深刻多樣，更加能顯示中共鬥爭的本質，這是本研究選擇戰後學潮做爲探討對象的主要原因。除此之外，還有以下幾點思而未解的疑惑，驅使筆者對戰後學潮作進一步的探索：

　　㈠民國三十四年八月抗戰勝利至三十八年十二月剿共失敗大陸淪陷，是中國現代史的突變點，在這四年多的時間裡，國民黨從勝利的高峰跌入潰敗的淵谷；共產黨則變爲共和國的主人，在這個轉折的時代，中國大陸發生巨變，國民政府遭遇到「天綱絕，地軸折，人理滅」的震撼，逆轉何以如此迅速？是政略的錯誤？抑或低估了中共的實力？或是另有其他的因素？已故總統蔣中正先生檢討大陸淪陷的原因

---

❺　郭沫若，〈歷史的大轉變〉，民國三十四年十二月二十五日，轉引自《解放戰爭時期學生運動論文集》上海，同濟大學出版社，一九八八年十二月，頁一。

❻　羅邁，〈國民黨區的學生運動──給毛主席的一封信〉，民國三十七年十月十四日，轉引自《解放戰爭時期學生運動論文集》，頁一～二。

❼　同前注。

時曾說：

> 我們整個大陸已經淪陷快兩年了，究竟我們大陸這種悲劇，這
> 種浩劫，是「誰爲爲之，孰令致之」呢？……學校的教育對青
> 年們的領導失敗，實在應該是這次革命嚴重失敗的主要因素。
> 大家試想，當時學校教育如果對青年領導有方，對共匪認識清
> 楚，對國家觀念、民族思想和我們傳統精神培養有素，那青年
> 們何至於這樣醉生夢死地去附和共匪，狂妄無知地來反對他自
> 己中華民國的政府，來做瓦解他自己民族精神，擾亂社會秩序
> 的工作？

又說：

> 大家祇要回想一下，當時大陸的青年們，眞正能夠堅定不移，
> 信仰三民主義，保衛中華民國，擁護國民政府的人，究有幾多？
> 那實在太少了。沉痛的說，當時在學的青年和教授們，幾乎大
> 半都做了共匪的外圍，成爲共匪的工具了。國家的青年教育弄
> 到這種地步，那國家焉得而不危亡呢？❽

這種把學潮當作剿共失敗大陸淪陷的罪魁禍首的說法，其準確性如
何？學潮在國共鬥爭中究竟扮演何種角色？發揮何種功能？這些都是
筆者在研究中國現代史時最大的疑惑，最想獲得答案的問題。

　　㈡戰後的國共鬥爭，除了沿襲以往在宣傳、組織、軍事三方面的

---

❽　〈時代考驗青年，青年創造時代〉，《先總統蔣公全集》第二冊，臺北，中國
　　文化大學，民國七十三年四月，頁二一五九。

較勁外，中共另把學潮闢為「第二條戰線」，直接配合支援其武裝戰爭。自從毛澤東在民國三十六年五月三十日為文提出學生運動是國共鬥爭的第二條戰線的說法後，中共方面幾乎奉這個說法為圭臬。究諸史實，學潮在戰後國共鬥爭中的確發揮了作用，這是研究中國現代史學者所共同承認的。張玉法教授曾指出：「為了挽回頹勢，中共在各地繼續製造學潮，以困擾政府。一九四七年五月十七日，南京五大專院校學生首先開始罷課，上海、北平、天津、漢口各地學生也同時響應。他們由要求增加學生副食費及學生公費數額開始，進一步要求政府結束內戰，與中共媾和，社會秩序因此大受影響。」❾李雲漢教授也說：「中共於軍事叛亂外，復施展政治作戰的謀略，在各地煽動學潮與破壞金融，以製造社會的不安，增加政府的困擾。坦誠而言，中共確曾收到相當滿意的效果，陷政府於左支右絀、內外交困之境。」❿國民政府在戰後學潮鬥爭中居於劣勢，除了處於執政者的不利地位外，處理學潮的策略是否正確？中央政府與地方當局的步調是否一致？最後對學潮竟是束手無策的原因又何在？

　　㈢由於學潮對中共的建國甚有助力，因此中共予以崇高的評價。毛澤東就曾說：「帶著新鮮血液與朝氣加入革命隊伍的青年們，無論他們是共產黨員或非黨員，都是可貴的，沒有他們，革命隊伍就不能發展，革命就不能勝利。」⓫中共領導者的高度評價，起了風行草偃的作用，致使青年運動史與學生運動史的研究成了顯學，相關的史料大量刊佈，除了對學潮事件的背景、爆發及發展過程、各界聲援與回

---

❾　張玉法，《中國現代史》下冊，臺北，東華書局，民國六十六年七月，頁七○三。

❿　李雲漢，《中國近代史》臺北，三民書局，民國七十四年九月，頁六二七。

⓫　毛澤東，〈為安吳青訓班二週年紀念題詞〉，《中國青年運動史》頁二八二。

響等方面的文件、宣言、聲明、函電、講話、通訊報導、詩詞等有系統整理發表外，中共中央有關的指示、基本方針、政策等歷史文獻和領導者的重要報告、講話和文章，亦都編輯出版。這些汗牛充棟的史料究竟對學潮透露了什麼訊息？學潮事件的來龍去脈是否因史料的刊佈而眞相大白？中共中央對學潮的指示是否有其優越性和前瞻性？此外，中共的史學向爲政治服務，在青運史或學運史的專著中，中共學者不免對學運的方法、策略、經驗有所分析歸納，這些分析歸納的可靠性如何？是否足供借鏡？在政府方面，由於學潮鬥爭失敗的慘痛經驗，對學潮幾乎不願一提，史料的刊佈微乎其微，學術研究亦幾近於空白，這種消極面對學潮歷史的態度有何影響？

　　㈣學潮在國共兩黨勢力的消長方面，發揮了關鍵性的作用，導致國共兩方面對學潮的歷史解釋和評價趨於兩極化，因此刊佈的史料和撰述的專著充滿偏見、情緒和夸誕的浮辭，掩蔽了往事眞相。尤其學潮事件爆發後，雙方均卯足全力宣傳，藉以導引輿論的方向，故欺騙、歪曲、污蔑、含沙射影等說詞紛紛出籠，事實眞相往往因而迷失。如民國三十五年底沈崇案發生後，沈崇的眞實身分就成爲宣傳鬥爭的焦點，當時中央社的報導說沈崇「似係良家婦女」、「在北平某中學肄業」；北大海報上說沈崇是「八路女同志」；政府的資料說沈崇是「中共職業學生」；左傾的報紙則說沈崇是「名門閨秀」、「北京大學女學生」。事實上，北京大學註冊組的註冊卡片資料是：「沈崇，十九歲，福建閩侯人，先修班文法組新生。永久通訊處：上海古拔路二十五號。」⓬類似這樣的歧異不勝枚舉，而歧異中客觀性的錯誤猶容易鑑別訂正，

⓬　佘滌清，〈中國革命史冊上的光輝一頁──回憶北平地下黨領導的抗暴運動〉，《北平地下黨鬥爭史料》北京，北京出版社，一九八八年十二月，頁二七七。

主觀性的錯誤則難以釐清求證。如何在南轅北轍的說詞中找出往事的眞相？如何在夸誕浮辭的桎梏中解放出來？便成爲研究學潮歷史最大的挑戰。

　　以上筆者的四個疑惑，事實即是四個亟待解答的問題；探索問題的答案也正是本研究的動機所在。同時，筆者相信這四個答案的獲得，將能達成歷史研究中「暴陳往事眞相」（what actually happened）、「資治」、「鑒戒」和「自我訓練」的目標。茲進一步說明本研究的目的如下：

　　㈠探討戰後學潮如何發生？如何演變？它在國共鬥爭和中美蘇的關係中發揮了那些作用？戰後的政經環境對學潮起了那些催化作用？學潮又對戰後政經環境的惡化造成那些影響？學潮在國共勢力消長的過程中扮演了何種角色？統言之，即窺探、暴陳戰後學潮的眞相。

　　㈡政府播遷來臺後，記取戰後學潮的慘痛敎訓，在學校敎育中特別注重思想敎育和訓導制度，使學潮在校園中消聲匿跡。然民國七十六年筆者擔任政治大學課外活動組主任時，目睹學生運動的萌蘖已在校園迸發，並預測學生在未來政治發展中的比重將逐漸增加，由關懷而探索，始發現有關學潮之文獻資料及研究異常貧乏，於是埋首蒐集資料，最後選擇複雜而詭異的戰後學潮作爲研究對象，其目的無非是欲讓學潮的本質爲衆所知，並提供職司者處理學潮的知識，增加其政治智慧（political wisdom），達成資治的歷史功用。

　　㈢失敗的敎訓，祇能從歷史上獲得，在戰後國共鬥爭中，學潮或學生運動的運用，中共顯然略高一籌。國民黨雖也曾策動「反蘇運動」和「反內亂」、「反反內戰」示威遊行，但運動的持久性和策略的靈活性，與中共相比，則大爲遜色；在學潮的處理方面，地方政府亦往往荒腔走調，而使學潮一發不可收拾。中共對於學潮的策動，無論是中

央的指示、組織的運作、宣傳的訴求，乃至運動的善後，都具有理論性、規則性。若將國共雙方學潮鬥爭經驗加以分析比較，援引參考，自可免蹈前人覆轍，而發揮鑒戒的作用。

㈣戰後學潮的研究，不免要採用當時的報刊雜誌及中共的宣傳刊物與文件，報刊雜誌報導內容的可信度如何？錯誤率又如何？皆是值得深入探討。而中共宣傳刊物及文件充斥偏見、誇大、歪曲、欺騙，也是眾所承認，這些資料一方面固然掩蔽了部分事實真相，但另一方面卻也透露其他角度的訊息。因此，如何通過戰後學潮這個複雜的歷史事件，運用史學的理論和方法，突破通往真歷史的所有障礙，徹底窺探往事的真相，達成把歷史當作客觀瞭解(objective understanding)的自我訓練，這是筆者最切身也是最重要的自我期許。

第二節　戰後學潮概述

本書所稱的「戰後」，係指民國三十四年八月至三十八年十二月期間，中共則稱之為「解放戰爭時期」或「第三次國內戰爭時期」。

關於戰後學潮的歷史，中共的觀點是認為學潮與「人民解放戰爭」是完全配合的。沙健孫說：「從總體上說，解放戰爭時期的學生運動是與當時的人民革命鬥爭的總進程相協調、相配合的。」⑬因此，他將戰後的學生運動分為四個階段：第一個階段，從一九四五年八月抗戰勝利至一九四六年六月所謂全面內戰爆發。這個階段是以「反對內戰、爭取自由民主」為基本口號的昆明學潮為主，然後擴展到其他城市。第二個階段，從一九四六年六月全面內戰爆發到一九四七年六月

---

⑬　沙健孫，〈論全國解放戰爭時期的學生運動〉，《解放戰爭時期學生運動論文集》上海，同濟大學出版社，一九八八年十二月，頁四。

所謂解放軍轉入戰略進攻。這個階段是以「美軍退出中國」為中心口號的所謂「抗議美軍駐華暴行運動」，即沈崇事件引發的反美運動，及以「反飢餓反內戰」為基本口號的五月學潮為主。前者在北平爆發，迅速擴散到其他幾十個城市，有五十萬以上的學生參加罷課或示威遊行；後者在南京、上海、北平、天津等城市發動，隨即擴展到全國六十多個大中城市。第三階段，從一九四七年六月底解放軍轉入戰略進攻到一九四八年八月所謂國民黨統治區實行大逮捕。這個階段以于子三事件、上海同濟一二九事件及以「反對迫害、保衛學聯」為口號的四月學潮為主。第四個階段，從一九四八年八月國民黨統治區實行大逮捕到各地「解放」。在這個階段，政府對中共職業學生採取全面的整肅行動，而中共則將其地下黨分子及左傾學生疏散隱蔽，以作為其日後解放軍攻城的內應❹。

　　汪學文在〈中共竊據大陸以前策動學潮之始末〉一文中，曾將抗戰勝利後至大陸淪陷前，中共煽動學潮的經過分為三期：㈠啓蒙期：以一九四六年十二月抗議美軍強姦北大先修班女生沈崇事件為起點，其口號是「反美帝暴行」。㈡強大期：以一九四七年南京「五二〇事件」為最高潮，其口號為「反飢餓、反內戰」。因為當時國軍已克復延安，中共軍事正遭受嚴重打擊，於是乃積極煽動左傾學生狂叫，以影響民心士氣。㈢尖銳期：其口號為「反國大、反行憲」，因當時中共已自閉協商之門，擴大叛亂範圍，政府乃取銷其合法地位，不准其代表出席國民大會❺。

　　政府方面，在民國三十七年八月十六日，教育部曾就中共策動之

---

❹　同前注，頁四～五。
❺　汪學文，〈中共竊據大陸以前策動學潮之始末〉，《中國近代現代史論集》第二十七編，臺北，商務印書館，民國七十五年八月，頁六一二～六一三。

學潮，發佈兩個統計表，一是學潮分類統計表，一是學潮概況統計表。根據學潮分類統計表，從民國三十五年十二月至發佈時，學潮的次數總計爲一〇九次，消耗時間是五〇六日，動亂地區爲十八處，主要的大專院校爲二十九所❶。學潮概況統計表是以沈崇事件爲起點，以五二〇事件爲高潮，以反美扶日運動爲尾聲。從民國三十五年十二月三十日至三十七年六月二十二日；計民國三十五年發生一次；民國三十六年發生五十二次；民國三十七年發生四十三次，學潮原因五花八門❷。

　　從教育部的統計資料中，可獲知戰後學潮極爲頻繁與複雜，且每一學潮時間長短不一，影響深淺亦不同，賦予量化的統計並無多大意義，因此本書係以學潮對戰後中國政治的影響性爲標準，將戰後的學潮分爲四類，茲分別說明如下：

　　㈠反內戰學潮：以民國三十四年十一月二十五日至次年三月十七日，在雲南省昆明市發生的反內戰學潮爲代表。這次的學潮，本書稱爲「昆明學潮」，中共則稱之爲「一二一運動」。

　　㈡排外學潮：以民國三十五年二、三月間的「二二二反蘇運動」、民國三十五年十二月至次年三月間以沈崇事件引發之反美運動及民國三十七年五月至七月間的「反美扶日運動」爲主。「二二二反蘇運動」中共稱之爲「反蘇反共大遊行」，是戰後國民黨策動的唯一大規模學生運動，值得特別注意。因沈崇事件引起之反美運動，中共稱之爲「抗議美軍駐華暴行運動」，簡稱「抗暴運動」。「反美扶日運動」又稱「反扶日運動」，是大陸淪陷前最後一次全國性學潮。

　　㈢反飢餓反內戰學潮：以民國三十六年五月間在南京、上海、北

---

❶　王淦，《青運工作概論》自印本，頁八十八。
❷　同前註。

平、天津發生的「五月學潮」、及民國三十六年六月一日的「武漢大學六一事件」為主。「五月學潮」中共稱之為「五二○運動」，其特點是利用當時日益惡化的財經問題，把經濟鬥爭和政治鬥爭結合在一起，突破政府頒佈的「維持社會秩序臨時辦法」，使政府顏面盡失。

(四)戰線化學潮：民國三十六年五月三十日，毛澤東撰文將學潮稱為「第二條戰線」後，從該年七月至大陸淪陷前夕的學潮，本書稱之為戰線化學潮，包括「助學運動」、「浙大于子三事件」、「上海同濟一二九事件」、「四月學潮」、「北平七五事件」等。

第三節　研究方法

戰後學潮的史料分散於各種檔案、文件、宣言、聲明、函電、講話、通訊報導、詩詞、日記、回憶錄、時評、社論、報告、歌謠之中，因此本書以文獻分析法(Documentary Analysis Approach)為主，立論或剖析，必以真實史料為依據。此外，學潮的重要性不在於時間的長短或次數的多寡，而在於影響性的大小，因此，在分析的過程中，定量分析(Quantitative Analysis)和統計方法則儘量少用，而多以定質分析(Qualitative Analysis)來確定史料的整體意義。戰後學潮的次數頻繁，本書歸納整理後，發現其起因、訴求、經過和結果，有雷同，亦有歧異，再施以比較分析後，找出一些戰後學潮的歸納性通則(indutive generalization)，並且應用這些通則製成研究的概念架構和學潮流程的模型。也由於戰後學潮的史料浩如煙海，在初步閱讀相關資料後，利用獲得的基本認識進行比較粗略的歸納，形成假設(hypothesis)，然後利用假設來「指導觀察，協助從觀察的浩瀚目標中選擇」❸。茲就史料蒐集、史料考證、模型建構、提出假設等四方面

說明如下：

一 史料蒐集

戰後學潮的史料散佈於各種檔案文獻和報刊雜誌之中，蒐集完整，至爲不易。本書所蒐集的戰後學潮史料，主要有四個史料群：

㈠國內典藏或刊佈的學潮檔案：包括國史館典藏之平津五月學潮、廣州五月學潮、臺灣學潮工潮、中正大學學潮、武漢大學學潮、河南大學學潮、昆明雲南大學學潮、貴陽學潮、浙大于子三事件、同濟大學學潮、成華大學學潮等函電、報告、聲明、公牘等七十八件。中國國民黨黨史委員會典藏之二二二反蘇運動檔案，包括中央執行委員會指示、重慶黨政小組會議紀錄、學生遊行大會有關文件、宣傳單等。

㈡中央社剪報資料：戰後時期中央通訊社的剪報資料，目前典藏於政治大學社會科學資料中心，據本書所採用的剪報資料估計，剪報範圍包括重慶《和平日報》等八十種報紙。就地區而言，重慶地區的報紙十四種，上海地區的報紙九種，南京地區的報紙十三種，北平地區的報紙七種，此外尙有天津、長沙、成都、太原、廣州、甘肅、浙江、臺灣、漢口、杭州、昆明、貴陽、香港、新加坡、曼谷等地報紙。剪報中有豐富的學潮史料，如昆明學潮、二二二反蘇運動、沈崇事件、反美扶日運動、五月學潮、武漢大學學潮、浙大于子三事件、上海同濟大學學潮、助學運動、北平七五事件、學風與學潮、特刑庭等，皆收集成冊。以二二二反蘇運動爲例，所蒐集之剪報資料即包括重慶《和平日報》、《世界日報》、《新民報》、《國民公報》、《中央日報》、《時事

---

❶⑱ 杜維運，《史學方法論》臺北，華世出版社，民國六十八年二月，頁七十二。

新報》、《大公報》、《民主日報》、《益世報》、天津《大公報》等十四家
報紙。

　　㈢中共編輯出版的學生運動資料：包括一二一運動史編寫組編
《一二一運動史料選編》、中共北京市委黨史研究室編《抗議美軍駐華
暴行運動資料匯編》、中國現代革命史資料叢刊之《五二〇運動資料》
等，均有系統地蒐集該項運動史料。

　　以《一二一運動史料選編》爲例，該書的編寫組是由昆明師範學
院、雲南省歷史研究所、雲南省博物館等單位派員組成。資料蒐集時
限係自民國三十四年十一月二十五日聯大時事晚會起，止於次年三月
十七日死亡學生出殯安葬。全書分上下兩集，上集內容有：運動綜述、
晚會、罷課、慘案紀實、昆明師生的文告和言論、外地報刊和社會各
界的言論；下集內容有：各地聲援、復課鬥爭、懲凶出殯、哀悼詩文、
輓聯、戲劇、歌曲、回憶錄等。更特殊的是爲了便利對比研究，該書
並收錄國民政府黨、政、軍的往來函電、國民黨報刊的新聞報導和評
論、情報單位的報告和後來中共專政機關的案犯審訊口供等，作爲參
考資料。

　　另外，《抗議美軍駐華暴行運動資料匯編》，蒐集沈崇事件發生前
後報刊發表的有關文件、文章、報導、評論、回憶錄等，厚達七七八
頁，資料豐富完整。《五二〇運動資料》第一輯，蒐集有關五月學潮的
背景、爆發及其發展過程、各界的聲援和反響等方面資料，並附國民
政府有關五月學潮之函電，共二百五十餘件，資料包括中國第二歷史
檔案館館藏檔案、中央大學學生自治會檔案、南京市檔案館館藏檔案、
中共南京市委黨史辦公室徵集的史料及南京圖書館館藏報刊資料等。

　　㈣《群眾週刊》：《群眾週刊》是抗戰時期及戰後時期，中共在國
民政府統治地區和香港地區公開出版的唯一宣傳刊物。民國二十六年

十月該刊開始籌辦於南京，同年十二月創刊於漢口，民國二十七年十月二十五日武漢撤退後，繼續出版於重慶。抗戰勝利後，民國三十五年六月遷上海出版，民國三十六年三月被政府查禁前，該刊已於同年一月三十日在香港刊行香港版，直至民國三十八年十月才停刊。《群衆週刊》歷時將近十二年，連續出版四〇五期。一九八六年十二月，新華日報群衆週刊史學會將武漢、重慶、上海和香港四個時期的版本全部影印出版，共計十四分冊。在《群衆週刊》中，各時期均以地方通訊的方式有系統地報導各地學潮，如民國三十六年五月二十九日出版的《群衆週刊》第十八期，即有沈友谷〈從學生運動中看到的〉、蘇健〈五二〇大遊行（南京通訊）〉、李邈〈五月的火花（北平通訊）〉、錢甄〈到南京去要飯吃（上海通訊）〉等四篇報導五月學潮的文章。

　　當然，除了以上四個主要的史料群外，尚蒐集其他與學潮相關的檔案、資料匯編、期刊文字、傳記、年譜、回憶錄、遺稿、文集、口述歷史、專著、論文等，茲不贅述。

二　史料考證

　　歷史是史學家根據史料寫出來的，因此，戰後學潮的歷史是要根據戰後學潮史料寫成。面對戰後學潮的史料，首先要辨別眞假，去其糟粕，取其精華，下一番檢查的功夫；接著加以整理分析，在浩繁的史料中分清主次；最後才加以運用，撰成歷史。在這個過程中，有兩個問題亟待解決，那就是報刊史料的可信度如何？及中共刊佈的史料價値如何？

　　由於現代新聞傳播事業的發達，報刊史料已是現代史研究的重要史料來源之一。關於報刊史料的價値，閻沁恆教授曾說：「史學家向來重視報紙得來的資料，一張報紙，就是當日社會各項動態的眞實紀

錄，用以反應當時政治趨向、社會狀況、經濟生活等，詳盡逼眞，實
爲當今及以後史家的上好資料。」❸然而，報刊往往因其採訪、編輯、
出版的流程太快，產生很多的錯誤；因其政治立場的不同，致使新聞
事件的處理、解釋有南轅北轍的現象；因記者的個人信用和能力不
夠，致使報導的內容時有偏差。因此，在運用報刊史料之際，一定要
先釐清這些問題。

　　以戰後學潮爲例，《中央日報》和《新華日報》對同一事件的報導
完全不同，如在「二二二反蘇運動」中發生的新華日報被搗毀事件，
《中央日報》的報導是這樣：「行列至新華日報門前時，情緒突至最
高潮，人人跳喊之聲，已不辨所作何語，凝成一片，如海之奔騰，歷
久未減。該處路窄樓高，隊伍滯進，時有學生自隊中呼天搶地而出，
欲衝往該報社，但爲其同學負糾察之責者攔阻，此輩糾察者則已涕淚
滿面，悲不自勝矣，但仍堅守其職責，揮旗令隊伍速過。其時群衆愈
來愈多，覩此情景，群情悲憤之極，迨隊伍過後，亦未稍減。新華日
報職員，於遊行行列行進時，尚在門內佇望，行列旣過，忽將門關起，
群衆遂益形鼓噪，一湧而前，警察阻亦不獲，群衆打開兩窗及門，竄
入百餘人，紛自內擲出書報等物，一時飛舞滿街，街上群衆無不爭拾
力碎之。」❹

　　而新華日報採訪主任石西民則這樣說：「重慶市各校學生遊行隊
伍通過報館二十分鐘左右，事先在營業部兩面佇立有組織的人，即以
石片向營業部窗口投擲，隨即衝入門內搗毀，時報社營業員登樓躲避，
暴徒緊隨不捨，卒將職員三人抓住痛毆，兩人傷勢較重，現住市民醫

❸　閻沁恆，〈內容分析與歷史的客觀性解釋及判斷〉，《新聞學研究》第四期，民
　　國五十八年十二月，頁十五～十六。
❹　重慶《中央日報》民國三十五年二月二十三日。

院，一人受診後出院返家療養，吾人曾見有人指揮暴徒，且多穿軍服者，若干並佩有重慶市衛戍總司令部證章，暴徒除毆打營業部職員外，未打錯他人，足徵此乃特工人員陰謀分子有計畫有組織之行動，當時曾撥電話通知附近憲兵，彼等直至暴徒去後才來。」 **㉑**

對照之下，欲決定何者說法正確時，必須另採其他報刊報導，加以旁證。如《世界日報》的報導是這樣：「到了新華日報門首時，學生們的口號喊得特別響亮，大多數的人都激動得很。街道兩旁的民眾也特別多，交通都斷絕了。有幾個學生因爲太激動曾以小木桿敲破新華日報館門首窗口玻璃，經在場警察及學生糾察員予以勸告，他們也就隨著大隊走了。大隊通過之後，仍有很多人圍集在新華報館的門前，適逢當時有人向新華報館玻璃窗投擲石塊，不愼誤落入人叢之中，大衆秩序遂亂，紛紛衝入該報館，將書籍什物全部搗毀，警察前往阻攔，仍然無效，反被毆打。」 **㉒** 將三種資料加以分析後，就其詳略異同予以取捨，事件眞相自然浮現。因此，只要詳加比較、分析、綜合、歸納，報刊史料仍是史學家的上好資料。

戰後學潮是中共建國的大功臣之一，因此，除了官方大量刊佈史料外，學生運動的參與者亦紛紛撰寫回憶錄，故資料十分豐富。然而，中共的史學是爲政治服務的，郭沫若曾說：

> 學歷史有它的重要性，歷史是辯證唯物論與歷史唯物論的具體的教材，通過歷史來教育人民、教育後代、甚至教育人類，是有它的不可輕視的功用。 **㉓**

㉑　重慶《時事新報》民國三十五年二月二十三日。
㉒　重慶《世界日報》民國三十五年二月二十三日。
㉓　郭沫若，《文史選集》北京，北京出版社，一九六一年十二月，頁十六。

劉大年在闡釋范文瀾的史學時曾說：「歷史研究的革命性，首先在於深刻揭露舊社會、舊事物的必然滅亡，說明新社會、新事物的必然勝利，服務於無產階級的革命鬥爭。」「革命的歷史家，必然是革命理論的積極宣傳家，無產階級科學文化事業的推進者。」❷❹江青則更直截了當的說：「搞點歷史經驗，古為今用。」❷❺在這種史觀領導下所刊佈的史料和所發表的回憶文字，其價值如何？多少是有意的曲解？多少是文辭上的浮誇？多少是自吹自擂的表功、宣傳？多少是虛構讕言的重現？這些都是面對中共戰後學生運動或青年運動史料的大挑戰，筆者則嘗試運用史學研究法中的方法和技術加以克服，做到主導史料，而不被史料所牽引。

在史料的內部考證(internal criticism)方面，對於記載人的信用、能力及記載真實程度，均以史學的方法加以檢驗確定，始援引撰述。以昆明學潮為例，屬於整體性記述的原始史料(primary sources)，有罷課學生寫的〈一二一慘案實錄〉、中共地下黨外圍組織民主青年聯盟（簡稱民青）的匯報稿〈昆明學生慘案經過〉、王季所寫的〈一一二五至一二一慘案的報導〉、聞一多撰〈一二一運動始末記〉及國民黨雲南省黨部報告〈昆明市聯大、雲大、中法、英專四大學奸黨分子鼓動學潮及我方防制經過概要〉等五件。這五件史料撰寫的時間依次是民國三十四年十二月一日、不詳、十二月一日、民國三十五年二月、三月等，都是原始目擊者(the original witnesses)所撰寫的。

❷❹　中國社會科學院近代史研究所編，《范文瀾歷史論文選集》北京，中國社會科學出版社，一九七九年六月，頁四～十三。

❷❺　轉引自逯耀東，《史學危機的呼聲》臺北，聯經出版事業公司，民國七十六年十一月，頁一。

經筆者考證結果，認為民青匯報稿〈昆明學生慘案經過〉價值最高，因為它是民青內部的工作報告，沒有宣傳目的，比較接近真實。另外的幾件，如〈一二一慘案實錄〉係宣傳品，王季的報導刊登於民國三十四年十二月八日出刊的《人民週刊》，聞一多的文章則撰寫於民國三十五年二月，為發表之用，宣傳意味較重，故史料價值較低。其次，國民黨雲南省黨部的報告，雖撰寫於昆明學潮結束後，但因為是國民黨方面的第一手資料，同時披露雲南當局處理學潮的策略及經過，說明了國民黨處理學潮的觀點，史料價值亦高。本書即以民青的匯報稿和雲南省黨部的報告，相互排比印證，以探求昆明學潮的真相。

再舉一例說明：民國三十五年十二月沈崇案事件發生後，中共地下黨策動的所謂「抗議美軍駐華暴行運動」，風起雲湧，席捲全國。民國三十六年二月，北平治安當局舉行「春季戶口總檢查」，依照北平市警察局長湯永咸的說法，戶口清查係為了貫徹政府禁絕煙毒及施行經濟緊急措施方案的決心而採取的行動 ❷ 。而中共方面，則認為此一行動是政府在肅清各大學的奸黨分子，實行恐怖政治，報導云：「十七日北大學生魏平歐外出，一去不返，消息杳然。十七日深夜一時至天明六時，出動了憲兵、警察及軍士一千餘名，佈滿了通衢大道與胡同小巷，來往汽車與街上行人，是免不了被檢查與盤問的，結果十六人被捕了。接著十八日的深夜一時又出動了憲警八千餘人，全市分為十二區，逐戶清查，預防『不法分子』的滋擾。結果是二千餘市民被逮捕，其中包括：男的、女的、年老的、年少的，有學生、教員、教授、知名之士、商人、書店老闆等等。著名的學者符定一，已年高六十八歲，也被拘去；名教授王之相，中外出版社的負責人，及職員四人全

---

❷ 北平《世界日報》民國三十六年二月十九日。

體被捕；張東蓀先生的公子也在被捕之列。當局的決心是再明顯也沒有，那就是『實行恐怖，寧殺勿縱！』是謠言？是事實？那還用得著去說嗎！」❷

這種兩極化的說詞中，到底北平治安當局的行動是為肅清煙毒，維護治安？抑或是藉戶口清查整肅策動學潮的學生？這種認定必須經過深入考證，尤其要觀察整個大環境及政府學潮的政策趨向，才能做決定。筆者根據當時政府頒布「經濟緊急措施方案」，管制物價，凍結薪水工資及禁止黃金美鈔買賣，政策有轉向嚴厲之趨勢，佐以當時各大學校園壁報已有政府將大規模逮捕學生之消息傳出，及事後二月二十五日清華、北大十三位教授發表保障人權宣言等激烈反應，筆者將這些現象加以綜合分析，最後認定北平治安當局二月十八日的行動係以整肅學潮奸黨分子及經濟犯為目的，清查戶口及肅清煙毒僅是藉口。

以上舉例說明本書進行史料考證、鑑別的原則和方法，然由於戰後學潮史料浩繁，各種學潮事件狀況複雜，類此考證通例，不勝枚舉，謹列舉犖犖大者，以備參考。

三 模型建構

在廣泛閱讀戰後學潮的相關資料後，筆者將各個學潮事件的發生背景、原因、經過、結果及影響，加以分析歸納，找出了共同性及通則，然後組成體系性架構，作為展開研究的初步憑藉及章節安排的根據。本書的基本架構如下：

---

❷ 吳海雲，〈恐怖的古城〉，《群眾》第一卷第七期，民國三十六年三月十三日，頁二十一。

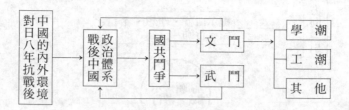

　　根據以上的架構，本書的重點概略可區分爲三個部分：第一個部分是探討戰後學潮發生的背景和戰後中國政治體系的構成與運作；第二個部分是探討影響深遠的學潮事件，及其和政局互動的關係；第三個部分是分析學潮對戰後中國政治發展的影響。因此，各章的安排亦以「發生背景 —— 學潮經過 —— 影響」作爲基本的模型。

　　至於學潮醞釀發生的經過，筆者亦根據戰後學潮史料，參酌群衆運動的相關理論，製成如下的模型：

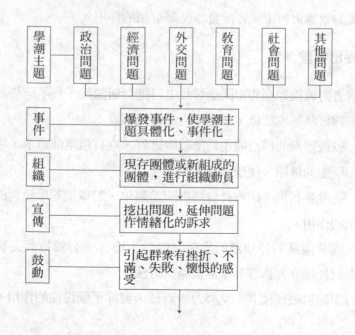

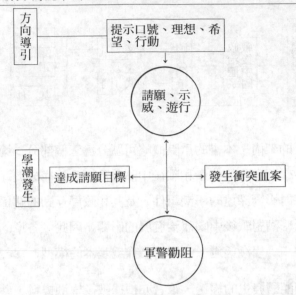

　　學潮流程模型的建立，對於學潮事件的研究有直接的助益，在卷帙浩繁的學潮史料中，亦能發揮提綱挈領的作用。

四　提出假設

　　筆者對戰後學潮的相關論著及史料進行研讀後，有了一些基本認識，根據這些基本認識，擬定了六個研究假設：

　　㈠戰後學潮的核心問題是反戰與排外，唯有這兩個訴求，才能激發青年學生的情緒，使學潮蔓延擴大。

　　㈡抗戰勝利後，國內社會經濟問題叢生，對學潮的爆發與擴大，有催化的作用。

　　㈢國共兩黨對於學潮的發動與應付，均有一套獨特而完整的理念，而這種理念亦影響其學潮策略與方法。

　　㈣學潮對戰後國共兩黨勢力的消長，發揮了關鍵性的作用。

㈤學潮對戰後中外關係的演變，發揮了明顯的影響力。

㈥戰後學潮的發生，一方面深受國內政局的左右，一方面亦影響國內政局的發展。

以上六個假設的提出，旨在把握研究問題的重心，導引史料蒐集整理的方向，以達成運用充分的史料來證明假設成立的目標，使所獲得的史實(facts)和推論(generalization)更為真實可靠。

第二章 戰後學潮勃興的背景

抗戰勝利後，政府面對因長期戰爭而後遺的滿目瘡痍、百廢待興的局面，從事艱鉅的復員工作；而中共卻因抗日機會坐大，於戰後發動武裝叛亂，擴大地盤。在國共衝突不可免的情況下，復因美蘇兩國戰後在華勢力的角逐，而變得錯綜複雜，牽一髮而動全身。在政治混亂、社會不安的困境中，青年學生尤易受到激盪，中共乃利用此一機會，蓄意策動學潮，掀起大規模示威遊行，戰後的學潮於焉勃興。以下就學潮的傳統、戰後的國際環境、戰後國內情勢等三方面說明戰後學潮勃興的背景。

第一節 學潮的傳統

探討學生對政治上、社會上不公平和不正義事物的抗議和批判，可以追溯到一段相當長遠的歷史，回顧中外高等教育的發展，我們不難發現，高等學府成立不久，學生運動便跟著發生了。

漢武帝於建元五年（西元前135年）設太學、置五經博士，讓青年學子聚集京都，接受教育，一百多年後，哀帝在位時，由於早已形成的社會危機日益加深，出現「天下空虛，百姓飢餓，父子分散，流離道路共十萬數，而百官群職曠廢，姦軌放縱」局面，終於導致中國歷史上第一次大規模的學生運動。事件的起因是以反對「以苟容曲從為賢，以拱默屍祿為智」知名的鮑宣，在執行職務時得罪丞相孔光，以

致被投獄中。此事爲博士弟子王咸知曉，甚爲不滿，於是召集同學千餘人，一早到宮廷上書請願，終於使鮑宣減罪❶。

北宋欽宗靖康元年(1126)，金兵入侵。當時主和派李邦彥得勢，主戰派李綱被貶。前者割地求和之議激起太學生陳東、張炳、雷觀等人的義憤，陳東等糾集同學數百名，伏闕上書，集體向欽宗請願，要求復用李綱，罷黜李邦彥。當時軍民不約而會者，有數萬人之多。根據《靖康前錄》所載，請願隊伍的聲勢浩大，「數萬人挾東等擂鼓於東華門外，至擊破之，以助號呼，聲徹九重」。在群情洶湧之下，欽宗被迫再次起用李綱對抗金兵。在請願過程中，開封府尹曾威脅殺死陳東，但陳東挺身於斧鑕之間，毫無懼色。事件平息後，欽宗以其「言事誠出忠義」，欲厚加爵祿，但其不爲所動，在上書中云：「如以臣上言之故，遂欲自布衣加以爵命，此豈可爲萬世法哉。」❷此種精神，何等凜然！

史家在論及近代學生運動的濫觴，多推清德宗光緒二十九年(1903)的「拒俄義勇隊」運動。光緒二十六年(1900)俄國參加八國聯軍侵入中國後，以保護鐵路爲名，佔領東北。二十九年四月，俄國不僅拒不履行剛簽訂之撤兵協定，反而對清廷提出七項要求，實際上是要將其控制和侵略中國東北加以條約化、合法化。消息傳出，激起國人的極大義憤，學生作爲先鋒，群起抗議。北京京師大學堂學生「鳴鐘上堂」，「登臺演說」，「發電各省學堂，……稟請該省督撫電奏力爭」；武昌高等學堂「各處集會，有所商議，遂相約不登校」；學生最集中的留日學生界更「聞之大憤，各省同鄉會紛紛開會研究對策」。四月三日，留日學生開大會，討論組織「拒俄義勇隊」，到會五百餘人，

❶ 包遵彭，《中國青年運動史》臺北，正中書局，民國四十三年，頁六～七。
❷ 同前注，頁三十～三十六。

情緒悲憤激昂，隨後，「福建、江蘇、湖北、湖南、浙江、雲南、貴州、廣東各開同鄉會，演說義勇隊事，莫不嘔心瀝血沉痛悲切」。十五、六歲的學生也以國亡無日奮起簽名，堅決要求北上抗俄，「舉座皆涕不可抑」❸。所以李澤厚認爲這是「中國近代史上最早一次的學生愛國運動」❹。

民國成立後，日本假親善同盟之名，遂行其侵略中國的野心，希望中國成爲其傀儡。中國留日學生因體認深切，激起義憤，民國四年，反對二十一條交涉；民國七年，反對段祺瑞內閣與日本訂立軍事協定，皆曾展開排日愛國運動。但前者因「五分鐘熱度」，後者因商界的退出而告瓦解❺。隨後，日本侵華氣燄日益高張，行動日益明目張膽，普遍引起國人的厭惡與反感。第一次世界大戰結束後，中國以戰勝國身分出席巴黎和會，提出主權獨立及廢除日本與袁世凱簽訂的二十一條條約的要求，但這些要求均未獲列強接納。反之，列強私相授受，允許日本繼承德國戰前在中國所取得的權利，消息傳回國內，激起全國人民的憤怒，青年學生的愛國情緒爆發，終於在五月四日發生了具有歷史性的學生運動。

關於五四運動的研究汗牛充棟，而其歷史意義亦多有定論。張玉法教授曾扼要地指出五四運動的政治意義，而這亦正是五四運動的精神所在。他說：「五四的意義是多方面的，就政治方面而言，是以反軍閥和反帝國主義爲核心，所謂『外爭主權，內除國賊』，不僅爲民國

---

❸　所引資料散見《湖北學生界》第四期、《遊學譯編》第八期、《革命逸史初集》等。

❹　李澤厚，《中國近代思想史論》臺北，谷風出版社，民國七十五年九月出版，頁三四二。

❺　黃福慶，〈五四前夕留日學生的排日運動〉，《中央研究院近代史研究所集刊》第三期上冊，民國六十一年七月，頁一一七～一三八。

八年五四學生愛國運動的口號，也代表五四時期關心國是者的普遍心聲。外爭主權，指向帝國主義國家爭回所喪失的國家主權而言，包括自德國手中所攫取的山東利權；內除國賊，不僅要除掉與日本訂立喪權辱國條約的章宗祥、陸宗輿、曹汝霖，而且要除掉依帝國主義為靠山的軍閥。」❻由於五四前夕的中國，是軍閥主義迅速成長、日本帝國主義勢力迅速擴張的時期，當時全國人民感受到軍閥和帝國主義的雙重壓迫，自覺實行民主沒有希望，達成統一也沒有希望，從事經濟建設更沒有希望，於是以知識分子為首的民間力量，在青年學生高舉打倒帝國主義和打倒軍閥的旗幟下，奮起改革，匯成一道洪流。

「救亡」的危機意識是民國學潮的主要精神內涵；它的具體呈現就是國家主權和領土的維護。五四運動時的「北京學界宣言」，明白點出這個主題。宣言云：

> 現在日本在萬國和會要求併吞青島，管理山東一切權利就要成功了！他們的外交大勝利了！我們的外交大失敗了！山東大勢一去，就是破壞中國的領土！中國的領土破壞，中國就要亡了！所以我們學界今天排隊到各國公使館去要求各國出來維持公理。務望全國工商界一律起來設法開國民大會，外爭主權，內除國賊。中國存亡，就在這一舉了。今與同胞立兩個信條道：中國的土地可以征服而不可斷送！中國的人民可以殺戮而不可低頭！國亡了！同胞們起來呀！❼

---

❻　張玉法，〈民初政局與五四〉，《五四研究論文集》（汪榮祖編），臺北，聯經出版公司，民國六十八年五月，頁三。

❼　轉引自林一新，〈五四運動的歷史意義〉，《中華文化復興月刊》第十卷第六期，民國六十六年六月，頁十四。

另外，許德珩撰寫的〈宣言〉亦道：

> 山東亡，是中國亡矣！我國同胞處其大地，有此山河，豈能目
> 睹此強暴之欺凌我、壓迫我、奴隸我、牛馬我，而不作萬死一
> 生之呼救手？……夫至於國家存亡，土地割裂，問題吃緊之時，
> 而其民猶不能下一大決心，作最後之憤救者，則是二十世紀之
> 賊種，無可語於人類者矣！❽

後來，他被捕投獄，口占了一首詩以表心志，詩云：「爲雪心頭
恨，而今作楚囚。被拘三十二，無一怕殺頭。痛毆賣國賊，火燒趙家
樓。鋤奸不惜死，愛國亦千秋。」❾字裡行間都是痛恨帝國主義及與
帝國主義勾結的軍閥，流露出爲救亡圖存而不惜犧牲的氣慨，這就是
五四學生的精神所在。

「救亡圖存」的精神，可以稱之爲反帝國主義，或民族主義，或
愛國主義，事實上其本質均相同；五四運動以後的學生運動皆離不了
此一範疇。民國十四年，五卅慘案引發之學生罷課遊行，以反帝國主
義爲訴求，最後，北京有五十多個團體組成「反帝國主義運動大同盟」，
進行長期的鬥爭。民國二十年，九一八事變爲中國帶來了空前嚴重的
國難，在國難時期，學生運動蓬勃，無論是九一八至一二八時期，或
民國二十四年因日本策動「華北自治」而觸發的「一二九」與「一二
一六」學生運動，都是以反日運動爲中心，從他們的宣言和歌曲中，

❽　許德珩，《爲了民主和科學——許德珩回憶錄》北京，中國青年出版社，一九
　　八七年四月，頁六十一～六十二。
❾　同前注，頁六十五。

都可感受到「救亡圖存」的危機感。宣言道：「吾民誓死反對斷送領土及主權之自治行動以及任何變相之獨立陰謀，以其純爲暴敵所一手造成者也。凡有倡言自治之人均爲漢奸，民族之蟊賊，人人皆得而誅之。應請政府立即下令討伐首倡叛亂之殷汝耕，收回冀東，以保持領土及行政之完整。」❿歌曲云：「四萬萬五千萬的人數，加上四十年的忿怒，別糊塗，這筆血債要清楚；四萬萬五千萬的人數，加上四十年的忿怒，別糊塗，這兒是中國的領土；……中國人民不做亡國奴。」「向前走，別退後，生死已到最後關頭，同胞被屠殺，土地被強佔，我們再也不能忍受，我們再也不能忍受！……中國的領土，一寸也不能失守！」⓫

　　抗日救亡的愛國精神在當時特別狂熱衝動，中共乃利用這一機會，以民族主義者爲號召，取得學運的領導權，利用抗日救國運動擴展其組織，所以中共把「一二九運動」稱爲「劃時代的運動」⓬。至於戰後的排外學潮，無論是反蘇或反美，亦都延續戰前反對帝國主義的精神，以維護主權領土的完整和挽救民族的危機爲訴求。不過，這個訴求對於在二次大戰後名列五強之一的中國而言，尤爲難堪。總之，無論戰前或戰後，學生發起示威遊行的訴求都是愛國的，是要救亡的。易社強(John Israel)在說明史諾夫婦(Edgar and Helen Snow)對戰前學生運動的看法時說：「史諾夫婦現在仍保持他們1935年的說法，認爲學生們是僅由於愛國的衝動而採取行動，眞正指導學生的是他們夫婦，而不是共產黨。」⓭不過，李雲漢敎授也言，「純粹以愛國

---

❿　清華大學校史編研組，《戰鬥在一二九運動的前列》北京，清華大學出版社，一九八五年十一月，頁一五七。

⓫　同前注，頁五十二。

⓬　王淦，《靑運工作槪論》臺北，知識靑年黨部，出版年月不詳，頁七十八。

爲目的的學生運動是不會反對政府的」⓮，戰前戰後的學潮以愛國救亡爲起始，以攻擊政府爲結束，這顯示其運動已受到操控而變質。

　　除了反對帝國主義的侵略外，反對軍閥亦是民國學潮的傳統之一；軍閥何指？張玉法教授在論及軍閥政治的特徵時，曾提出了四個衡量的指標，換言之，合乎這四個條件即是軍閥，亦即是學生和全國人民要打倒的目標。這四個指標是：第一，軍隊私有化；第二，依附帝國主義者自重；第三，忽視法律，肆意擴張行政權；第四，假借民意，僞裝民主 ⓯。他也解釋所謂的軍隊私有化，是除講求軍隊的個人控制外，只拿軍隊來對付國內政敵，而不對付外來的侵略，例如段祺瑞假對德參戰之名，向日本借款購械，建立參戰軍，但並未用以參戰，專用來與反對派的勢力對抗，結果歸於失敗。所謂依附帝國主義者以自重，如袁世凱答允日本二十一條要求，欲換取其對帝制的承認；段祺瑞答允日本繼承德國在山東的權益，以換取西原借款。另外，袁世凱和段祺瑞都常以命令代法律，並均曾不得國會允許，擅借外債，這是忽視法律，肆意擴張行政權。至於假借民意，僞裝民主，袁世凱於帝制運動時，假借公民請願和國民代表投票；段祺瑞於復辟事平後，不恢復舊國會，另利用各種控制方法，選舉新國會，作爲御用機關；實則均不能代表民意 ⓰。總而言之，軍閥不關心國家民族，不關心百姓福祉，只關心如何去鞏固自己的權力。從戰前至戰後，從反軍閥至反內戰，都有其一脈相承的關係存在。

⓭　John Israel, *Student Nationalism in China*, 1927-1937, Stanford: Stanford University Press, 1966, p. 153.

⓮　李雲漢，〈抗戰前中國知識份子的救國運動〉，《中國現代史論集》第八輯，臺北，聯經出版公司，民國七十四年，頁三五五。

⓯　同⓺，頁十九。

⓰　同前注。

　　五四運動成為民國學生運動的標竿，與學生的勝利有密切的關係。學生的勝利為何？在此以一位旅華美人蔣斯鮑爾，於觀察自五月至七月「五四」的高潮之後，在九月二十日美國《獨立週報》發表的看法做說明，他說：

> 中國今日之主人，其為學生乎？彼等無絲毫政治權之可言，然於三月之間，能使一交通總長、一駐日公使、一幣制局總裁退職；使一內閣完全傾覆；使巴黎和會之中國專使拒絕簽字，使列強驚訝，何其力之雄偉如是！[17]

學生的抗議示威，激起工人、商人的共鳴；而有罷工、罷市的響應，最後，使北京政府屈服了，罷除三位賣國賊的職務，拒簽對德和約，這些成就，使學生認識到自己的力量。

　　除了精神和意識的啓發之外，五四運動也給此後三十年的學生運動樹立了一個模式。易社強指出這個模式的內容是這樣：成群學生示威遊行，警察干涉，各界群眾支持學生，後擴至全國，致使全國性組織成立，組織成立後又把群眾排於組織之外，而後組織慢慢地為政治活動分子所利用[18]。此種學生運動的型態，成為民國學潮的特色，尤其在戰後的學潮，更擺脫不了這個模式。

　　五四運動在學生組織方面，也發揮了塑型的作用，在五四運動前一年，學生自治會在北大和浙江第一師範成立，此後學生自治運動日益普遍化。民國七年五月六日，北京各學校便成立了「北京中等以上學校學生聯合會」，十一日上海的學校也正式成立了「上海中等以上

---

[17]　呂實強，〈五四愛國運動的發生〉，《五四研究論文集》頁四十一。
[18]　John Israel, *Student Nationalism in China*, 1927-1937, p. 3.

學校學生聯合會」，十四日，「天津中等以上學生聯合會」成立。其他如南京、杭州、武漢等地的學聯會也相繼組織起來。五四時期最重要的學生組織——全國學生聯合會，也於六月一日在上海成立。葉嘉熾認爲，學生會與學生聯合會的組織，對以後中國學生運動有極重要的影響，因爲這些組織是學生參加政治運動的一種表現，有極濃厚的政治意味，以後成爲學生對抗帝國主義和軍閥的強大組織❶。

　　在宣傳方面，五四時期學生的宣傳，可分爲對知識界和廣大群衆兩種，對知識界的宣傳方法是利用報紙、雜誌和小冊子，去解釋學生運動的主旨以喚起同情和援助，各省市學生會也都辦有它們自己的報刊，登載學生活動的消息。但是，只靠文字的宣傳所收到的效果有限，無法普及到廣大群衆，因此爲了要對廣大群衆作有效的宣傳，學生採取散發傳單、街頭演講、組織戲劇團和遊行示威等方法。這些口頭和行動上的宣傳，都能收到很大的效果，所以五四以後的學生運動，大都採用這些方式去宣傳和鼓動群衆。

　　在行動觀念方面，五四時期青年學生的示威遊行，爲救國奔走呼號的表現，反映他們在觀念上，認爲直接的政治行動是救國所必需的，思想文化的改造已緩不濟急，行動是學生參與政治的特色。然而，學生也省覺到自己的力量有限，於是他們和社會各階層組成聯合陣線，展開共同的抗爭行動。五四運動時，學生和商人、店員、工人聯合，罷市罷工，給予軍閥重大的打擊。五四以後的學生運動，多採取聯合陣線的方式展開抗爭，到了戰後甚至有罷課、罷敎、罷職、罷診、罷研、罷工等「六罷合流」的現象。

　　五四運動爲民國的學生運動樹立了典範，以學生運動起家的中

---

❶　葉嘉熾，〈五四與學運〉，《五四研究論文集》頁四十七。

共，對於五四運動更是推崇備至，明訂五月四日為青年節及青年團的成立紀念日，要求青年學生「學習五四時代青年的光榮榜樣，繼承和發揚五四時期的革命傳統」。對於這種傳承關係，周恩來曾說：

> 五四青年運動未完成的任務，由一二九青年運動繼承起來，一二九未完成的任務，由今天的青年運動繼承起來。青年是爭取和平民主的先鋒隊，誰有青年，誰就有將來。[20]

任弼時在論及青年的歷史作用時也指出：

> 中國青年工人、農民和學生，在中國新民主主義革命過程中有著自己很光榮的歷史。在五四運動、五卅運動、北伐戰爭、土地革命、一二九運動、八年抗日戰爭、抗戰以後的民主愛國運動和三年人民解放戰爭中，中國青年都站在英勇鬥爭的最前列，對人民革命運動作出了光輝的貢獻。[21]

足見中共認為在所有的學生運動過程中，五四是個開始，發揮了先鋒帶頭的作用。

第二節　戰後國際環境

梁敬錞在探討抗戰勝利後的中美關係時，曾就周恩來所說日本是

---

[20]　《新華日報》，民國三十四年十二月十三日。
[21]　共青團中央青運史研究室著，《中國青年運動史》北京，中國青年出版社，一九八四年十二月，頁二八二。

中共崛起的恩人的說法加以解釋，他說：

> 周恩來曾經說過：「侵略中國的日本，是中共崛起大陸的恩人。」
> 他這話只吐露了中共四十年間，國際關係史的三分之一；餘下
> 的三分之二，我以爲再分一半，前一半的恩人，應該提到一九
> 四六年六月以後，大批裝備中共部隊的蘇俄；後一半的恩人，
> 應該提到一九四五年十二月以後變更對華政策的美國。㉒

美蘇日三國對華政策影響著國共兩黨勢力的消長；日本戰敗後，暫時
退出舞臺，美國迅速取代了日本的角色；美蘇兩國成爲左右戰後中國
政局的兩大變數，而美蘇與國民政府和美蘇與中共的關係，錯綜複雜，
在在影響戰後中國政局的發展。茲就美蘇兩國對華政策，分別說明如
下：

一　戰後美國的對華政策

　　民國三十年年底，美國捲入太平洋戰爭後，羅斯福總統便逐漸注
意到中蘇糾紛與國共之爭。他爲了戰爭的勝利與未來世界和平，深望
中蘇友好與國共合作，所以除了命令美國駐蘇聯大使哈里曼(W.
Averell Harriman)與蘇聯政府商討中蘇關係問題外，並派遣副總統
華萊士(Henry A. Wallace)經蘇聯來華訪問，以促進中蘇談判和國
共合作㉓。民國三十三年八月，又令赫爾利(Patrick J. Hurley)繞道

㉒　梁敬錞，〈抗戰勝利後的中美關係〉(1945-1949)，《中美關係論文集》臺北，
　　聯經出版事業公司，民國七十七年九月，三版，頁一四八。
㉓　Herbert Feis, *The China Tangle*, New Jersey: Princeton Univer-
　　sity Press, 1953, pp. 140-144.

莫斯科來華。由於美國的努力係以擊敗日本為最高目標,因此,始終以軍事為主要考慮,在民國三十四年二月雅爾達會議的秘密協定中,犧牲了中國以遷就蘇聯,將中國之外蒙與東三省兩鐵路兩港口各權益讓與蘇聯,以為其對日參戰之代價。

三十四年四月羅斯福總統逝世,副總統杜魯門繼任。同月下旬,國務院向其提出截至當時的美國對華政策備忘錄,重點如下:美國對華政策主要目標在達成中美有效共同作戰,以擊敗日本。從長期觀點來看,則在建立一個強大而統一的中國,並使它成為穩定遠東情勢的力量。在政策方面為了達成這兩項目標,美國將致力於協助中國政府基層穩定擴大,同時調停國共之爭,使中國早日統一並能有效執行其國內責任。備忘錄同時加以說明:美國雖非特別有愛於某一政治團體,但是鑑於蔣委員長所領導的國民政府是達成中國統一並避免在對日作戰期間形成混亂的最好希望,美國仍將繼續支持國民政府,但是關於美國對華長期目標,並防止國民政府的解體,美國將保持一種彈性的政策,以便隨時與更能完成中國統一並促進東亞和平與安全的中國其他政治團體合作;在軍事方面,則經由軍事援助達成中國抗日的目標,並希望將中共軍隊納入國軍組織中,以達成中國軍隊的統一,並進一步增強對日作戰的力量❷。國務院這個備忘錄在杜魯門的對華政策中佔了很大的份量,杜魯門承認他早期的對華觀點,包括了以上的看法。

在民國三十四年年底以前,美國官方政策一直是支持國民政府的,並使他們的軍隊繼續對日作戰,至於國共衝突則未加過問。三十四年年底以後,美國的政策改變為干預政策。從此,美國的干預,乃

❷　Truman, Harry S., *Year of Decision*, New York Doubleday & Company Inc. 1955, pp. 102,104.

是有助於中共，而不利於國民政府❷❺。美國對華政策的轉變，係受了
國務院和新聞界某些人的偏見影響，以及公開辯論所造成的結果。自
是以後，國共和談在美國政府斡旋及美國駐華軍政機關、記者及美國
國務院親共分子的支援下，其先決問題，已由如何統一中國的政權與
軍權，變爲如何組織聯合政府。

　　民國三十四年十二月十五日，杜魯門發表對華政策聲明，其要點
如下：

> 「美國政府深信一個強大統一及民主之中國，對於聯合國之成就
> 及世界之和平，均關重要。一個紊亂與分裂之中國，對於其由
> 於外患（如日本之侵略）或內爭，皆將危及目前或未來之世界
> 和平與安定。美政府夙認內政之處理乃獨立國人民之責任，依
> 據晚近世紀事態之所昭示，世界上某一地區之和平如果不克保
> 持，全世界之和平，即將感受其威脅，職是之故，美國及其他
> 聯合國咸認中國應迅速和平協商方法，調整其內部之爭執。下
> 列兩點美政府認爲重要：㈠國民政府、中國共產黨與其他政見
> 不合之軍隊應即停止敵對行動之安排，使中國全境得復歸於中
> 國之有效控制，在華日俘，得以迅速遣送。如經中國國民政府
> 之請求，美國政府將商請英、蘇兩國對此安排共作努力。㈡召
> 開一全國政黨代表會議，以謀解決目前之內爭，實現中國之統
> 一。」「美國深知現在中國國民政府乃一黨之政府，美國深信此
> 政府之基礎如加擴大，包容全國其他政治分子，則中國之和平
> 統一，將必更見邁進。職是之故，美國堅持所有中國國內主要

---

❷❺　《太平洋學會調查報告》臺北，天下圖書公司，民國五十九年，頁三十八。

政治分子，應各推出代表舉行一全國性之會議，商定辦法，使
彼等在中國國民政府內，均享有公平而有效之代表權。此種措
施，自須將孫中山國父所創設之暫時一黨訓政制度向邁進民主
之進步中加以修正。」「自主性之共產軍隊與中國之政府統一不
相容，或使其成為不可能。一旦廣泛的代議制度樹立時，此類
自主軍隊，均應有效地歸併於中國國軍之內。」「中國如按上述
路線向和平統一邁進，則美國將準備以各種合理方式協助國民
政府整建國家，改善土地與工業經濟，建立軍事組織，使中國
克以擔當維持國際和平秩序之責任。具體言之，即美國將對中
國貸款要求，在合理條件下，予以善意之考慮。使各種計畫克
付實施，以發展全中國之健全的經濟與中美間之商業關係。」㉖

　　杜魯門聲明所具備的精神，完全符合了中共的要求，它讓中共分
享權力，並讓其先參加政府，然後才放下武器，並以壓力來壓迫國民
政府。此外，杜魯門又於同日頒發訓令一件，表明對擔任其特使之馬
歇爾將軍(George C. Marshall)充分信賴和全力支持，訓令末段云：

　　茲特授權你在與蔣介石及其他中國領袖接談之際，可以坦率之
　　態度出之，尤以涉及中國要求貸款，或經濟、技術與軍事援助
　　等問題時，可逕告以：既不團結又陷於內戰分裂之中國，不能
　　認為係屬適當受援之對象。㉗

㉖　*The China White Paper*, p. 607-609. Truman Memoir, Vol.2, pp.
　　87-91. 譯文引自：梁敬錞，〈馬歇爾奉使來華〉，《中美關係論文集》頁一一
　　五～一一七。

民國三十四年十二月，馬歇爾特使攜帶杜魯門的訓令來華，以此政策，從事恢復調停國共糾紛的工作。此後四年的美國對華政策行動，梁敬錞曾以「壓」、「拖」、「棄」、「斷」四個字來形容其特徵。他認為：

> 一九四五年至一九四六年的特徵，是「壓」（壓迫）；一九四七年的特徵，是「拖」（拖延）；一九四八年的特徵，是「棄」（拋棄）；一九四九年的特徵，是「斷」（斷絕）。㉘

他並引用當時美國遠東專家駐荷大使郝恩伯克(Standley Hornback)的書信做說明，郝恩伯克說：「自一九四五年起──不是以前──美國政府首先採取了不合傳統和對華承諾的行動，著手干涉中國國共紛爭，……此後美國，就對國民政府施用壓力，壓迫國府，而作有利共產黨的行動。」㉙

民國三十五年，馬歇爾為了達成停止內戰的目標，不惜以斷絕美援和禁運軍火為手段，壓迫國民政府停戰。然調處成功與否，須賴雙方的互讓，美國停運國軍軍火之壓力，只及於國民政府，中共既知禁運之影響與國軍軍火之虛實，豈能希望其能接受調處。況且，當馬歇爾逼國民政府第二次停戰時，正是史達林決定武裝大批中共軍隊之際。因為在此之前，史達林曾先於五月五日密令駐華蘇俄使館武官羅申，數覓蔣經國邀請蔣委員長會談於莫斯科，其意在拉攏蔣，但是蔣

㉗　"President Truman to the Special Representative of the President to China (Marshall), Dec. 15, 1945", *The China White Paper*, Vol. II, pp. 605-606.

㉘　同㉓，頁一四八～一四九。

㉙　同前注，頁一四九。

委員長考慮再三，最後以事繁時間不巧婉辭 ❸。史達林在拉攏國民政府不成後，遂於六月中，決定武裝中共，以驅逐美國在華之勢力 ❸。就在這同時，中共對美態度亦陡變，六月二十三日周恩來首次作攻擊美國之言論。延安電臺自六月卅日起每日廣播，皆罵美國。美使館史密斯參事報告：「各前線違反停戰命令之行動百分之八十皆出於共方。」凡此皆可看出蘇聯背面之指使，藉以測驗中共親蘇之決心與反美之表現。八月，蘇聯更發動世界輿論，迫令美軍退出中國，排除美國在華之勢力。然而這些現象，馬歇爾皆茫然無所覺 ❸。

由此可知，戰後國共問題具有國際多邊性的交互作用，它與美蘇的冷戰，正有密切之配合。蘇聯原有聯國民政府拒美之意，但等到民國三十五年一月十日停戰協定公布後，態度即行改變，蓋蘇聯不願坐視馬歇爾調停國共成功，而使美國在華勢力更盛。董彥平曾說：「馬歇爾軍事調處執行部成立，蘇方態度，突見惡化。」 ❸ 就是明證。中共親蘇以後，反美便成其表現效忠的手段，迫令美軍退出中國，排除美國在華勢力之行動方興未艾，中共所控制之學生成了急先鋒，反美學潮也就層出不窮。

二　戰後蘇聯的對華政策

中蘇關係在民國二十六年八月訂定互不侵犯協定後，到三十年四月日蘇訂立中立協定以前，相當友好；然自二十九年六月蘇聯併吞唐

---

❸　蔣中正，《蘇俄在中國》臺北，中央文物供應社，民國四十六年，頁一五〇。

❸　參看Adam B. Ulam, *Expansion & Co-existence , the History of Soviet Foreign Policy*, 1968, p.485.

❸　同❷，頁一五八～一五九。

❸　董彥平，《蘇俄據東北》臺北，反攻出版社，民國五十四年十月，頁八十七。

努烏梁海，十一月逼簽新疆錫礦租借條約及三十一年七月中國政府收回新疆，要求蘇聯撤退迪化紅軍第八團與飛機裝備廠後，開始惡化❸。民國三十二年至三十四年之間，蘇聯屢次策動哈薩克遊牧民族製造新蒙邊界衝突，迪化俄諜又以大量軍械接濟潛伏當地之共黨，襲佔伊寧，建東土耳其斯坦共和國；伊犁共黨亦即乘機要求組織地方聯合政府，中蘇關係乃益緊張❸。民國三十二年春夏之際，美國總統羅斯福亦注意到中蘇糾紛與國共之爭，他為了贏得戰爭及未來世界的和平，深望中蘇友好與國共合作；國內方面，由於中共部隊散佈於冀魯晉豫各邊區之間，中外人士咸信欲遏止內戰之亂源，必先修中蘇之友好，故中蘇關係必須迅速改善，實為當時中國朝野與國際人士一致之要求。

第二次世界大戰末期，美國的努力係以擊敗日本作為最高目標，因此熱切盼望蘇聯早日參加對日戰爭，以縮短戰爭，減少美國人的生命損失，為此美國不惜簽下雅爾達秘密協定。雅爾達秘密協定中唯一的贏家為蘇聯，因其能以對日宣戰的條件，獲得龐大的權益；而最具利害關係的中國，因不能得悉雅爾達協定之確切內容，只能一再向美國表示基本態度，希望美國能予支持。但在美國一切以勝利為上之考慮下，凡可能延阻蘇聯參戰之措施，一概不願嘗試，終使中蘇走向莫斯科談判之途，締結了中蘇友好同盟條約。

民國三十四年八月十四日，中蘇簽訂了為期三十年的友好同盟條約，使惡化已久的中蘇關係出現新的轉機。當時，中外各界對此一條約的評論，在達林(David J. Dallin)的《蘇聯與遠東》裡有如下的綜述：

❸　同❸，頁七十一～七十二及九十八～一〇三。
❸　同前注。

> 莫斯科協定（即中蘇友好同盟條約）甚得中國，尤其是美英兩
> 國的歡迎，認爲足以恢復中蘇兩國的友好關係，尤其重要的是
> 莫斯科棄絕中共。一般預料這些協定將使中國的國共兩黨早日
> 言歸於好，莫斯科將協助中國政府迫使中共和蔣介石和好。中
> 國的內戰可以避免，史達林將爲防止共黨勝利的主要力量。這
> 些便是一九四五年八月間官方和半官方評論的要點。 **㊱**

嗣後歷史的發展，證明這些看法大錯特錯，這個條約的結局是聯合國
判定蘇聯未能履行條約，以及中國政府於民國四十二年的一紙廢約聲
明，而實質的影響，不但締約之目的未能達成，反而造成大陸淪陷，
以及遠東情勢之根本變動，產生不利於自由世界的國際情勢。

　　做爲戰後中蘇關係中心的中蘇友好同盟條約，所以會造成和締約
目標相反的結果，除了史達林沒有踐諾和中共陽奉陰違外 **㊲**，最值得
注意的是戰後蘇聯對華政策的目標究竟爲何？民國三十四年十二月，
當中蘇友好同盟條約最後一次交涉時，史達林對往訪的蔣經國說：

> ……但是我再三聲明，也是我最大的要求：你們不能讓美國有
> 一個兵到中國來，只要美國有一個兵到中國來，東北問題就很
> 難解決了。

又說：

㊱　David J. Dallin, *Soviet Russia and the Far East*, New Haven: Yale Univ. Press, New Haven, 1948, pp. 205,206.

㊲　梁敬錞，〈中蘇友好同盟條約之簽訂與其影響〉，《中美關係論文集》頁五十四～五十五。

……只要國民政府能保證今後美國不在東北得到利益，我們蘇聯一定可以作必要的讓步。[38]

在此之前，民國三十四年初，史達林亦曾對蔣經國說：

……你說，中國沒有力量侵略俄國，今天可以講這話；但是只要你們中國能夠統一，比任何國家的進步都要快。[39]

另外，貝洛夫(Max Beloff)曾就東北對蘇聯的重要性提出說明：「遠東大陸的主柱仍為中國大陸的東北，我們唯有參照這個時常為人忽略的事實，才能了解蘇聯在整個遠東區域中政策的性質。」[40]許湘濤曾綜合這些看法指出戰後蘇聯對華政策的目標有二：第一個目標就是排除美國的勢力於中國之外，而由蘇聯獨佔；第二個目標就是希望在中國的領土內和政治上建立親蘇勢力，以造成中國分裂[41]。

蘇聯為了達成其對華目標，鞏固和享受因雅爾達秘密協定所得到的在東北的利益，所以顯然地迫切希望出現如下的最有利條件：㈠一個排斥美國勢力的中國，至少必須不讓美國進入東北，以便確切而安全地保有它在東北的利益；㈡一個在東北願意受它指使的傀儡地方政權，在某種程度上獨立於中國本部之外，以便為蘇聯在東北的利益服

[38]　蔣經國，《風雨中的寧靜》臺北，幼獅書店，民國六十三年三月，頁十五。
[39]　同前注，頁七十。
[40]　Max Beloff, *Soviet Policy in the Far East*, 1944-1951, London: Oxford Univ. Press. London, 1956, p.10.
[41]　許湘濤，〈戰後初期之中蘇關係（1945年8月至1946年8月）〉，《中國現代史論集》第十輯，頁三六七～三六八。

務；㈢一個因分裂而衰弱的中國，以便使蘇聯早日開始享受美、英所承諾在戰後給它的酬庸❷。為了達成這些期望，蘇聯除了關切美國在華政策外，當然希望更進一步把美國的勢力從中國境內排除。

而美國方面，在戰後對中國受降和接收的協助甚為積極，因此與中共之間發生了若干次局部性的衝突，使中共喊出美軍全部撤出中國的強烈要求。早在民國三十四年夏，日本敗象已露，美國國防部於八月十日指令各戰場的美軍指揮官，在戰爭突然結束時所應採取的行動。中國戰區魏德邁將軍所獲得的授權是：在日本投降時，輸送國軍到中國戰場上的各重要據點，並支持國軍恢復對日本佔領區的控制。根據這項指示，魏德邁將軍在日本投降後的幾個星期內，立刻自華中空運了三批國軍，分赴上海、南京、北平，以及華東、華北和沿海的其他重要地區❸。在以後的幾個月裡，更多的國軍經由海路北運。據美國官方的資料，在年底，總數在四十萬到五十萬之間的國軍是由美國協助移防的❹。此外，為了支持國民政府進一步保持對華北某些重要地區的控制和遣返日俘，美國又應中國之請，派遣了五萬餘名的陸戰隊登陸華北，保護青島、天津、北平和秦皇島等地的港口、機場和交通線❺。美軍之支持國軍收復華北和登陸東北，自然阻擾了中共擴張地盤及鞏固其在華北勢力的企圖，中共強烈地反美，要求美軍撤離中國，也就不足為奇了；蘇聯的報紙也批評美國的帝國主義政策，並要求陸戰隊撤退。

民國三十四年年底美國總統杜魯門對華政策聲明中，對於美國海

---

❷　同前注。

❸　Herbert Feis，前引書，頁三三七及三六二。

❹　*The China White Paper*, p. 312.

❺　同前注及Herbert Feis，前引書，頁三六二。

軍陸戰隊駐紮華北的目的有所解釋，聲明說：

> 美國為貫徹其與中國國民政府共同作戰之合作，為履行波茨坦
> 宣言，為剷除日本在華之殘餘武力，故對解除日俘武裝與遣送
> 日軍回國之各種工作負起承擔之責任，美國海軍陸戰隊之駐紮
> 華北，其目的在此。

其後尚有未公佈之一條云：

> 因是之故，美國將繼續以軍事物資援助國民政府，續運國軍使
> 其得以重新建立其解放地區──包括滿洲在內──之統治。為
> 了便利停戰安排與政治協商起見，美國將不運送國軍於妨礙此
> 兩目的之地域，例如華北。㊻

因此，儘管馬歇爾堅持美軍不參與中國內戰和美援物資不得用於中國
內爭的兩個原則，然而美軍駐華和美國勢力可能進入東北等問題，已
和蘇聯對華政策產生矛盾衝突，連帶地使蘇聯對國民政府過分依賴美
國而感不滿㊼。蘇美兩國政策的基本矛盾和利益的衝突，使蘇聯和中
共的反美運動成為必然的趨勢；而蘇聯對東北的野心，亦激起國人的
義憤，而導致有反蘇運動的發生。

㊻　同㉖。

㊼　梁敬錞，〈馬歇爾奉使來華〉，《中美關係論文集》頁一三一。

第三節　戰後國內情勢

　　民國二十六年至三十四年的八年抗日戰爭是中國近代史上的空前浩劫，何應欽將軍曾慨嘆道：「此次抗戰中，軍民犧牲之大，財產損失之鉅，爲空前所未有，其經過之艱難與危險，及今思之，猶有餘悸。」[48]在這次戰爭中，不僅中國人民的生命、財產遭受慘重的犧牲與破壞，社會結構、文化活力亦受到嚴重的戕害。許倬雲指出：

> 八年抗戰損失之大，在中國歷史上是空前的。二千多萬軍民同胞的死亡固是直接而最易見到的犧牲，百年積累的建設燬於一旦也是可以計算的數字。一代的人死去不能復生，但子孫繁衍，種姓不會滅亡；資產財富可以毀於戰火，只要留得青山在，中國還可以再造財富。然而社會結構締造艱難，一旦打散了，重建非數十年不爲辦；歷史上甚至有永遠帶著傷痕，無法重建一個有效結構的例證。不幸，中國剛在三〇年代起步進入現代化的社會，卻經過這一番浩劫，幾乎到了前功盡棄的局面。文化的創舉須由社會的活力推動；經此劫難，中國文化的新陳代謝至今未能走上順利發展的軌道。」[49]

除了經濟、社會、文化之外，政治局勢方面，中共藉八年抗戰喘息坐

---

[48]　何應欽，《八年抗戰之經過》出版單位不詳，民國五十八年三月，再版，頁二一九。

[49]　許倬雲、丘宏達主編，《抗戰勝利的代價》臺北，聯合報社，民國七十五年九月，頁六。

大，導致國共兩黨優勢易位，大陸淪陷。茲綜合戰後國內的情勢，就
國共兩黨針鋒相對與戰爭後遺症的併發二方面說明如下：

一　國共兩黨針鋒相對

國共兩黨在主義、革命目標以及革命手段上係小同而大異，因此
在彼此的革命過程中，只在一些問題上有過短時期的合作，對重大問
題及終極目標，則水火不容。中共自民國十年成立後，即與國民黨為
敵，民國十三年至十六年的合作，僅是同床異夢。民國十七年至二十
五年，彼此從事武力鬥爭，國民政府以「剿滅共匪」為目標，中共以
「推翻國民黨專政，建立全國蘇維埃政權」為鵠的⑩。經過國民政府
五次圍剿，共軍逃竄至陝北，於民國二十四年十月抵達延安時，僅剩
二萬多人，幾無生機可言。

民國二十四年七月底至八月初，共軍逃至毛兒蓋時，第三國際在
莫斯科舉行第七次大會，陳紹禹（王明）以中共中央為名發表了「八
一宣言」，呼籲全國各黨派及人民聯合抗日。宣言云：

> 今當我亡國滅種大禍迫在眉睫之時，共產黨和蘇維埃政府再一
> 次向全體同胞呼籲，無論各黨各派間在過去和現在有任何政見
> 和利害的不同，無論各界同胞間有任何意見上或利益上的差
> 異，無論各軍隊間過去和現在有任何敵對行動，大家都應該有
> 「兄弟鬩牆外禦其侮」的真誠覺悟，首先大家都應該停止內戰，
> 以便集中一切國力去為抗日救國的神聖事業而奮鬥。⑪

---

⑩　陳慶，〈抗戰時期的國共關係〉，《抗戰勝利的代價》頁二十六。

此外，陳紹禹在大會中還發表「論反帝統一戰線問題」一文；這份宣言和論文幾乎一百八十度的改變了中共對國民政府的政策。民國二十四年底，中共政治局在陝北舉行會議，除了正式接納「八一宣言」外，還決定了「抗日民族統一戰線」的策略❷。

　　此後，中共即利用民眾日益激昂的抗日情緒，攻擊國民政府不抗日，欲促成抗戰，以求其生存與發展。民國二十六年，七七事變發生，國民政府決心對日作戰。這時，中共仍遵循第三國際「統一戰線」的策略，於九月二十二日發表「共赴國難宣言」，向政府提出四項諾言，即：㈠孫中山先生的三民主義為中國今日之必需，本黨願為其徹底的實現而奮鬥；㈡取消一切推翻國民黨政權的暴動政策及赤化運動，停止以暴力沒收地主土地的政策；㈢取消現在的蘇維埃政府，實行民權政治，以期全國政權之統一；㈣取消紅軍名義及番號，改編為國民革命軍，受國民政府軍事委員會之統轄，並待命出動，擔任抗日前線之職責。此外並利用民族的危機感呼籲：

　　　　寇深矣！禍亟矣！同胞們，起來，一致的團結啊！我們偉大悠
　　　　久的中華民族是不可屈服的。起來，為鞏固民族的團結而奮鬥，
　　　　為推翻日本帝國主義的壓迫而奮鬥，勝利是屬於中華民族的。❸

---

❺ 中共中央，〈中共為抗日救國告全體同胞書〉（八一宣言），轉引自王健民，《中國共產黨史》第三編，臺北，漢京文化公司，民國五十四年，頁四十三～四四。

❷ 何幹之，《中國現代革命史》香港，三聯書店，一九五八年，頁一八九～一九四。

❸ 轉引自《共匪禍國史料彙編》第三冊，《中華民國開國五十年文獻附錄》臺北，中華民國開國五十年文獻編纂委員會，民國五十三年，頁二十三～二十四。

當時政府開誠接納，乃將紅軍改編爲國軍，並賦予十八集團軍和新四軍的番號，統轄三萬餘人，加入國軍戰鬥的行列。

　　民國二十六年秋，當朱德率領改編後的第八路軍由陝北出發時，毛澤東就中共在抗戰中的發展策略，向他們做了重要的講話。毛澤東云：

> 　我們的決策，是七分發展，二分應付（對國民政府），一分抗日。
> 這一決策，可分爲三個階段來實施：第一階段，與國民黨妥協，
> 以求生存發展；第二階段，與國民黨取得力量平衡，與之相持；
> 　第三階段，深入華中各地，建立華中根據地，向國民黨反攻。❺❹

事實的驗證，中共在抗戰期間採取的決策正是如此。另外，在民國二十九年十月四日出版的中共人民抗日軍政治部編印之《幾個問題的解答》中，特別說明雖將紅軍改編爲國民革命軍，但仍不受國民政府指揮，其全文如下：「問：紅軍改爲國民革命軍，是不是變了國民黨的軍隊？答：紅軍名義的改變，是爲了全國抗日的統一指揮，雖然在名義上是改變了，但是實際上還是照紅軍一樣的辦法，仍然是受共產黨的領導，我們的指揮員，還是我們的人，國民黨不能派一個人到我們隊伍中來負責工作。通俗的說：外面雖是白的，內面還是紅的。我們改了名義，要他們發給我們軍需軍餉，我們處處佔便宜，絲毫不曾變成國民黨的軍隊。」❺❺ 從這個文件中，可以證明中共的基本態度是藉抗日改編而保存實力，並盡量擴增，民國三十四年四月底，毛澤東在

---

❺❹　同❸⓪，頁八十六。
❺❺　《共匪禍國史料彙編》第三冊，頁二十九。

中共七次大會作題爲「論聯合政府」的政治報告時，除了要求國民政府「廢除國民黨的一黨專政，建立民主的聯合政府」外，並坦白指陳共軍於抗戰開始的「只剩幾萬人」，如今「當我在這裡做報告的時候，我們的軍隊已發展到了九十一萬人」⑤。軍隊之外，中共佔領的地盤，到了民國三十四年四月，已有十九個「解放區」，即陝甘寧、晉察冀、晉冀豫、冀魯豫、晉綏、冀熱遼、山東、蘇北、蘇中、蘇浙皖、浙東、淮北、淮南、皖中、河南、鄂豫皖、湘鄂、東江、海南⑤。

　　中共因八年抗日戰爭的乘機坐大，擁有九十一萬軍隊和十九個「解放區」的實力，因此敢與政府抗衡。民國三十四年七月，毛澤東對湖南同鄉左舜生說：「蔣先生總以爲天無二日，民無二王，我『不信邪』，偏要出兩個太陽給他看看！」毛澤東又因美國駐華大使赫爾利曾說過「美國不以武器支助中國擁有武力之政黨」，遂又對左舜生說：「我這幾條爛槍，既可以同日本人打，也就可以同美國人打，第一步我要把赫爾利趕走了再說！」⑤ 由此可見毛澤東在當時已準備和政府武力相向；如果美國不支持中共，即與美國爲敵亦在所不惜。

　　關於抗戰期間中共對國民政府態度的轉變，陳慶曾製表說明，茲錄如下⑤：

　　從表中可知，抗戰勝利即是中共公開爭取地盤的開始。民國三十四年八月十日晚間日本有意投降的消息傳出後，蔣委員長當晚即對全國各部隊發出「應就原地駐防待命」的電令，對共軍更詳加指示。然

---

⑤　毛澤東，〈論聯合政府〉，《毛澤東選集》第三卷，北京，人民出版社，一九六九年二月，頁一〇二九。

⑤　同⑤，頁二七八。

⑤　左舜生，《近三十年見聞雜記》九龍，自由出版社，民國四十一年，頁九〇～九十一。

⑤　同⑤，頁四十六～四十七。

中共對國民政府的態度之發展趨勢表(1937-1945)

主　題 ＼ 日　期	7/1937	1937秋	8/1937	9/1938	11/1938	1/1940	12/1940	7/1941	3/1943	6/1944	9/1944	11/1944	8/1945
徹底實現三民主義	V												
取消蘇維埃，改爲地方政府	V												
取消紅軍，改編爲國軍	V												
一分抗日，二分應付，七分發展		V											
讓一切人失敗			V										
國共長期合作				V									
擁護蔣委員長和國民政府				V									
旣統一、又獨立				V									
旣聯合、又鬥爭						V							
要求增編紅軍　由二萬人到三師（一軍）			V										
要求增編紅軍　由三師到九師（三軍）					V								
要求增編紅軍　由九師到十二師（四軍）								V					
要求增編紅軍　由十二師到十六師（五軍）										V			
調整國共關係，承認各黨派合法									V				
實行民主政治、開放黨禁										V			
組織聯合政府											V		
改組國府爲聯合國府，改組軍委會爲聯合軍委會													
反駁蔣委員長命令，全線向敵進軍，成立聯合政府													V

而，第十八集團軍總司令朱德對蔣委員長之命令毫不理會，除了在八月十日對「各解放區所有武裝部隊」發出「加緊攻擊」的命令外，並於次日連續發布了六道命令，指示晉綏解放區賀龍的部隊、晉察冀解放區聶榮臻的部隊及冀熱遼解放區的武裝部隊向東北進軍；山西解放區的武裝部隊肅清同蒲路沿線和汾河流域的日僞軍；各解放區的武裝部隊進佔交通要道❻。蔣委員長於十一日再電令朱德、彭德懷嚴守指

令，而朱德於十二日致電日軍司令官岡村寧次要求向共軍投降，次日又上電蔣委員長拒絕十一日之「原地駐防待命」的電令。十七日，更向蔣委員長提出六項要求，冀圖以共軍接收淪陷區；同時在當日照會美、英、蘇在華大使館要求參加受降與接收⓺。中共抗令之行動已明顯之至。

民國三十四年八月十三日，毛澤東在延安幹部會議上講演「抗日戰爭勝利後的時局和我們的方針」時表示，中共的方針是「針鋒相對，寸土必爭」，「現在蔣介石已經在磨刀了，因此，我們也要磨刀」⓷，以武力相向的態度已經很清楚了。同日，毛澤東爲新華社所寫題爲「蔣介石在挑動內戰」的評論中，則公開指稱政府沒有權利接受日僞投降，他說：

> 實在說，在中國境內，只有解放區抗日軍隊才有接受敵僞軍投降的權利。至於蔣介石，他的政策是袖手旁觀，坐待勝利，實在沒有絲毫權利接受敵僞投降。我們要向全國同胞和全世界人民宣佈：重慶統帥部，不能代表中國人民和中國眞正抗日的軍隊。⓺

中共在言論和行動上均已背離國民政府，「針鋒相對」已成必然的趨勢。陳慶曾評論抗戰時期的國共關係說：

⓺　毛澤東，〈蔣介石在挑動內戰〉，《毛澤東選集》第四卷，頁一〇三七～一〇三八。

⓺　王健民，《中國共產黨史》第三編，頁四七八～四八二。

⓷　毛澤東，〈抗日戰爭勝利後的時局和我們的方針〉，《毛澤東選集》第四卷，頁一〇二四～一〇二五。

⓺　毛澤東，〈蔣介石在挑動內戰〉，《毛澤東選集》第四卷，頁一〇三七。

　　國府因八年苦戰，國力消耗殆盡；中共則經八年擴張，伺機出
　動。國共商談至此幾臨絕境。雙方關係在此時期的特徵，是中
　共已由「要求」變爲「拒絕」，國府則由「拒絕」而成「讓步」。
　事實上，毛澤東要使中國出「兩個太陽」的心態，已決定了共
　產黨要與國民黨力爭至少半個天下，內戰乃不可避免。**⑭**

洵爲一針見血之論。

二　戰爭後遺症的併發

　　從民國二十六年七月七日蘆溝橋事變起，至三十四年八月十四日
日本投降止，計抗戰八年一月又七日，時間漫長。戰爭區在蘆溝橋事
變至武漢會戰的抗戰第一期，遍及察、綏、晉、冀、魯、豫、蘇、浙、
皖、鄂、贛、閩、粵等十三省，劇烈戰鬥的地方有二百五十六市縣；
自民國二十七年秋末至三十二年七月六日的抗戰第二期，戰場仍以被
侵各省爲主，另增湘、桂、滇三省，合計十六省二百九十五市縣；自
民國三十三年七月六日至三十四年八月十四日的抗戰第三期，敵後游
擊是制敵的有效戰術之一，做爲游擊戰場的有八十四市縣。八年來全
國曾蒙戰禍區域共有四百六十七市縣。曾遭日本空襲廣及十六省，內
含戰區粵、豫、贛、桂、浙、閩、皖、湘、鄂、滇等十省，及陝、川、
黔、甘、靑、康等後方六省。空襲災區至少應有二十三省，倖免於害
的除東北不計外，僅遠居邊陲的新疆、蒙古、西藏三地而已**⑮**。
　　由於戰爭時間長，交戰地區廣，中國各方面的損失很大。民國三

<hr />

⑭　同**⑪**，頁四十五。
⑮　〈中國抗戰時期財產損失說帖〉，《抗戰勝利的代價》頁一七七～一七八。

十四年十一月二十六日，蔣主席對最高經濟委員會訓詞中說：「以往八年抗戰，曾經嚴重的破壞了我們的經濟，這並不僅指城市的轟炸，以及房屋與工廠的破壞而言。在戰爭的期間，我國喪失了無數人民的生產力量，他們都被迫離開了農村，離開了城市，我們因爲敵人封鎖海岸，失掉了我們所需要的商業，在很多地方，日本曾整個的或部分的拆掉我們的工廠，在另外的地方他們曾把我們民生工業，改變成他們的戰時工業，所以現在要把這些工廠復員，使其生產我國人民所需要的東西，並不是一件容易的事。目前我國工業有的已在停頓的狀態，有的僅維持小量的生產，大多數的勞工都失了業，造成普遍的困苦現象。」❻❻

鄭竹園教授曾以八年抗戰對中國經濟的直接破壞、對中國經濟的長期影響及日本對中國資源的掠奪等三方面，研究日本侵華戰爭對中國經濟的影響。據他的估計，在直接損失方面，由於全國十一億四千萬畝耕地中的六億畝遭受破壞，農民的損失接近六十億元，工業損失在二十億元以上，加上交通運輸、礦山、森林、手工業等的損失，總數當在一百億元以上。此一數字並不包括人命的犧牲與工農業因破壞而減產的長期損失，如將這些損失包括在內，則全部損失又要比直接損失增加許多倍❻❼。他同時引用中共方面的資料說：「據中共軍事學院本年（一九八五）八月發表的數字顯示，中國軍隊在抗日戰爭中傷亡三百零八十餘萬人，人民傷亡一千八百餘萬人，財產損失與戰爭消耗折合一千多億美元。此一數字只會低計而不會高估。」❻❽

---

❻❻　《蔣總統思想言論集》卷十九，臺北，中央文物供應社，頁二十八～二十九。
❻❼　鄭竹園，〈日本侵華戰爭對中國經濟的影響〉，《抗戰勝利的代價》頁五十八～五十九。
❻❽　同前注，頁五十九。

　　除遭受戰爭的直接破壞外，各淪陷區遺留下來的工礦企業及農業資源、人民財產亦遭受日本侵略者的強取豪奪，其數字無法估計，更嚴重的是對中國經濟的長期影響。鄭竹園很明白的指出：「八年的抗日戰爭不僅使中國即將『起飛』的經建計畫中斷，而且嚴重耗竭中國的國力，造成戰後的惡性通貨膨脹，成為大陸赤化的主要原因。」[69]他並解釋，為了支持這場戰爭，政府國家預算有七成用於軍費。由於戰費激增，而中國原來的主要稅源——關、鹽、統三稅的集中地（沿海地區）又陷入敵手，使政府主要的經濟來源斷絕。民國二十六年的赤字已佔國家支出的百分之三十七，到了民國三十年赤字已達到百分之八十一，民國三十四年更達百分之八十三。詳細的數字如下表[70]：

（單位：法幣百萬元）

年　份	現金支出	現金收入	赤字佔支出%
1937	2,091	1,314	37
1938	1,169	341	71
1939	2,797	580	79
1940	5,288	1,589	70
1941	10,795	2,024	81
1942	25,149	6,254	75
1943	67,234	20,768	69
1944	193,619	61,064	69
1945	1,257,733	216,519	83

　　為了彌補龐大的赤字，政府只好乞靈於增發鈔票，遂形成惡性通貨膨脹。民國三十四年鈔票發行量達到五千五百六十九億，物價指數為民國二十六年六月的二千一百六十七倍。詳細數字如下表[71]：

[69]　同前註，頁六十四。

[70]　Arthur N. Young, *China's Wartime Finance and Inflation 1937-1945*, Cambridge: Harvard University Press, 1965, p. 20.

年 份	零 售 物 價 指 數		鈔 票 發 行	
	1937年1-6月＝1		年底發行額	每年增加率
	指數(12月份)	每年上漲率(%)	(法幣十億元)	(%)
1937	1.18		2.1	
1938	1.76	49.2	2.7	32.7
1939	3.23	83.5	4.8	75.2
1940	7.24	124.1	6.4	75.8
1941	15.95	120.3	15.8	87.5
1942	66.20	315.0	35.3	123.4
1943	228.00	244.4	75.4	113.4
1944	755.00	231.1	189.5	151.3
1945	2,167.00	187.0	556.9	193.9
平 均增長率				
1937-45		169.6		106.7
1937-44		166.8		94.2

　　戰後國內通貨膨脹惡化的趨勢繼續擴大，民國三十六年經濟情況轉趨嚴重，通貨膨脹速度不可遏止。在法幣的發行方面，民國三十五年幾增至四倍，三十六年增加三十三倍，三十七年增加三百七十倍。法幣與美鈔的比率，三十五年初二〇元對一元，後提高至二〇四元對一元，再提高至三〇〇〇元對一元。三十六年二月初法幣由一萬元漲至一萬八千元兌換美鈔一元，黃金一兩由五十萬漲至九十三萬。八月，法幣四、五萬元換美鈔一元，黃金一兩漲至二百五十萬元。十二月，發行二萬、四萬、十萬元大額法幣，米每石由四十萬元躍至一百餘萬元，一般物價高過去年十五倍。民國三十七年一月，物價再度飛漲，

❼ 同前注，頁一六〇、三〇三。

二月，米每石突破三百萬元，三月漲至四百四十萬元，六月達一千萬元，七月突破三千萬元。黃金每兩在二月爲二千二百萬元，七月約爲一億一千萬元，八月超出六億元。三十七年八月十九日，政府正式頒布財政經濟緊急處分令，即日起以金元爲貨幣單位，發行金圓券，發行不到三個月，金圓券完全失敗，以金銀外幣兌換金圓券的守法良民爲之破產，怨聲載道，加速了大局的崩潰⓻。

經濟的惡化使固定支薪階級的公敎人員，尤其是敎師的實質收入直線下降。民國三十二年時這些人的實質收入只有民國二十六年的二成，至三十七年一般人民的生活均已陷入困境。這些支持政府人員的離心，腐蝕了國民政府的政治支柱。蔣中正在《中國之命運》書中曾追述道：

> 金圓券改革幣制計畫，以至幣制每況愈下，於是共黨乘機大肆其反動宣傳，煽惑人心，動搖社會，尤其對大都市的金融與經濟，施展其有形和無形的各種破壞手段，最後影響了全國金融的紊亂，乃使通貨膨脹的趨勢益加惡化，而無法遏止。於是軍公敎人員的生活更見艱苦，而軍政風紀亦就不能保持其抗戰時期的水準，我們反共鬥爭之所以失敗，這實是最大原因之一。⓼

經濟上的通貨膨脹使正常的生產無法運行，社會資金轉移到炒賣金鈔與囤積物資等方法，造成「工不如商，商不如投機倒把」的反常現象；發橫財的人生活糜爛，一般中產階級則瀕於破產，貪污風行，

⓻ 郭廷以，《近代中國史綱》香港，中文大學出版社，一九八〇年二月，頁七七八～七八〇。

⓼ 同⓷，頁一八八。

人心思變，戰後的社會風氣完全墮毀。在教育方面，抗戰初期沿海沿江各大學內遷，有的一遷再遷，甚至三遷四遷，顛沛流離，戰時的大學教育仍舊弦歌不輟。抗戰勝利後，內遷各校進行復員工作，萬千師生間關涉水、吃盡辛苦地回到戰前的校址所在地，然而由於經濟危機導致通貨膨脹，使學生生活越來越困難，三餐不飽，衣履不全，靠貸金公費勉強維持。學生生活困難，加上要求遷校、增加公費、改大學、改國立、反對會考、反對甄選辦法、取消積點制度等要求，導致學生罷課遊行風起雲湧。

　　戰後的中國，在政治上由於國共兩黨的尖銳對立，內戰不可避免；加上長期戰爭的消耗，經濟上、社會上、教育上的戰爭後遺症併發，政府絀於應付。兩者交互影響，使內部形勢急速惡化，政府威信喪失，大局糜爛，民間普遍不安與失望，於是以學生為首的各種示威遊行蜂起，政府動輒得咎，疲於奔命。

第三章　反內戰學潮

　　高舉「反內戰」旗幟的昆明學潮，是抗戰勝利後中共首次策動的學潮。這次學潮的基本口號是「反對內戰，爭取自由」，基本訴求是「立即制止內戰，要求和平」、「反對外國助長中國內戰，美國政府應立即撤退駐華美軍」、「組織民主的聯合政府」等。這次學潮由於雲南黨政軍當局處置失當，使罷課學生獲得了大勝利。中共對這一次的學潮給予甚高的評價，認為是為開闢戰後第二條戰線而「吹響的第一聲號角，點燃的第一堆烈火」。

第一節　發生背景

　　抗戰勝利後，按照中共的估計，內戰的爆發是無可避免的。民國三十四年八月十三日，毛澤東在延安對幹部分析國共兩黨的關係時說：

　　　　內戰危險是十分嚴重的，因為蔣介石的方針已經定了。按照蔣介石的方針，是要打內戰的。按照我們的方針，人民的方針，是不要打內戰的。

不過，他又說：

　　　　人民得到的權利，絕不允許輕易喪失，必須用戰鬥來保衛，我
　　　　們是不要內戰的，如果蔣介石一定要強迫中國人民接受內戰，
　　　　爲了自衛，爲保衛解放區人民的生命、財產、權利和幸福，我
　　　　們就只好拿起武器和他作戰。❶

　　根據這個認識，毛澤東提出了「針鋒相對，寸土必爭」的方針。這個
方針的特點是「按照蔣介石的辦法辦事」，以極其弔詭的手法，將或和
或戰的責任完全推卸給政府，自謂自居於被動，除了不需負任何責任
外，且能保證本身行動的正確性。毛澤東在重慶談判後就曾說：「針
鋒相對，要看形勢。有時候不去談，是針鋒相對；有時候去談，也是
針鋒相對。以前不去是對的，這次去也是對的，都是針鋒相對。」❷在
這種兩面手法靈活運用下，使政府方面吃了很大的悶虧。

　　基於這個兩面手法的策略，八月十日，日本有意投降；十一日，
朱德即以「延安總部」名義發出六道命令，指使各地共軍全面進攻，
收繳日僞武器，佔據及破壞交通要道，擴大地盤，完全不理會政府「原
地駐防待命」之指令，破壞軍令系統，點燃了「內戰之火」。另一方面，
八月十六日，周恩來爲中共中央起草的給重慶局的指示電文中，卻要
求積極進行反內戰的宣傳，他指稱國民政府方面，「數日來，蔣介石以
更大的力量在擴大內戰宣傳，動員接近他的中外記者向外廣播，企圖
嫁其責任於我，嚇唬人民，好便於他放手內戰，繼續獨裁。」因此指
示重慶局，「目前蔣之一切宣傳均爲內戰做文章，只是步調常亂，空隙
甚多。你們應在報紙上，在中外人士中，配合延安廣播，堅決地予以

---

❶　毛澤東，〈抗日戰爭勝利後的時局和我們的方針〉，《毛澤東選集》第四卷，頁
　　一〇二三～一〇二六。

❷　毛澤東，〈關於重慶談判〉，《毛澤東選集》第四卷，頁一〇五七。

嚴斥，以壓倒蔣之反動宣傳」，至於宣傳內容，則「應集中於宣傳反對內戰、反對獨裁、主張和平、主張民主四個口號。」❸

　　從八月至十一月間，中共對政府的策略始終採用兩面手法，一方面進行和平談判，一方面進行武裝進攻。在和平談判方面，自從民國三十三年八月美國總統羅斯福派遣赫爾利來華斡旋國共關係起，在赫爾利的斡旋下，國共間展開了爲時一年的會談，但因「聯合政府」問題未能獲得共識，而終以失敗收場。日本投降後，中共雖點燃了「內戰之火」，但由於赫爾利不懈地斡旋及朝野一致殷望和平，加上中蘇友好同盟條約的簽訂，終使毛澤東迫於情勢，於民國三十四年八月二十八日抵達重慶，與國民政府展開爲期四十一天的「重慶會談」。國共雙方經過一連串會談後，於十月十日簽訂了「會談紀要」，因是日正巧是國慶紀念日，故又稱爲「雙十協定」。協定內容包括和平建國、政治民主化、國民大會、人民自由、黨派合法、特務機關、釋放政治犯、地方自治、軍隊國家化、解放區地方政府、奸僞、受降等十二個問題及解決之道❹。

　　「會談紀要」初稿原有十三項，第十三項的原文是：

> 關於避免衝突問題，中共方面提出停止一切武裝衝突，各部隊暫留原地待命；政府方面表示，一切武裝衝突自須即行停止，只要中共部隊對中央軍隊之行進不加阻止，即無問題。

❸　《周恩來選集》上卷，北京，人民出版社，一九八一年二月再版，頁二二三～二二四。

❹　政大國際關係研究中心編，《國共關係簡史》臺北，政大國關中心，民國七十二年，頁二〇九～二二五。

這是因爲中共最初要求停止進兵，政府即明白答覆中央部隊受降前進，中共不應阻止，到了紀要要發表時，中共主張刪掉這一項，政府也表示同意。這項刪除，使得「會談紀要」發表以後，軍事衝突隨之發生，並且日益擴大，顯然地，中共不願受到協定的約束，俾能保留任意調動軍隊的權利❺。

在武裝進攻方面，當毛澤東在重慶談判時，共軍早已接到朱德的命令向各地區推進，並圖謀在各地破壞，與剛完成接收之國軍發生衝突。由於國軍初至華北，情報不靈，協調欠佳，遭受共軍以大吃小的方式，重要據點紛紛淪入共黨手中，導致國軍損傷頗大，其中以八月底至十月初的上黨區淪陷❻，和十月至十一月的漳河戰鬥等犧牲尤巨❼。上黨區爲晉、冀邊區之鎖鑰，東屏太行，西障太岳，能制冀南，取豫北，係利於攻守之地，此地之淪陷，不但使國軍北上困難，且使華中深受威脅；而漳河之役，使共軍對華中形成極大威脅，對華北更肆意竄擾，南北陷離，而空運平、津之兵力有限，形成孤立，使整個戰略陷於被動。

在察哈爾、綏遠、熱河方面，戰鬥自十月中開始，共軍以十餘萬兵進攻，國軍此時在戰術上運用成功，同時有空軍之支援，給予共軍嚴重之打擊，可惜空運北平之兵力單薄，未能及時收復各地，然共軍在此役中傷亡二萬餘人，向東竄走❽。而前進接收東北之國軍，在錦縣、臨楡一帶受共軍騷擾，阻止國軍前進，均先後被擊潰❾。

---

❺　同前注，頁二二五。
❻　國防部史政局編，《戡亂簡史》臺北，國防部史政局，民國五十一年六月，頁五～六，頁十～十一。
❼　同前注，頁十三～十五。及《毛澤東選集》第四卷，頁一○六四～一○六七。
❽　同前注，頁十七～十九。
❾　同前注，頁二十一～二十二。

　　從東北除外的整個戰局看來，國軍在初期是處於不利的情況，因共軍進入華北，遠較國軍爲近，往往利用以大吃小的方式來圍攻孤軍深入的國軍部隊，故戰後初期，接收華北、華中一帶非常困難，及至國軍部隊陸續到達，且部分空運平、津一帶之後，戰力轉強，屢有佳績，使共軍受到嚴重打擊。在武裝戰鬥佔優勢時，中共即使剛簽訂的和平協定墨迹未乾，仍倡言戰爭。如在簽訂「雙十協定」後的第七日，毛澤東在延安幹部會上談及上黨之戰，即揚言「這樣的仗，還要打下去」。他說：「現在有些地方的仗打得相當大，例如在山西的上黨區。太行山、太岳山、中條山的中間，有一個腳盆，就是上黨區。在那個腳盆裡，有魚有肉，閻錫山派了十三個師去搶。我們的方針也是老早定了的，就是針鋒相對，寸土必爭。這一回，我們『對』了，『爭』了，而且『對』得很好，『爭』得很好。就是說，把他們的十三個師全部消滅。他們進攻的軍隊共計三萬八千人，我們出動三萬一千人。他們的三萬八千被消滅了三萬五千，逃掉兩千，散掉一千。這樣的仗，還要打下去。」❿然而，等到戰爭失利時，中共即以反內戰、和談等來促成停戰。

　　民國三十四年十一月五日，毛澤東以中共發言人的名義發表談話，指稱「國民黨當局正在大舉調兵，像洪水一樣，想要淹沒我整個解放區」，指責國民黨中央宣傳部長吳國楨宣稱最近戰爭中政府「全居守勢」的說法係謊言，要求解決受降、僞軍、自治等三個問題，即要求政府將進入解放區及其附近之國軍撤回原防，僞軍全部繳械遣散，承認解放區民主自治等，認爲「只有如此，才能制止內戰，否則是完全沒有保障」，因爲「沒有保障」，所以最後毛澤東只好呼籲「全國人

---

❿　同❷，頁一〇五五。

民動員起來，用一切方法制止內戰」⓫。這就是戰後反內戰運動勃興的背景。

　　中共提出「反內戰」的指示後，各地雖有響應，但不熱烈，然而在有「小北平」之稱的昆明卻掀起了大波瀾，其原因值得進一步探討。以「反內戰」為標誌的昆明學潮之所以發生、擴大，與其領導者──西南聯大──有密切的關係。民國二十六年七月底，北平淪陷。淪陷前，各校師生即先後離開北平。北大、清華、南開三校師生南遷，長途跋涉，抵達湖南省府長沙後，三校聯合設立長沙臨時大學，十月十八日學生開始報到，十一月一日正式上課。當時的長沙臨大，有教師一百四十八人，其中北大五十五人；學生約一千四百五十人，其中北大學生三百四十二人，校址設在長沙聖經書院、德涵女學舊址及四十九標營房；文學院院址在南岳，因與校本部距離較遠，所以也稱為長沙臨大南岳分校⓬。民國二十六年年底，南京淪陷，日軍自華北及長江一帶步步進逼，局勢緊張，武漢震動，於是長沙臨大奉教育部之命，於二十七年一月議定，遷往雲南昆明。二月中旬，臨大開始搬遷，經過六十八天的長途跋涉，終於在四月二十八日抵達昆明。在此之前，四月二日，正式更名為國立西南聯合大學，簡稱西南聯大，五月四日正式開課⓭。

　　關於西南聯大的學風，由馮友蘭撰文、聞一多篆額、羅庸書丹，經聯大校委會通過的「國立西南聯合大學紀念碑」，曾有扼要的敍述。碑云：「三校有不同之歷史，各異之學風，八年之久，合作無間，同

⓫　毛澤東，〈國民黨進攻的真相〉，《毛澤東選集》第四卷，頁一〇六四～一〇六六。

⓬　蕭超然等，《北京大學校史》上海，教育出版社，一九八一年十月，頁二一四。

⓭　同前註，頁二一六～二一七。

無妨異，異不害同，五色交輝，相得益彰，八音合奏，終和且平。」
「萬物並育而不相害，道並行而不相悖，小德川流，大德敦化，此天
地之所以為大，斯雖先民之恒言，實為民主之眞諦。聯合大學以其兼
容並包之精神，轉移社會一時之風氣，內樹學術自由之規模，外來民
主堡壘之稱號，違千夫之諾諾，作一士之諤諤。」 ⑭ 由於北大、清華、
南開三校皆係頗具有代表性的三種類型大學，北大的「民主、自由」
之風，清華的「嚴謹、認眞」之風與南開的「開拓、活潑」之風，因
抗日戰爭而聯合一起，在遷徙流離、物質條件極端匱乏的情況下，三
校校風仍得以繼承、融合和發展 ⑮ 。

　　西南聯大的校風兼有北大、清華、南開三校之長，且人才薈萃，
教授名流雲集，為全國青年所嚮往。楊紹鴻在回憶聯大師生的生活時
說：

> 聯大師生不僅埋頭鑽研學術，而且關心國家大事和世界風雲的
> 變幻；不僅追求自己美好的未來，而且更關心國家民族的前途
> 和安危。聯大學術空氣自由，百家爭鳴，政治空氣濃厚，『民主
> 牆』壁報耀眼，是供人呼吸新鮮空氣和獲得營養的『窗口』。聯
> 大大草坪的民主集會，經常吸引成千上萬要求進步的青年和市
> 民，為學習天下大事的課堂。⑯

---

⑭　車銘等，〈戰爭烽火中誕生的西南聯合大學〉，《抗戰時期內遷西南的高等院
　　校》（政協西南地區文史資料協作會議編），貴陽，貴州民族出版社，一九八
　　八年八月，頁五～六。
⑮　同前注，頁二十三～二十四。
⑯　楊紹鴻，〈西南聯大優良傳統激勵我們前進〉，《抗戰時期內遷西南的高等院
　　校》頁四十五。

幾乎所有的回憶，都推崇「民主牆」爲聯大學生民主的具體反映。朱鴻運說：「聯大學術自由，政治民主，當時被譽爲『民主堡壘』。當你跨進新校舍北區時，便會看到兩旁的『民主牆』上琳琅滿目的壁報，如百花爭妍。有『耕耘』、『文藝』、『新詩社』、『陽光社』、『冬青』等等，名目繁多，不勝枚舉。它們形式新穎，如『新詩社』全爲詩歌，『陽光社』全爲美術漫畫組成；觀點各異，如『耕耘』壁報主張『爲藝術而藝術』的觀點，『文藝』壁報則提出『爲人生而藝術』的口號等。各抒己見，展開爭論。」❼ 張鳳祥亦說：「一走進聯大新校舍大門，就會看到兩邊牆上貼滿了各種各樣的牆報。這些牆報中，政論、漫畫、詩歌、小說均有。政治內容旣有國民黨、三靑團的觀點，也有中間路線的文章，而大量的則是要求民主進步的呼聲，可以說是『百家爭鳴』。」❽聯大的民主牆在言論及意見的自由表達方面，發揮了一定的功能。

　　由於西南聯大校園充滿自由、民主的風氣，所以被稱爲「民主堡壘」，朱鴻運對此曾加以解釋，他說：「當時西南聯大爲什麼會成爲『民主堡壘』呢？這和學校領導進步教師以及中共地下組織的革命活動是分不開的。以校常委梅貽琦來說，他具有深厚的愛國主義熱忱，資格較老，據說國民黨中央很多要員和教育部長都是他的學生，因此他有所恃而不恐。對教師和學生的態度比較民主，從未採取高壓手段。從教師來說，當時進步教授甚多，聞一多教授就是其中一個比較出名的民主戰士，吳晗、張奚若、費孝通、潘光旦等教授亦經常向學生作

---

❼　朱鴻運，〈我對西南聯大的回憶〉，《抗戰時期內遷西南的高等學校》頁四七～四十八。

❽　張鳳祥，〈我在聯大學習和工作的回憶片斷〉，《抗戰時期內遷西南的高等學校》頁五十四。

公開演講，傳播民主、自由思想。其他具有民主愛國思想的教師還有很多。從學生方面來說，當時參加中共地下組織的同學亦起著骨幹和核心作用。此外，中共的外圍組織，如『民青』等的同學也佔相當數量，起著不小作用。」❶由以上的說明可知所謂「民主堡壘」，事實上是由自由色彩濃厚的校務主持者、親共的左傾師生和中共潛伏分子等共同建造出來的。至於一般聯大學生，因受五四及一二九運動學潮傳統的影響，亦比較積極參與政治活動；對於這種傳承的關係，王松聲曾說：「聯大的民主運動，可以上溯到一二九和五四。北大、清華、南開三校的老師們，有的當年就是五四運動的積極參與者，如聞一多、馮至、朱自清等，有不少人還是一二九運動者。」❷

　　西南聯大的校風，造成多方面的影響，首先是該校對中央政府的漠視，易社強說：「聯大教授及由三校校長蔣夢麟、梅貽琦、張伯苓合組的常務委員的崇高聲望，更增進聯大活動的自由。因此，聯大享有相當大的自由範圍，對教育部的命令，如方便，則服從命令，如不便，則隨機應變。」❸教育部無法對西南聯大發號施令的情形，在課程、教育制度方面，在在顯露出來。易社強又說：「正如同一九二七到一九三七年之間，南京的政客們嘗試改變北平的高等教育制度一樣的徒然；重慶的教育部，很快的發現，不能向昆明的北大、清華、南開三校高傲的教授們發號施令。教育部的執行統一大學課程、辦理教授資格登記、舉行畢業統考、傳授三民主義思想的企圖，聯大或漠視、

❶　同❶，頁四十九。

❷　王松聲，〈關於聯大劇藝社的一些情況〉，《一二一運動史料選編》（下），昆明，雲南人民出版社，一九八○年，（以下簡稱史料選編），頁二八○。

❸　易社經（強），〈西南聯大：以保持為至上價值〉，《八年抗日抗戰中之國民政府》薛光前編著，臺北，臺灣商務印書館，民國六十七年，頁一六六。

或怠忽，或接受，視學校需要而定。」❷

其次，西南聯大的校風對昆明地區產生廣泛的影響，使原本純樸的古城變得「進步」起來。昆明原有的人口約十四萬三千人，民國二十七年因戰爭而撤往雲南的後方難民約六萬人，大多集中在昆明，這些人多數皆屬歷經世故的中、上層人士，其影響力不是以他們的人數作比例。等到西南聯大成立後，昆明成為教育中心，它從文化落後地區立即變為知識分子、文化與政治的活動中心❷。關於聯大對昆明地區的深遠影響，楊紹鴻曾說：「西南聯大的校風，在昆明有廣泛的影響，對雲南的政治經濟、文化教育的發展，是一個很大的促進。那時昆明四所大學之間，教師有交流，雲大、中法和許多中學都有聯大的教師去兼課；有些中學就是聯大學生創辦的。聯大師範學院為雲南培養了一大批師資，提高了雲南教育質量。」❷他並以昆華師範為例，說明西南聯大影響深遠，他說：「抗戰勝利後，西南聯大的組成部分北大、清華、南開復員北返，昆華師範曾一度繼承和發揚聯大的優良傳統，把學校辦得生氣勃勃，我作為一個聯大和昆師的校友，對此感受深刻，至今記憶猶新。」❷

最後，西南聯大影響最大，亦是最不好的影響，是在其自由、民主的校風掩護下，中共分子潛伏滋生，伺機策動反政府活動。車銘、林毓松、符開甲等三人曾坦白地說：「在舊中國，『學術民主』必然會聯繫到『政治民主』這一尖銳敏感的問題，在一定的形勢條件下，也

---

❷　同前注，頁一六八。

❷　易勞逸，〈地方政府和中央政府：雲南與重慶〉，《八年對日抗戰中之國民政府》，頁三六〇。

❷　同❶，頁四十五。

❷　同前注，頁四十六。

必然會由課外活動擴大到活生生的社會現實鬥爭中去。……所以聯大在中共地下組織的領導下，爭取民主的運動，在八年中一直持續開展，與教學科研活動同時並進。一方面在課外學術性活動中請有關教授、專家作報告，大型的如一九四二年中文系和歷史系聯合舉辦的『文史學術講演會』。另一方面聯大的中共組織通過各種公開合法的進步社團，以壁報、各種集會及個別訪問談話等方式，開展民主活動。一九三八年後在中共領導下的群社、冬青社等相繼成立，到一九四五年社團達二十七個之多。『民主牆』上壁報琳琅滿目，被稱爲『壁報文化』，影響極大。它能及時地把中共的正確主張宣傳給廣大師生群眾，把反動派的罪惡予以揭露，從而提高師生群眾的覺悟。嚴守中立和不問政治的人大大減少，不再對國民黨政府抱有什麼希望和幻想了。八年中掀起了許多次民主運動的高潮，大多數聯大師生都同情、支持和參加。」[26]

關於西南聯大中的中共潛伏分子，在大陸淪陷、中共建國後皆紛紛現身說法，追憶當時活動的情形。王松聲這樣回憶道：「我是南開大學的學生，一九三七年七七事變，抗戰開始，北大、清華、南開三校遷到長沙，後又遷往昆明，合成西南聯大。當時我們有十餘人於一九三八年秋，到了陝北抗大。皖南事變後，組織決定我們回昆明復學，一九四一年秋季回到聯大。那時，革命正處於低潮，學校中比較沉寂。」[27]另外，如在昆明學潮中死亡的聯大文史地系二年級學生潘琰，經事後調查證實，他在恩施女師就讀時，就參加了中共地下黨組織。民國三十二年進入聯大就讀時，沒有和聯大共黨組織取得聯繫，一直處於潛伏狀態[28]。

---

[26] 同[14]，頁二十五。

[27] 同[20]。

[28] 〈四烈士小傳〉，《史料選編》（上），頁一○四。

　　在探討西南聯大中共地下黨活動的情形之前，首先回顧中共在雲南的組織發展。在民國二十七年夏之前，中共在雲南的組織分爲兩個系統，一個是成立於民國二十四年十二月，以李浩然爲書記的中共雲南省臨時工作委員會，另一個是成立於民國二十六年九月，以李群杰爲書記的中共昆明支部；兩者之間沒有組織聯繫 ❷。民國二十七年夏，中共中央長江局批准兩者合併，成立雲南省工作委員會（簡稱省工委），由李群杰擔任書記。省工委成立了工人工作委員會和青年工作委員會，分別領導工人運動和學生運動。民國二十七年四月，西南聯大遷到昆明，聯大學生中有一部分「中華民族解放先鋒隊」（簡稱民先）隊員，經省工委決定，於民國二十七年十月，將北方來的民先隊和中共昆明支部組成的「雲南青年抗日先鋒隊」（簡稱抗先）合併，統一爲「中華民族解放先鋒隊雲南地方隊部」，由聯大學生徐鍵任隊長。民國二十八年二月依照中共中央決議，撤消民先隊，各隊領導人和幹部先後被吸引入黨，同時，省工委在各大學、中學和工廠建立黨支部或黨小組，進行各種活動❸。

　　西南聯大成立時，學生中曾在一二九運動時參加民先隊的約有五十人，其中部分已正式加入中國共產黨❸。五十人中由於部分高年級的隊員即將面臨畢業考試和畢業後的生活出路，實際上參加組成「中華民族解放先鋒隊昆明地方隊部」者僅有二十餘人❷。如前所述，二十七年與抗先隊合併，二十八年民先隊撤消，納入雲南省工委組織，成

❷　李天柱，〈雲南學生抗日救亡運動的發展〉，《大西南的抗日救亡運動》（政協西南地區文史資料協作會議編），重慶，重慶文史書店，一九八七年七月，頁三十八～三十九。

❸　孔慶福，〈昆明學生的抗日救亡活動〉，《大西南的抗日救亡運動》，頁一六九。

❸　同❷，頁四十四。

❷　同前注，頁四十五。

立總支部，黨員擴大為四十餘人，佔雲南全省地下黨員的四分之一❸。

西南聯大的中共地下黨在民國二十八年春建立「群社」學生社團，做為展開鬥爭的重要據點。群社中愛好文藝的學生又組織了「冬青社」，聘請聞一多、馮至、卞之琳等為導師，主張文藝不能超然於政治，並出版冬青壁報及冬青文抄。中共地下黨透過群社等社團，開展了各種易於為一般學生接受的活動，如出版壁報，組織各種辯論會、演講會、討論會、時事座談會，舉辦文藝講習班、俄語以及世界語講習班，還成立了許多社會科學的學習小組，講習班都由學生自己講課。此外，還組織多種形式的集體文化活動，如歌詠會、月光會、旅行、體育比賽和舉辦夏令營等。透過這些活動，吸引同學，參加學習小組的學生最多達七百多人。在政治活動方面，開展了各種各樣的抗日宣傳活動，透過九一八、七七等紀念日進行抗日宣傳，舉辦遊藝公演週，演出救亡活報劇；利用課餘組織學生下鄉，開展勞軍和慰問抗日家屬活動。藉著活動，群社的影響力日益擴大，最盛時社員有二百多人，前後共有一千多人參加❹。

針對中共地下黨的活動，民國二十七年，國民黨成立中央直屬聯大區黨部和三青團直屬分團部，次年設立訓導處。三青團並組織「明社」，出有青年、南針、微言等壁報，與「群社」出版之群聲、臘月、冬青等壁報和熱風畫刊相頡抗。當時聯大學生自治會有理事會和評議會兩個機構，三青團掌握理事會，群社則積極控制評議會，利用其監察、彈劾的權利，牽制理事會的運作。

民國三十年一月，「新四軍事件」發生，聯大中共地下黨為了在宣傳上進行反擊，於一月七、八日，地下黨員在南院女生宿舍門前貼出

---

❸　同⓬，頁二二七。
❹　同前注，頁二二三～二二四。

了「新四軍皖南部隊慘被圍殲眞相」的文告和周恩來的題詞:「千古
奇冤,江南一葉,同室操戈,相煎何急」等文字。二月中旬至三月初,
在敍永分校也曾先後三次貼出上述文告及「爲新四軍事件通電」等文
件。由於中共地下黨的公開活動,使政府當局大力肅清,中共只好把
一百多名黨員撤出聯大,分散到各縣去隱蔽,只留下幾個未曾暴露的
黨員繼續工作❸。在這段期間,中共的地下黨員秉持周恩來指示的「多
交友、勤學習、勤調查研究」,和黨組織指示的「勤學、勤業、勤交友」
等方針,以便「長期隱蔽、積蓄力量」。當時聯大地下黨的總支書記、
師院歷史系學生熊德基,功課優良,爲全院第二名的優秀學生。中文
系的潛伏分子齊亮,爲同學辦伙食,任勞任怨,深得同學愛戴。這些
作爲,使中共的力量又漸漸恢復過來。民國三十年年底,聯大地下黨
曾展開「倒孔運動」,反對孔祥熙,但沒堅持多久就匆忙結束了❸。

　　民國三十三年五月四日,聯大學生稱之爲「聯大民主精神復興的
一天」。聯大中共地下黨以紀念五四爲名義,舉辦座談會、營火會、晚
會等活動。這是中共聯大地下黨沉寂三年之後,重新開始的活動。有
鑑於力量恢復壯大,中共地下黨決定奪回自治會的領導權,同年秋季
的普選,中共地下黨獲勝,次年二月,取得學生自治會的絕對優勢,
齊亮被推舉爲自治會主席,從此以後,學生會成爲各項活動的推動者。
在民國三十三年下半年,曾舉辦紀念七七事變七週年、雙十節紀念會、
雲南護國紀念日等三次活動,把影響力從校內擴大到社會上❸。

　　民國三十四年一月,在中共地下黨策劃下,「中國民主青年同盟」
(以下簡稱民青) 在昆明秘密成立。先有第一支部,四月以後又先後

---

❸　同前注,頁二二七～二二八。

❸　同前注,頁二三〇。

❸　同前注,頁二三三～二三四。

成立第二、第三支部。是中共地下黨的外圍組織，其章程明確提出「受最先進政黨領導，與民主力量合作」，並且以「爲新民主主義奮鬥」作爲口號。它的成員除大學生外，還有工人、中學生和新聞記者，幹部大部分是中共黨員❸。民青的盟員此後透過社團，舉辦各種大規模的講演會、時事晚會、文藝晚會、新詩朗誦會、戲劇晚會等，組織群衆，進行宣傳，而卒成爲昆明學潮的主要策動者。

另外，昆明反內戰學潮爆發後，能獲得民衆和基層官員的支持，則和雲南地方政局的動盪有密切的關係。民國三十四年十月三日，政府以武力的方式改組雲南省政府，解除原省主席龍雲的黨政軍職務，調任爲軍事參議院院長，由李宗黃以民政廳長兼代省主席❸。龍雲被解除職務的事件，有人稱之爲「十三事件」，其經過是這樣的：「大約在十月三日淸晨四、五點鐘，龍雲從夢中被槍聲驚醒，很快地穿上衣服後，他發現一批爲數可觀的中央第五軍部隊聚集在他公館外邊，龍雲和他的二個副官，知道情況險惡，喬裝爲老百姓，秘密的從後面小門，偷跑到半哩路外，一個像炮壘而由重兵保護的省政府本部。同時，中央軍與龍雲的部隊發生一小小的衝突，從一大早到下午，滿街上都聽到火箭筒、迫擊砲、機關槍與步槍的回聲。開始衝突後的約七、八小時，杜聿明傳達龍雲調往重慶的命令。龍雲在事後聲稱，在他獲知調職後，立即下令他的軍隊停火。」❹龍雲自民國十六年取代唐繼堯的省主席職位後，一直控制著雲南，他的統治「似乎在大多數雲南人中，獲得相當的聲譽」❹，因此，「雲南人對於中央政府使用不可抗拒

---

❸　同前注，頁二三四。

❸　李宗黃，《李宗黃回憶錄》臺北，中國地方自治學會，民國六十一年，頁二一○。

❹　同❷，頁三七六。

的壓力，極表憤慨」❷。

龍雲統治下的雲南原是半獨立狀態，對日戰爭爆發後，國民政府
遷至大後方，中央政府的勢力進入雲南，在經濟、軍隊、武器等方面，
均與龍雲政府發生摩擦，因此他和重慶的關係時好時壞。在諸多的衝
突中，中央對龍雲最大的不滿是其「庇護左派分子，使昆明成爲共產
主義溫床」❸。龍雲爲了爭取政治上的便利，在雲南容納一些反對中央
的分子，予以庇護。尤其在民國三十年之後，香港不能庇護所謂的自
由派人士後，昆明成爲這些分子的庇護所，爲此，國民政府感到極度
的困擾。例如，羅隆基是西南聯大敎授和國民參政員，然而他極力批
評國民政府，民國三十年政府解除他的兩項職務，然而，龍雲卻對他
加以照顧；民國三十三年，當國民政府堅持將羅隆基逐出雲南時，龍
雲予以拒絕，僅允由他予以監視而已❹。此外，在標榜以反對國民黨
壟斷政權爲口號的民主同盟成立後，龍雲成爲民主同盟的友人和保護
者。龍雲雖然否認給予民主同盟金錢支援，但事實上，他聘任該組織
的主要成員，包括潘光旦、潘大逵與羅隆基等爲省政府顧問。同時，
當該組織成員遇有經濟困難或無經費出版作品時，他隨時予以支助。
據稱龍雲在昆明的廣廈中，一半的房間用爲聯大教職員住宿，而此種
優遇只給予自由派敎授，而非傾向中央政府的人士❺。

龍雲支持庇護的民主同盟人士，在民國三十四年十月以後，逐漸
地和中共合流，兩者結盟共同反對國民政府。是年十月十九日，民主

---

❹　同前注，頁三五七。
❷　同前注，頁三七六。
❸　同❸，頁二一五。
❹　同❷，頁三六六～三六七。
❺　同前注，頁三六七。

同盟與中共商定交換情報及資料辦法，十一月，又訂定合作協定。其
內容如下：

> 中國共產黨與中國民主同盟為推翻國民黨一黨專政，實現民主
> 政治之新中國，得共同攜手奮鬥。對中共解放區之政治、軍事、
> 外交、經濟各設施盡量予以支持，並擴大其影響。雙方同意遵
> 守以下各條約定：（甲）雙方不得單獨對國民黨妥協合作，如
> 有談判，得互相通知，並取得雙方同意後，始與國民黨成立協
> 議。（乙）嗣後無論任何會議，凡中國共產黨所主張，而不違背
> 民主同盟原則者，民主同盟有支持之義務。（丙）民主同盟各分
> 子不受共黨主張上任何拘束，惟遇有與共黨主張完全相左者，
> 可不公開發表。（丁）民主同盟在各解放區可設立支部，共黨承
> 認協助，並與共黨地方黨部交換情報。**❹**

從這個合作協定內容來看，以獨立的、中立的政團自命的民主同盟，
已淪為中共的外圍組織，成為中共對內對外的應聲蟲**❼**。

龍雲在昆明對民主同盟分子的庇護，及給予聯大師生新聞言論比
較自由的尺度，實質上給予中共地下黨很好的發展機會。檢視整個昆
明反內戰學潮的經過，可以發現這個事件是由在聯大任教的民主同盟
教授和聯大中共地下黨員「合作」製造出來的。

---

❹ 《記取歷史的教訓》，國防部總政治部印，頁一〇五。
❼ 蔣中正，《蘇俄在中國》頁一四四。

第二節　昆明學潮（上）

　　昆明學潮係指民國三十四年十一月二十五日至次年三月十七日間發生於雲南省昆明市的學生反內戰運動。中共方面稱之爲「一二一運動」。

　　昆明學潮歷時一百餘天，包括時事晚會、一二一事件、復課鬥爭、殯儀鬥爭等四個重要事件，故其經過約略可劃分爲四個階段：從十一月二十五日時事晚會事件到同月三十日，即一二一事件發生前夕，是爲第一階段；從十二月一日發生一二一事件到同月十八日昆明中等以上學校罷課聯合委員會（罷委會）決定定期復課，是爲第二階段；從十二月十八日罷委會決定定期復課到同月二十七日正式復課，是爲第三階段；從十二月二十七日正式復課到民國三十五年三月十七日舉行死者葬禮，是爲第四階段❹。茲分別說明如下：

一　時事晚會事件

　　民國三十四年十一月五日，毛澤東有關「用一切方法制止內戰」的談話發表後，十九日，民主同盟在重慶首先響應，成立「反對內戰聯合會」。二十一日，延安解放日報爲文鼓動所謂「國統區」民眾起來響應重慶「反對內戰聯合會」所發起的運動。昆明方面，西南聯大中共地下黨的外圍組織民青第一支部，早在十一月中旬，即向民主同盟及其他支部建議發表反對內戰宣言及致電美國要求美軍退出中國，但爲民主同盟所反對，因而耽擱下來。到了二十日左右，由於時局的演

---

❹　沙健孫，〈論一二一運動〉，《中共黨史研究論文集》（朱成甲編），長沙，湖南人民出版社，一九八四年，頁三二四～三三〇。

變對中共不利，因此民青第二支部決定支持第一支部的建議，立即展開工作，其策略是透過西南聯大社團建議學生自治會召開代表會，討論發表宣言事宜❹。

十一月二十四日，西南聯大多青社、文藝社和社會科學研究會、南院女同學會等十五個團體，建議該校學生自治會通電反對內戰。為了擴大聲勢，西南聯大學生自治會與雲南大學、中法大學、英語專修學校等三校自治會商議，決定聯合舉辦反內戰的時事晚會。晚會決定在十一月二十五日晚七時在雲大至公堂召開，由四校學生自治會主持，邀請錢端升、楊西孟、伍啓元、費孝通、潘大逵等五教授演講，而吳晗、聞一多則出席指導。

四校學生自治會聯合舉辦時事晚會的消息為雲南當局獲知後，二十四日晚上，雲南省黨部召集雲南省黨政軍各機關首長，在省府舉行聯席會議，商討對策。會中決議禁止時事晚會之召開，規定「各團體學校一切集會遊行，若未經本省黨政軍機關核准，一律嚴予禁止，如有此類情事發生，即由各該團體與學校主管人員負責」❺，並通知各學校當局制止，尤其要求雲大當局不准學生在校開會；最後亦決議密派黨團人員參加，操縱會場，使其不能達到目的。此外，駐滇第五軍軍長亦召費孝通及其夫人談話，要求他勿參加時事晚會。

二十五日清晨，昆明《中央日報》刊出雲南當局禁止集會遊行的消息，民青瞭解雲南當局對時事晚會的態度後，採取兩個措施，其一是決定把會場從雲大改到聯大，因為他們認為聯大有國際聲望，雲南當局不敢過分干涉，萬一出事，教授校長均可出面講話，而且有校警可幫同維持秩序；其次，由自治會派人分訪教授，希望穩定教授，讓

---

❹　〈一二一運動與民青〉，《史料選編》（上），頁二十八。
❺　昆明《中央日報》，民國三十四年十一月二十五日。

他們都能到會。訪問結果，除楊西孟外，其餘教授均表示可以出席。
中午，四校舉行自治會聯席會議，聯大代表提出更改會場的建議，但
為雲大代表拒絕而作罷。下午二時，雲大代表赴聯大商量，同意把會
場改在聯大，理由是他們獲知李宗黃認為雲大校長熊慶來軟弱無能，
想藉此機會撤換他。這樣就臨時把會場改到聯大，而聯大校方並未阻
止，代常委葉企蓀曾非正式經由李繼侗通知吳晗說可以召開時事晚
會，但須「技術一點」 ❺ 。

　　時事晚會既然準備如期舉行，因此雙方積極進行佈置。雲南當局
方面，警備司令部於下午二時在該部召集各有關人員開會，討論防止
之道。會中決定所有軍政有關人員及黨團工作人員都要到西南聯大草
坪去參加時事晚會，並指定當時在聯大、雲大任教的黨員團員，及省
黨部三青團的黨團工作人員，於會場中進行爭取主席，操縱會場，爭
取演說。下午五時，省黨部監察委員兼調查室主任查宗藩，在武成路
三青團召開臨時會議，分派黨團工作人員的工作，指示如何發言，如
何操縱會場，到會者約二十人左右，均表示願意爭取演說 ❺ 。民青方
面，事前亦做了佈置，除了通知各盟員臨事鎮定，幫同維持秩序，並
在相互間作必要的聯繫外，並在校門口設傳達處，準備到時與軍警辦
交涉，同時要求校警加崗。

　　當天下午五時許，雲大至公堂座位即被各校學生搶占，顯然主辦
單位尚未公告會場更改之事。六時許，到會學生獲知禁止時事晚會在
雲大舉行後，「群情激憤，大喊『非開不可』，晚會主持人乃宣佈改在
聯大草坪照舊舉行」 ❺ 。七時許，時事晚會在聯大圖書館前草坪舉行，

----

❺　同❹，頁二十九。

❺　一九五一年一月十七日，〈查宗藩供詞〉，原件藏雲南省公安廳檔案科，《史
　　料選編》（上），頁五十六。

參加之大中學生及社會人士約五六千人。時事晚會的主題是反對內戰，因此，無論主席致詞、教授演講或通過的宣言，均環繞此一主題。

時事晚會一開始，即由主席團致開會詞，主席在致詞時強調中華民族之興廢，完全繫乎目前進行之內戰能否制止。接著，由聯大政治系教授錢端升演講，講題爲「中國政治之認識」，他極力強調成立聯合政府之必要性，認爲「苟無聯合政府，則內戰無法停止，老百姓將增無數不必要之痛苦」。繼錢端升教授之後演講的是伍啓元教授，他的講題爲「從財政經濟觀點論內戰必須避免」，強調在當時的財政經濟情形下，中國實不能也不應進行內戰，如內戰繼續擴大，中國勢將失去建立現代工業化國家的機會，財政經濟必將趨於總崩潰。第三個演講的是費孝通教授，講題爲「美國與中國內戰之關係」，他指出當時美國的政策實有助長中國內戰之嫌，但其罪惡不在美國人民而在美國的財閥、軍閥。最後由潘大逵教授演講，講題爲「如何制止內戰」，他強調從速召開政治會議，成立聯合政府，美蘇軍隊從中國撤退是制止內戰的主要條件❺❹。

在費孝通演講後，潘大逵登臺前，大會通過聯大等四校全體學生致國共兩黨制止內戰和籲請美國青年反對美軍參加中國內戰等通電。民青召開時事晚會的目的有二：一是發表宣言，反對內戰；二是致電美國青年，呼籲美國退出中國，至此，其目的完全達成。發表宣言的過程經過刻意安排，首先由一個聯大學生上臺宣讀雲大、聯大等十二學術團體致大會書，書中提出要求大會當場通過發表反對內戰宣言，

<hr />

❺❸ 〈天地有正氣—昆明學生在槍炮聲中站立起來〉，錄自雲南省檔案館。《史料選編》（上），頁五十三。

❺❹ 〈一二一罷課鬥爭的經過〉，昆明一二一學生愛國運動（陪都各界反對內戰聯會編），《史料選編》（上），頁七～九。

呼籲美國政府，請其撤退駐華美軍，立即停止干涉內政；再致電美國人民，呼籲他們向其政府抗議，停止以軍火援助中國政府，迅速退出中國內戰漩渦。辦法則是由到會人士同意，然後交由主席團起草，各校自治會公布宣言內容，召集代表大會修改通過❺❺。

在雲南當局採取的反制措施方面，則進行不甚順利，原先計畫在時事晚會一開始，即發言要求公推主席，然後推舉聯大的查良釗、陳雪屏或雲大的魯冀參，再由黨團工作人員爭取輪流發言，以操縱會場，但事實完全行不通，所以在學生要求通過宣言後，查宗藩就以老百姓身分，要求上臺發言。查宗藩上臺後表示，抗戰八年方得勝利，目前有人稱兵作亂，此係內亂而不是內戰，自當設法予以平息。查宗藩曾回憶其經過：「會議進行了許久，黨團工作人員仍無舉動，亦無演說，我當時想到關麟徵指示不能完成使命就自殺的話，以為如何是好呢？便只有自己說話，以了差事。當時我穿的是舊布長衫光頭布鞋，於是我便向主席要求以老百姓的資格說幾句民主的話。主席答應了，我便上臺發表荒謬言論，說抗日勝利後應當戡亂，不是什麼反對內戰的問題。後來被主席團扯拉下臺，臺下的群眾也在怒吼，我下臺後見情形不好，便伺機由人群中逃跑出西南聯大了。」❺❻查宗藩的發言似乎沒有產生效果，晚會則在潘大逵教授的演講後結束。

在晚會進行時，軍警曾鳴槍示威，散會後，入城的學生遭槍聲阻止，聯大城牆缺口、鳳翥街、大西門等出口都架有機關槍，斷絕通行。學生只好折回聯大，在校內枯等到十時許，才從農場小路至雲大後門而進城。關於鳴槍戒嚴，雲南當局的解釋是發生匪警，隔日的報紙如是刊載：「本市西門外白泥坡附近，昨晚七時許，發生匪警，當地駐軍

---

❺❺　同❺❸，頁五十三。

❺❻　同❺❷。

據報後，即趕往捉捕，匪徒竟一面鳴槍，一面向黑暗中逃竄而散。」❺⑦
這個說法並未爲教授學生所採信，聞一多寫道：「在教授們的講演聲
中，會場四周，企圖威脅到會群衆和擾亂會場秩序的機關槍、衝鋒槍、
小鋼炮一齊響了，散會之後，交通又被斷絕，數千人在深夜的寒風中
躑躅著。昆明憤怒了！」❺⑧

　　參加晚會之學生返校後，認爲軍警故意包圍聯大會場，鳴槍示威，
戒嚴阻路，十分憤慨，連夜發動罷課抗議，一夜之間，簽名擁護罷課
者達七百多人，於是抄出佈告，宣布罷課。二十六日清晨，繼聯大宣
布罷課後，接著雲大、中法兩校響應。聯大附近的農校、昆工亦相繼
罷課，到了下午，昆明市宣布罷課的學校已達十八個。

　　罷課發生後，民青隨即和三青團展開鬥爭，兩者的目標：一是鞏
固罷課，一是瓦解罷課。民青在二十六日晨，即決定其鬥爭的步驟，
首爲鞏固聯大罷課，次爲發動昆市各校罷課支持聯大。並於是日下午
二時由自治會召開代表大會，會中決議組織罷課委員會、發表宣言、
提出復課條件。在討論宣言時，工學院代表提出既然要求美軍退出中
國，亦應要求蘇軍退出中國的主張，民青的盟員雖加以解釋，但工學
院代表未認爲滿意，付表決時，否決工學院修改案，當時工學院代表
表示將退出罷課，經解釋後始允重新考慮，但亦希望自治會方面亦能
如此。是日晚上，民青集會決定「鞏固聯大罷課、解決蘇聯撤軍問題、
爭取中間同學」爲一兩日內工作重心。他們認爲工學院是最弱一環，
因此決定集中全力鞏固，派遣大批與工學院有關盟員前往進行說服工
作，同時在新舍及工學院展開廣泛的宣傳工作。

　　國民黨雲南省黨部則於二十六日下午五時，召集省府代表、黨團

❺⑦　同❺⓪。
❺⑧　聞一多，〈一二一運動始末記〉，《史料選編》（上），頁五。

工作人員及各學校負責人開會，指示應付之辦法如下：「㈠以黨團同志大量參加各學校集會，使奸黨分子不能開會；㈡鼓勵學生組織反罷課委員會，要求學校上課；㈢以傳單標語壓倒奸黨宣傳；㈣通知市民不許在其住居牆壁上貼標語；㈤奸黨分子如遊行，我黨團同志即以國民身分參加哄散；㈥軍警不出面干預，以黨團組織與工作，壓倒奸黨分子活動；㈦部隊不得與各大學接近，更不准向學校或學生以武力威脅。」❺❾三青團亦召開緊急會議，決定肆應的策略，即轉移宣言的重心，要求國共停戰，要求美蘇退兵，以中共陪國民黨，蘇聯陪美國；然後通過修改宣言的主張，使學生分裂而罷課瓦解。當日下午，以三青團為首的女同學十餘人聯合簽名提出修改宣言的主張，同時以聯大新舍代表的身分，請工學院提出修改，宣稱新舍將予支持。新舍方面，由政治系一九四六級發起簽名運動，標榜無黨無派立場，提出修改宣言的主張，當天簽名者達六七百人。晚上，工學院召開全體大會，經過激烈辯論後，以一三八票對七十七票，通過修改自治會宣言❻❾。

　　二十七日清晨，工學院再度召開全體大會，經過激烈討論後，重付表決，因民青前一晚上的宣傳說服，結果以一一五票對十二票通過擁護自治會宣言，即不進行修改。當時，修改宣言風波原本可以結束，但民青為了謀取聯大全校學生的一致性，集中所有力量，擴大罷課的影響，於該日下午決定修改宣言，以爭取中間學生。其佈置如下：首先由自治會代表聯名提出修改意見；然後由盟員非正式以修改意見徵求中立學生及工學院學生之意見，同時決定修改條文先提付工學院表決，使三青團無從措手。當晚，自治會代表七十一人聯名提出修改宣

---

❺❾　〈昆明市聯大、雲大、中法、英專四大學奸黨分子鼓動學潮及我方防制經過概要〉，錄自中國第二歷史檔案館。《史料選編》（下），頁一○五。

❻❾　同❹❾，頁三十二。

言，並即在自治會通過，隨後送由工學院表決，結果以一七一票對五票通過，支持自治會修改意見。此外，由於罷課學校衆多，需要成立一個統一的領導機構，二十七日晨，罷課各校學生集會，出席代表除了當場通過聯大所提宣言內容外，並通過組織「昆明市中等以上學校罷課聯合委員會」（以下簡稱罷委會），聯大罷委會則併入該會**❻**。

由於罷委會的組成和修改宣言風波的平息，使雲南黨政軍當局在鬥爭中居於劣勢。二十八日晨，聯大新舍無黨無派學生召開大會，民青學生阻撓，指責其盜用無黨無派名義，雙方於是發生衝突，因而流會。到了下午，無黨無派簽名者及大會負責人聯名發表聲明，支持罷課，並自動宣布結束其工作，到此爲止，雲南當局「以學生牽制學生」的策略完全失敗。

教授的態度方面，基本上是同情學生的行動，但也希望學生能放能收，結束罷課。持這種態度者包括民主同盟教授在內，因此聯大當局乃透過教授要求學生復課。二十九日下午，聯大教授會推舉聞一多、張奚若、周炳琳、錢端升、潘光旦、馮友蘭、錢穆、吳晗、伍啓元等教授代表聯大當局，在圖書館全校大會中向學生講話，勸學生復課，然爲罷委會所拒，仍正式宣佈繼續罷課。爲了緩和教授與學生的緊張關係，當晚罷委會即派學生分頭訪問教授，申明不能復課的理由，教授們亦表示所以要求復課，無非是個幌子，應付應付罷了**❻**。

雲南當局的另一種努力是企圖把中學和大學隔離，單獨要求中學復課。二十七日省政府召集昆明市各中學校長開會，由李宗黃親自主持，要求各中學自次日起完全復課，並宣稱如教員不復課則開除教員，學生不復課則開除學生。同時分派警察巡行各校，遇有未復課者，則

---

❻　同前注、頁三十一。

❻　同前注，頁三十四～三十五。

責成學校當局，並當場要求復課。但另一方面，聯大民青分子亦分赴
各中學鼓動繼續罷課，雙方成對立之勢❻。

　　雲南當局與學生間爲復課或繼續罷課問題的針鋒相對，升高了彼
此對立的緊張。二十九日，雲南省警備總部總司令關麟徵接見記者，
正式宣布以宣傳對宣傳、組織對組織、行動對行動的方針。在以宣傳
對宣傳方面，自二十八日起，雲南當局即印發宣傳品，有「西南聯大
晉察冀遼川陝外籍學生反罷課宣言」，並散發「抗大同學宣言」，其後
亦仿照罷委會通訊印發罷課通訊，及在街頭仿照學生用粉筆寫標語。
同時透過各報刊載新聞及評論，如刊載「反罷課委員會緊急啓事」；如
《中央日報》發表「五四之風不可復見」社論。在以組織對組織方面，
即組織反罷課委員會和罷委會對抗。在以行動對行動方面，雲南當局
認爲罷課學生勢必舉行遊行，所以召集各級黨團人員開會，準備各校
學生一旦遊行，他們便出來反遊行，以爲牽制。因此，在二十九日當
天，雲南當局在第五軍分校及如安巷五十九號均舉行黨團會議，預爲
佈置準備❻。

　　民青方面，以四大學罷課委員會、學生自治會名義發佈緊急啓事，
聲明此次罷課完全出於青年愛國熱忱，所謂「共黨煽動」、「共黨操縱
聯大」、「受人利用」之說法，全係無的放矢；同時也聲明所謂昆明市
大中學校學生反罷課委員會及四校內之反罷課委員會，全屬空中樓
閣，無中生有；報載聯大學生「強迫」、「以手槍威脅」各中學罷課之
新聞，全屬子虛；二十八日聯大中立學生開會遭共黨分子破壞之新
聞，不符事實；最後並駁斥《中央日報》報導，指出所謂的未罷課及
完全復課之十七個學校中，至少有十校還在罷課❻。與雲南黨政軍當

---

❻　同❻，頁一〇五。

❻　《史料選編》(上)，頁三十六～三十七。

局針鋒相對，絕不屈服。此外，並以昆明市中等以上學校罷課聯合委員會的名義發表告工人、士兵、公務人員、同學的四封信，陸續在二十九日、三十日發出，極具煽惑力。信中呼籲工人「團結起來用罷工反對內戰」，呼籲士兵「放下槍桿來」，呼籲公務人員「不辦公」，呼籲學生「罷課到底，不達到復課條件，絕不復課」❻。

民青為了厚植與雲南當局對抗的實力，必須爭取昆明市市民的同情與支持，因此發動學生進行街頭宣傳，散發宣傳品。街頭宣傳是採取小組的方式，或五人一組，或七人一組；至於宣傳的內容，則不外乎說明罷課的原因和內戰的可怕，以及雲南當局的對罷課學生的「誣衊」與「壓迫」等。罷課學生組成的街頭宣傳隊在昆明市區肆意活動，三十日，終於和雲南當局的軍警及黨團人員發生衝突。衝突的地點包括華山西路、正義路、武成路、福照街、南屏街、威遠街、護國街、光華街等處，少數學生當場被逮捕，但旋即釋放❼。

三十日當天，罷課學生和軍警治安人員的衝突已相當嚴重，尤其南屏街美國新聞處前更有槍傷發生，聯大學生何澤慶被槍彈射穿左手，張天岷被刀刺傷右手，呂端墀被毆打頭部紅腫，衣服撕破。美國新聞處職員描述當時的狀況說：「十一月三十日下午四時許，本處同仁正在辦公之際，忽聞街頭人聲沸騰，急趨窗前觀望，當見一著草綠色嗶嘰軍裝者，率同便衣人員多名，於本處門首圍打佩帶『聯大』校

---

❺ 〈聯大、雲大、中法、英專四大學生自治會罷課委員會緊急啓事〉，《史料選編》（上），頁六十六～六十八。

❻ 〈讓我們結成一道鐵的長城〉、〈士兵們放下槍桿來〉、〈告全市各機關公務人員書〉、〈堅持罷課到底，讓我們英勇前進〉，《史料選編》（上），頁六十九～七十六。

❼ 王季，〈一一二五至一二一慘案的報導〉，《人民週刊》民國三十四年十二月八日。

徵之男女同學數人。當時各便衣人員正操起沿街地攤商販之坐凳向同
學們猛擊，更有少數持小刀進攻。該著軍裝者並拔出手槍正對學生鳴
槍一響，隨即用槍背四處擊打。」❻❽從以上之描述，可見衝突相當激
烈，因學生均爲徒手，故爲民衆所同情。

　　軍警便衣人員除了與罷課學生宣傳隊爆發街頭衝突外，並至各校
撕毀反對內戰、鼓動罷課之標語壁報。中法大學學生罷委會描述其情
況云：「十一月三十日午後三時二十分，有三民主義青年團團員趙斌
率領手持棍棒之便衣隊三十餘人，及暗帶手榴彈無番號軍人二十餘
人，闖入本校，不但撕毀校內外之標語，搗毀義賣桌凳，且逞兇闖入
罷委會辦公室恣意破壞門窗桌凳，見我同學復欲挑釁，同學見勢兇猛，
乃含垢忍辱，未予干涉。」❻❾

　　罷課學生的行動，根據雲南黨政軍的報告指出，極爲激越囂張。
報告書云：「二十九日上午十一時，有奸黨分子五六人執毛澤東畫像，
乘吉普車在巫家壩公路上行駛，向行人發問，是否信仰共黨領袖毛澤
東先生？如不置答，即鳴槍示威。」❼❶此外，罷委會裝置小型播音機，
向各地廣播，並將宣傳品送給美國新聞處負責人戴維德，廣爲宣傳。

　　至於撕毀清除罷課學生張貼的標語壁報，雲南當局亦不諱言，報
告云：「當晚（二十九日）該奸黨分子秘密送標語傳單，至各商店及
工廠煽動罷市罷工反對內戰，要求組織聯合政府。我工作人員立即將
其標語清除，商店亦不准張貼，發給商店之傳單，均不接受，奸黨工

❻❽　〈美國新聞處職員周雲林、郝治純、孫桂雲、虞佩曹等四人在民國三十四年
　　十二月七日給西南聯大學生自治會之信函〉，錄自雲南省檔案館。《史料選
　　編》（上），頁八十二。
❻❾　〈中法大學學生罷課委員會致總罷委會之報告〉，民國三十四年十二月四日，
　　錄自雲南省檔案館。《史料選編》（上），頁八十一。
❼❶　同❻❾，頁一○五～一○六。

作不能進展。」[71]有關三十日昆明市街頭的衝突，報告中亦提及：「昆明市各中學校，因受反罷課委員會及學校當局之開導，除聯大、雲大等四大學外，各中學均於三十日復課。奸黨分子則化整爲零，以三、五人爲一組，分散市街及郊外發放傳單、標語，並演講宣傳，我黨工作人員，仍予立即消除，奸匪情勢大見頹頓。三十日午後四時，軍政部第二軍官總隊學員周海泉等三人，在昆市街頭遇見奸黨分子貼標語，隨即有我黨團同志撕毀，雙方因之口角並成鬥毆，周海泉向前勸解，反被奸黨分子所毆辱。」[72]

　　三十日之昆明市情勢，由於罷課學生組成之宣傳隊，在街頭大肆活動，而雲南當局則採「軍警不出面干預，以黨團組織與工作，壓倒奸黨分子活動」之策略，由黨團分子在街頭進行反制，衝突自然難以避免；整個昆明市也就彌漫「山雨欲來風滿樓」的緊張氣氛。

二　一二一事件

　　民國三十四年十二月一日發生在昆明市的衝突傷亡事件，稱之爲「一二一事件」。此一事件衝突的主體爲聯大學生與軍政部軍官總隊學員，衝突結果造成聯大學生李魯連、潘琰，昆華工校學生張華昌，南菁學校教員于再等死亡，學生多人受傷。

　　十一月三十日，昆明市街頭罷課學生宣傳隊與雲南當局策動之黨團人員的衝突，亦有部分蔓延至大學校園。是日，下午二時至三時餘，中法大學、雲南大學及西南聯大師範學院，均有黨團人員進入校園，撕毀標語，引起學生的恐慌與不滿。聯大社會系一年級學生吳錫光曾追述當時的情形云：「十一月三十日午後二時半，聯大師院門前，突

---

[71]　同前注，頁一〇六。
[72]　同前注。

來奇裝異服之特種人物一百餘人，到後即撕門口宣傳品，本人當即上前交涉，不意彼等毫不講理，劈胸一拳，同學張崇安上前勸解，亦被揪住，下陰兩腳，當頭一拳，張君暈去。暴徒等於是拆裂黑板架，手持木棍，逢人便打。在門前搗毀鬧事之後，該首領振臂一呼，群眾呼嘯而去，且呼：『中國國民黨萬歲』、『打倒共產黨』之口號。是時民眾旁觀者甚眾，同學痛哭演講，聽者莫不同情。」❼❸

　　由於十一月三十日黨團人員進入校園撕毀海報，與學生發生衝突，造成恐怖氣氛。十二月一日上午十時，當黨團人員再度進入雲南大學，搗毀壁報標語，消息傳出後，聯大的罷委會立即通知學生，作緊急戒備。當時負責聯大新校舍糾察工作的羅紀行回憶道：「十二月一日上午十時，我們糾察組開會，半點鐘後，聽到雲大被打的消息，我們糾察隊立刻停止開會，出來巡視。」❼❹另外，聯大師範學院數理系二年級的張崇安亦回憶道：「翌日（十二月一日）中午十二時左右，有人跑來報告，雲大已被搗毀，請各位注意，不一時，又得悉新校舍亦正被暴徒圍攻中，此刻大家都慌張無主，有的說他們只能撕毀標語和搗毀一切宣傳用品，不會再有其他的行動。因我第一天的經驗，知道他們是野蠻的行動，故竭力主張將大門關閉起來好了。」❼❺由這兩段追述的文字，可見當時緊張的情況。

　　十二月一日，黨團人員曾前往雲南大學、城北路聯大新校舍、龍翔街聯大師範學院、錢局街聯大附中、昆華女中、拓東路聯大工學院、

❼❸　吳錫光，〈十一月三十日與十二月一日我所遇到的暴行〉，錄自雲南省檔案館。《史料選編》（上），頁一三一～一三二。

❼❹　〈羅紀行同學訪問記〉，錄自雲南省檔案館。《史料選編》（上），頁一二八。

❼❺　張崇安，〈十一月三十日與十二月一日我所遇見的暴行〉，錄自雲南省檔案館。《史料選編》（上），頁一三三。

南菁中學等校撕毀標語。但發生激烈衝突，導致傷亡發生的有聯大新校舍及聯大師範學院兩處，茲分別敍述如下：

（一）聯大新校舍衝突之經過

關於聯大新校舍衝突之經過，雲南當局和罷課學生之說法，南轅北轍。雲南當局聲稱此一衝突係出於誤會，學生以瓦石投擊路過之軍官總隊學員，遂相鬥毆；罷課學生則認為此一衝突係黨團人員攻擊校園之一環，為蓄意行凶，絕非誤會。

十二月二日昆明《中央日報》刊載中央社發佈之消息云：「昨日上午十一時，第二軍官總隊一部分學員赴大觀樓參觀，經過聯大時，因誤會發生毆鬥，雙方各有少數受微傷。」⑯次日又報導云：「第二軍官總隊有一隊學員，於前日按規定舉行參觀，經過聯大本校時，校內學生以瓦石投擊，該隊初依牆相避，而投石愈烈，遂相毆鬥，各有十餘人受傷，事後始悉出於誤會。」⑰雲南省警備總部在審理聯大文法學院（即新校舍）毆打案的被告楊簡時，軍法官和被告問答云：「（問）十二月一日你們有多少人去聯大文法學院打架？（答）一日那天，我們第二第三第四中隊到大觀樓旅行，經過聯大門外，忽然有很多石子向我們隊伍打來。（問）為什麼打你們？（答）因為他們疑心我們是去打架的。」⑱

另外，湘雅醫學院學生黃其道曾追述他在新舍內與牆外一位軍官交涉時云：「假如是我們先打你們，那是因為我們誤會你們是特務，假如你們也是誤會，那就請你給你們的士兵解釋，我們都是誤會，用不著打。」⑲從以上的記述，可知衝突發生的原因可能是出於誤會，

---

⑯　昆明《中央日報》，民國三十四年十二月二日。
⑰　昆明《中央日報》，民國三十四年十二月三日。
⑱　昆明《中央日報》，民國三十四年十二月五日。

而聯大新校舍內的學生也有此一認知，黃其道的交涉詞就是明證。

　　然而，罷委會學生事後的說法則完全不同，根據罷委會的「一二一慘案實錄」記云：「十二月一日上午十時，雲大方面有武裝雜牌軍人攜帶木棍扁擔闖入校門，搗毀壁報標語桌椅等物，追打同學，企圖衝上校本部不遂，乃呼嘯而去。這時，聯大方面得到消息，罷委會立刻通知同學，作緊急戒備，不一會，在聯大新校舍門口就出現了兩三個撕毀佈告的軍人，肆意尋釁，隨即有佩帶『軍官總隊』符號的武裝軍人四百餘人和一些穿黃軍服的特種人物來到，口稱欲看壁報，不聽勸阻，闖入校內，立即以木棍石塊毆打同學及校警。」爲了強調對方係蓄意行凶，還特別在「石塊」後括弧說明：「有師院同學親自看見他們在鳳翥街即先行收集石塊，可知其爲蓄意行凶，決非誤會。」[80]

　　至於毆鬥之經過，實錄續云：「當經同學阻止並將闖進校內之十餘人推出校外，緊閉大門。校內外一片喊『打打』之聲，聯大同學趕忙緊閉校門後，校外士兵即紛紛以石塊木片向門內投擲。後經在校牆外同學報告：該隊兵士由隊長以口哨指揮，猛攻大門三次，雖經校內同學竭力抵禦，但校門終被搗碎，隨即衝進兵士數人，以木棍毆打同學，幸聯大同學群起反攻，卒將其逐出門外，並捕獲士兵一人，名崔俊杰，終能守住校門。此際，聯大同學在內高呼口號：『中國人不打中國人』，同時有男女同學上梯向牆外解釋，而牆外磚瓦投擲更急，上梯同學均被迫退下。同時，該隊兵士竟擲手榴彈，當時南菁中學教員于再上前阻止，該士兵情急氣憤，立將手榴彈與于再同時推至路旁，爲挽救聯大多人，于再不幸重傷頭部。後該隊軍人打量進攻不果，乃

---

[79]　黃其道，〈黃其道同學訪問記〉，錄自雲南省檔案館。《史料選編》（上），頁一二七。

[80]　〈一二一慘案實錄〉，錄自雲南省檔案館。《史料選編》（上），頁九十七。

由隊長出面交涉，而聯大同學出外勸阻時，竟遭毒打，當場重傷同學甚多。同時，來校門勸阻之袁復禮教授夫婦，亦被毆擊。經數次折衝，聯大同學堅持『中國人不打中國人』主張，該隊士兵乃悻悻而去。」**❽**

在毆鬥的過程中，最嚴重的是軍官總隊學員王斌投擲手榴彈，導致南菁中學教員于再受傷死亡。其經過根據目擊者聯大法律系一年級學生尋兆華云：「十二月一日上午十一時二十分左右，本人從聯大新舍走向南區教室，正走在馬路中，逢大隊著灰色軍裝約三四百人，向新舍北區以石塊棍棒等攻擊，並在路邊麵館內搶奪板凳，將攤販扁擔亦奪作武器，本人遂避入麵館。旋聞一兵說：『回去擡機關槍去。』即另有六七兵士向東跑回。又有一兵士站在北區、南區兩大門間正中路上，將一手榴彈拉火欲投，即有一著西服上衣之男子上前勸阻，該兵將其向南一推，再將手榴彈向南擲去，轟然爆發，旋見著灰西服男子雙手抱頭，滿臉血跡，走至北區牆根下臥倒。」**❽**這位穿著美軍軍毯改造灰色西服者，即是南菁中學教員于再。

關於投擲手榴彈事件，雲南當局的說法是：「聯大新校舍（文法學院）亦同時發生投擲手榴彈事件，經探明係第二軍官總隊第二中隊學員王斌所為。該王斌係日前在市上被奸黨分子所辱弄，因圖報復而出此。」**❽**後來，王斌在接受雲南省警備總部審訊時，則辯稱：「我們根本沒有手榴彈，是學生丟的，當時我想拾起來丟回去，被我們的漆隊長把手榴彈打掉了。」**❽**這種說法顯係脫罪之詞，不足採信。

---

❽ 同前注，頁九十七～九十八。

❽ 〈尋兆華同學的書面材料〉，錄自雲南省檔案館。《史料選編》（上），頁一二七～一二八。

❽ 昆明《中央日報》，民國三十四年十二月三日。

❽ 昆明《中央日報》，民國三十四年十二月五日。

　　聯大新校舍衝突之結果，計造成一人死亡，十人重傷，其名單及受傷情形如次[85]：

姓　名	性別	身　　　　　分	受　　傷　　情　　形
于　再	男	南菁中學教員	手榴彈重傷頭部去世
劉　杰	男	聯大外文系四	右臀右腿兩臂重傷
魏立中	男	聯大法律系二	鼻樑重傷
張君平	男	聯大經濟系二	鐵鋤頭擊傷左肩關節
向大甘	男	聯大歷史系三	鐵鋤頭擊傷左肩關節
羅紀行	男	聯大外文系一	石傷頭部
張福元	男	聯大航空系一	頭肩大腿受扁擔重打昏去
吳達志	男	聯大外文系二	右眼被擊（破腫）
陳　祺	男	聯大經濟系一	頭被木棒重傷
何惠德	男	中法文史系三	口被重打（破腫）
黃其道	男	湘雅醫學院學生	左眼傷

(二)聯大師範學院衝突之經過

　　關於聯大師範學院衝突之經過，雲南當局和罷課學生之說法，較為一致。雲南當局聲稱此一事件係第二軍官總隊學員，因於日前遭聯大學生毆辱，心中不平，再度集衆前往報復。中央社發佈的消息云：「另有一部三十餘人，服裝不齊，闖至聯大師範學院，遂起衝突。該一部服裝不齊之群衆，即連投手榴彈數枚，該院學生四五人受重傷，七八人受輕傷，李魯連因傷重送入雲大醫院後，即絕命。」[86]

　　次日，中央社又發佈新聞，詳述軍官總隊隊員的動機及死傷情形，消息云：「第二軍官總隊有少數學員，日前在昆市被聯大學生毆辱，該被辱學員，以既被編餘，牢騷滿腹，又無故被辱，極不能平。當日

---

[85]　同[80]，頁九十八。

[86]　昆明《中央日報》，民國三十四年十二月二日。

曾投稿各報，未曾發出，尤增憤懣，乃約同友好並與其他服裝不一之群眾約三十餘人，於前日上午十一時許，闖至聯大師範學院，與該院學生毆鬥。其中有一失業軍官陳雲樓暗懷手榴彈，亦前往參加，於毆鬥之際，向該院投擲，該院十餘學生受傷，李魯連因傷重，送至雲大醫院即畢命。又潘琰、荀極中二人，於昨日亦相繼氣絕，其他受傷學生，均在醫院療治中。」 **87** 新聞中的荀極中係昆工學生張華昌之誤傳。

　　至於罷課學生則認為此一衝突係黨團人員蓄意尋釁，實錄描述其經過云：「在十二時左右，有四五十人，著便衣和著軍服，由三青團雲南支部秘書長兼宣傳股長周紳率領，強行闖入龍翔街聯大師範學院，至飯廳前院中，投擲手榴彈一枚，未傷人。師院同學猝不及防，只得推開飯堂窗戶，退入隔壁昆華工校，與昆華工校同學聯合後，從窗戶外出反攻，卒將該特務武裝士兵等逐出大門外，不料彼等又將大門打破，即從門隙中投進手榴彈二枚，當場有同學多人中彈倒地。李魯連同學當場被炸死。其餘同學即退守二門，該凶手等闖入門後，即以木棍毒打受傷同學，已被炸傷之聯大同學潘琰，復被以刺刀猛刺，昆工十七歲小同學張華昌被炸重傷頭部，昆工同學李雲被刺刀戳傷。特務見受傷同學倒地甚多，血流滿地，方揚長而去。」 **88**

　　目睹整個衝突經過的聯大文史地系三年級學生繆祥烈和數理系二年級學生張崇安，並分別追述其經過。繆祥烈云：「十二月一日上午十一時半，我們剛吃過中飯，昆華工校來兩個同學到我們師院，約師院同學參加開會，共同防禦。我就到工校去，幾分鐘後，師院的同學即從師院飯廳的兩道窗戶退入工校。那些流氓們，衝進我們師院的院子裡，到飯廳裡搗毀碗及桌子。我們師範學院的七、八個同學，躲在

87　昆明《中央日報》，民國三十四年十二月三日。

88　同 **80**，頁九十八～九十九。

兩道窗臺的牆下，用石子從窗口和他們對打，後來流氓們退出門去，我們從窗口跳進飯廳，手上拿著石子，跟著追出去，追到第二道大門時，我不想再追，打算堵住第二道門，可是我看有四、五個同學，潘琰他們已經衝出到第一道大門牆下，我也跟著衝出第二道門。我從門口擲出四、五個石子，打中了三個特務（我親眼看到）。一分鐘後，兩顆手榴彈爆炸，我看到潘琰和另外一個同學被炸倒了，後來看到我的腿子也噴出血，我趕快退到門的右邊的那間洗衣房裡，同學們都退進去，那些流氓們又湧進來，用木棒石子打受了傷的同學，一個流氓還用刀刺殺潘琰。我們躲在那間小屋子裡，幸未被看到，不然，可能再受重傷的。」⑧⑨

張崇安更詳細地追述當時所目睹的情景云：「我從宿舍樓上窗隙中，望院內廣場上有服裝不齊的暴徒二三十人，手持棍棒者多人；在過道以及二門之人數，我因在樓上，不能看見。在樓下的同學便直衝入樓下的食堂內。只聽得食堂上破壞之聲音，同學的『中國人不打中國人』的喊叫聲。我又轉至後面的窗隙中看，所有的同學都被迫入後面之昆華工校，仍大聲急呼『中國人不打中國人』。我又走到前面之窗隙中，看見所有的服裝不齊的暴徒，聚集於院內廣場，此時每個人手中均拿著棍棒，我仔細一看，仍然還是十一月三十日來搗毀毆打我的那些人。又看見昨天毆打我的那個矮胖胖的，從腰中取出一個手榴彈投於廣場的西北角上，轟一聲爆炸了，幸那裡並無同學，未傷一人。俟後他們又搗毀教室的窗戶，並張貼他們的宣傳品，什麼罷課不足怕，示威不足怕，怕的是孩子們從CY到CP等。其中兩三個，便向女生宿舍的樓梯前進，一個已上了兩三級，因有女同學投出灰包，使未往而退

---

⑧⑨　〈繆祥烈同學訪問記〉，錄自雲南省檔案館。《史料選編》（上），頁一二四～一二五。

下，另一個便大叫起來說：『樓上還有搗亂分子呀！』但大多數的暴徒，均在廣場上東張西望的逗留一下便去，而退到後面的工校同學，則見已去，便隨即出去，我亦從宿舍樓梯走下，剛下完樓梯後，忽又聽見兩大響聲，同學們又洶湧的跑進來，我也退上樓梯未完，即聽到同學們的急呼聲：打死了，打死了，我聽見後，心中真說不出的難過，跑下來看見一個血淋淋的躺在門口，我右邊的同學，急忙告訴我，你們的李魯連也被打死了，此時大家全體同學不約而同的放聲大哭起來了！」**⑳**

在衝突的過程中，聯大文史地系學生潘琰之死，最令學生們震驚。潘琰是被手榴彈炸傷後，復遭刺殺，送到雲大醫院後奄奄一息。實錄記云：「下午三時許，記者等赴雲大醫院探詢，先至女同學潘琰病室，潘同學胸部中一彈片，腹部重傷三處，手指已被彈片削斷，臥於行軍床上，臉色慘白，哼聲不絕，已不能回答我們的慰問。」**㉑**潘琰於當日下午五時半去世。

一九五五年十月十二日，中共雲南省昆明市中級人民法院審訊刺死潘琰的兇嫌龔政德，龔政德供稱：「我當時聽見轟轟兩聲，就闖進聯大師範學院第一個天井。一進門我就朝右首邊搜索找對象，走到裡面兩三步，我看到有一塊板靠在門背後。我就把板子掀起來一看，發現有一個女學生，頭髮短短的，臉圓圓的，身穿陰丹士林布的旗袍，頭面上有血跡，中等身材，斜靠在門角落牆上。我就喊：『這裡有一個！』『這裡有一個！』隨著我們這一伙反動傢伙都圍攏來了。其中還有一個喊：『幹嗎？』我就拿著鐵條戳去，第一下戳在她左腹，戳穿進去不深，因為有衣服擋著。同時第一下還手軟，第二下第三下就戳

---

⑳　同**⑮**，頁一三三～一三四。

㉑　同**⑳**，頁一○○。

得深了，戳進有一寸多深，都是戳在肚子上。我戳第一下時，她還慘叫了一聲『哎呀』！當時就縮到地上蹲著了。第二下第三下時，聲氣就不大了。我是搶著去殺的，別人也蜂擁用石頭打。我刺了三下後，就又朝前進攻去了。被我行凶的這個人就是潘琰。」❷龔政德當時是雲南省黨部執行委員會人事室二級助理幹事，他供稱所持之武器爲窗戶鐵框拆下之鐵條。

在此一衝突中，共投擲三枚手榴彈，死傷者均是在二門右側爆炸那枚所造成的。而根據雲南當局事後調查，投彈者係陳奇達、劉友治等兩人，陳雲樓則係懷有手榴彈而未投擲。

聯大師範學院衝突結果，計造成三人死亡，六人重傷，其名單及受傷情形如次❸：

姓　名	性別	籍貫	身　　分	死　　傷　　情　　形
李魯連	男	浙江	聯大數理一	彈片自耳部穿入腦部，復被木棍毆擊，送醫途中去世。
潘　琰	女	江蘇徐州	聯大文史地二	彈片擊中胸部、腹部、腿部，又被以石塊刺刀痛擊，於下午五時半去世。
張華昌	男	雲南	昆工學生	手榴彈擊中頭部，晚五時去世。
李　雲	男	雲南	昆工學生	受刺刀傷及頭腰手腿。
李復業	男	雲南	聯大文史地一	被刺刀傷及腰腿部。
繆祥烈	男	雲南	聯大文史地三	手榴彈重傷腿部流血過多。
牛兆恒	男	雲南	聯大師院學生	傷頭部。
馬靜成	女	江蘇	護士	被石擊傷頭部。
高金堂	男	雲南	聯大師院學生	擡送傷者至醫院被毆傷胸部頭部。

❷　〈刺死潘琰的凶犯龔政德供詞〉，錄自雲南省昆明市中級人民法院檔案室。《史料選編》（上），頁一五〇～一五二。

❸　同❽，頁九十九。

㈢善後處理的鬥爭

一二一事件發生後，由於學生傷亡，因此雲南當局的善後處理從撫慰和懲凶兩方面著手，希望圓滿解決此一事件。十二月一日下午，關麟徵即親往肇事地點調查，慰問受傷學生，並當眾聲明決於最短期間拿獲凶犯，為被難者復仇。次日上午九時，關麟徵第二度到聯大新校舍，與訓導長及罷委會代表見面，關麟徵表示兇手已捕獲，請罷委會與聯大當局合派代表前往參觀。四日，關麟徵又派警備總部副官處長葛林蔚贈送水果與醫藥費給受傷學生，並以五十萬元購棺木裝殮死者，但為罷課學生所拒絕。中央社新聞批評云：「不意有少數奸黨分子竟敢利用此事，以擴大其陰謀，對關總司令所贈購棺木費，及所贈果實、醫藥費，教唆拒絕，忍視死者暴屍，傷者忍痛，此不但利用生者作彼等之犧牲品，且欲利用死者作彼等製造叛亂之材料，其蓄意狠毒殘酷，各界聞之莫不痛恨刺骨云。」❹

罷委會方面，則認為一二一事件絕非誤會，而是雲南當局有計畫的行凶。十二月二日上午，關麟徵第二次來到聯大時，程法伋代表罷委會向其表示三點態度：第一，罷委會認為此事不是誤會的，大規模有計畫之破壞可以為證；第二，罷委會認為此事不是突然的，十一月三十日之大批武裝與便衣特務毆打學生，並搗毀中法大學校門可以為證；第三，罷委會認為四位死難同學，是為反對內戰、爭取民主自由而被暴徒用手榴彈擊斃，因而他們的死決非單獨的❺。同日，罷委會亦散發「向昆明父老沉痛呼籲」的宣傳單，指控「殺人的兇手是奉了命令的，命令他們用這種方法來屠殺人」，因此，除了堅持罷課到底外，

❹ 昆明《中央日報》，民國三十四年十二月五日。

❺ 程法伋，〈關麟徵十二月二日第二次來聯大情況〉，錄自雲南省檔案館。《史料選編》（上），頁一二六。

同時要求昆明父老以罷市來表示抗議**❾❻**。

　　據研判係事件發生當日深夜寫成的「一二一一慘案實錄」，亦早已把矛頭指向關麟徵、李宗黃。實錄云：「誰應該負這次慘案的責任？這不是『散兵游勇』幹的事！散兵游勇都已經被關起來了。今天行凶的是有番號的武裝兵士，而一班便衣流氓則是由三青團雲南支團部秘書兼宣傳股長周紳率領的，打聯大新舍及雲大有他，在聯大師院行凶的也有他。打聯大新舍時，還有昨天在南屏街開槍的兇手───一個特務在內。這決不是『誤會』，這是有計畫的行凶啊！如果要問罪魁是誰？我們鄭重指出來：這是關麟徵、李宗黃幾個人，即不說他們是雲南黨政軍首長，地方發生這樣大的慘案，他們當然有完全責任。而且今天行凶的是他們的黨和直屬部隊，不是奉長官命令，誰敢這樣做？再要嫁禍別人是不可能的。試問幾百個武裝人員能在街上任意開槍行凶，呼嘯作亂嗎？還不是當局有意指使的。」**❾❼**

　　十二月三日，罷委會藉著駁斥中央社消息的啓事，公開聲稱：「我們認為這次暴行，是由負黨政軍最高責任的李宗黃、關麟徵指揮其部屬特務所作的有組織有計畫的行動，一切罪名，都應由二人完全負責。」「我們認為所謂陳雲樓、王斌等並非真正凶手，而係被人嫁禍，如彼二人因此受罪，我們認為是冤枉的。」**❾❽**同時提出兩個堅持三點要求。兩個堅持是：堅持反對內戰要求自由的主張、堅持罷課。三點要求是：㈠嚴懲兇手，懲辦十二月一日慘案主使人關麟徵、李宗黃；㈡發給死

---

❾❻　昆明全市大中學校罷課委員會，〈向昆明父老沉痛呼籲〉，錄自雲南省博物館收藏當時宣傳品。《史料選編》（上），頁一五九。

❾❼　同**❽⓪**，頁一○一。

❾❽　〈昆明學生罷聯會為駁斥十二月三日昆明各報所載中央社消息鄭重啓事〉，《史料選編》（上），頁一六一～一六二。

難同學撫卹費，受傷同學醫藥費；㈢賠償一切公私損失❾❾。由於雲南當局和罷課學生的針鋒相對，所以導致十二月四日下午在雲南省警備總部公審兇嫌，又成了另一鬥爭的焦點。

一二一事件發生後，雲南當局就積極緝捕兇嫌，次日，便衣隊在車站捕獲陳奇達、劉友治，在小西門捕獲陳雲樓。根據資料，陳奇達，原名陳東生，三十八歲，湖南衡陽人，曾任七十八師少校副營長、五十七軍交際科長，三十四年三月編餘，在昆明做生意。劉友治，三十二歲，浙江浦江人，曾任貴州保安處副官，三十三年十一月離職，業商。陳雲樓，三十四歲，雲南保山人，無業。

十二月四日下午三時，雲南省警備總部在該部舉行公審聯大投彈兇嫌，由省主席盧漢為審判長，關麟徵及李宗黃為陪審官，第五軍軍法處長宋長治為審訊法官。被邀請出席觀審者，有高等法院代表馮浩，地方法院代表李實，省臨參會議長由雲龍，省政府代表劉人佑，省商聯會代表孫耀東，市商會代表嚴燮成、朱文高，青年團滇團部書記高雲裳，及各報社負責人，聯大教授以私人資格前往旁聽者有法律系教授趙鳳喈，師院專修科文史地組教授張清常等，審訊分正義路毆打案、聯大文法學院毆打案及聯大師院投彈案等三案進行，於三時開始，至五時半結束。

審訊的重點是聯大師院投彈案，被告陳奇達供稱，有一名叫姜凱者，付給他三萬元後，又交給兩枚手榴彈，要他投擲；他分給劉友治一枚，要劉投擲並答應送一萬元。陳奇達的供詞云：「(軍法官問) 十二月一日你到師院幹什麼？」

(答) 那天我經過大西門，因為人多，去看熱鬧。

---

❾❾　同前注，頁一六二。

（問）你爲什麼丟手榴彈？

（答）根本沒有。

（問）有人看見你丟，你講實話？

（答）十一月二十九日，有一個二十多歲的人，和我在茶館內喝茶，常遇到他，有時穿中山裝，有時穿長袍，服裝不一定，我喝茶時，發牢騷，他跑來同我講朋友，因此認識，他說你們幹國民黨的部隊，本來就沒有道理，國民黨的軍人，都是軍閥，當然白替他們幹。他說：我現在託你做一件事，又有錢，又可以作工，約定三十日晚，在北門外蓮花池公路邊見面。當晚他給了我三萬元以後，約定十二月一日上午九時，仍在北門外會面，他帶我一路走，一路說，介紹我去作支隊司令，但要我去服從他，後來走到西門外，師範學院學生正在打架，他交給我兩顆手榴彈，要我投，我接了後，他就走開了，這時，劉友治來了，我又答應送他一萬元，由他投一枚。

（問）這人住在什麼地方？叫什麼名字？

（答）他沒有告訴我住址，他說他叫姜凱。

（問）他先給你手榴彈，沒有給你錢嗎？

（答）他先給過我三萬元，說是做零用的，以後的問題，等丟了手榴彈再講，約定當晚在翠湖見。

（問）你丟了幾個？

（答）我在西門外，看見四五十人擁進師範學院，我同劉友治一路跟進去，看見有人撕標語，打標語牌，裡面吵起來，很多人向外面跑，後面許多學生追，並用石泥亂打，我認爲時機已至，就急忙丟了一個手榴彈，立刻人群亂跑，我就跑了，沒跑幾步，又聽到響了一聲，大概是劉友治丟的。

（問）你同劉友治怎樣認識的？

（答）在路上跑生意認識的。

（問）你丟完手榴彈又去翠湖會過他沒有？

（答）去過，他未來。

（問）你在什麼地方被抓著的？

（答）因爲沒有見著那人，我就想到曲靖去，第二天，我到車站，就遇著劉友治，他向我要錢，我因爲身上沒有好多錢了，只給他幾千元，他不願意，就同我吵了幾句，被便衣隊發覺了，一起在車站被捕。」❿

劉友治的供詞大致相同，其供詞云：「（軍法官問）你住在什麼地方？

（答）我常跑曲靖沾益，沒有一定住址。

（問）你和陳奇達怎樣認識？

（答）跑生意時，在路上認識的。

（問）十二月一日，你同誰到師院去？

（答）我出去玩，在大西門外遇到陳奇達，他對我說：你現在也沒有錢，可不可幫我做點事，送你一點錢，他又說：現在學生時常鬧風潮，跟軍人和老百姓打架，要我在他們衝突時，丟一個手榴彈，送一萬元報酬，我問他爲什麼要這樣幹，他說是受人之託。

（問）什麼時候交你手榴彈？

（答）在路上交的。

（問）什麼時候丟的？

（答）我聽到響了一聲之後，我就丟了。

（問）丟了之後，你到什麼地方去？

（答）到火車站去，想當天回曲靖。

---

❿　昆明《中央日報》，民國三十四年十二月五日。

（問）你當夜住在什麼地方？

（答）車站小飯館裡。」⑩

　　除了陳奇達、劉友治之外，涉嫌在聯大文法學院丟手榴彈之軍官總隊學員王斌，則供稱手榴彈是學生從聯大丟出來的，他本想拾起來丟回去，被漆隊長打掉。陳雲樓則是身懷手榴彈，而未投擲。陳雲樓的供詞云：「(軍法官問) 你在一日十一時左右是否曾到西門外？

（答）那天我從大觀樓回來，散步到西門外看見好多人由一個學校衝出來，亂吵亂鬧，石子磚瓦，由學校向外亂打，好多學生（大概有千多人）追到，打那些向外跑的人（有軍人也有便衣），被打得很可憐，我認為不平，就隨口亂罵學生造反，當時我後邊有一個穿便衣的人說：你生氣，為什麼不去打？我說：我赤手空拳，怎樣打？他遞了一個手榴彈給我，要我丟過去，我當時想丟，後來一想，這許多人，丟出去，不知要傷好多人，正在考慮時，裡面響了一聲，我想一定出了事，馬上就離開了。

（問）你的手榴彈丟了沒有？

（答）沒有，現在還在，已經繳出來了。

（問）你在什麼地方被捕的？

（答）在小西門，被一個穿便衣的抓住了。」⑩

　　審訊結果，雲南省警備總部將陳奇達、劉友治二人判處死刑，陳雲樓解送重慶審訊，教唆犯姜凱應嚴緝歸案。判決經呈報軍事委員會蔣委員長核准後，於十二月十一日上午九時在黃土坡執行槍決。

　　雲南當局欲以懲凶來結束此一事件，但是罷課學生認為這是「扮演滑稽戲」，無法接受。罷委會的啓事云：「四日下午在警備司令部舉

---

⑩　同前注。

⑩　同前注。

行所謂『公審』，顯係準備好演出之一幕滑稽劇，可惜演得不高明，主角關麟徵自己也面紅耳赤者累次。聯大師生無參與演出之義務，故拒絕出席。對兩個已處死刑罪人，扮演凶手行為，本會鄭重表示，此種『罪犯』，如被『判處』，概與本會無涉。」❶❸罷委會通訊亦批評云：「散後（即指審判結束），好幾個人那麼說：『這齣話劇演得好呀！』但據一位旁聽的內行法官說：『扮得太不高明了！審訊這件案子，那有像話劇演員唸臺詞那麼唸的呢？』也有人懷疑這二罪犯不是真正的罪犯。我們的感覺是罪犯不但在做戲，而且在向人宣傳，但結果徒勞駕了某些人。」❶❹

十二月十一日下午二時，罷委會致函雲南省警備司令部，以二個理由要求緩於執行陳奇達、劉友治之死刑，否則警備司令部必須負一切法律責任。他們第一個理由，認為在真正主謀兇犯尚未根究嚴懲之前，遽然將兩罪犯槍決，有滅口嫌疑；第二個理由，認為兩名罪犯均非現役軍人，故必須正式通過民事法庭處理，現在既沒有經過正式程序，貿然執行槍決，便是違法❶❺。當罷委會致函時，事實上，兇嫌已在是日上午九時執行槍決。然雲南當局想藉懲凶來結束此一事件的希望，顯然是落空了。

---

❶❸　〈昆明市中等以上學校罷課聯合委員會為駁斥中央社所發無恥謠言緊急啟事〉，見中法大學罷課委員會編印的「反內戰」紀念一二九與一二一六特刊。史料選編（上），頁一六六。

❶❹　〈一二一慘案凶犯開審──一位旁聽記者的來鴻〉，《罷委會通訊》第六期，民國三十四年十二月六日。

❶❺　〈玩什麼把戲〉，《罷委會通訊》第十一期，民國三十四年十二月十一日。

第三節　昆明學潮（下）

　　一二一事件發生後，罷委會學生採取的鬥爭策略大致有三，即：擴大事件，爭取各界同情；繼續堅持罷課，與雲南當局相抗衡；加強反內戰宣傳，與中共相呼應。以下就復課問題及死亡學生的殯葬兩部分，說明罷課學生和雲南當局爲事件善後所做的鬥爭。

三　罷課和復課的鬥爭

　　十二月一日下午五時以後，死者李魯連、潘琰的屍體擡回聯大。當晚的情景是這樣：「李、潘同學屍體列於聯大圖書館中，淡淡的燈光、素花白布，顯得無限淒涼，同學們圍在他們身邊，哀痛欲絕。幾位女同學悲哀哭泣，死者睜大了眼睛。往日他們在這兒用功讀書，現在他們無聲的躺在這裡。」 ⓐ 守靈的男女學生有三十人，他們並決定於次日下午三時在聯大圖書館前當眾入殮，並舉行公祭。

　　次日，罷委會除了出版第二期通訊，印發「向昆明父老沉痛呼籲」宣傳單，聲明堅持罷課的立場外，並於下午三時舉行死者入殮典禮。學生在圖書館門前的升旗臺上搭了一座臨時的祭壇，佈置了死者的遺像、祭文、輓歌等。圖書館兩側貼著反內戰壁報及追念死者之專號增刊，門首則貼著一張標語：「你要道歉嗎？你問已死的同學吧！他們答應你，我們也答應你。」當場並接受捐款，據稱四小時內就捐了一百十餘萬元。殯禮是由聯大代常委葉企蓀主持，氣氛營造極爲成功，「全場一片哭聲」。最後，聯大代表並代表所有參與者在死者前誓言：

ⓐ　同⑳，頁一〇一。

「我們不僅是哀悼，我們誓死爲爭取民主自由奮鬥到底，我們要復仇，爲千千萬萬無辜的被法西斯匪徒殘害的人們復仇，我們將踏著死者的血跡前進，絕不後退一步……！」散會時的情況是「悲痛緊壓在每一個人的心頭，連輓歌也唱不出了，每個人都垂著頭，在颼颼的寒風裡，拖著沉重的腳步，帶著復仇的心散會。」⓲

十二月三日，聯大學生自治會發表「致教師書」，呼籲教師以罷教來支持他們。書云：

> 同學們聽說先生們成立了法律委員會控告關麟徵、李宗黃、當地黨政軍當局，並且派三位先生到重慶，非常高興先生們和同學們站在一起。……我們希望重慶當局能夠合理解決這一問題。可是先生們，單獨等待解決不了問題的！希望先生們更多行動的支持，我們希望先生們罷教，這樣行動上的抗議，才能使這一問題得到迅速的合理解決，而不是相反，擴大了問題，使問題無法解決。⓳

教師對一二一事件的反應，首先起自雲南大學，事件發生當時，雲南大學教職員陸欽墀等七十一人即聯合發表「爲昆明市學生罷課並受槍擊致遭傷亡事敬告各界書」，指責此一事件「實開民國史上未曾有之惡例」，要求政府循適當途徑，作合理的解決⓴。次日，西南聯大舉

⓲　〈于再、張華昌、潘琰、李魯連四死難烈士入殮典禮記〉，《罷委會通訊》第五期，民國三十四年十二月五日。

⓳　〈西南聯大自治會致教師書〉，《史料選編》（上），頁一六三。

⓴　〈國立雲南大學教職員爲昆明市學生罷課並受槍擊致遭傷亡事敬告各界書〉，《史料選編》（上），頁一五四。

行教授會議，對雲南當局提出抗議。十二月三日，《人民周報》、《大路周報》、《文藝新報》、《民主周刊》、《昆明新報》、《時代評論》、《婦女旬刊》等期刊，聯合發表「我們對一二一慘案的嚴重抗議」，聲援罷課學生，要求政府懲凶、保證不再發生此類事件、命令昆明當局撤銷禁止集會遊行的決議外，並譴責昆明新聞界、重申反內戰立場⑩。

十二月四日，雲南省警備總部公審兇嫌，但是，聯大教授會議卻決議停教一週，雲大教授及教職員亦決定罷教，以支持學生，無異給雲南當局當頭一擊。中共方面，《新華日報》發表「為昆明死難學生呼籲」的短評，要求全國民眾援助昆明學生，要求政府迅速懲凶並立即停止內戰。隔日，該報又發表社論「昆明學生流血慘案」，除了嚴厲譴責昆明當局外，並批評國民黨的統治造成內戰，導致人心惶惑，社會不安定，所以最後提出嚴懲殺傷學生的凶手及負責人、保障學生的自由、反對內戰等訴求⑪。

由於中共的表態，及罷課學生有擡棺遊行之倡議，政府惟恐學潮擴大，曾以「臨密江函」密示雲南省主席盧漢收拾善後；十二月五日，盧漢致電陳布雷，表示將會同傅斯年處理學潮，「盡力了息」⑫。此外，雲南省警備總部參謀長吳麗川亦發表談話，將學潮視為「有計畫陰謀之政潮」，吳麗川云：

> 此次學潮以本人看，並非學潮，乃一有計畫陰謀之政潮。聯大、
> 雲大、中法、英專四大學時事座談晚會在二十五日晚七時舉行，

---

⑩　見《人民周報》等期刊出版的《聯合增刊》第一期。

⑪　〈昆明學生流血慘案〉，《新華日報》民國三十四年十二月五日。

⑫　〈盧漢給陳布雷的密電〉（民國三十四年十二月五日），錄自雲南省檔案館。《史料選編》（下），頁一三九。

而延安廣播已於二十三日下午六時三十分說出昆明即將罷課，並稱有罷課委員會之組織，此公眾皆知之事實，可惜者多數可愛青年，不明奸謀眞相，受人愚弄，荒廢學業，且有多數慘遭犧牲。軍政部第二軍官總隊之少數隊員，亦受其殃。

至於雲南當局不准學生集會遊行，吳麗川解釋其理由云：

學生倘係純正之學術討論會，或作純正愛國之遊行，想我當局不但不阻止，必進一步要倡導之。任何腦筋腐敗固執者流，絕不致妨害學生討論學問，亦絕不妨害學生愛國運動也，尤其與學生對立，與教育界對立，即下愚亦不出此。所以加以阻止者，因當局早已發覺有奸人欲利用學生挑起學潮，由學潮變爲政潮，以達其罷課、罷工、罷市、罷公、罷役、罷賦之政治目的，危害民國，危害政府，吾人只怕流血，奸人只怕流得少，愈多死學生，風波愈大，甚奸謀愈易成功，因爲死的傷的不是奸人自己子女。當局洞燭其奸，深恐純正可愛之學生爲奸人利用，作其工具，而遭犧牲，故盡諸種方法以圖防止。此實當局責任所在，阻止集會遊行，以防止奸計，乃爲必要措施。想當局毀譽全非所計，只求良心所安，是非自在人心也。⓭

針對吳麗川之談話，罷委會立即發表啓事加以反駁。由於吳麗川之談話係透過中央社發佈消息，所以罷委會啓事矛頭朝向中央社，認爲中央社於十二月五日發出之有關凶嫌公審、吳參謀長談話、關總司

⓭　〈吳參謀長談昆明學潮感想〉，昆明《中央日報》，民國三十四年十二月五日。

令慰問等新聞，均是「任意揑造事實，顛倒是非，以圖混亂事實眞相，污蔑學生運動」。罷委會認爲此次罷課運動，全係學生受雲南當局壓迫所致，吳參謀長的談話是企圖以「黨派」問題來混淆事實，事實上，無論十一月三十日的街頭事件，或一二一事件，均是有計畫的預謀，而主謀殺人罪犯就是關麟徵和李宗黃，殺人罪犯所送之「慰勞品」，當然拒收，至於公審兇嫌，顯係準備好演出之滑稽劇⑭。雙方針鋒相對，毫無迴旋餘地。

　　十二月六日，西南聯大、雲大、中法、英專等三十四個大中學校學生發表「爲一二一慘案告全國同胞書」，提出他們的要求。學生的要求可分爲三個層次，對於政府，他們要求：㈠立即制止內戰，要求和平。㈡反對外國助長中國內戰，美國政府應立即撤退駐華美軍。㈢組織聯合政府。㈣切實保障人民的言論、集會、結社、人身等自由。對於雲南黨政軍當局，他們要求：㈠追究十一月二十五日射擊晚會事件的責任問題。㈡立即取消二十四日雲南黨政軍聯席會議之禁止集會遊行的非法禁令。㈢保障同學之身體自由，不得任意逮捕。㈣要求中央社更正誣蔑學生之荒謬言論，並向當晚參加大會人士致歉。對於一二一事件，他們要求：㈠嚴懲十二月一日的主謀凶犯關麟徵、李宗黃、邱清泉。㈡當局應負擔死難同學之撫邱費，受傷同學之醫藥費。㈢賠償一切公私損失⑮。

　　教職員方面，聯大、雲大、中法、英專等三十校教師二九八名，亦於十二月六日發表「罷敎宣言」，聲明「同仁等目擊心傷，念是非之未彰，痛正義之不伸，凶暴違法之徒如不除，就國家言，將何以爲國，

---

⑭　同⑩，頁一六四～一六六。

⑮　〈昆明大中學生爲一二一慘案告全國同胞書〉，《史料選編》(上)，頁一五七。

何能建國，就同仁等言，將何以爲教，何忍爲教，故決於即日起，一致罷教，至學生復課日止，以示抗議」。他們同時向政府提出三項呼籲：㈠嚴懲屠殺無辜教師與學生之黨政軍負責人。㈡以事實保證不再發生類似事件。㈢取消十一月二十五日地方當局所頒布之非法禁令。⓰

罷委會爲了讓全國民眾了解一二一事件，並贏得支持，該會宣傳股發起寫信運動，並以公開信鼓吹。公開信云：

> 運動前途是格外光明，我們一定要得到勝利，而得到勝利的條件中，有一條最重要的，是要讓我們的呼聲傳播到全國去，要全國人民一同來參加我們反對內戰，爭取自由的工作。怎樣把我們的工作傳播到全國去呢？方式是很多的，我們要在這裡提出的，是請大家多多寫信。寫信給你的家裡，給你的兄弟姊妹，給你的朋友，給你的同學，給你認識的報紙雜誌，盡量的把昆明學生運動的情形告訴他們：我們爲什麼要反對內戰？我們受了那些壓迫？我們爲什麼要罷課？『一二一』慘案經過情形，中央社無恥造謠，我們怎樣紀念死者，怎樣堅持罷課，提出那些要求……凡此種種，我們都希望你，用你的筆寫下來，告訴他們。⓱

中共方面，《新華日報》發表短評「德國縱火案和昆明慘案」，以一九三三年德國縱火案爲例，影射國民黨「妄想抄襲嫁禍慣技」，企圖

⓰ 〈爲十二月一日黨政軍當局屠殺教師學生昆明市各大中學教師罷教宣言〉，《史料選編》（上），頁一六七～一六八。

⓱ 〈爲發動寫信運動給同學的信〉，錄自雲南省檔案館。《史料選編》（上），頁一八〇。

把一二一事件的責任推卸在中共身上。同時，該報亦刊出中國民主同盟發言人爲昆明一二一事件發表的談話，該談話對政府與國民黨大加撻伐，完全呼應中共之說詞，在輿論上顯然產生誤導的作用⑩。另外，重慶陪都各界反內戰聯合會亦致電昆明學生，誓爲後盾，並捐款十萬元支援。

　　根據中央調查統計局的情報，十二月六日昆明的情況和罷委會的策略如下：「六日，仍有學生沿街宣傳募捐，已獲捐款數十萬元。彼輩宣傳，側重煽動滇人對關總司令不滿，並舉改組滇省府時之槍聲爲例。風潮主力，除奸黨及民盟分子外，顯有地方力量加入。聯大代常委傅斯年本午與關總司令往見盧主席，詢問是否贊成學生於九日擡棺遊行，結果不明。目前：㈠報界言論多反對學潮及奸黨。㈡老百姓有罵學生亂鬧尋死者，有罵第五軍官士兵仗勢殺人者。㈢滇省府改組時編遣軍官、公務員，均同情學生。㈣警界由局長至警察，表面觀望，暗中同情學潮。㈤各學校員生集中攻擊關李二軍黨首長。㈥新主席盧漢，有舉足輕重之勢，若用得當，自可收拾殘局。」⑩由以上情報可知學潮已複雜化，昆明地方力量已和中共及民盟分子合流，成爲學潮主力，負責地方治安的警察亦同情學生，關麟徵和李宗黃愈形孤立，情勢的發展顯已對雲南黨軍當局更爲不利。

　　昆明學潮之處理，由昆明當局易爲中央，始於十二月七日。是日，國民政府蔣主席發表「告昆明教育界書」，要求學生明辨是非，認清職責，重視課業，遵守紀綱，不可辜負國家作育之苦心，違反時代付與

---

⑩　〈中國民主同盟發言人爲昆明慘案發表談話〉，《新華日報》民國三十四年十二月六日。

⑩　〈中央調查統計局情報〉，民國三十四年十二月十一日，《史料選編》（上），頁一四〇。

之使命，同時要求各校行政當局及教職員，對學生剴切勸導，務令即日上課，恢復常態。書云：

> 昆市發生學潮，學生課業中輟，已逾旬日，妨害青年學業，貽誤建國前途，與念及此，痛心無已！我國抗戰八年，犧牲慘重，今勝利甫告實現，復興時機不可復得，正宜同德同心，積極勘勉，進行建國之工作，乃訛言流傳，波及學府，演成如此不幸之事件，此真所謂仇者所快而親者所痛也。中正維護教育，保持紀綱，皆屬責無旁貸，對於此次事件，必當根據是非與法紀，作公平負責之處置，決不有所偏袒，亦不有所姑息，惟我各校教職員對於學校、對於國家亦均負有神聖之責任，應導學生於正軌，為社會作表率，切不可任令罷課風潮再有遷延，造成學校與社會無政府、無秩序之狀態，以貽國家之羞。目前一切問題必以恢復課業為前提，以正常手續為解決，否則政府縱如何愛護青年，亦不能放棄其維護教育安定秩序之職責。⑫

除了發表文告之外，同時派教育部次長朱經農、青年軍編練總監霍揆彰由重慶赴昆明處理學潮；關麟徵亦於是日電呈蔣主席，自請處分，整個事件的處理似已露出一線曙光。

朱經農抵達昆明後，隨即與盧漢、關麟徵、傅斯年等會商。十二月八日下午三時，盧漢在私邸舉行茶會，招待朱經農、傅斯年、葉企蓀、周炳琳、姚從吾、馮友蘭等，就處理學潮問題交換意見。隔日，上午十時，盧漢偕同朱經農、霍揆彰攜帶慰勞品前往雲大附屬醫院、

---

⑫　昆明《中央日報》，民國三十四年十二月八日。

甘美醫院慰問受傷學生；下午三時，在省府大客廳舉行座談，出席者
有聯大代常委傅斯年、葉企蓀（查良釗代），雲大校長熊慶來，中法大
學院長徐炳昶、王樹勛，英專校長水天同，四校學生代表向大甘等十
七人。座談會中，學生代表提出五項要求：㈠追究二十五日射擊晚會
事件。㈡取消雲南黨政軍聯席會議，禁止集會遊行之決定。㈢保障同
學之身體自由。㈣嚴辨慘案主謀犯。㈤死難同學之安埋醫藥等費應由
當局負擔 ⓵。以上要求，均由盧漢、朱經農分別答覆，大致能令學生
滿意。「學生代表表示尊重蔣主席意旨，準備復課。同日盧漢亦發表告
同學書，勉遵元首文告復課，其中仍有少數奸僞搗亂，大體已告安定，
可得合理解決。」 ⓶ 十二月十日，政府將關麟徵停職，由霍揆彰暫行
代理，算是對學生的要求有了回應。《中央日報》亦同時刊出「昆明
學潮慶告平息」之社論，「行見停課終止之日，即恢復授課之時，我們爲
續聞弦歌之聲慶，亦爲純潔青年終不爲混水摸魚者資爲工具幸。」 ⓷

　　但是，事實上並沒有如雲南當局所預測的樂觀，罷委會對政府的
處置仍不滿意，他們認爲所提出的復課條件中，只有關麟徵的停職、
聯大師院投擲手榴彈罪犯陳奇達、劉友治執行槍決，及十二日各報發
表對於保障人身自由的規定等三項，表面上似乎回應了學生的要求，
然而實際上，這決不是能眞正解決的辦法。他們認爲「關麟徵之被停
職，並不能算是解決問題。關麟徵的停職，照報上公布的是『處置不
當，自請停職』。『處置不當』是當然的罪名，然而他決不止犯這點罪，
他還有更大的罪：主謀殺人、指揮殺人。主謀殺人應作何種處分，法

⓵　〈中央調查統計局情報：昆明學潮已告安定〉，錄自中國第二歷史檔案館。
　　《史料選編》（下），頁三十三。

⓶　同前注。

⓷　昆明《中央日報》，民國三十四年十二月十日。

有明文，一句話，空無實際的『停職』是不夠的，決不足以慰死者。不僅是關麟徵、李宗黃是實際主謀殺人者，更應有嚴重的懲處，此外還有邱清泉呢？周紳呢？」因此，他們揚言：「我們要對得起死者，在眞正主謀凶犯沒有懲處以前，我們決不可能安心復課，我們的復課，必須在這條件得到圓滿結果之後。」「這次昆明學生是爲了自由被威脅，而被迫罷課的；又因爲李宗黃等指揮殺人而被迫擴大，因此，在這種逼迫我們的情勢繼續存在時，我們便無法復課，不能復課。」⓬

面對罷委會強硬的態度，盧漢在十二月十三日致函傅斯年、熊慶來，要求聯大、雲大學生自十四日起，停止一切校外活動。函云：「頃聞貴校有十七日復課之議，然學生依然在校外作種種活動，影響社會秩序、地方安寧。據人民團體來府請求，早爲勸止，漢有維持地方治安之責，自應准如所請，茲特函奉達，務請約束貴校學生，自明日起，停止一切校外活動，否則此一責任應由校方負之。」⓭次日，盧漢、霍揆彰密電蔣主席表示，各校若在十七日未復課，則「決遵鈞示爲最後之處置」⓮。所謂「最後之處置」，即武力解決之意。然而，十七日過後，各校並未復課，罷委會認爲「復了課之後，又誰能給我們保證，如果我們復了課，政府就當作事情已經解決了，全國人民也以爲事情已經了結了。我們的條件，被無限制的擱置起來，那又怎麼辦？只要有人能給我們保證，這些條件一定能夠履行，我們就立刻可以復課。」⓯罷課學生基於這些原因而未復課，然時限過後，雲南當局亦未採取最

⓬　〈我們要對得起死者〉，《罷委會通訊》第十二期，民國三十四年十二月十五日。

⓭　〈盧漢致傅斯年、熊慶來信〉，錄自共青團中央檔案室。《史料選編》（下），頁三十五。

⓮　〈盧漢、霍揆彰致蔣主席密電〉，《史料選編》（下），頁三十五～三十六。

後處置。

十二月二十日上午，聯大學生自治會代表大會複決如下的復課條件：

㈠Ａ，由教授會書面保證懲處槍擊聯大一二一慘案之主使人及凶犯，先將李宗黃、關麟徵予以行政上之撤職處分，再依法懲處。在未受法律處分前，不得另有任用。至該二主使人撤職限期一項，由教授會會同學生自治理事商定公布之。Ｂ，除關、李凶犯，邱清泉、周紳等亦應依法懲處，對上面主使人凶犯，除一面依法控訴外，並向政治協商會議申訴。

㈡立即取消十一月二十四日晚雲南黨政軍聯席會議之禁止集會遊行之非法禁令。（請由盧主席、霍總司令公開表示該禁令無效。）

㈢重申保障人身的基本自由，非經司法機關及一定法律手續，不得任意逮捕。如有師長同學之失蹤、被綁架、暗殺、毆打，暨中學教師同學因此事而被解聘、開除等情事發生，地方黨政軍當局應負全責。（由盧主席、霍總司令公開表示保障。）

㈣要求中央社更正誣蔑教授及同學之荒謬言論。（請教授會會同罷委會將事實真相交國內外各報刊公布，但《中央日報》必須在內。）

㈤由地方當局負擔死亡者安葬費、其家屬撫卹費、傷者醫藥費、殘廢者終生生活費（原為生活補助費）及賠償一切公私損失。

㈥以上五條由理事會交聯大罷委會，再交罷聯會考慮接受，除第一條Ｂ項外，上項條件如得圓滿答覆時，由罷委會宣布復課；李宗黃、關麟徵得到撤職處分時，立即出殯⒇。

聯大學生自治會所議決之修改的復課條件，於當日下午送教授會

⒇ 〈昆明中等以上學校罷課聯合委員會致各校師長同學的一封公開信〉，錄自雲南省檔案館。《史料選編》（下），頁四十一。

議討論。當晚，聯大常委梅貽琦發表談話，說明敎授會的處理意見。梅貽琦云：「今天下午敎授會議中，對學生自治會代表會所議決之修改的復課條件本身，認爲第一條A，敎授會已在昨天告同學書中說明，關於本月一日之慘案，除軍事負責首腦人員已經政府先行停職議處外，敎授會並請求政府對行政負責首腦人員先行撤職，決以去就力爭，促其實現。B，涉及李、關、邱訴訟部分，已由法律委員會提起正式控訴。第二條、第三條，今天盧主席、霍總司令已有聲明，可稱完備。第四條，敎授會已發表關於此次事變經過情形之報告，送中央日報等報館登載，除函催各報館照登外，並可印發，廣爲傳播。第五條，撫卹及賠償無問題，地方當局已有聲明，並已由本校呈請政府撥款。」⓲

　　聯大敎授會之處理意見，學生並不滿意，因此並未馬上宣布復課，不過，學生的態度已漸軟化。盧漢致宋子文的密電中曾報告二十一日的情況云：「職與霍總司令多方督導，限各校於二十日復課，各校長、敎授亦以總辭職爲表示，昨晚已有就範趨勢。今日英專、中法、雲大已局部復課，表現較佳；聯大亦局部上課，惟學生較少。默察日內如無特殊變化，或可全部復課矣。」⓳

　　十二月二十四日下午，聯大常委梅貽琦、雲大校長熊慶來，在淸華大學辦事處舉行記者會，說明整個事件的經過，以駁斥中央社的報導。原先，在十二月九日，盧漢接見四大學學生自治會代表時，罷委會提出要求中央社更正道歉爲復課條件之一，當時，傅斯年建議由他

⓲　〈二十日代表大會複決後之復課條件〉，錄自雲南省博物館收藏當時的宣傳品，《史料選編》（下），頁四十二～四十三。

⓳　〈聯大梅常委十二月二十日晚對學生自治會理事談話內容〉，《史料選編》（下），頁四十五～四十六。

⓿　〈盧漢致宋子文密電〉，錄自中國第二歷史檔案館。《史料選編》（下），頁三十六。

和雲大校長共同提出對中央社的駁斥。十二月二十日，聯大學生自治會所提出之修改後復課條件中，僅要求教授會會同罷委會將事實真相交給包括《中央日報》在內的國內外報刊公布，而梅貽琦在當晚對學生自治會理事談話時，說明教授會已發表關於此次事件經過情形之報告，並送中央日報等報館登載。按照學生要求及處理情形，本應告一段落，然梅、熊復舉行記者會，顯係罷委會之要求，足見罷課學生對中央社之報導仍有心結存在。

十二月二十六日，昆明《中央日報》刊出梅、熊二人的報告。次日，罷委會即發表復課宣言與啓事。復課宣言略云：「我們爲尊重領袖訓示，爲顧及地方及學校當局之困難，一言以蔽之，爲顧全大局計，更爲了顧全我們的學業，乃於十二月二十七日在下列最低條件下，忍痛抑悲，停靈復課。㈠保障人身自由，不得非法逮捕，保障教授及學生安全，不得解聘及開除事，經盧主席及霍總司令明白表示，依法保障。㈡取消十一月二十四日李代主席任內之非法禁令事，盧主席表示當時不過爲一時一地權宜之計，今後宣布無效。㈢要求中央社更正誣蔑學生之消息言論事，由聯大梅常委及雲大熊校長發表致報界公開聲明，說明事實真相。㈣死傷善後費用及賠償公私損失事，已由盧主席面允負責辦理。㈤要求查辦殺人主要罪犯李宗黃、關麟徵、邱清泉等事，聯大雲大教授會除願與同學繼續向有關方面提起控訴外，並以去就力爭，促成關、李等撤職之實現。」⑱

罷委會以所提的復課條件已達成，而宣告中止罷課，只是下臺階，事實上，是受到國內外政治局勢變化和抗爭方式局限性的影響，不得不然。十二月二十七日出版的罷委會通訊社論云：「我們必然記得當

---

⑱ 〈昆明市中等以上學校罷課聯合委員會復課宣言〉，《史料選編》（下），頁五十一～五十二。

我們開始罷課的時候，反動派正不斷召開軍事會議，積極進行大規模
的內戰，國內正處在一個最黑暗的時期，人民反對內戰，要求民主自
由的呼聲被完全窒息著。而這一個月來，這情勢卻改觀了，如眾所周
知的，三國外長會議的舉行澄清了兩個多月來國際局勢上的陰霾。美
國改變對華政策，強調中國必須和平民主，不再支持中國反動派進行
內戰；再加上各地人民積極展開反內戰的工作，這一切都是促成國際
局勢轉變的有力因素。因此這幾天隨著馬歇爾來華，國內大規模的內
戰多少是抑止了，延安代表飛渝，國共兩黨都表示願意停止內戰，政
治協商會議召開在即。」又云：「罷課這個方式，只能局限於學生應
用，而且又不是進行長期運動中適宜的方式，為了要能團結更廣大的
人民參加，目前就是我們考慮改變運動方式的時候。」⓲昆明學潮是
因反內戰而起，而國共兩黨在馬歇爾的調停下，表示願意偃旗息鼓，
加上罷課不宜長期進行，罷課學生也就順勢找個下臺階，中止罷課，
宣布復課。

四　殯葬的鬥爭

　　罷委會決定復課後，昆明市學生聯合會代表大會決議結束罷委
會，另成立善後委員會，展開下一階段的鬥爭。同時，亦在復課宣言
中聲明，「必須在一二一慘案的禍首李宗黃等獲得公平的懲處後，方決
定公祭出殯及公葬的時間」，為往後的鬥爭埋下火種。

　　罷委會以一二一事件的死者作為擴大事件的工具，因此，對於死
者的喪禮非常堅持，聲稱出殯日期與出殯方式，該會擁有絕對的決定
權，不受任何束縛⓲。有識之士對於這個情形，咸感憂心，教育部長

⓲　〈這是一個新的開始〉，《罷委會通訊》第十五期，民國三十四年十二月二十
七日。

朱家驊就曾致電盧漢云：「聞此次死亡學生棺柩，尚停於聯大校內，存亡均感不安，且恐夜長夢多，重生枝節，務懇迅行設法，力促即行安土，俾全校情緒，更得安定，至所感禱。」❿雲南當局力謀解決此一問題，因此死者殯葬成爲鬥爭的重心。

對於復課以後的工作，罷課學生曾很露骨的宣示：這只是運動中一個階段的結束，更重要的是一個更廣大的運動的開始。在一篇題爲「這是一個新的開始」的文章中，罷課學生云：「罷委會已經宣布各校於二十七日起復課，這個決定是表示一種結束。而這結束，決不是整個運動的結束，而是一種手段的停止，運動中一個階段的結束，結束了這個階段，便立刻要作一個新的開始，用一種新的手段來進行反對內戰爭取民主自由的工作。」至於工作的內容和方向，又云：「今後昆明學生的任務是更爲艱苦的，一方面必須能圓滿結束上一個階段的工作，完成要求懲凶，舉行出殯公葬及其他善後工作，以安慰死難烈士。一方面更必須積極展開今後的工作，努力進行反對內戰、爭取民主自由的工作。」❿

昆明學生爲了引起外界的注意，於民國三十五年元月中旬，以一二一慘案善後委員會名義，致電政治協商會議，要求與會代表促使政府做到以下四點：㈠撤職查辦一二一慘案禍首李宗黃、關麟徵、邱清泉等，並嚴懲凶手周紳等。在法律處分以前，不得另有任用。㈡請政府明令公布，非經司法機關及正式法律手續，不得逮捕人民。㈢解散行凶之特務機構。㈣立即停止內戰，由政治協商會議成立聯合政府❿。

❿ 〈四烈士殯葬事宜由罷聯全權決定〉，《罷委會通訊》第十一期，民國三十四年十二月十一日。
❿ 〈朱家驊給盧漢的電報〉，錄自雲南省檔案館。《史料選編》（下），頁六十一。
❿ 同❿。

此外，並致電美國特使馬歇爾，希望其能促使中國政府實現昆明學生請求之條件，但是，這些行動都未引起巨大的迴響。雲南當局方面，盧漢曾於元月二十八日託請原籍曲靖的商人鄧應春，勸死者張華昌之父張復初，於舊曆年內將屍棺先行移出安葬，鄧應春並代張復初擬函致學生聯合會，亦無結果，雙方處於僵滯狀態**㊲**。

民國三十五年二月十一日，國防最高委員會常會通過李宗黃接任黨政考核委員會秘書長。次日，行政院第七三三次例會通過李宗黃免職，由雲南省政府委員張邦翰兼任民政廳長。昆明學生獲悉這個消息後，認為李宗黃不僅未受嚴處，反而升了官，極為激憤，於是昆明學生聯合會、昆明文協等十團體，於二月十七日，在聯大草坪舉行大會，一方面抗議重慶較場口事件及李宗黃調升要職，一方面慶祝政治協商會議成功。

在這一次集會中，擔任主席的是聞一多，上臺演講的有褚輔成、錢端升、費孝通、吳晗等，他們都推崇政治協商會議的成就，譴責「二一○血案」（即較場口事件）和李宗黃的調職。會後，雲大附中提議遊行，與會者響應，「在極短的時間內趕製的旗幟豎起來了，每個參加遊行的人也分得一張油印的標語。萬人的隊伍，就在主席團洪深、聞一多、李何林等三十多位先生的領導下，湧出了民主堡壘，變做一條『民主列車』開到街頭去。」**㊳**雲南當局並未干涉，遊行在平和中結束。

由於聯大教授會曾保證「決以去就力爭」，促使政府將行政首腦人

㊱ 〈一二一慘案善後委員會致電政治協商會議要求懲辦禍首取消特務機構組織聯合政府〉，民國三十五年一月十三日，昆明學生聯合會編，《學聯簡報》第一號，《史料選編》（下），頁六十六。

㊲ 《史料選編》（下），頁七十一～七十二。

㊳ 〈二一七昆明大遊行特寫——民主列車〉，《學生報》第五期，民國三十五年二月二十三日。

員撤職，所以在李宗黄調職後，聯大多青社等十五個社團發表公開信，要求教授會「對兇手於滿兩月尚未撤辦」表態⑬。學生認爲是爲了信任教授會的決定與諾言而復課，因此，聯大學生自治會曾向教授會提出備忘錄，曾分訪教授徵求意見。二月二十八日，學生自治會發表致教師書，要求教授和學生在三月四日罷教、罷課一天，以示抗議。

三月四日，昆明各大中學校罷課一天，對李宗黄調職表示嚴重抗議。罷課學生提出如下的訴求：「我們要求政府立刻尊重民意，收回任用殺人犯李宗黄成命，依法嚴懲李宗黄、關麟徵、邱清泉等，以樹立民主國家法紀之楷模。我們要求政府實現諾言，立刻發給喪葬、撫卹及賠償等費，以慰死者之靈，以安生者之心，用順民情，藉昭信義。」⑭在政治上，則聲言爭取蔣主席四項諾言及政治協商會議五項決議的實現，和立即改組政府。

三月四日罷課後，昆明學生聯合會有後續行動之跡象，所以雲南當局方面亦有肆應之準備。中央調查統計局情報透露云：「據報：昆明、雲大等校學生三月四日罷課一日後，即上課。復查該生等在共黨操縱下，又定三月十日大遊行，再向省府請願，追發前死學生四人之喪葬各費。我方同志，亦定九日舉行追悼張莘夫大遊行，以打擊反動派之活動。又新成立之『中國民主自由大同盟會』，亦定十日大遊行，詳情續查中。」⑭

三月十日的遊行並未舉行，是日，昆明學聯召開擴大治喪委員會

---

⑬　〈致師長們的一封公開信〉，《史料選編》（下），頁六十八～六十九。

⑭　〈昆明各大中學學生爲抗議任用一二一慘案殺人犯李宗黄與爭取合理解決一二一慘案罷課宣言〉，錄自雲南省檔案館。《史料選編》（下），頁八十一。

⑭　〈中央調查統計局情報：昆明雲大等校學生訂三月十日遊行，請願追發前死學生喪葬費〉，錄自中國第二歷史檔案館。《史料選編》（下），頁八十三。

籌備會，討論有關死者殯葬各項事宜。會中除了成立「一二一殉難烈士治喪委員會」外，並設祕書、總務、殯儀、宣傳、指傳、墓葬、路祭、交際、不管、醫救等十部，擬訂工作計畫爲：「發動全市所有學聯會員學校同學參加工作。宣傳組託學聯宣傳部代辦，路祭組決定近日樓、馬市口二地由學聯路祭，其餘各地亦予先分配，以免擁擠。請聯大新詩社負責輓詩，請聯大高聲唱、雲大哈哈合唱團負責教全市同學唱輓歌，輓歌亦請高聲唱嚴君製就。殯儀組花紗股預計需白花素紗三萬件，由全市女同學紮製。花圈、輓聯、輓幛等亦由同學先予整理，出殯時由參加送殯人士攜執。至於扛擡烈士棺木，原則上雇人，然同學志願扛擡者已有不少了。糾察組亦分由九校組成九隊負責，並預備借數輛吉普車裝上擴音機指揮送葬行列，預計參加者總數在三萬人以上。」**⑭**

　　雲南當局獲知學生的行動後，於三月十四日晚上，召集黨政軍首長及新聞界四十餘人研究反制措施，曾公佐的一份情報錄云：「據報：前昆明一二一事件，聯大死亡學生四人。近共黨又鼓動擴大，準備於三月十七日出殯遊行。十四日晚滇省黨政軍首長及新聞界四十餘人商決：發動昆明父老及各社團通電反對，十七日如果出殯，則全市罷市一日，表示不同情，及有關報紙加以批評，並即日分頭爭取學生，運用謠言攻勢，期使參加出殯遊行之人員盡量減少云。」**⑭**

　　三月十六日，雲南全省商會聯合會、昆明市商會、昆明市參議會、雲南省參議會等十七個團體，對死者出殯事，發表意見書。意見書云：

***

⑭　〈擴大治喪委員會準備出殯工作〉，《學生報》第八期，民國三十五年三月十六日。

⑭　〈特務曾公佐的一份情報〉，錄自中國第二歷史檔案館。《史料選編》（下），頁八十五。

「查昆明中等以上學校，於去歲十一月間，發生罷課風潮，並於十二月一日，釀出流血慘劇，死學生四人，傷十一人。本會等以大學爲國家最高學府，學生均爲優秀有爲青年，乃演成此不幸事件，深爲悼惜。曾經先後函致學校當局，勸令學生復課，對善後事宜如死者喪葬，生者撫卹，傷者救助，與夫校舍校具之修繕等，願從旁盡力幫助，先後籌墊款項，交請省政府，轉送學校當局，妥爲分配，俾此事得以早日了結。且以已死各生，照地方習慣，不應再舉行出殯，並建議請其早爲安葬，以免暴露在外。前此均未採納，殊近日學生自組治喪委員會，定於本月十七日，大舉出殯，據其印佈之宣傳品載，是日出殯路線須通過本市通衢，送殯人數，號稱數萬，更有路祭、大牆報、壁報、漫畫、輓詩、輓歌、廣播等行列。其宣傳之意義，重於哀悼，以本市街道之狹，行人之眾，如此大舉出殯，填塞擾攘，誰敢保證不影響地方之安寧秩序，倘不幸再釀出事端，咎將誰屬？且以死者棺柩及安葬地點，均在聯大校內，實無出殯必要。本會等爲地方安寧計，除已呈請雲南省政府，並函致聯大梅校委、雲大熊校長勸阻出殯，即日安葬，以順輿情外，倘此項主張不蒙採納，則本市商民屆時惟有相率關閉店戶，不願與見與聞，以示抗議❹。

　　學生並未理會昆明市各界的抗議，如期地在三月十七日舉行殯儀。昆明《中央日報》報導出殯的情形云：「昨晨出殯行列，於十一時許，由聯大圖書館出發，一反預定之路線，入大西門，循公共汽車下行路線，出大南門，走金碧路、護國路、綏靖路、光華街，出小西門，回至聯大新校舍，於下午五時許，安葬於圖書館後側預營之墓地。張華昌之老母，臨穴一痛幾絕，李魯連之雙親，前曾屢請同學，許其

❹ 〈雲南通訊社所發學生出殯消息〉，昆明《中央日報》民國三十五年三月十七日。

領棺自葬，終未獲允，昨日殯葬，未來參加。又出殯行列所經地段，均有憲警徒手佈崗，以維持秩序，參與學生、各校多寡不一，除唱哀輓之歌外，未作其他口頭宣傳，惟爆竹之聲時由行列中傳出耳。」**⑭**出殯隊伍的詳細情形是這樣：「隊伍的最前面寫著『一二一慘案死難烈士殯儀』的橫額，跟著是自由鐘。接著是昆華女中和昆華工校的兩個並行的哀樂隊，主席團和『民主兒女』、『你們死了還有我們』十二塊大木牌子。主席團內最惹人注目的是人力車上的聯大繆祥烈同學。在一二一慘案裡，他犧牲了一條右腿。後面整個的隊伍，分作了四個大隊，每大隊的隊首寫著某某烈士殯儀的橫布額和一座像亭。隊尾是一輛柩車，載著覆有鮮明的國旗的棺材。次序是于再、潘琰、李魯連、張華昌。」**⑭**

這個高度政治性的殯儀，鬥爭的雙方各有說法。昆明學聯毫不諱言地說這是一個擴大的宣傳，雖然沒有喊口號貼標語，但輓聯、旗幟、輓歌、死者棺木和沉默送殯的行列，就是最現實、最生動的宣傳資料。學聯云：「市商會等御用民眾團體在前一天就通過省政府向我們作了恫嚇性的警告，要我們不要出殯。當他們發現這警告並未生效時，各商戶接到了在學生出殯時關門停業的命令。但這自認為聰明的措施，卻反而給了昆明市民全部走到街上來的機會。人，擠滿了人行道，擠滿了每一處高地，每一座樓房的每一個窗口。膽怯的統治者推測得不錯，這不但是出殯，而且是一個擴大的宣傳。」**⑭**

雲南當局方面，盧漢致電宋子文、翁文灝時，卻輕描淡寫的表示：「查昆明中等以上學校為一二一已死學生出殯事，職於事先盡力勸

---

⑭ 昆明《中央日報》民國三十五年三月十八日。

⑭ 景山，〈莊嚴的葬儀〉，《民主周刊》第三卷第四期。

⑭ 同前注。

阻，業將詳情電呈在案。篠日勸阻無效，仍舊舉行，惟參加者僅有學生，其人數不及原定三分之一，亦未呼口號、貼標語。行列所經之處，各商店均自動關門，以示抗議，有此一舉，學生氣焰驟殺。市面秩序，經督飭憲警竭力維持，尚無意外發生。死者棺木均於當日下葬。此事自發生至今，遷延三月餘，中經無數周折，雖勉告結束，而負咎仍多，謹電奉聞，伏維鑒宥。」⑭另外雲南省黨部的一份報告亦云：「三月十七日，昆市大中三十餘校男女學生萬餘人，為一二一事件死亡學生發喪，十一時由聯大新校舍出發，沿各大街衢作出殯遊行，遊行期間，僅作簡短之宣傳及散發傳單。遊行行列所至，市面舖戶自行關閉，以示抗議，觀衆態度冷淡，予以嚴重之精神打擊。」⑭

　　民國三十五年五月三十日，曾被罷課學生指為一二一事件主使人之一的李宗黃，在雲南省參議會閉幕典禮中發表聲明，認為「昆明學潮，純為反動派有計畫有步驟之政治陰謀，一切罪惡，假此而行」，他認為十二月一日不幸之慘案，在雲南當局緝凶懲凶，從優撫卹後，應可結案，「不意陰謀之輩、不逞之徒，以慘案為奇貨可居，以學子為政爭工具，竟四出活動，百計中傷，不惜淆亂是非，顛倒黑白，甚至血口噴人，借刀殺人，極盡窮凶極惡、喪心病狂之能事。」⑮李宗黃的說法可代表當時雲南當局的見解與立場，經其披露後，兩造的說詞均公諸於世，昆明學潮可算正式告一段落。

⑭　〈盧漢關於出殯事致宋子文、翁文灝電〉，錄自中國第二歷史檔案館。《史料選編》（下），頁八十六。

⑭　同⑲，頁一〇七。

⑮　〈李宗黃對昆明學潮之聲明〉，錄自中國第二歷史檔案館。《史料選編》（下），頁一〇八。

第四節 影響

昆明學潮的發生，係因昆明的中共地下黨及外圍組織為響應中共中央反內戰的號召而起，當時，策動者原想透過時事晚會的召開，發表宣言，反對內戰；致電美國，要求美軍退出中國，如此而已，並無罷課之決定。鄭伯克曾回憶說：「我們為著響應黨的號召，制止內戰，原來考慮在十一月二十五日開個四大學反內戰晚會，通過通電，反對內戰，起個宣傳號召作用，會上請幾個人講講話。聯大第一、二支部有黨員反映，學生中有人要求罷課，但我們考慮由於國民黨當時在雲南統治很嚴，中學校長已大批撤換，特務在搞黑名單，在街上公開綁票。戰略上要藐視敵人，與敵人堅決鬥爭，但具體戰役上要考慮情況。十一月二十五日前沒有罷課的決定。」⑮ 但是，後來由於雲南黨政軍當局對時事晚會採取鳴槍恫嚇之壓制策略，激怒學生，而有罷課之舉。後又因罷課學生在校園與街頭進行反內戰宣傳，與雲南當局派出之反制人員發生衝突；在十二月一日的衝突中，造成四人死亡，十一人重傷，十四人輕傷之慘劇，致使學潮擴大，一發不可收拾，政府也因此付出慘痛的代價。

昆明學潮的經過，雲南當局分別有其說詞，如「西郊匪警，黑夜槍聲」；如「第二軍官總隊學員與聯大學生因誤會而毆鬥」；如「姜凱教唆陳奇達、劉友治投擲手榴彈」；如「吳麗川參謀長指責學潮係奸人煽惑之有計畫陰謀之政潮」等，雖與罷課學生之說法南轅北轍，但不無說服性。不過，最後對整個學潮經過的認定，卻呈現一面倒之勢。

---

⑮ 〈鄭伯克同志談一二一運動〉，《史料選編》（下），頁二五六。

民國三十四年十二月二十四日，聯大常委梅貽琦和雲大校長熊慶來以聯合記者會的方式，說明昆明學潮的「真相」，而「真相」的內容經由包括《中央日報》在內的各報刊出，幾有「蓋棺論定」之意。梅貽琦的說法是這樣：

> 綜觀慘案經過，自非偶然事件。查當時地方最高當局於慘案形成期內，實總攬當地軍政大權，對於學生集會，施以高壓，應負激成罷課風潮之責任。事件發生後，本市報紙對於罷課實際情形及暴徒毆殺員生事件未獲有正確之登載，學生情緒之被抑，無可告訴，其悲憤概可想見。查慘案發生時，軍隊有駐紮於大西門城樓者，離本校不過數步，對暴徒等之呼嘯殺人，達數小時之久，學生等之慘號呼救，絕無不聞之理，而該處軍隊事實上竟未出而阻止，更無當場拘捕凶手之事。復次，暴徒於分批至各校殺害師生後均高呼口號，遊行過市，軍政當局對於各校學生校內集會尚加干涉，並頒禁令，何以對於暴徒結隊殺人，叫囂過市，置若罔聞。此種矛盾措施，更足以證明暴徒闖入學校，搗毀校具，毆殺學生，實為當時軍政當局之責任。⑮

熊慶來亦代表雲大教授會說：

> ㈠二十五日晚在聯大新校舍舉行晚會時之槍聲，應有威脅之意。㈡二十八日在省府茶會席上，本人所言處理不宜躁切意見，軍政當局未肯採納，實一大錯誤。㈢三十日本校教授會七十餘

---

⑮　昆明《中央日報》，民國三十四年十二月二十六日。

人，聯名發表勸學生復課書，以爲本校學生即能接受，乃不幸
移時即有學生被毆事，復有暴徒多人搗碎本校門前學生壁報木
牌，翌日午前，還有暴衆湧入本校大門，將校警崗位室搗毀，
同時聞他校有學生慘被殺傷，於是群情愈形痛恨，勸告書因之
無效。㈣學府應受國家社會重視，不得妨礙其尊嚴，豈能任人
衝入橫行。總之本校教授會認爲對此事件負責之當局，應受應
有之處分，本人認爲政府應有公平處理。⑮

綜觀兩位校長的說法，完全苛責雲南軍政當局，而對於學生罷課和中
共地下黨的策動，無一絲之批評，所以中共認爲這是「學生罷課鬥爭
的一個勝利結果」⑯。

　昆明學潮是抗戰勝利後中共策動的第一個學潮，雖然侷促在昆明
一隅，但因昆明爲西南聯大校址所在，係當時教育、文化的中心，因
此學潮引起全國的注目，產生了一定的影響。茲就政府、中共兩方面
說明昆明學潮的影響如下：

一　對政府的影響

　昆明學生集會反對內戰的消息傳出後，雲南黨政軍當局先是根據
「非常時期取締集會演講辦法」，嚴禁學生集會遊行，禁止無效後，以
鳴槍嚇阻集會之進行，然卻反釀成學生罷課。之後，雲南當局採取「以
組織對組織，以宣傳對宣傳，以行動對行動」的策略，以爲反制。等
到一二一事件發生，事態擴大，罷課學生要求「嚴懲十二月一日之主
謀凶犯關麟徵、李宗黃、邱清泉」，否則不肯罷休。十二月八日，關麟

⑮　同前注。
⑯　《史料選編》（下），頁四十九。

徵迫於情勢，以「身負治安之責，事前防範未週，以致可愛青年死者四人，傷者十餘」為由，自請處分。然關亦憤恨不平，故自請處分書中有「以平奸人之憤」語⑮，足見一般。嗣後一二一事件凶嫌陳奇達、劉友治等之審判，罷課學生極力宣傳是「做戲」、「粉墨登場」、「二罪犯不是真正的罪犯」、「遽然將二罪犯槍決，顯有滅口嫌疑」等，引導民眾，對於雲南當局的統治有很大的損害。

　　十二月三日，罷委會駁斥十二月三日昆明各報所載中央社消息的啟事中說：「十一月二十五日晚，四大學召開時事晚會，為駐軍以槍炮圍擊，事後於二十六日晚，在省府召集的中等以上學校校長會議及二十九日下午四時在警備司令部舉行記者招待會時，警備司令關麟徵公開承認二十五日晚上的槍是他命令放的，並且說：『他們有開會自由，我就有放槍自由。』」⑯關麟徵的這句話，當時流傳很廣，影響很大，事後，他在回答張夢還的詢問時加以否認，他說：「慘劇發生以後，我召集各界開會，共商善後，學生提出要擡棺遊行，我竭力勸阻，要他們不能這樣做，因為擡棺遊行，大家情緒都很激動，一定會出更大的亂子。學生說：『我們有遊行的自由，總司令該尊重我們這種自由。』我說：『我是為你們好，你們現在和軍官總隊已經成了水火不相容，你們有遊行的自由，軍官總隊也有遊行的自由，你們雙方遊到一處，就是打的自由，你們又打不過他們，豈不是白吃虧嗎？如果再發生慘案，誰能夠負責？』我說有打的自由是指他們打架，不是說我自己，更沒有說：『我有用機槍鎮壓的自由』。」⑰這是關麟徵蟄居香

⑮　昆明《中央日報》，民國三十四年十二月八日。
⑯　《史料選編》（上），頁一二○。
⑰　政協陝西省戶縣政協文史資料委員會編，《關麟徵將軍》北京，中國文史出版社，一九八九年十月，頁一五六。

港時的說法，顯係辯解之詞，而在當時未加澄清辨正，令知識分子反感，對雲南省警備總部的形象影響甚巨。

雲南當局對昆明學潮的應付辦法，在組織對組織方面，採取「以黨團同志大量參加各學校集會，使奸黨分子不能開會」、「鼓勵學生組織反罷課委員，要求學校上課」、「軍警不出面干預，以黨團組織與工作，壓倒奸黨分子活動」。在宣傳對宣傳方面，採取「以傳單標語壓倒奸黨宣傳」、「通知市民不許在其居住牆壁上貼標語」。在行動對行動方面，採取「奸黨分子如遊行，我黨團同志即以國民身分參加哄散」。此外，並嚴格規定「部隊不得與各大學接近，更不准向學校或與學生以武力威脅」。這種以黨團同志進行反制的方法，不易與中共地下黨分子針鋒相對，反而容易和所有學生做敵對，引起一般民眾同情學生，不滿執政當局，致使陰謀策動者坐收漁翁之利，可謂失策。

在十二月一日上午十時二十分交卸雲南省主席的李宗黃，將學潮視為龍雲去職後雲南政局鬥爭之一環。他說：「幕後陰謀分子與舊有勢力深相結合，深恐中央勢力仍在雲南與彼不利，攻訐目標指向我，以慘案奇貨可居，作為政爭工具，四出活動，百計中傷，誣指我處理學潮不當，因而發生血案。」又說：「雲南部分派系領導階層，以我為人剛直耿介，作風大刀闊斧，實已妨礙他們的權位與不法利得，選派李一平、繆嘉銘、王公弢、林南園、楊適生等，到重慶向各要人遊說，無非淆亂是非，顛倒黑白。『道高一尺，魔高一丈』，非逼我離開昆明不可，同時亦有以打擊中央威信，表現龍雲、盧漢在雲南的潛伏力量。」⑱李宗黃認為學潮之擴大是為「擁盧倒關驅李」，對盧漢深為不滿，他說：「我卻有永遠不為惡勢力低頭的革命精神，陰謀分子鼓

---

⑱ 李宗黃，《李宗黃回憶錄》頁二四六～二四七。

動左派學生鬧得愈凶,我越是要在昆明暫且留下,必欲塵埃落定,真相大白,是非曲直,有個交代。果不其然,當中央令派我、關麟徵、盧漢共同審判捕獲之兇手,判以死刑,陰謀分子捐款三千餘萬支持學潮的內情同時揭露,一二一學潮全案水落石出,中外人士方始恍然大悟。盧漢亦不得不發表其告全校學生書,首段即云:『漢不幸,就職之日,即昆明學潮釀成血案之時』,直承不諱,公開認罪。」**⑲**李宗黃指盧漢「必不吝以禍滇者禍國」,自稱「我是革命黨不會再與軍閥同流」。由此可見,昆明學潮一方面受十月三日龍雲去職之影響,一方面亦影響盧漢接任省主席後之雲南政局,使李宗黃和盧漢之間嫌隙加大,中央與昆明之間隔閡加深,甚至影響日後整個中國政局的發展。

昆明學潮除了影響雲南地方政局外,亦損及中央政府之威信,《華西晚報》曾這樣評論:「昆明學生這一次因為討論反對內戰而招致軍警的干涉,結果釀成一二一的流血慘案!昆明當局血腥的鎮壓,遠超乎帝國主義與北洋軍閥之上!由日本強盜導演的一二九,學生們還只挨到大刀水龍與木棍;由北洋軍閥製造的三一八,學生們還只挨到步槍與刺刀,而這一次昆明的反內戰慘案,卻是黨政軍警憲以至於宣傳機關和特務的總動員,使用的凶器有機關槍和手榴彈。就中央社振振有辭的報導看,更可以看到凶手們陰謀之險惡、計畫之周密,這批凶犯其與帝國主義和北洋軍閥最大不同之處,尤在他們正在改變他們皮上的花紋,公然說自己是『民主』!是有數十年革命『光榮』的歷史。」**⑳**這種攻擊政府「鎮壓」學潮手段「進步」之言論,是中共方面一慣的說法。郭沫若寫了所謂的「進步贊」,即是始作俑者。詩云**㉑**:

---

⑲　同前注,頁二四七。

⑳　《華西晚報》,民國三十四年十二月九日。

㉑　《史料選編》(下),頁一〇九。

誰能說咱們中國沒有進步呢？

誰能說咱們中國進步得很慢？

「一二九」已經進步成為「一二一」了。

不信，你請看，請鼓起眼睛看看。

水龍已經進步成為了機關槍，

板刀已經進步成為了手榴彈。

超度青年的笨拙的劊子手們，

已經進步成為了機械化的好漢。

茅盾也附合地寫道：「一二九的劊子手用大刀和水龍頭對付青年學生，現在昆明慘案的劊子手卻用機關槍和手榴彈了。這難道就是中國統治者的『進步』麼？一二九的北平學生為了『救國』在大街上慘遭屠殺，現在的昆明學生為了『反對內戰』卻在校內被『進攻』而『圍殲』了。這大概也正是中國統治者的『進步』吧？劊子手們混賴罪名的方法，最早是掩耳盜鈴的扯謊，例如『碰傷』，例如『自行失足落水』，都是有名的『警句』，其後則為誣賴，為含血噴人，例如『受人利用』、『別有背景』；但這次昆明慘案除了這兩套老調以外，竟還跳出三個自承如何被『收買』的凶手來了。這不用說也是中國統治者的『進步』了！」⓲類似這樣的言論和說詞，在左傾的傳播媒體上流傳，三人市虎，以訛傳訛，日積月累，對國民政府的形象自然有所損害。

其次，昆明學潮是因反內戰而起，罷課學生亦把「立刻制止內戰，要求和平」作為首要的訴求，而在學潮蔓延與「壓制」的過程，很容

⓲　茅盾，〈為一二一慘案而作〉，《史料選編》（上），頁二三二～二三三。

易讓國人產生一個印象：政府當局不允許青年學生反對內戰，因爲內戰就是政府策動的。沈志遠在「用擴大反內戰運動來撫慰死者」一文中說：「爲什麼昆明的黨軍政當局不許青年學生反對內戰？設想可能的理由或許有三點：㈠或者是他們認爲反對內戰就是反對他們，那就是無異自供他們是內戰的製造者！㈡或者他們認爲眼前正在全國範圍內進行的不是內戰而是『戡亂』，『戡亂』是符合國家民族的利益的，但是不管『戡亂』也好，其他什麼名稱也好，全國老百姓的見解卻認爲這種中國人打中國人的勾當，是和國家民族利益絲毫不相干的。㈢或者他們認爲這次反對內戰的運動是共產黨的陰謀，所以必須加以鎮壓，那就更荒謬絕倫了。今天反對內戰是挽救國運的決定步驟，是全中國的每一個老百姓的迫切要求，這是一件對於國家民族功德無量的天大好事。國民黨裡面的反共積極分子，天天口裡喊反共，行動上佈置反共，然而卻要把這一類最能代表老百姓要求，最符合國族利益的大好事，都諉諸共產黨，而自己卻鮮明地站在反對內戰的對立面，這實在不能不令人懷疑到這些先生們的政治智慧啊！」[163]

戰後中共全面叛亂的軍事行動，就政府而言是「內亂非內戰」，所以是戡亂而不是打內戰。然而，戡亂與打內戰是解釋上的差異，一般老百姓很難弄得清楚。加上「中國人民在漫長八年戰爭之中，一直動心忍性地在艱苦困厄中渡過。如今一旦獲得勝利，卻再也無法承受任何新的逆境，特別是國共間的鬥爭。他們渴望和平，渴望休養，而一旦和平、休養又離他們而去，則自自然然地會對當時的政府及當權的政黨無法諒解。」[164]當時人民的心理是這樣：「日本一投降，頓使大

[163] 沈志遠，〈用擴大反內戰運動來撫慰死者〉，《史料選編》（上），頁二三六～二三七。

[164] 林滿紅等譯，《現代中國史》臺北，經世書局，民國七十二年九月，頁二四〇。

家鬆散下來，感覺上認為任務終於完成，可以好好休息了。對於立刻接著再打一個內戰，大都意興闌珊，心存厭煩。因此縱使接到命令，要打還是會打，但其心已倦，其力已窮。」⑯在戰後這種厭戰社會心理下，政府站在反內戰者的對立面，情況非常不利。

昆明學潮發生後，由於昆明地方當局無法解決，事態擴大，需要中央政府出面處理。蔣主席於一二一事件發生後一週，發表「告昆明教育界書」，要求學生遵守紀綱。隨後吳晗即以高光為筆名，加以反駁，認為政府當局要先保持紀綱，遵守法紀，才能解決問題。吳晗云：「如果政府真是實行民主，以人民為重，能夠立刻停止內戰，立刻召開政治協商會議，立刻組織聯合政府，保證對人民一切自由的絕對尊重，那豈止解決此次的所謂『不幸事件』而已，還可以獲得人民信任和尊敬。這解決方案，在政府只是一舉手之勞，可以正紀綱、明法紀，可以安群情、收民心，可以正國際視聽，政府又何吝而不為？我們願以最大的熱忱和誠意，奉勸政府當局，解決這次慘案的唯一法門，也只有『紀綱』兩字。」⑯

另外，聯大政治系主任張奚若則大肆批評國民黨與蔣主席，他說：「這幾年的毛病完全是由黨治弄出來的，我們現在說是要廢除黨治，不是由他自己來取消黨治，取消對他太客氣了，必須把它廢止。」又說：「為國家著想，為蔣介石先生著想，我勸他下野！」⑯對於蔣主席強調軍令政令統一的問題，張奚若提出更嚴厲的批評：「一個腐化、無能、自私的政府沒有資格去統一軍令政令，這也是一個政治的原則。

---

⑯　同前注，頁二六一。

⑯　高光，〈一二一慘案與紀綱〉，《民主週刊》第二卷第二十期，昆明，民國三十四年十二月。

⑯　張奚若，〈廢止一黨專政，取消個人獨裁〉，《史料選編》（上），頁二〇四。

許多人還不知道,今天值得提出來講的,如果這樣一個政府統一了軍令政令,那就會更腐化、更無知了。老實說,這次政治協商會議,還不是靠共黨逼出來的。一個有良知的人決不會無條件的擁護貪污、反動、無知的政府,擁護他也就是擁護無知、愚蠢、腐化、貪污!軍令政令統一是一個相對的道理,在有些情形之下應該,在有些情形下卻並不應該。」⑯這些似是而非的言論,透過演講向學生民眾傳播,多少損及蔣主席的威望,動搖對領導中心的向心力。

關於這種「項莊舞劍,意在沛公」式的迂迴宣傳,從學潮發生便開始存在。《中央日報》曾指出:「即以此次事件而論,學生痛惡內戰,大聲疾呼,誰也不能誣其動機不純,但千百人中,斷難保必無混水摸魚者因利乘便,時事晚會的言論,大體說,都是出自愛國純誠,但其中確有侵及我元首之處,不啻若自共黨之口出,罷課期中的標語,如『反獨裁、反專制』、『組織聯合政府』,還有什麼『法西斯』、『法東斯』,一望而知是爲共產黨搖旗吶喊。我們雖不忍說學生諸君中果有奉延安訓令如綸音之人,多數青年學生試一加自忖,這些所謂反內戰標語,豈不就是『反政府』、『反蔣主席』直截了當的別稱!就國是說,爭戰已起,協商未斷,學生諸君,若非隸籍共黨,何苦旗幟鮮明,以『反政府』、『反蔣主席』,與延安聲應氣求,使不絕如縷之團結終無實現之望?」⑯罷課學生以「反獨裁、反專制、反法西斯」攻擊蔣主席,和中共的宣傳如出一轍,對當時最高領導當局必然產生抹黑的作用。

最後,昆明學潮的發生亦傷及中央通訊社及中央日報等媒體的可信度。從時事晚會事件開始,雲南當局的消息發佈都透過中央社,因此中央社也就成爲罷課學生攻擊的目標;《中央日報》因發表嚴正的

---

⑯ 同前注,頁二○七～二○八。

⑯ 〈昆明學潮慶告平息〉,昆明《中央日報》民國三十四年十二月十日。

社論，批評罷課學生，故亦被視爲眼中釘。罷課學生曾作了一首「不買中央報」的歌曲，詞云：「中央社是造謠社，中央報是造謠報，專放謠言欺百姓，大家不要再相信。喪心病狂造謠言，侮蔑中傷不要臉，顚倒黑白和是非，大家不買中央報。」⓱⓿利用歌曲攻擊傳播媒體，亦算是別出心裁。

　　在時事晚會發生後第四天，《中央日報》發表題爲「五四之風不可復見」的社論，批評罷課學生云：「五四當年之罷工罷市，其對象爲萬惡不赦之軍閥，今日極端少數狂易之輩，錯認了對象，認國民政府爲北洋政府，認蔣主席爲曹吳軍閥，非別具肺肝之人，其誰信之？」⓱⓵此外並批評中共「斤斤爭持不肯放鬆者，端在軍隊多少師、主席市長若干席而已，這樣的作風，加上他們到處流竄，打家劫舍，民不堪其擾的幾近二十年故技，以軍閥名之，起曹吳於天下，亦必自以爲弗如，何以名之，現代化強盜而已！」⓱⓶由於《中央日報》嚴厲的抨擊，罷課學生發表「爲斥中央日報『五四之風不可復見』告全市父老書」，指責雲南當局「新聞封鎖」、「報紙歪曲事實，含血噴人，妄陷吾人有任何黨派之嫌疑」等⓱⓷。罷課學生也因此決定辦一份刊物，這份刊物就是「罷委會通訊」。罷課學生說：「昆明所有的報紙，或者是黨辦的官辦的，或者在黨的統制壓迫之下，即使有心要說眞話，也被人堵住了嘴，我們人民沒有報紙。我們只能聽別人故意歪曲事實，造謠中傷。但這樣我們是不能甘心的，我們要把事實的眞相告訴全市市民，把事

⓱⓿　〈不買中央報〉，《史料選編》（下），頁二四〇～二四一。

⓱⓵　〈五四之風不可復見〉，昆明《中央日報》，民國三十四年十一月二十九日。

⓱⓶　同前注。

⓱⓷　〈爲斥中央日報「五四之風不可復見」告全市父老書〉，《史料選編》（上），頁八十八～八十九。

實的眞相昭告全國，昭告全天下，因此我們創辦了這個通訊，把這一個運動進行的情形隨時作忠實的報導。」❼

嗣後，罷委會並於十二月三日、五日發表啓事，指責中央社所發佈的消息「任意捏造事實，顚倒是非，以圖混亂事實眞相，污蔑學生運動」。而事實上，是中央社在三日發佈的一二一事件新聞，以「誤會」、「偶然」說明事件的起因；五日發佈投彈兇手審訊筆錄及吳參謀長談昆明學潮感想，對罷課學生加以反擊之故。罷委會同時也抨擊「中央社一再以『奸黨唆使拒收慰勞品』，欲令死者『暴屍』，以圖激動我昆市父老情感，實屬無恥已極；又關某於十二月一日下午及二日上午來聯大時，均遭同學冷詞拒絕，中央社竟以『歡迎』、『感激』爲宣傳，卑鄙之極。」❼所以後來，罷課學生所提出的復課條件中，有一條是：要求中央社更正誣蔑學生之荒謬言論，並向當晚參加大會人士道歉。此外，並要求包括《中央日報》在內的昆明各報都刊登了罷委會所寫的一二一慘案經過和復課啓事，以及聯大常委梅貽琦、雲大校長熊慶來關於一二一眞相的談話。中央社受到罷課學生的攻擊後，可信度明顯地受到影響。當時昆明的人們甚至有以中央社爲口頭語之舉，如說：「請相信我的話，我又不是中央社。」❼銷路方面，「《中央日報》一下子降了幾千份」❼。鄭伯克回憶時躊躇滿志地說：「至於國民黨的報紙，要逼它低頭，要它發表梅、熊的談話、教授會的控訴書、學生會的復課啓事，它答應全部發表，這表示低了頭。」❼

---

❼　〈我們沒有報紙〉，《史料選編》（上），頁九十二。

❼　〈昆明市中等以上學校罷課聯合委員會爲駁斥中央社所發無恥謠言緊急啓事〉，《史料選編》（上），頁一六六。

❼　沙健孫，〈論一二一運動〉，《中共黨史研究論文選》（下），頁三四一。

❼　〈鄭伯克同志談一二一運動〉，《史料選編》（下），頁二五八。

❼　同前注，頁二六一。

　　就整體而言，昆明學潮對政府究竟發生了怎麼樣的影響，這是很難評估的，在此，引用鄭伯克的一段話做為結論，這雖然是中共的觀點，但亦可從其瞧出一些端倪。鄭伯克說：「政治上、宣傳上給國民黨很大的打擊，對動搖其統治起了很大的作用，從中央號召到全國的支持。在昆明方面，從四十二所大中學到小學，到全體教師，到工人、農民、機關職員、店員都動起來或表示同情，對其打擊很大。對國民黨統治區的民主運動起了很大的推動作用，揭露了蔣介石的面貌，使廣大學生和知識分子看清他的本質，看清了沒有第三條道路好走。因為學生手無寸鐵，他都要來殺你，反動派對人民進攻，這次不是在山東、在山西，而是面前的學生，因此受的教育很大。工人罷工，農民捐款，來祭奠的十五萬人都不怕危險，都反對國民黨，難道這些都是共產黨？可見國民黨確確實實在向人民進攻，廣大人民群衆是支持我們的。」⑰

二　對中共的影響

　　在昆明學潮中，中共是百分之百的贏家，因此，中共對昆明學潮的評價始終很高。民國三十四年十二月十五日，毛澤東爲中共中央起草的對黨內的指示，即指出昆明學潮在其民族民主統一戰線中的重要性。他說：「目前我黨一方面堅持解放區自治自衛立場，堅決反對國民黨的進攻，鞏固解放區人民已得的果實；一方面，援助國民黨區域正在發展的民主運動（以昆明罷課爲標誌），使反動派陷於孤立，使我黨獲得廣大的同盟者，擴大在我黨影響下的民族民主統一戰線。」⑱郭

⑰　同前注。
⑱　毛澤東，〈一九四六年解放區工作的方針〉，《毛澤東選集》第四卷，頁一〇七三。

沫若亦說：「一二一是民主運動行徑的步伐，也是民主運動必然勝利
的信號。四個人倒下去，四萬萬人起來了！這將是中國歷史上的一個
偉大的日子。」⑱《中國青年運動史》中更具體說明其成就：「廣大青
年在一二一運動中，向反動派展開的英勇鬥爭，給美蔣反動統治以沉
重的打擊，對解放戰爭時期的愛國民主運動起了很大的推動作用。後來
蔣管區波瀾壯闊的學生運動，就是在一二一運動的基礎上蓬勃開展起來
的，一二一學生運動又在中國青年運動歷史上寫下了光輝的篇章。」⑱
《北京大學校史》則簡單扼要地說：「一二一運動繼承和發揚了中國
青年學生五四和一二九運動的革命傳統。在運動中，聯大學生光榮地
站在鬥爭的前列，經受了鍛鍊，豐富了學生運動的實際鬥爭經驗。一
二一運動的許多參加者，以後成了解放戰爭時期華北和雲南學生運動
的骨幹力量。」⑱

　　中共歷史學者沙健孫在〈論一二一運動〉一文中，指出了其重要
的歷史意義。沙健孫說：

　　　一二一運動是抗日戰爭勝利以後中國人民運動的重要一翼，它
　　繼承五四運動和一二九運動之後，在中國學生運動史上寫下了
　　光輝的一頁；它在中國現代革命史上，也有著重要的意義。⋯⋯
　　首先，一二一運動進一步揭穿了國民黨政府堅持內戰政策的本
　　相，提高了全國人民的覺悟，推動了國內政治生活的發展。⋯⋯
　　其次，一二一運動提高了黨的威信，擴大了黨的影響，推動了
　　國民黨統治區的人民進一步在黨的政治口號下團結起來。⋯⋯

---

⑱　《史料選編》（上），頁三。
⑱　共青團中央青運史研究室，《中國青年運動史》頁二二九～二三〇。
⑱　蕭超然等，《北京大學校史》頁二四七。

最後，一二一運動不僅豐富了中國學生運動的經驗，而且鍛鍊了中國學生運動的一批骨幹力量，爲迎接第二條戰線上更大規模的鬥爭作了準備。⑱

　　中共在昆明學潮中究竟有何收穫，使其賦予如此豐富的意義，實在值得探討。在昆明學潮中擔任策動者與主力角色的民靑，在事件後的檢討中，認爲罷課的收穫有以下九項：「㈠罷課是因爲反對內戰而起的，當局鎮壓這一運動，無異說明他們在發動內戰。㈡罷課後，中央社天天發表一些與事實完全相反的，甚至無中生有的消息，這就暴露了中央社的造謠面目。㈢罷課當中，政府以武力壓迫，這就用事實說明了這是怎樣的政府。一個同學寫道：（他的確一向支持政府）『這件事使我明白我們的政府的確不替老百姓想』，他捐出一個月的薪水。㈣參加罷課工作的同學，單在聯大就有七八百人，這樣以工作教育了廣大的同學。㈤罷課當中發現了許多能幹的同學，也發現了許多積極工作的同學。㈥罷課當中，聯大同學天天到各校給同學解決困難，這就加強了大中學生的聯繫和了解。㈦慘案後，國民黨立即將關麟徵停職處理，這是對其反動統治的打擊。㈧慘案發生後，各地的聲援，實際上又一次震撼了國民黨統治。㈨罷課及慘案，引起全國、全世界的注目，這對中國前途，有極大的好處。」⑱

　　除了民靑外，罷委會在民國三十五年一月二十四日，亦做了檢討，在談及「我們的運動有那些收穫」時說：「我們的運動，對反民主勢力在雲南的統治給了一個迎頭痛擊，告訴他們人民是不能輕侮的。這運動教育了大中學生和各階層的人士，使大多數人看清楚了統治者的

---

⑱　　同⑰，頁三四〇～三四四。

⑱　　〈一二一運動與民靑〉，《史料選編》（上），頁四十三～四十四。

本來面目，也指出了民主是我們所應努力爭取的方向。同時，我們的運動也爭取得了學校當局和教授，團結了絕大多數的同學，得到了社會的支援，民主的陣營，由於我們的運動，擴大得很多了。」⑱

在昆明學潮中，罷委會儘管對其宣傳工作有所檢討，說什麼「宣傳工作方面，沒有具體的宣傳計畫和步驟，時常有重複和零亂的現象，在對內的宣傳教育方面，可說幾乎沒有做了甚麼。」⑱民青也曾檢討說：「宣傳工作的缺點：發出文件，多憑主觀想像應如何如何，沒有能考慮客觀反映及效果，所以發表了一大堆的告什麼什麼書，而實際上正如負責宣傳工作的同學所深感覺到的，告士兵書士兵看不懂，告商人書商人看不懂，而且提出一些沒有現實基礎的口號，如罷工、罷市。」⑱儘管罷課學生如此檢討，但事實上，宣傳工作是昆明學潮中最成功之處，亦是中共方面最大的收穫。

昆明學潮最初發動是以反對內戰為藉口，它的基本口號是「反對內戰，爭取自由」，隨著學潮的展開和各地的聲援響應，使反內戰的訴求擴散到全國各地。關於這種蔓延的情況，沙健孫說：「昆明學生的鬥爭在全國激起了強烈的反響。延安各界舉行集會，聲援昆明學生，周恩來在會上講了話；《解放日報》、《新華日報》並發表了社論、評論及有關報導。民主同盟、三民主義同志聯合會等民主黨派、陪都各界反內戰聯合會等人民團體以及各界知名人士也紛紛發表聲明和函電，抗議反動當局製造慘案，支持學生反內戰爭自由的運動。重慶舉行了一二一死難烈士追悼會及兩天公祭；成都在追悼會後舉行了示威遊行，一些外籍教授也參加了示威遊行的行列；上海在于再烈士追悼

---

⑱　〈認識一二一運動〉，《史料選編》（下），頁五十九。
⑱　同前注，頁五十九～六十。
⑱　同⑱，頁四十四。

會後參加示威遊行的群衆達兩萬人。在遵義的浙江大學學生並舉行了象徵性的罷課。『一個以學生運動爲主的反內戰運動，一時席捲了整個國民黨統治區。』」[189]中共反內戰的宣傳目標幾乎可以說完全達到了。

罷課學生的宣傳工作開展得極爲活躍，宣傳的內容是統一的，凡屬重要的文件以及標語、口號等，均由罷委會討論通過；宣傳區域也作了統一的劃分，而後由各校分別在指定的地段展開工作。至於宣傳的方式則靈活多樣，其中主要的是出版《罷委會通訊》，進行家庭訪問，張貼街頭壁報、漫畫、標語，舉行講演、歌詠、演劇以及義賣等。《罷委會通訊》的銷售量開始爲四千份，不久激增爲一萬五千份，超過昆明任何一家報紙[190]。鄭伯克也回憶當時宣傳的情形道：「大規模宣傳活動，採用各種方式展開：㈠靈堂公祭：發動各階層群衆到聯大四烈士靈堂來弔唁和祭奠，用輓詩、輓聯、祭文等，揭露和控訴國民黨反動派暴行，以敎育群衆。從十二月一日到十二月十五日左右，參加公祭的機關和團體已達千多個，人數已達十五萬以上（昆明當時人口三十萬）。輓聯、輓詩千多副，群衆捐款支援達三千萬元。㈡街頭宣傳：組織各種宣傳隊，用壁報、講演、活報劇等方式。㈢到工廠、農村和市民家庭去宣傳訪問。」[191]

在昆明學潮的宣傳活動中，靈堂公祭、戲劇、歌曲是最具特色的宣傳方式，其中以靈堂公祭收效最大。一二一事件四名死者的靈堂設在聯大圖書館，靈堂內陳列著死者的血衣遺物，牆上掛滿了千餘幅各界人士致送的輓聯、輓詩。輓聯、輓詩皆是藉題發揮，肆意攻擊政府及雲南當局。如「黨國所賜」、如「罷課幹嘛？反內戰、爭民主。凶手

---

[189]　同[176]，頁三二八。

[190]　同前註，頁三三九。

[191]　同[177]，頁二六九。

是誰？李宗黃、關麟徵。」、如「國民黨還政於民，秋波未去，丟下數枚炸彈；中央軍奉命來省，春風乍到，殺了幾個學生。」等等，不勝枚舉。吳晗曾記述靈堂的情形說：「我每天到靈堂巡禮，細讀新增的輓聯，每一個字，每一句話，都是公正的判決書；也注意觀察來弔祭的鄉夫村婦，在沉重的氣氛中，我看見他們的淚，默默吞聲，分擔人民的哀痛和憤怒。」[192]

歌曲方面，目前收入《一二一運動史料選編》的歌曲有二十二首，包括：「我們反對這個」、「我們要當心」、「民主是哪樣」、「堅決反內戰」、「反對內戰」、「反內戰進行曲」、「罷課歌」、「告同胞」、「八年啦」、「農家苦」、「南風歌」、「五塊錢」、「民主鳳陽花鼓」、「不買中央報」、「自由公理在那兒？」、「凶手，你逃不了」、「告兵士」、「一二一死難烈士輓歌」、「送葬歌」、「安息吧！死難的同學」、「安眠吧！同志」、「茶館小調」等，歌曲中對反內戰有充分的發揮。當時的反內戰歌曲，大都是西南聯大「高聲唱合唱團」的成員創作推廣，其成員不乏民青的盟員。黎章民、嚴寶瑜曾回憶當時歌曲宣傳的情形說：「一九四五年十一月二十五日晚，在聯大民主草坪舉行時事晚會，國民黨反動派放槍破壞，合唱團在會上領唱反內戰歌曲。次日起罷課，歌詠隊分成小隊，到各中學宣傳，說明真相，並教唱歌曲。一二一慘案發生後，除送傷者到醫院治療，參加追悼會外，還創作了一批歌曲，到中學和街頭教唱。其中有黎章民的『告同胞』，嚴寶瑜的『告兵士』。又寫了送葬曲、輓歌、『凶手，你跑不了！』，進行教唱、宣傳。所需歌片，有的由黎章民找程法伋刻印，有的自己刻印，手指都刻起老繭。」[193]

戲劇宣傳方面，係由聯大劇藝社策動的。王松聲曾回憶該社成立

---

[192]　吳晗為《論一二一運動》所作的序，民國三十五年一月十日。

[193]　〈談高聲唱歌詠隊情況〉，《史料選編》（下），頁二八七～二八八。

的經過和宣傳的情形，他說：「我到聯大以後，群社時期的肖荻回來復學了，我們和溫公智等組織了『聯大劇藝社』，演出了『風雪夜歸人』。這個劇藝社，還有老師參加，當時吳征鎰就是以教師的身分參加劇藝社的。劇藝社開始活動時演了一些小戲，團結了一批人，借用學生服務處那個小禮堂進行活動，到了一二一運動時，劇藝社發揮了匕首的作用。罷課後，以戲劇為武器揭露國民黨反動派的罪行，創作演出過『凱旋』、『告地狀』（此二劇為王松聲作）、『潘琰傳』、『審判前夕』（此二劇為郭良夫作）等戲劇，受到群眾的歡迎。」⓱

「凱旋」是獨幕廣場劇，「以戲劇形式宣傳反內戰」，本事是杜撰一個國軍團長帶兵返鄉發生骨肉相殘的悲劇，極具有煽情性。茲錄其啟幕與劇終的旁白，以為印證。啟幕旁白：「我的朋友，你說這是什麼世界啊！在這個世界裡，人壓迫人！人剝削人！人類自相殘殺；當世界第二次大屠殺的血跡還沒有乾的時候，朋友！我們中國內戰的槍聲接著又響了。中國人民，在八年苦難的歲月裡，不知道付出了多少鮮血和生命！如今，在抗戰勝利的時候，又遭受到空前內戰的痛苦。朋友！今天我含著眼淚告訴大家一個因為內戰使骨肉殘殺的故事。」劇終旁白：「我的朋友，感謝你流著眼淚，看完了這個悲慘的故事，你感動了，你哭了，可是你拭乾了眼淚想一想，為什麼會有這種悲劇發生啊！朋友！這是因為內戰。因為內戰，使我們生活痛苦，因為內戰，使我們骨肉殘殺，就在今天，此刻在華北、在東北、在江南、在塞外，正有許多類似的悲劇扮演著。朋友，你能坐視嗎？你能不管嗎？有血氣、有良心的中國人吶，拿出我們人民的力量來，反對內戰！」⓲類此煽情性的宣傳，對學生和民眾必然起了一定的影響。

⓱ 〈關於聯大劇藝社的一些情況〉，《史料選編》（下），頁二八一～二八二。

⓲ 〈凱旋〉，《史料選編》（下），頁一九二、二一五、二一六。

　　由於反內戰宣傳發揮了效果，使中共的影響力無形中擴大，一些因贊成反內戰的學生和民眾，不自覺地便和中共站在一條線上，有一部分因此而被吸收。「在這次運動中，黨和民青組織有了大的發展。運動中湧現出來的積極分子，大都參加了民青組織。」⑯至於中共在這次學潮中的角色，張子齋說：「一二一運動的主要特點，就是自始至終堅決服從黨的領導，熱烈響應黨的號召，團結一切力量，爲建立光明的中國、反對黑暗的中國而頑強戰鬥。」⑰在這次學潮中，中共對罷課學生的控制與聯繫方式，成了組織運作的最佳典範。其組織聯繫與領導關係是這樣的：學潮是由罷委會出面領導的，而罷委會的內部則以民主方式產生一個設計委員會（設委會），負責搜集資料，擬訂計畫，經罷委會討論通過後，交由各機構執行。設委會的委員以民青成員爲主，而民青的兩個平行支部亦成立了一個行動委員會，作爲兩個支部共同的最高權力機構，來擔負學潮的指導責任。行動委員會實際上就是中共的黨團，它可以指導設委會中民青成員的活動，而設委會在罷委會中則起著核心的作用。在這個指揮系統中，中共對罷委會的領導也就有了組織上的保證⑱。這個組織運作的典範，豐富了中共日後策動學潮的經驗內容。

　　最後，昆明學潮對中共最大、亦是最深遠的影響，是學潮中的成員和參與者，在西南聯大解散後，隨著北大、清華、南開各校的復員，成爲日後華北學潮的中堅分子；留在雲南者，則成爲雲南學潮的骨幹。沙健孫說：「一九四六年五月，西南聯大宣布解散，北京大學、

⑯　同⑱，頁二二八。

⑰　張子齋，〈一二一運動的歷史意義〉，《解放戰爭時期學生運動論文集》上海，同濟大學出版社，一九八八年十二月，頁九十九。

⑱　同⑯，頁三三八。

清華大學、南開大學等校分別復員。這樣，一二一運動中的這一批骨幹，許多人就來到北方，從而加強北方學運的力量。……也有一些人則仍舊留在南方堅持革命工作，其中的一些人並走向了邊疆或農村，在那裡從事艱苦的群眾鬥爭。比如，解放軍滇湘黔邊區縱隊及其所屬支隊、團、營三級政工人員中，有不少就是原來一二一運動的骨幹分子。」⑲昆明學潮的參與者擴散到華北，成為日後學潮的「火種」。這種影響，張子齋曾直截了當的說：「可以設想，假使沒有一二一運動及其以後的一系列鬥爭，要在解放戰爭時期實現黨中央號召的在蔣管區開闢第二戰場的任務，即使不是做不到的，也肯定是極其艱難的，不可能在短時期內就發展得那麼迅速，造成燎原之勢。」⑳由此觀之，昆明學潮的影響是何等深遠。

---

⑲　洪德銘，〈第一把火──憶一二一學生運動〉，轉引自《中共黨史研究論文選》（下），頁三四四。

⑳　同⑲，頁一○一。

第四章　排外學潮

　　以民族主義爲基調的排外性學潮，是五四運動以降民國學潮的特色之一，在戰前以反英、反日爲中心，日本戰敗後，由於美蘇、國共錯綜複雜的關係，使排外學潮從原發性的愛國行動，轉變成爲對付國內敵人的有效武器；由於愛國和挽救民族危機的行動和政治鬥爭糾纏不清，使排外學潮發動後難以收拾，造成更大的衝突；戰後排外學潮係以反蘇、反美爲中心，重要的事件有因東北問題引發之「二二二反蘇運動」，因「沈崇案」引發之反美運動，因美國扶植日本引發之「反美扶日運動」。

第一節　二二二反蘇運動

　　二二二反蘇運動係指民國三十五年二、三月間，以重慶爲中心的全國性反蘇運動。此次以確保東北領土主權，抗議蘇聯在東北久不撤兵，聲援張莘夫慘案爲目標的學潮，歷時雖短，但涵蓋面甚廣。茲分發生背景、張莘夫慘案、重慶二二二大遊行及各地反蘇示威遊行說明如下：

一　發生背景

　　民國三十四年七月二十六日，波茨坦宣言曾警告日本，若不接受無條件投降，即將予以立刻而更恐怖的報復，但是日本卻執迷不悟，

仍希望蘇聯從中斡旋,「表示若能避免日本無條件投降之方式,在保證其榮譽與生存之限度內,在廣泛的妥協之下,日本希望結束戰爭之意。」❶正當日本駐蘇大使佐藤與蘇聯外長莫洛托夫在莫斯科會談之際,蘇聯廢棄了一九四一年的「日蘇中立條約」,於八月八日對日宣戰,並以馬林諾夫斯基(Marshall Bodin Malinovsky)為統帥,合主力數十萬,分兵三路侵入中國東北、內蒙❷。蘇軍只最初三天有真正的戰爭,最重要的是海拉爾和牡丹江之役,東北日軍因空軍多調防本土,故只有零星和軟弱的抵抗❸。蘇軍毫不費力的佔領東北。

抗戰勝利後,所有失土同時光復,接收不易,蔣主席乃通令敵偽地方負責者暫維秩序,保管原有檔卷及財物,聽候接收❹。然依據盟軍最高統帥麥克阿瑟將軍(General Douglas Macarthur)所劃分的受降區,東北應歸蘇聯受降❺。因東北全為蘇聯所控制,中國方面前往接收又受中蘇友好同盟條約限制,加上必須與蘇聯維持友好關係,故蘇聯反客為主,對政府要求前往接收的答覆是,他們正在解除日軍武裝,地方秩序未復,等到可以接收時,必定電請國軍前往,如此一等再等,直到十月初旬才接到蘇聯的電邀❻。十月一日,蘇聯駐華大使彼得羅夫以備忘錄通知行政院宋子文院長,蘇軍擬於十月下旬開始

---

❶ 服部卓四郎,《大東亞戰爭㈣》臺北,國防部計劃局編譯室,頁二九二。

❷ 陳孝威,《為什麼失去大陸》臺北,聯合出版中心,民國五十三年,頁二六六。

❸ 潘崖譯,達林原著,《蘇聯與遠東》臺北,國立編譯館,民國三十九年,頁二一二。參考Max Beloff, *Soviet Policy in the Far East 1944-1951*, London: Oxford Univ. Press, 1953, pp. 37-38.

❹ 吳煥章,〈抗戰勝利後接收東北的回憶〉,《傳記文學》二十四卷二期,民國六十三年二月,頁三十五。

❺ 同❷,頁二一四。

❻ 同❹,頁三十五～三十六。

撤退；蘇方以馬林諾夫斯基爲全權代表，進行蘇軍撤退問題之談判。中國方面，東北行營副參謀長董彥平於十月九日先抵長春，東北行營主任熊式輝一行於十月十二日隨後亦至，中蘇開始接收東北的交涉，在兩次談判中，蘇方對政府之要求，如商借運兵交通工具、大連登陸、空運國軍、協助行政、工礦之接收、籌編保安隊等，均以敷衍之手段，拖延時間，而無積極之協助或配合。

　　關於大連登陸問題，十月一日國民政府照會蘇方，中國方面之第十三軍部隊定於十月十日前後，自九龍乘美國船隻由海道前往大連登陸，但蘇方卻以中蘇友好同盟條約規定大連係商港，爲運輸貨物而非運輸軍隊之地，堅決反對國軍在大連登陸❼。國軍在大連登陸受阻，東北行營主任熊式輝續與馬林諾夫斯基商談，提出國軍改由葫蘆島與營口登陸計畫，馬答「並無意見」❽。然十月二十七、八兩日，國軍駛抵葫蘆島海面，卻遭共軍射擊，駛往營口，亦發現共軍築有工事，未靠岸即離去，最後改由秦皇島登陸，循北寧路向山海關前進。

　　國軍於二十九日自秦皇島登陸，於十一月五日推進到山海關，沿途遭共軍頑強抵抗，勉力打通後，又值隆冬，直到十一月二十九日才抵達錦州，耗時極長❾。後來國軍欲向赤峰推進，由於受到中蘇軍事調處不順利的影響，始終未能開入赤峰❿。中共方面，在日本投降後，賀龍、聶榮臻、林彪等部隊即向內蒙和東北進軍，並於張北與蘇軍會合，蘇軍以騎兵掩護共軍進佔張家口，而取得大量日本在張家口儲備

---

❼　〈日本投降與我國對日態度及對俄交涉〉，《中日外交史料叢編》臺北，中華民國外交問題研究會，頁一二九。

❽　董彥平，《蘇俄據東北》頁二十八。

❾　中央日報譯，《蔣總統秘錄》第一冊，臺北，中央日報社，民國六十三年，頁八十八～八十九。

❿　同前注，頁一六九。

之軍用物資，使共軍聲勢爲之益張❶。到了十一月十二日，中共在東北的勢力已甚爲龐大，長春郊外大屯機場有共軍數千人集結，城內也有共軍二千多人，且有向行營示威之舉動，使東北接收發生重大障礙，然蘇方均諉稱不知。

十一月十五日，政府鑑於蘇軍一再阻撓國軍赴東北，接收人員不但無法執行任務，反受共軍威脅，時有生命危險，乃照會蘇方，決定將行營人員遷移至山海關，並依中蘇友好同盟條約，派董彥平爲軍事代表帶同助理人員數名，駐在蘇軍總司令部所在地，隨同蘇軍總司令部進退❷。蘇聯方面獲悉東北行營即將撤退之消息後，其經濟顧問乃向東北行營經濟委員會主任委員張嘉璈提出包含東北一百五十四個工礦事業的清單，要求中蘇合作。這是蘇方首次提出經濟合作之要求❸，亦暴露其拖延接收之目的所在。

依據中蘇友好同盟條約之規定，蘇軍應於結束對日軍事行動後三個月內自東北撤軍完畢，民國三十四年十二月三日爲最後期限，當時蘇聯來不及將東北完全移交中共，乃決定延後撤軍❹。十一月十七日，東北行營被迫撤退，蘇軍司令部副參謀長通知董彥平，「據莫斯科命令，蘇軍在未得其他命令前，暫緩撤軍，並要加強幾個城市的防務，以便中國政府在東北樹立政權並穩固其基礎。」此爲蘇方首次以對中國友好之理由，宣布延後撤軍❺。蘇方第一次要求延期撤軍之期限爲民國三十五年二月一日，但由於中蘇經濟談判陷入僵局，接收工作多

---

❶　陳嘉驥，《白山黑水的悲歌》臺北，長歌出版社，民國六十五年，頁十七～十八。

❷　同❾，頁一三九～一四○。

❸　同❽，頁二十七。

❹　同❷，頁二八三。

❺　同❾，頁一六二～一六三。

方受阻，民國二十五年一月十六日，蘇軍更將我編組之保安隊繳械，並發生張莘夫慘案。蘇聯的種種行動，不外爲了延宕接收，爭取協助共軍奪取政權的時間，並藉延緩撤軍要挾國民政府對東北經濟作讓步。

民國三十五年二月初，蘇軍不但無撤退之準備，兵力且有增無減，據情報獲知，旅順運到蘇軍三、四萬人，正馳赴東北各地增援；並運入大量武器，於旅、大之間趕築空軍基地；又在哈爾濱等地舉行軍事演習，大有長期佔據之意 ❻，政府催促其撤軍均無下文。二月四日，張嘉璈臨回重慶前再詢馬林諾夫斯基何時撤軍，渠竟答以其任務爲協助建立政權和解決經濟合作問題，任務未完成前，不能預料撤軍確期 ❼。國民政府方面於一月二十九日、二月一日及十九日，一再詢問蘇軍撤退情形，蘇聯駐華大使彼得羅夫均以未接獲任何報告爲答覆。

蘇聯拒不撤軍及張莘夫被害的消息傳出後，引起國人極大的憤慨與危機感，中央大學教授會曾呼籲說：

> 目前我國抗戰雖已勝利，國家危機反愈嚴重，版圖較前逼蹙，東北事件之演變，且危及我立國之根本，正視現實，愈增悚懼。際此嚴重關頭，舉國上下，必須團結一致，群策群力，對內努力革新政治，實現民主；對外爭取民族獨立，保衛祖國完整。❽

後來重慶示威遊行的學生亦說：「東北是我們的錦繡河山，可是今天

---

❻　同❹，頁三十八。

❼　同❾，頁一六六。

❽　《中華民國史事紀要》（中華民國三十五年一至三月份），臺北，國史館，民國七十八年五月，頁五〇七。

卻是陰雲一片，東北本來是我們的自由天地，可是今天卻成爲任人宰割的屠場，事實所以如此，主要的原因，就是蘇聯不肯履行中蘇友好同盟條約，蘇聯在東北的軍隊，是『最多三個月，足爲完成撤退之期』，並且根據中蘇友好同盟條約，東北應由我們政府接收，可是，今天離簽這個條約的日期，已經有六個月又八天了，蘇聯的軍隊，還沒有撤退，中共製造所謂『民主聯軍』又阻礙我們接收。」⑲所以學生們爲了「要挽救我們的國家，要挽救我們的東北」，發起反蘇示威遊行，這就是二二二反蘇運動發生的背景。

二　張莘夫慘案

　　民國三十五年一月十六日，經濟委員會工礦處代處長兼經濟部接收工礦特派員張莘夫等八人，在離撫順二十五公里處之李石寨站，被共軍殺害，此一事件稱之爲「張莘夫慘案」。

　　張莘夫爲吉林省永吉縣人，北京大學畢業，民國九年考取官費留學美國，先習經濟，後入密契根大學，專攻礦冶工程，十六年返國，入中俄合辦吉林穆稜煤礦公司，初任工程股股長，繼升爲礦長及總工程師，後轉任吉林實業所技正，曾遍遊東三省礦區，對東北礦藏至爲熟悉。九一八事變後，逃到內地，參加上海東北協會，從事抗日運動工作，後任焦作煤礦礦長，七七事變，遷運該煤礦機器至重慶，開辦北碚天府煤礦，二十九年十二月，任湖南晃縣水銀業管理處處長，三十三年四月，任江西大庾嶺鎢業管理處處長，後因湘桂戰事爆發，大庾贛州淪陷而撤退⑳。抗戰勝利後，接受經濟部調用，協助孫越崎接收東北工礦，後以第一批接收東北人員飛往北平，再由北平赴長春。

---

⑲　同前注，頁五一四～五一五。

⑳　黃漢燁，〈張莘夫先生生平〉，重慶《中央日報》民國三十五年二月十七日。

關於張莘夫受任之經過，曹勝之云：「勝利之後，經濟部及戰時生產局籌備接收東北各工礦，以孫越崎先生為特派員。東北情形，原甚複雜，但敵人經營的工礦，不獨數目極多，而且規模都極宏大，其中如撫順煤礦在戰前即已生產煙煤年達七八百萬噸，佔領期間，更擴大至一千萬噸以上，他如密山、西安等每年皆生產數百萬噸。張先生是東北人，在東北辦理煤礦多年，抗戰時在後方尤著有優異成績，自然被選為孫先生在東北接收各礦之助。」**㉑**

　　民國三十五年一月七日，張莘夫偕同隨員牛俊章、張立德、徐毓吉、王錫疇、許錚、孫育英、高旭征等一行八人，由長春出發，陪伴前往者有中長鐵路局蘇聯方面助理副理事長馬里意。一月八日，東行到瀋陽，馬里意向張莘夫表示撫順治安尚未確保，請他們在瀋暫候。馬里意隨即先往撫順，然及東北行營經濟委員會主任委員張嘉璈電詢時，馬里意卻偽稱張莘夫等因治安關係，不敢前往，張莘夫獲知此情後，甚為憤慨。一月十四日下午，張莘夫突接瀋陽市市長董文琦通知，謂蘇方已準備火車，即刻開往撫順，張莘夫偕牛俊章等助理五人及警衛九人登車，尚有許錚等四人臨時未及趕到隨行，時蘇方並未派人隨行，僅面告已通知駐軍保護，並派汽車到車站候接。到達撫順後，蘇方派人接張莘夫等至礦內俱樂部，隨即由非法部隊控制下之公安局派兵將警衛繳械，改由蘇軍守崗；除警衛七人脫逃外，張莘夫等即失去自由。十六日晚八時，蘇方軍官帶同當地警察向張莘夫說明，此地不能接收，勸即返回瀋陽，並於當晚八時四十分帶張等至車站，搭乘專車開回瀋陽，在途中遇難。關於張莘夫等受害之情形，張嘉璈云：「行到李石寨站，因前有貨車阻礙，遂停止前進，突有身著制服之警察，

偕同多數身穿制服之兵士闖入接收人員車內，持槍威嚇，將接收人員等之衣服勒令脫下後，即強拉下車，擁至李石寨車站南山坡下，距離李石寨站約三百米，俗名南溝地方，用刺刀殘殺，其情形至爲慘酷。」❷

　　張莘夫遇害後，東北軍事代表團副參謀長董彥平向蘇方司令部嚴重抗議，要求移交殉難者之遺體，追拿兇犯；並於一月二十九日，正式致函蘇軍參謀長特洛增科中將，查詢張莘夫等情形。蘇方至二月十日始覆文，承認張莘夫等八人均於由撫順返瀋陽途中慘遭非法部隊殺害，但諉稱「對此不能負責」❸。三月一日，張莘夫遺體運抵瀋陽。隔日，董文琦往祭，撫棺痛哭，「張氏屍體經洗淨後，發現十八個傷口，後背兩傷最重，而面部紅腫，有如赤鐵烙過，手腕被綑之傷痕最顯著」，董文琦將其遺體用藥水保護，俟其夫人至瀋陽後安葬❹。

　　關於刺殺張莘夫的兇手，蘇聯和中共都聲稱是日本軍官和滿州國僞軍所組成的土匪軍隊。二月二十四日，莫斯科廣播云：「最近數月敵寇及其傀儡們的殘餘，在滿州正積極活動起來。……一月初，這些匪徒以顯然挑釁的目的，刺殺撫順的工程師張莘夫及其同伴，中國反動報紙則利用這一挑釁進行反蘇宣傳，而中國政府不僅沒有組織號召，以反對挑釁之徒；反而獎勵這些報紙造謠誹謗，企圖把刺殺張莘夫的罪名，加在紅軍指揮部身上。」❺此一說詞二月二十六日的重慶《新華日報》加以轉載。事實的眞相，到了八月九日南京《中央日報》刊載殺害張莘夫的主犯莫廣成供詞筆錄後大白。據莫廣成供稱，他隸屬八路軍遠東戰區第八旅二十三團三營七連，刺殺張莘夫是因「劉副

❷　〈張莘夫等遇難經過〉，南京《中央日報》民國三十五年一月十七日。

❸　重慶《中央日報》民國三十五年二月二十三日。

❹　《中華民國史事紀要》民國三十五年一至三月份，頁六〇七。

❺　重慶《新華日報》民國三十五年二月二十六日。

司令派兩名衛兵強迫我把張莘夫殺死，我在逼迫之下，只得把張莘夫等帶至南山坡，命令我的士兵用刺刀將他們殺死。」❷❻至於張莘夫之身分及重要性，莫廣成說：「我完全不知道，劉副司令和郭政委說他是大漢奸，殺他時我沒有動手，是由我的排長陳貴東率著弟兄們殺的。」❷❼莫廣成是在「開小差」後被葫蘆島駐軍緝獲。

由於蘇聯軍事佔領東北而不依約撤軍，加上中共部隊阻撓接收，所以使國人對東北的局勢發生焦慮，等到張莘夫被害的消息露布後，這種焦慮衍化成爲震憤，引起輿論極大的迴響，一方面質疑蘇方，一方面要求徹查。重慶《世界日報》社論云：「據中央社報導，知張莘夫氏之奉命接收撫順煤礦，事前已得到蘇聯駐軍的同意，且於赴撫順煤礦之前，又在瀋陽停留數日，以等候長春鐵路助理副理事長馬里意中將陪同，足見事前早已和蘇方交涉就緒，並待馬里意中將與駐撫順蘇軍聯絡妥當之後，始於十四日離瀋赴撫，何以到撫順之後，而突然失去自由，嗣即下落不明？撫順旣駐有蘇軍，其地方治安，當然係由蘇軍負責，並且事實上除蘇軍外無任何其他武力，也沒有其他的政治機構，其令張氏一行八人突然失去自由的究竟是什麼人？在蘇軍駐防區域之內，何以能有武裝部隊三百人，於光天化日之下，劫殺中國政府所派的接收大員？張氏一行八人旣已於十四日到撫順後即失去了自由，何以又能於十六日乘專車返瀋？且於專車返瀋途中過李石寨車站時，即被拉至車站外全部刺殺，若非預謀，何以能這樣的湊巧？劫殺張氏及其隨員的三百人武裝部隊，究竟是屬於何方的部隊？看他們刺殺張氏一行人員的情形，絕非土匪之劫財害命，而係有計畫的政治陰謀，究竟什麼人在主使，爲什麼偏偏要殺害接收工礦的人員？劫殺之

❷❻ 南京《中央日報》民國三十五年八月九日。
❷❼ 南京《和平日報》民國三十五年九月七日。

後，這三百人的武裝部隊又到那裡去了，諸如此類，我們實在是萬分懷疑，實在是感覺到迷惘不解。」因此，社論中也呼籲政府徹查本案的眞相，不可等閒視之[28]。

除此之外，報紙報導中也提及張莘夫臨難不屈，大呼「中國人的良心」，令人聞之沸騰；張莘夫的遺屬三子三女，長女十七歲在南開唸書，幼子僅有三歲，令人聞之辛酸；張夫人在接受訪問時，也憤慨激動地說：「莘夫爲什麼會被殺害？他死的責任應該誰負？社會人士應該出來，出來徹底調查，並公諸輿論，公諸社會！」「外交部應該立刻向蘇聯提出正式的交涉、正式的抗議，假如這件事都軟弱下去，那還說什麼領土主權的完整？」[29] 事件的悲慘和國家主權民族大義的激盪，使張莘夫慘案在民衆心中烙下痛苦的傷痕，成爲反蘇運動的眞正導火線。

三　重慶二二二大遊行

在重慶二二二大遊行前夕，反蘇反共的氣氛迷漫，政局呈現緊張的狀態，當時任外交部長的王世杰在日記中云：

> 予日昨返渝，得悉十六日，東北人士曾在渝遊行，對蘇軍不撤退及蘇軍在東北惡行，大肆攻擊，散發宣言及傳單。於是沙坪壩各學校學生亦有對蘇遊行示威之醞釀。中共方面於前日發表宣言，謂國軍入東北應有限制，中共在東北之武力三十萬人應予承認，此亦刺激群衆之一大因。本黨同志之反對政治協商會議者，亦頗思利用群衆此種心理打擊中共，並推翻黨派之妥協，

---

[28]　重慶《世界日報》民國三十五年二月十二日。

[29]　陳慶，〈訪問張莘夫夫人〉，重慶《世界日報》民國三十五年二月二十一日。

政局誠走入極嚴重狀態。予電告蔣先生謂情形嚴重，盼能急電黨中同志，阻止擴大此種風潮，但恐無濟於事，予心中十分憂慮。㉚

　　日記中提及之遊行，係十六日上午，重慶遼吉里復員協進會在青年館召開東北旅渝同鄉大會，發表宣言，要求蘇軍即時全部撤退、歸還奪去物資、剷除不法政權、昭雪張莘夫等慘死案，會後遊行請願，沿途高呼口號，聲稱東北的存亡就是中國的存亡，情緒極為激昂。宣言云：

> 中國九省，不惟繫國家安危，亦關遠東和平，吾人為敦睦中蘇友誼，不惜犧牲權益，忍痛接受中蘇友好條約，以期和諧共處，不意蘇軍進據東北，軍紀蕩然，姦淫燒殺，無所不至，我東北父老兄弟姊妹，慘遭蹂躪，猶復破壞建設，搜括物資，舉凡生產工具、交通器材、食糧牛馬等，無不被其劫奪一空，以致工人失業，農耕無著，製造地方亂源，形成國家隱憂！㉛

　　當時國人普遍擔心的是抗戰勝利逾半年，東北九省市只接收了七個縣市，前往接收撫順煤礦的張莘夫且慘遭殺害。因此，輿論對東北同胞的宣言甚表支持，《國民公報》社論云：「東北局勢如何明朗？我們贊成大會宣言的九項辦法，第一步就是『蘇軍在東北之一切任務早已完成，應遵守中蘇友好條約，即時全部撤退』。蘇軍撤退了，我們的

㉚　《王世杰日記》民國三十五年二月十九日條。南港，中央研究院近代史研究所影印本。
㉛　〈東北同胞遊行感言〉，重慶《國民公報》民國三十五年二月十七日。

部隊便可陸續北上，前去接防，可以減少許多誤會，而使接收工作，從速進行。至於若干地方部隊及地方政權，這是中國的內政問題，亦望蘇聯實踐不干涉之諾言，蘇聯為中國的友邦，當能為中國設身處地一想吧！」㉜

　　另外，王世杰日記提及「本黨同志之反對政治協商會議者，亦頗思利用群眾此種心理以打擊中共，並推翻黨派之妥協」，所謂「本黨同志」係指陳立夫等。王世杰在二十一、二十二日的日記中亦點出陳立夫等與學生遊行示威之關聯，其云：「沙坪壩學生決定明日遊行，對蘇聯及中共示威。予深以今後中蘇關係之惡化及政治協商會議工作之推翻為慮，此事之發生，半由青年自然之憤慨，半由於本黨某一部分人之支援。」㉝又云：「余於事前曾力請蔣先生電陳立夫等勸止，但黨部團部一部分人不惟未勸止，且或不免暗中鼓勵之，故無法阻止學生等出行。」㉞

　　由於東北局勢危殆，有識之士無不憂心，因此輿論界亦莫不大聲疾呼，要國人重視東北問題。重慶《和平日報》在一篇題為「新春懷東北」的社論云：「我們要特別向國內若干同胞呼籲：『救救東北！』『救救東北人民！』東北人民今天是在水深火熱之中，東北今天的情況是要治不要亂，今天東北人民是知國不知黨，切不要因為我們國內黨派的對立，造成東北分崩離析的局面，困難了盟邦的處境，盡失了東北的人心。『國家至上！民族至上！』是我們以及我們萬代子孫所共同保有，始終葆愛的崇高的信念，誰違反了這崇高的信念，誰就將失掉了一切的人心。現在東北政務委員會通過了『撫慰東北軍民』一案，

㉜　同前注。
㉝　《王世杰日記》民國三十五年二月二十一日條。
㉞　《王世杰日記》民國三十五年二月二十二日條。

我們希望趕快拿出辦法來。接收東北，不但要接收人心，更要復活人心！治理東北不但要好好用人，更要注意用人與國家政策的配合，讓我們發揚我們列祖列宗所遺傳的和平愛國親仁善鄰的美德，排除一切的困難局勢，迎接東北的春天！」㉟

　　重慶《國民公報》二月十七日的社論亦云：「我東北地方，自民國二十年『九一八』事變發生為日本侵占後，東北四千萬同胞呻吟在敵人的鐵蹄下十四年，眼看抗戰勝利，日寇敗亡，即可重度自由光明的生活。現在這個希望忽又投射了暗影，東北以及全國同胞安不為此焦灼、為此苦悶！東北是中國的東北，絲毫沒有疑問，東北的主權應該絕對完整，也是絕無疑問。開羅會議宣言東北應歸還中國，這一次定不容再打折扣。」㊱重慶《世界日報》社論則云：「這一個月來，許多傳說更使我們對於目前東北局勢感覺惶惑。既傳說前往東北的中國官吏得不到蘇聯當局適當的待遇，東北的食糧和機器被人搬走。又傳說地方上非正規軍隊數目眾多，軍械精良。並且開始醞釀所謂獨立運動，這些傳說在過去已經有，近來更盛，在國內已經有，在國外更多，這些傳說如果是事實，則東北局勢十分嚴重。」㊲

　　除了社論之外，其他如讀者投書、短評、花絮等，亦紛紛刊載有關東北問題之文章。重慶《中央日報》二月二十一日的「讀者與編者」欄，發表中央工校學生的投書，慷慨激昂。投書云：「編者先生：沙坪壩在怒吼了！緊張的氣息，激起了我的熱血，逼我大膽的要求借用貴報之一幅，將我內心的話，訴之於全國真正愛國者與有正義感的人。東北是中國的東北，內蒙是中國的內蒙，中國青年是絕對要主權獨立、

㉟　重慶《和平日報》民國三十五年二月十一日。
㊱　重慶《國民公報》民國三十五年二月十七日。
㊲　重慶《世界日報》民國三十五年二月十六日。

領土完整、政治民主、軍隊國有的。凡與上列條件相違者，就是青年的公敵，壩上青年，對於上述問題，不日就有行動的表明，企圖挾外力而阻止接收東北者及利用傀儡而異想天開者，聽著吧！壩上青年是要拿血和肉來接收東北的，不達目的誓不終止。」❸ 另外，在「學校風景線」的短欄中，亦報導中央大學之消息云：「中大同學，現對國家領土之完整至為關切，對東北等地問題，同學甚為憤慨，發表意見者達兩千人。一巨幅我國地圖高貼於民主牆上，雖為眾所周知之地圖，然同學均留連其前，潸然淚下，標語中有云：『同學們，大家哭一哭罷！……』、『國家利益超於友邦利益，不准任何黨派出賣祖國』、『要求國軍速開入東北』。十六日新華日報大遭批評，有人詢以『他們的祖國是誰？』」❸

　　由於青年對時局的危機感，加上黨團的鼓勵和輿論的支持，重慶學生的反蘇遊行示威已逐漸成氣候。美國合眾社二月十九日從重慶發出的新聞報導云：「此間學生準備即日發動示威，反對東北局勢。」❹ 重慶學生在二二二大遊行前夕，各校分別進行準備工作，其中以中央大學、重慶大學為重心。二月十六日，中央大學學生為東北問題紛作憤慨表示，要求蘇軍撤退，亦有少數人主張美蘇軍同時撤退；二月十八日，該校教授開會決議，電請蘇聯尊重中蘇友好協定，自東北撤軍，並要求政府對蘇不再作條約以外之任何讓步；二月十九日，該校各科系代表集會，關切東北問題。二月二十日，復旦大學東北同學會在禮堂舉行「如何挽救東北危局」座談會，出席同學一千五百餘人，佔全校三分之二以上；同日，重慶大學召集沙磁區各校代表開會，認為東

---

❸　重慶《中央日報》民國三十五年二月二十一日。

❸　同前注。

❹　上海《大公報》民國三十五年二月二十日。

北爲中國之一部分，主權領土均應完整，因此決議請蘇聯尊重中蘇友好協定，自東北撤兵，同時亦請政府對蘇聯不再作條約以外之讓步。各校學生並決定自二十日起一律罷課，二十二日結隊入市區遊行示威。二月二十一日，中央大學教授爲東北問題致電蘇聯，要求立即撤退東北駐軍，重慶學生委員會籲請全國學生參加示威，反對蘇聯在東北九省之行動，並宣佈重慶學生一萬人將於星期五展開遊行。

二二二大遊行的前一天晚上，重慶沙磁區各校師生都忙碌而興奮地爲遊行作準備，中央大學的準備情形，在記者感性的筆觸下紀錄下來，趙浩生報導云：「二十一日，在大衆生活的記憶中，是一個沒有夜晚的日子，到處在緊張跳動，到處在忙碌工作。在中央大學，全體教授、助教、職員、學生，都在徹夜工作，最動人的，是全校一百七十餘個工友，當晚也在工人食堂開會，決議全體參加遊行，會上推舉流動糾察，預備擔架爲同學服務，並且把他們的決議寫出，在民主牆前的地上公佈，四圍點起蠟燭，讓大家來看看他們的意見——『難道只允許大學生愛國嗎？』膳食組的同學，從二十一日上午起，就開始趕製饅頭，他們披著被褥坐在廚房裡監督製作，一晝夜，完成三萬八千個，用兩輛大汽車，送往城內。」「遠道的同學在趕路，各部門在緊張工作，宿舍裡沒有一個人能安心睡下，那滿天的星月，它們清楚知道這一切，寒冷的黑夜，是擋不住追求光明的熱情工作者。五點鐘的『起身』號意義變成了結束夜晚工作記號，中大的擴音機，改裝到松林坡頂上，四點鐘，當下弦月照耀著松樹梢頭的時候，擴音機已經喊著：『同學們！起來吧，迎接這個偉大的日子呵！』鄰近播音室的女生宿舍中，高呼著『起來了！』『我們根本沒有睡呵！』站立在松林坡的石堡上鳥瞰整個的沙坪壩，到處是燈火輝煌，沒有睡，大家都是同樣的『根本沒有睡呵！』」❹

二二二大遊行的隊伍大約有兩萬餘人，於清晨六時許，在沙坪壩小龍坎集合整隊，七時開始出發入城。參加的學校計有：國立中央大學、中大附中、中大附小、四川省立教育學院、中央工業專科學校、中工分校、國立藝術專科學校、樹人中學、蜀都中學、重慶市立中學、四川省立重慶女子職業學校、國立重慶大學、東方語言專科學校、湘雅醫學院、兵工學校、大公職業學校、中華職業學校、私立新中中學、南開中學、南開經濟研究所、國立造紙印刷專科學校、中正學校、扶輪中學、國立藥學專科學校、國立商業職業學校、國立社會教育學院、交通大學、金大理學院、中央政治學校、及中央幹部學校等校、中大教授會、助教會、重大教授會、助教會及各校教授職員工友亦均熱烈參加。

遊行隊伍的序列、經過路途及民眾的反應，中央社記者曾有詳細的報導：「晨曦初上，記者即佇候化龍橋側，冀得先睹此抗戰勝利以來陪都各校學生繼一二五遊行後最偉大熱烈之遊行，大隊由四人荷一大牌前導，上書『重慶市各校學生愛國運動遊行大隊』，各校學生依次繼之，並高擎各種大小旗幟、標語、圖畫、地圖、歌曲及張莘夫烈士遺像，大會糾察組、衛生組同學，乘坐自行車、汽車，往來巡查照料，宣傳組所置之廣播車，沿途作清晰廣播，尤爲遊行生色不少。各校員生精神煥發，沿途以悲壯激昂音調呼喊口號並唱『義勇軍進行曲』等歌，其中以『拯救東北同胞』、『蘇軍必須立即退出東北』及『新疆是中華民國之新疆』、『中共應該愛護祖國』等語，最爲發人深省，路側觀眾皆報以熱烈掌聲，且有燃放鞭炮者，是知此次遊行已激起陪都百萬市民愛國之共鳴。中大附小學生雖僅髫齡，亦奮力舉步，與各校白

---

❹ 重慶《中央日報》民國三十五年二月二十三日。

髮老教授領隊邁進，適相輝映，深爲會人感動。大隊通過完畢，費時約一句鐘，途經牛角沱、上清寺、中三路、中二路、中一路，繞精神堡壘，折至林森路、南區馬路，秩序井然，旋於南區公園休息，並進午膳，三時經兩路口、上清寺循原道回校。」❷

　　遊行的隊伍沿途散發告全國同胞書、告全世界人士書、質中共、慰問東北同胞書、致蘇聯抗議書、致蘇聯史達林委員長抗議書等七種宣言。遊行學生沿途並高呼口號，從口號的內容可得知這次大遊行的訴求目標。口號的內容是：蘇軍必須立即退出東北、蘇聯應切實履行中蘇友好條約、徹查張莘夫慘案、中共應徹底實行停戰協定中對東北之協議、新疆是中華民國的新疆、國土不容分割、主權不容侵害、國家利益高於一切、反對分化內蒙、不容任何藉口割據東北、我們不能再蒙受第二次「九一八」的恥辱、蘇聯應尊重中國領土主權之完整、全國團結、一致對外、拯救東北同胞、東北是我們的生命線、擁護政府採取強硬外交、國家至上、民族至上、不容所謂「東蒙」特殊化、剷除一切非法地方政權、剷除一切傀儡組織、絕對擁護政府接收東北、擁護蔣主席領導和平建國、黃帝子孫們拿出良心來、中共應該愛護祖國、所謂「民主聯軍」不容存在、遵守聯合國憲章、維護世界和平、東北問題解決、世界才有和平、反對蘇聯一切新要求、中華民國萬歲等。

　　遊行隊伍中有些特殊的設計，加強了遊行的效果。重慶《和平日報》的記者報導云：「張莘夫烈士的女公子張靄雷小姐，在南開初中三二級就學，昨天，她高舉『誰殺吾父，誓爲吾父報仇』的標語，參加遊行，民眾看到這幅標語，更增加了對違背國家民族利益的敗類的

---

❷　同前注。

痛恨！」「巨幅的標語、地圖，像樹林一樣的密密的植立於幾里路長的人的洪流中，最令人怵目驚心的是許多幅地圖，我們看到那加有？號的東北、熱河、新疆，不禁對祖宗遺留下給我們的錦繡山河，懷著熱愛與隱憂，我們用八年的時間，無數人的頭顱熱血從日本強盜手裡奪回的土地，接著又有陰謀分子企圖割裂，良心未泯的任何黃帝子孫，對祖國目前的如此遭遇，誰不悲憤！誰不痛心！」㊸

　　二二二大遊行的隊伍經過民生路新華日報營業部前，群衆情緒激昂，曾衝入該營業部，大肆搗毀。中央社報導其經過云：「當上午十時半至十一時許，沙坪壩學生遊行行列經過該報營業部門口時，學生高呼口號，並於該部玻璃窗及兩旁牆壁張貼標語及地圖多份，該路本極狹窄，且在市區中心，觀衆擁擠，情感極爲興奮，遊行學生行列整齊，並由大會糾察隊在該報營業部門口維持秩序。學生行列過後約二十分鐘後，觀衆仍佇立附近觀看標語不散，突有人將少數標語撕毀，觀衆群情激昂，上前制止，時有一公共汽車經過，車內乘客高聲呼打，群衆乃蜂湧入新華日報營業部，警察上前阻止，群衆呼喊『誰保護新華日報就是漢奸』，奪門破窗而入，大肆搗毀，將屋內書籍報紙紛紛拋出街中，街頭群衆鼓掌狂呼，新華日報營業部主任楊黎原，圖書課主任徐君曼，職員管佑民、潘培鑫，警察局警長張德勝、謝云湘、警士唐修泰出而制止，均被毆傷。警察局唐局長及第四分局趙局長聞訊，即率隊親往彈壓，惟群衆麕集街頭，途爲之塞，警士奮勇衝入，捕拿肇事分子，當又有警長趙炳軒、牛金玉，警士余俊等五人受傷。當場捕獲刁自龍、尹武林、孫少逸、丁右雯、史耀江、胡應平、潘興成、余永寬、黃雲賓九人。群衆圍集，要求釋放，由保安隊強押至第四分

㊸　重慶《和平日報》民國三十五年二月二十三日。

局後，群眾猶尾隨叫囂不已，至三時許，始逐漸散去。」❹

　　中共方面則認為重慶新華日報營業部被搗毀事件，係特工人員陰謀分子有計畫有組織之行動，企圖破壞政治協商會議之約定，當日晚上中共代表周恩來舉行記者會，對此一事件有所聲明。周恩來云：「事情極為明顯，純係特工人員反動分子陰謀，違背政協會希望。因政協會閉幕後，解決政治途徑為動口而不動手，不料今日將戰場衝突移至城市，深為遺憾。中共軍隊停止內戰，乃為使中國得以和平，民主建國，本人於事情發生後，尚費四小時出席軍事小組會議，達成協議，使中共得整編為國軍，為人民事業為國家利益努力。但有人仍不惜在政協會結束後挑釁，但中共黨人決不因挨打而退卻，使一切企圖挑釁者失望。」❺

　　此外，周恩來並就愛國與排外、學生遊行等問題，發表三點看法，其云：

　　㈠愛國與排外必須分開，中國應與國際合作，不要引中國作排
　　外行動，中國過去把愛國與排外混在一起，今日希望不要把愛
　　國行動引至排外，因事未清楚時，可作種種解釋，盲目引中國
　　至排外行動，應慎重考慮警惕。㈡學生遊行，表示愛國熱忱，
　　吾人極感佩，但另一種特工行動，有組織之特務，吾人決不看
　　成學生行動。我們懂得隨時製造陰謀者，乃特務頭子，非學生。
　　特工人員、群眾亦無辜，應同情可憐。㈢此項陰謀為一部分不
　　滿意政協會議結果，有意製造一件或一些事變，毀壞政府信用，
　　但此企圖只把問題弄得更困難，類似事件若輿論界不予制裁，

――――――――――――――――

❹　同❶。
❺　同前註。

今後將仍發生。**❹**

　　儘管發生搗毀新華日報營業部事件，不過，瑕不掩瑜，當時的輿論界都給二二二大遊行極高的評價，二十三日重慶《中央日報》社論「純眞的祖國愛」、重慶《時事新報》社論「中國必有希望！」、社評「沙磁學生遊行示威」、重慶《國民公報》社論「嚴正的表示」、重慶《和平日報》社論「學生愛國大遊行」、重慶《世界日報》社評「正義的怒吼」等，都予以肯定，並賦予相當之歷史地位，認爲是「五四以來規模最大的學生愛國運動，其意義之重大、影響之深遠，實非一般運動所能比擬。」**❹**重慶《和平日報》社論云：「『二二二』將成爲歷史上不朽的日子。由於中共發言人自行暴露其分割祖國的陰謀，東北九省的情勢更加惡化，中國青年們偉大的愛國運動，終於像海潮一樣，像火山一樣，在戰時的首都爆發了。那壯大的行列、整齊的陣容、火熱的情緒、憤怒的吼聲，震動了整個山城，這一群青年良心的叫喊，將很快地傳到全國，傳到了全世界，博得愛祖國的同胞和愛和平的人士廣大的同情；撲朔迷離的中國局勢，將因爲他們的叫喊而明朗，被野心政治集團虛僞宣傳所麻醉了的頭腦，也將因爲他們的叫喊而清醒。」**❹**重慶《國民公報》則認爲此次的遊行是「愛國熱流的流露與奔放」，不論是何方發動，都應該加以贊助**❹**。無論是理性的分析或感性的訴求，幾乎都一致贊成學生的行動，輿論界的支持，使次日北碚區學生的遊行更推向高潮。

---

❹　同前注。
❹　重慶《時事新報》民國三十五年二月二十三日。
❹　同**❹**。
❹　重慶《國民公報》民國三十五年二月二十三日。

　　二月二十三日，北碚區各校學生八千餘人至重慶舉行示威遊行。北碚各校學生本擬參加二二二大遊行，但以路遠未及趕上，學生遠道跋涉而來，倍極辛苦。記者趙浩生報導云：「從北碚、從青木關、從歌樂山，戴著星月，踏著崎嶇山路，夜露沾濕衣履，風塵覆滿全身，磨破了脚踵，累陷了眼眶，然而，眞摯熱烈的祖國愛在支持著他們，忘卻辛苦，忘卻疲勞，八十多公里長途，不分晝夜的跋涉，本身就是一個使人感泣的壯舉。北碚的各學校，是二十二日晚趕到沙坪壩，壩上的學生，在遊行極度的疲勞後，擦乾他們的汗珠，揩掉那殘留眼角的淚痕，以更親切的熱情，來接待這些遠來的兄弟。」❺⁰

　　參加遊行示威的學校有國立復旦大學、國立江蘇醫學院、國立體育專科學校、國立戲劇專科學校、私立立信會計學校、私立兼善中學、醫師訓練班助產學校、護士學校、上海醫學院、中大附中青木關分校、國立重慶女師及復旦中學等十四個學校。遊行隊伍晨間自沙坪壩、小龍坎整隊出發，抵上淸寺後即至國民政府請願，由文官長吳鼎昌接見。大隊隨即離開國府，循中三路、中二路，遊行至枇杷山下蘇聯大使館路口，擡俄文大標語者佇立不去，隊伍停留二十分鐘，學生們高呼口號，要求蘇聯確實履行中蘇友好同盟條約，立即撤兵。旋復前進，經中一路、七星崗、民生路至中華路，遊行隊伍主席團至國民參政會請願，由秘書長邵力子接見。大隊離參政會後，遊行都郵街、鄒容路、中正路至凱旋門解散。由於學生自北碚趕來，經八十公里之長途步行，遊行時多已足腫聲嘶，給予重慶市民極大的感動，當晚學生宿求精中學，隔日乘船返校。

　　遊行學生至國民政府請願時，曾面詢吳鼎昌二個問題，即中蘇交

---

❺⁰　重慶《中央日報》民國三十五二月二十四日。

涉經過如何？除雅爾達秘密會議外尚有無其他秘密協議？吳鼎昌分別答云：「中蘇之間無秘密外交，處現在時代，國與國間已無秘密外交可言，中蘇友好條約已公布，至其他交涉，俟時期一至，即行披露。」「中國未參加雅爾達秘密會議，對此當然一無所悉。任何協議，若無中國參加，中國絕不受其拘束，政府決徹查張莘夫慘案眞象。」❺從訊問之問題，亦可窺見學生關心者爲何？社會各界疑慮者爲何？

　　遊行的隊伍中有許多感人肺腑的場景，記者趙浩生報導云：「大隊來了，最前面，是一個與馬路同樣寬的紅色長橫標，復旦大學章益校長拄著手杖，在這旗下莊嚴的走著，後面是敎授隊伍。林一民敎務長，領導高呼口號。今天，他們站在同學們的前頭，領導者吶喊了，在愛祖國的感情上，他們與年輕的同學們一樣狂熱，在需要吶喊、需要行動的時候，他們是會走在青年人的前頭的，千萬市民，用最狂熱的掌聲，獻上對他們的崇敬！」「從上清寺到國府，走進那巍然轟立著四個水門汀巨柱的國府大門，隊伍排列在廣場上。更大的口號聲，在這裡爆發，是誰在那廣場中心的大旗杆上，貼上一張『勿忘東北同胞，誓死收復東北！』的標語，沸騰的民意，全民的決心，隨著這高杆升騰，讓天上的流雲，載著這如火如荼的熱情，飛向東北罷！給那四千五百萬受難的同胞，帶去溫暖，帶去聲援。東北同胞們！每一個中國人誰會忘記你呵！」❺

　　針對二十二、二十三兩日的示威遊行，重慶《時事新報》評云：「近日全國學生爲東北問題而群起遊行示威，其動機純潔而感情熱烈，爲九一八、一二九以來所僅見。近年學生，吃平價米，無油菜，被中國紅十字會列入『肺病區』，而每次遊行，來回步行六七十里，遠

---

❺　同前注。
❺　同前注。

道如柏溪、北碚、靑木關學生，步行至百餘里，且有教授和工友參加，實爲前所未有，是以證明抗戰八年來人民對於民族觀念之加強、政治外交之關心，已非昔比。」❸《中央日報》更以「純眞的祖國愛」來嘉勉鼓勵遊行學生。其社論云：「昨日沙坪壩大中學生三萬人排列十餘里來到市區遊行，今日北碚大中學生四千人徒步百餘里來到市區遊行，兩日遊行爲陪都全市帶來了純眞的祖國愛，爲中國全國啓發了純眞的祖國愛，對全世界顯示了中國靑年純眞的心靈充滿著純眞的祖國愛。這純眞的祖國愛是世界人類愛和平愛正義的崇高情緒，在東亞大陸西太平洋的熱烈流露，遠東和平與世界正義將由此而得到強力的支持。自五四運動以後，這回運動是記者所經歷的最純眞的愛國運動，超越黨派，超越階級，超越一切集體的和個人的自利與自私，中華民國今後五十年的生命又有了堅實可靠的寄託。」❺

蘇聯方面對於反蘇示威遊行，頗爲不悅。王世杰二月二十日記云：「蘇使對於東北人士十六日之遊行，表示抗議，予謂此類事實須從消除此事發生之原因方面去努力。」二月二十六日日記云：「今日重慶續有自北碚來市之學生數千人遊行示威。今日適爲紅軍節，蘇聯大使招待政治人員，彼此相見不歡。」❺二月二十四日，莫斯科廣播聲稱，張莘夫等係被日僞殘餘分子謀殺，指責中國政府對於反蘇宣傳未加阻止，反而獎勵。廣播指出，「中國政府顯然支持反動的報紙，讓他們因中國工程師張莘夫被謀殺的事件，來誹謗譴責紅軍。」❺莫斯科的廣播係根據塔斯社長春二十二日電訊，國內的報紙亦有根據此一電訊發

---

❸　重慶《時事新報》民國三十五年二月二十五日。

❺　同❼。

❺　《王世杰日記》民國三十五年二月二十日、二十三日條。

❺　重慶《新華日報》民國三十五年二月二十六日。

佈新聞：「塔斯社首次揭發，張莘夫案反蘇陰謀，指責中國政府公然鼓勵反動宣傳。」⑰上海俄文《新生活報》社評，亦指責反蘇人士云：「這些反蘇人士不顧一切健康的思想，把中蘇友好同盟條約描摹作不平等條約，而且由於不以顯然無可疑義的中蘇條約爲依據，而以僅含預定性質的未經中國參加的雅爾達協定爲基礎，把事情弄得更加混淆不清，無論怎樣，中蘇實際關係並非藉雅爾達協定調整，而是以中蘇條約爲準則，無論是中華民國政府，無論是蘇聯政府，在精神上、在字面上，都無反對之意。」⑱

中共方面，對二二二大遊行的反蘇示威大肆抨擊，認爲是「國民黨內法西斯反動派」的反民族反民主行動。延安二十五日廣播指責云：「㈠在遊行中，這些反動派搬出了污衊蘇聯與史大林元帥的標語，除昨已報導者外，據合衆社稱，標語中尚有替史大林取了一個新的中國名字『死在林』，並用數學公式寫著『蘇聯等於德國加日本』、『史大林等於希特勒加裕仁天皇』，反動派在遊行隊伍中發佈了許多蓄有火藥意味的排外主義的法西斯口號，其中最觸目者是『鐵血保衛東北』、『打倒新帝國主義』等。從這些標語口號中，可看出國民黨內的法西斯反動派是如何仇視世界反法西斯的主力軍——蘇聯及其領袖，並且致力他們的『鐵血』政策，他們竟想引起反蘇戰爭。㈡以遊行大會名義發表的『質中共書』，公然誣衊中共『阻撓接收自己的國家主權』、『劫殺政府接收人員』、『蹂躪東北同胞』、『分割祖國』，特務暴徒在搗毀新華日報營業部時，竟大聲叫喊『誰保護新華日報，就是漢奸』，從這裡又可以看出國民黨內法西斯反動派，是多麼仇視中國八年抗戰與民主運動的柱石——中國共產黨。㈢民主同盟機關報民主報的營業

---

⑰　上海《時代日報》民國三十五年二月二十七日。
⑱　同前注。

部也被特務分子搗毀，從此又可看出國民黨內法西斯反動派是如何仇
視把中國一切民主進步的黨派聯合起來，這些反動派的反蘇反共反民
族反民主的手法，是完全師承已死的希特勒、墨索里尼的衣鉢。」❺所
以中共的結論是：「反動派這次抓住東北問題，爲煽動反蘇反共的中
心命題，這一陰謀伎倆恰恰暴露了他們和日本法西斯的血緣關係。今
天在東北以及全國勾結敵僞殘餘，橫行不法，殘殺人民，破壞社會安
寧的，正是國民黨內的法西斯反動派。反動派用以激動反蘇的張莘夫
被害案的兇手，不是別人，正是反動派自己和敵僞殘餘。反動派所叫
囂的『阻撓接收自己的國家主權』、『蹂躪東北同胞』、『分割東北』等
口號，按在反動派自己身上，恰恰合身分。」❻

　　由於蘇聯的抗議，外交部希望反蘇運動有所緩和。王世杰日記云：
「午後，蔣先生返渝。予告以陪都反蘇運動，使中蘇交涉局勢益僵。
予請其於明晨紀念週作適當之表示，俾蘇方不致疑此事爲蔣先生所贊
同或暗護。」❻隔日，蔣主席在國民政府紀念週表示，中蘇友誼必須
保持增進，不可因一時一事之現象，而有所妨礙，對於學生遊行示威
則云：「二十五日到渝後，獲悉二十三、二十四兩日陪都學生遊行情
形，知其爲對於東北接收問題關切所致。青年學生遊行之舉，固出於
愛國熱誠，但關於此等國家大事，應注重理智，切不可有偏激之情感，
更不可越出其應有之範圍，否則，即將損及我國家民族整個的榮譽，
徒增國家的困難。」❻但蔣主席的談話似乎未能遏止學生的行動，全
國各地反蘇運動還是如火如荼的進行著。

❺　同前注。
❻　同前注。
❻　《王世杰日記》民國三十五年二月二十四日條。
❻　重慶《中央日報》民國三十五年二月二十六日。

在重慶，二月二十六日，南岸區學生一萬餘人爲東北問題舉行大遊行，並發表「告全國同胞書」、「慰問東北同胞書」。遊行的隊伍在較場口集合出發，經民生路、七星崗兩路口至中四路，轉國民政府。隊伍在國府時，繞大門遊行一週，並派代表請願，由文官處文書局局長許靜芝接見。遊行隊伍折回兩路口，至南區公園休息，五時許解散返校。參加此次遊行者有：東北旅渝同鄉南岸區代表團、松花江中學、中華大學、重慶清華中學、私立仁濟高級護士職業學校、私立文德女中、私立精益中學、重慶市立女子中學、漢日博學中學、懿訓女子中學、廣益中學、南山中學、復興中學、重慶市立師範學校、大中高級會計職業學校、華中中學、中華中學、英才中學、求精商業專科學校、巴縣中學、國立高級機械專科職業學校、江蘇省立旅川臨時中學、國立邊疆學校、西南藝術專科學校、儲材農業專科學校、南泉中學、南鳳中學、立人中學、測量學校、中央政治學校等三十單位。

因東北問題而引起的反蘇運動，到了三月十二日，猶有津沙區學生跋跋二百多里的路途，來到重慶舉行示威遊行。是日，江津及白沙區之國立江津師範學校、國立體育專科學校、國立第九中學及教育部特設大學先修班等四校學生三千餘人，在重慶舉行聯合大遊行。隊伍在十一日晚行抵沙坪壩，次日清晨自小龍坎出發，經化龍橋進入市區，遊行路線由兩路口經七星崗、民生路、民權路、民族路至小什字轉林森路，到達南區公園後解散。解散後，各校派代表一人赴國府請願，由典禮局接待股股長王紹先接見，四校代表提出四項請求，即履行中蘇友好條約、公開中蘇外交活動、徹查東北接收人員不幸事件、收回東北工礦。

津沙區學生因爲是遠道而來，特別引起重慶市民的關懷和支持。記者趙浩生報導云：「重慶市民，帶著無限關切而感奮的心情，迎接

著這以熾熱的祖國愛造成歷史奇蹟的英雄們，二百多里的跋踄，他們的精神，沒有因辛苦奔走而頹萎，他們的呼聲並未因數夜興奮的失眠而瘖啞。相反的，他們滿身的風塵，更是表現著無可形容的感人力量，隊伍中十一二歲的小同學們，赤腳穿著草鞋，上身套著從沙坪壩大同學那裡借來的長可拖地的大棉襖，更多的學生，都是一套破舊的制服，但他們的精神，卻是有著無限新鮮、有著輝耀歷史的光彩！在那破舊的衣服上，寫著他們為祖國光榮受難的記憶，百萬市民，向他們作崇敬的歡呼。」❸津沙區學生遊行示威後，由於蘇聯已陸續從東北撤軍，因此反蘇運動也趨於尾聲了。

四　各地反蘇示威遊行

二二二反蘇運動是全國性的反蘇反共狂潮，重慶二二二大遊行醞釀之際，各地亦有同步之行動，二月十九日，南京臨時大學補習班全體學生三千人發表對國是宣言，要求蘇聯依約撤退。二月二十日，武漢東北同鄉會集會，呼籲全國同胞注意東北問題；同日，北平還鄉請願團在東四大街舉行反共示威。二月二十一日，上海交通大學全體同學鑒於東北情勢日趨惡劣，國家領土主權屢遭摧殘，乃召開全體同學緊急大會，決定自二十二日起罷課，除電請政府採取強硬外交之態度，更徹夜籌組遊行示威事宜，當晚即得到上海臨時大學第一分班之響應。成都各大學學生、各學術團體、各人民團體亦召開緊急會議，商討東北問題，決定舉行愛國大遊行。二月二十二日，南昌中正大學全體師生為東北問題發表「東北是我們的」告全國同胞書，認為對內國家需要民主和統一，不容許任何政黨分裂國土，損害國家利益；對外

---

❸　重慶《中央日報》民國三十五年三月十三日。

歡迎任何友邦之合作，但不願接受任何有損主權之要求。該校並聯合
南昌市中等以上學校師生於二十三日舉行愛國大遊行；同日，上海市
學生總會在育才中學禮堂召集全市各大中學校代表舉行張莘夫追悼會
籌備會，出席者有聖約翰、東吳、之江等校代表七十餘人，會中決議
成立五市立學校護權運動大會，二十三日、二十六日遊行；同日，國
立東北大學三十四個文化團體為東北問題發表告全國人士書，主張蘇
聯應遵守條約，無條件交還我完整之東北，決不容許東北、西北特殊
化。

　　茲將二月二十三日以後，各地反蘇示威遊行情形，表列說明如下：

時　　間	地點	策　辦　單　位	經　　　過　　　情　　　形
2月23日	上海	聖約翰大學等七十二大中學校	上海聖約翰、光華、民立、震旦、大夏、育英、敬業等校學生萬餘人，於上午十時在外灘公園集合，舉行護權遊行。先至外白渡橋蘇聯總領事館前示威，然後至上海市政府請願，提出徹查張莘夫案及要求政府採強硬外交等二項要求。
	昆明	西南聯大	西南聯大教授一百十人對東北問題發表宣言。
	南昌	中正大學	中正大學師生聯合南昌市中等以上學校舉行愛國大遊行。
2月24日	北平	東北旅平學生聯合請願團	東北旅平學生聯合請願團為東北蘇軍延不撤退及張莘夫案，於上午十時遊行，並發表告全國同胞書及東北旅平學生聯合請願團宣言。
	成都	華西、齊魯等大中小學及各界	成都市各級學校暨人民團體為維護國權，今晨舉行盛大集會，地點在華西壩廣場，參加者數萬人。十時半出發遊行，途經新華日報成都營業分處時，曾發生搗毀事件。午後一時至省府請願後解散。
	南京	南京臨大補習班、臨大先修班等二十餘單位	南京臨大補習班、臨大先修班及各中小學校、市商會等因東北問題嚴重，為喚起國人注意，聯合組成「首都大中小學師生及民眾團體聯合愛國示威遊行大會」，決定二十六日遊行。

	貴州	貴州大學	國立貴州大學二十敎授簽名發表宣言，對東北問題提出七點意見。
	璧山	國立社會教育學院	國立社會教育學院師生工友，爲保衛國土主權完整發起之愛國遊行，交大、正則藝專、同文、西泉等校亦趕來參加，情緒熱列，並罷課數日。
	三台	三台各界	三台各界抗議蘇聯破壞中蘇友好同盟條約，舉行示威大遊行。
	上海	學生護權運動大會	上海市學生護權運動大會招待記者，定二十五日爲宣傳日，二十六日舉行張莘夫等七烈士追悼會，會後出發遊行。
2月25日	昆明	西南聯大	西南聯大法學會於下午二時舉行東北問題擴大座談會，參加者約四千人，會後舉行大遊行。遊行隊伍從聯大出發，行經青雲街、華山南路、正義路、南屏街等地，至五時半始解散。
	上海	上海臨大、交大等	臨大、交大學生數千人爲東北問題遊行示威，並至市府請願。學生分兩隊，一作沿街宣傳；一赴蘇領館及蘇商時代日報示威。
	漢口	中小學校及各界	各界在中山公園集會，舉行反對東北特殊化運動大會，公推學生代表張聖道致詞後，即集隊至市區示威遊行。
	北平	北平四十八校	北平四十八校學生代表在臨大補習班開會，決定明日上午九時在北大文學院集合，舉行五萬人大遊行。
	天津	南開中學等校	南開中學校師生發起聯合天津市學生響應陪都學生愛國運動，於下午一時遊行示威，並發表告全國同胞書。
2月26日	北平	北平市四十九校	北平市四十九校學生三萬餘人，今晨九時在北大文學院操場集合，十一時出發遊行，經王府井、前門、和平門、西單、西四、景山等，沿途散發中英文告全國青年書，並呼口號，至下午三時餘始解散。
	杭州	英士大學等	英大、浙大、建中等十餘校學生三千餘人，於午後一時半齊集公共體育場，冒雨遊行，並發愛國運動宣言，遊行於下午五時結束。

	南京	各界	南京各界三萬人之隊伍舉行大規模示威遊行，沿途呼口號，民眾情緒熱烈，行經蘇大使館時繞行一週，高呼口號，歷四小時而解散。
	上海	學生總會及各界	上海市學生總會等九團體，組成東北主權維護委員會，於下午一時在顧家宅花園舉行大會，參加人數十萬人，會後全體出發遊行，並向市府、外交部駐滬辦事處、蘇駐滬領事館請願。另外，上海市學生護權運動大會學生二萬人於震旦大學大操場公祭張莘夫等八烈士，會後整隊出發遊行。
2月27日	濟南	各中等學校	濟南市各中等學校及民眾團體二萬餘人，舉行愛國護權運動大會，並遊行全市。
	青島	各界	青島市各界舉行愛國護權聯合會，共二萬餘人參加，會後並示威大遊行。
	璧山	交大唐山工學院等	交大唐山工學院、北平鐵道管理學院、同文中學、正則學校等全部學生徒步至重慶遊行。
	鄭州	各界	鄭州學生及民眾遊行請願。
	貴陽		貴陽學生舉行示威遊行。
	昆明	學生聯合會	昆明學生聯合會代表全市三萬學生對東北問題發表宣言，提出五項意見。
2月28日	北平	北大等校	北平學生十萬餘人對東北問題舉行示威遊行，並電蘇聯、美國、英國領袖。
3月1日	西安		學生遊行
	蘭州		學生遊行
	鎮江		學生遊行
3月2日	開封		學生遊行
3月3日	寧夏	各學校、各團體	各學校及各人民團體等二十二單位，於上午九時在寧中廣場舉行維護國權運動大會，到會三千餘人，會後學生分隊在街頭演講。

　　反蘇運動的擴大，使蘇聯無法忍受。三月三日，莫斯科廣場評論員馬西努以「已被揭穿的陰謀挑撥」為題，斥責中國「反動派」挑起的反蘇運動的陰謀。馬西努云：「最近在中國與美國的報紙上出現了

各種各樣不正確的消息，曲解蘇軍自滿州撤退的眞象，中國某些報紙利用這種不正確的消息造謠誹謗，展開瘋狂的反蘇運動。這些事實證明了什麼呢？首先是證明反蘇的遊行示威是經過中國當局的同意與組織的，參加遊行的流氓們都有後臺老闆──反動派撐腰，這些後臺老闆不僅供給遊行者印刷機，爲他們在街道上設立講臺，準備會餐食品，這些有勢力的反動派而且還派遣特務暗探機關領導遊行，以保證他們不受任何干涉、阻擾。至於說到在陰謀挑撥浪潮中的報紙，大家都知道這些報紙都是受相當機關的監督，而且不經過許可是不能登載任何東西的。最近中國當局並沒有採取任何辦法，阻擋這種陰謀挑撥，恰恰相反，某些官方要人的言論反而是火上加油。」❻❹

面對全國性的反蘇示威遊行，中共則策動地下黨員予以抵制，其抵制的方法係採取「區別對待」的策略。「面對這種複雜鬥爭形勢，我們黨採取了區別對待的方針，不同程度地抵制這次反蘇遊行：①我黨力量較大的學校，則盡可能說服群衆不參加；②如果敵人力量佔優勢，大多數群衆受了蒙蔽或受強制去參加遊行，我們黨員、積極分子和進步群衆，爲了避免暴露和孤立，就要參加進去，注意了解情況，掌握動態，採取秘密拆臺的辦法。」❻❺這些方法在昆明、上海、天津、重慶的反蘇運動中，都曾加以運用。此外，中共也利用其地下黨員撰寫讀者投書，在其報紙或親共報紙上刊載，以進行反宣傳，抵消反蘇運動的效果。

❻❹ 上海《時代日報》民國三十五年三月五日。

❻❺ 共青團中央青運史研究室著，《中國青年運動史》北京，中國青年出版社，一九八四年十二月，第一版，頁二三三。

第二節　沈崇事件

　　沈崇事件係指民國三十五年十二月至三十六年三月間，因北京大學先修班學生沈崇遭美軍強暴所引發之反美運動。中共稱之為「抗議美軍駐華暴行運動」，簡稱「抗暴運動」。

　　沈崇事件原為一單純之法律問題，與外交政治無關，但中共以此作為破壞中美邦交之大好機會，指示其各地地下黨策動反美運動。茲就發生背景、沈崇案始末、北平的反美學潮及各地的反美學潮等說明如下：

一　發生背景

　　沈崇事件係指北大先修班女生沈崇遭美軍強暴所引發之一連串反美運動。在國共長期鬥爭的過程中，由於國民黨居於執政的優勢，所以自珍珠港事變後，美國給予政府的協助或資助，對中共而言便是不利的因素，因此中共罔顧國家和民族的利益加以反對。民國三十四年八月十三日，毛澤東在「抗日戰爭勝利後的時局和我們的方針」的講演中，就指責美國說：「美國帝國主義要幫助蔣介石打內戰，要把中國變成美國的附庸，它的這個方針也是老早定了的。但是，美國帝國主義是外強中乾的，我們要有清醒的頭腦，這裡包括不相信帝國主義的『好話』和不害怕帝國主義的恐嚇。」又說：「我們過去對於美國的扶蔣反共政策作了公開的批評和揭露，這是必要的，今後還要繼續揭穿它。」⑯

---

⑯　毛澤東，〈抗日戰爭勝利後的時局和我們的方針〉，《毛澤東選集》第四卷，頁一○三一。

　　抗戰勝利後，中共激烈反美的原因，是因爲戰後國共兩黨均急於取得原屬汪精衛轄下的日本佔領區的地盤及儲存在那裡的武器彈藥，面對這種情況，美國總統杜魯門曾下令，所有在華日軍和僞軍應立即向國民政府交出陣地和武器，這使國民黨在國共相爭中佔了一個大優勢❻。此外，美軍協助國軍運送部隊至各受降區之行動，亦令中共深受威脅。中共的反美行動早在昆明學潮時已經顯露出來了，昆明學潮中，費孝通講演「美國與中國內戰之關係」，認爲美國的政策有助長中國內戰之嫌，所以學生發表「致美國政府書」、「告美國人民書」，認爲美國以幫助中國政府解除日軍武裝爲名，事實上，「美軍到華北去，不是對付日軍，而是爲參加中國內戰，幫助內戰的一方面打擊另一方面。」❻因此要求美國總統杜魯門「請在閣下領導下的貴國政府重新考慮貴國的對華政策，切實貫徹『不干涉中國內政』的諾言，尤望立即撤退貴國駐華軍隊，停止以武器及物資供給中國政府進行內戰，並立即撤換貴國駐華大使赫爾利將軍及在華美軍總司令魏德邁亞將軍。」❻

　　民國三十四年十二月十五日，馬歇爾來華調停國共衝突後，中共將美國的調處作爲中立戰術來運用，因此造成一種不戰不和，邊打邊談的局勢，以爭取時間來對政府作最後決戰的準備，所以在馬氏調處初期，中共總是笑臉相迎；等到它所需要的緩兵時間已經取得，就翻臉相向，把馬歇爾當作打擊對象，使調處無形中宣告結束。然而，中共卻也因而坐大。在調處期間，與中共結盟之「民主同盟」亦以中立

❻　廖光生，《排外與中國政治》香港，香港中文大學出版社，一九八四年，頁一一五。

❻　〈爲什麼要求美國撤兵〉，《罷委會通訊》第一期，民國三十四年十二月一日。

❻　昆明市中等以上學校罷課聯合委員會，〈致美國政府書〉，《史料選編》（上），頁六十三。

主義作僞裝，挑撥中美兩國政府的關係，同時暗中組織「反美運動委員會」展開反美行動。

民國三十五年七月二十九日，共軍伏擊美軍陸戰隊車隊，開始展開調處期間第一次反美活動時，美國的回應竟然是停止以武器供應國民政府。在此之前的四月初，中共破壞停戰協定，美國政府亦反而停止對國民政府的五億元貸款 **⑦**，美國無視蘇聯對中共的武裝，一再壓制國民政府。馬歇爾主持的停戰小組在調處期間，釋放了近十七萬名被國軍包圍與誘捕的共軍 **⑦**，此外，並以返國爲要挾，要求蔣委員長讓共軍保留張家口；同時爲了迫使蔣委員長與中共分享權力，曾以禁運武器作爲手段，自民國三十五年八月一日至次年五月的禁運，對國軍戰力與士氣影響甚大。

馬歇爾在華調處期間的態度，始終是偏袒中共，壓迫國民政府，但是在中共的宣傳中，馬歇爾卻成爲內戰的製造者及國民政府的恩人。《解放日報》云：「一年來，馬歇爾來華對中國內戰作了『調處』，而『調處』的結果是一個全面的空前大內戰。馬歇爾來華後，違反停戰令的規定，運了蔣軍九個軍進入內戰的火線，在此前，當只運了五個軍；馬歇華來華後裝備了蔣軍二十五個師，並爭取了時間，掩護蔣介石把進攻解放區的軍隊從一百萬人增加到二百萬人。」「馬歇爾初來華的任務，是把關內的軍事態勢凍結起來，使蔣介石可以向關外發展。當蔣介石進攻東北時，馬歇爾飛回了美國，馬歇爾再度來華後，對東北內戰則採取『袖手旁觀態度』。直到一八四師在海城起義反對內戰，形勢對蔣介石不利，馬歇爾才恢復了活動。」「當宣化店岌岌可危時，

⑦ 蔣中正，《蘇俄在中國》頁一四四。

⑦ 柯貝克，《遠東是怎樣失去的？》臺北，國防部總政治作戰部，民國五十九年六月，頁三三四。

馬歇爾沒有說一句話，但當李先念軍衝到襄樊，可能入川入陝之際，馬歇爾就趕快派執行小組來調處阻止了。」⓰中共的宣傳指稱內戰是美國製造的，美國是內戰的戰略工程師，甚至宣傳指稱「美國總統實際上成了國民黨軍隊的最高統帥」⓱。

民國三十五年八月，毛澤東爲了壯大共軍全面叛亂之膽量，在和美國記者安娜‧斯特朗(Anna Louise Strong)的談話中，提出了紙老虎理論，他說，蔣介石和他的支持者「美國反動派」都是紙老虎。毛澤東說：「提起美帝國主義，人們似乎覺得它是強大得不得了的，中國的反動派正在拿美國的『強大』來嚇唬中國人民。但是美國反動派也將要同一切歷史上的反動派一樣，被證明爲並沒有甚麼力量。」「一切反動派都是紙老虎。看起來，反動派的樣子是可怕的，但是實際並沒有甚麼了不起的力量。」⓲毛澤東用紙老虎理論來提高士氣，認爲美國軍事實力並不可怕，眞正強大的力量是人民。同年九月，中共開始全面叛亂，反美運動也就更趨於狂暴劇烈。

民國三十五年十一月四日，「中美通商航海友好條約」(簡稱中美商約) 全文發表，中共立刻指令各地「反美運動委員會」，發起「反中美商約運動」及「抵制美貨運動」，其作用乃在以「反對美援」達到「驅逐美軍出中國」的最終目的。在這之前，中共中央即曾就如何動員群衆要求美國改變援華政策，向各地加以指示，指示云：「望各地動員各種群衆團體與民主黨派舉行示威大會，並分電美國政府國會群衆團

⓰　廖蓋隆，〈一年來美國在華幹了些什麼？〉，《解放日報》民國三十六年一月一日。

⓱　同前注。

⓲　毛澤東，〈和美國記者安娜‧路易斯‧斯特朗的談話〉，《毛澤東著作選讀》(乙種本)，北京，中國青年出版社，一九六五年，頁一一七～一二〇。

體與名流，要求糾正美國政府的對華反動政策，要求撤回駐華美軍，要求否決貝納斯六月十四日法案，說明中國現在要的是和平，既不要內戰亦不要外戰，故不要美國武器來裝備中國軍隊，只要美國的生產機器，同時致電國民政府、政協會議、國民參政會及各高級將領，要求蔣介石愛國，要求國民黨保持中國國家民族利益與主權完整，向美國交涉撤回美軍，收回內河航行權，保護關稅及領海領空，謝絕美國武器等。」❼❺ 這個指示中，還特別提示「不要反對整個美國與整個美國政府，亦不要反對杜魯門、馬歇爾與美國調處中國內戰」，只要反對「中美反動分子的反動政策」即可，此外還要強調中美兩國人民的友誼與合作❼❻。

在中共有系統的策動反美宣傳的情況下，民國三十五年十二月二十日，北平發生北大先修班女生沈崇遭美軍強暴後，中共就利用此一事件，發動全國性的「抗議美軍駐華暴行運動」，獲得各地的響應，造成政治和社會極大的動盪不安。

二　沈崇案始末

民國三十五年十二月二十六日，北平《世界日報》刊登一則標題爲「女生看電影歸途被侮辱」的新聞，新聞內容是：「大學女生某，年十九歲。前晚九時，赴平安電影院看最後一場『民族至上』影片。散場後，忽見身後有美兵二人尾隨。進行至東單大操場地方，該二美兵即對該女，施以無禮。該女一人難敵四手，大呼救命。適有行路人聞知，急

---

❼❺　〈中央關於動員群眾要求美國改變援蔣政策給各地的指示〉，《中共中央青年運動文件選編》北京，中國青年出版社，一九八八年二月，頁六三一～六三二。

❼❻　同前註，頁六三二。

赴內七分局一段報告。由警士電知中美警憲聯絡室，派員赴肇事地點查看。美兵已逃去其一，當將餘一美兵帶走。該女被強姦後，送往警察醫院，檢查後，轉送警局處理。」這是沈崇案最早的新聞披露。

　　新聞中的「大學女生某」即是就讀於北京大學法文先修班的沈崇。沈崇，生於民國十七年，福建侯官縣人，爲清代名臣沈葆楨的後人。沈葆楨曾任福州船政大臣、欽差大臣、兩江總督等要職。沈崇的父親任職於交通部，擔任次長。據沈崇的表姊楊女士表示：「沈女士於本月一日新到北平，對北平地理尚不熟悉，現住於親戚家中，二十四日晚擬與其外甥女同赴平安影院觀劇，因其外甥女此片已看過，故未同往，沈逐獨身前去，八時許至東長安街途中，致遭遇此意外之橫禍。」⑰楊女士強調，沈崇係名門閨秀，素性極爲倔強，求學尤極努力，與外界亦極少交往。至於在沈崇案中施暴的美國軍人爲美軍駐華海軍陸戰隊伍長皮爾遜（軍籍爲三一六六三七號），係服務於駐中國北平美海軍陸戰隊增援第一師第五團武器連。另有共犯普利查德，係士兵，於案發後逃走。

　　沈崇案發生於十二月二十四日晚上，次日，北平民營通訊社亞光社獲悉此一消息，於當天下午發了一條新聞稿。北平治安當局乃要求中央社通知各報勿刊登此條新聞，中央社乃向各報發了一個啓事，啓事云：「頃警察局電知本社代爲轉達各報，關於今日亞光社所發某大學女生被美兵姦污稿，希望能予緩登。據謂此事已由警局與美方交涉，必有結果。事主方面因顏面關係，要求不予發表，以免該女生自殺心理更形加強。容有結果後，警局當更發專稿，特此轉達。」⑱然而北

---

⑰　《新民報》民國三十五年十二月二十九日。

⑱　佘滌清，〈中國革命史冊上的光輝一頁——回憶北平地下黨領導的抗暴運動〉，《資料匯編》頁六八三。

平的《世界日報》、《經世日報》、《北平日報》、《新民報》等仍在
十二月二十六日刊登了亞光社發的新聞。《新民報》還把中央社通知各
報緩登亞光社新聞稿的啓事,也編成新聞刊登出來。這條標題爲「聖誕
節惱人消息,美兵酗酒施強暴」的新聞內容是:「本報訊:據悉平市治
安當局昨晚曾電各報,關於亞光社昨日所發新聞稿,某大學女生被美兵
酗酒姦污消息一則,望能緩予發表,並謂此事已由當局與美方交涉中,
事主方面,因顏面關係要求勿予發表,以免增強該女生之自殺心理。
容有結果後,治安當局當另發專稿。」❼❾ 沈崇案的消息露布後,馬上
引起社會各界的重視和關切,其中以北京大學的學生最爲激烈。

　　民國三十六年元旦,燕京新聞的記者透過楊女士的外甥,親至楊
公館訪問,其內容於一月六日刊載見報,其中提及沈崇在出事地點遭
警察侮辱的情形,頗具煽情性。報導云:「夜是黔黑的,他來到出事
地點,看見美兵暴行和這位苦難的少女,一句話沒有說,他先猛烈地
摑沈小姐一個耳光,喝道:『你究竟賺他幾塊美金?』『誰賺他美金,
我不認得他,他侮辱了我……我是大學生!』沈小姐剛遭美兵損害,
復受中國警察同胞之殘暴,悲痛無力地回答。『既然你是大學生,他說
的話你給我翻譯一句。』警察同胞還在逞威:『大學生不會不懂英文。』
他回身恭敬地叫美兵說一句英文。狡猾的美兵看著這個警察,懶懶地
說:『She is my friend。』『她是我的朋友。』她照著翻譯。拍!又
是一個耳光凶猛地刮過來。『媽的,你說不認得他?他不是說你是他的
朋友?』『這是我翻譯他說的。』『你住在什麼地方?』警察問。『××
胡同××號楊公館。』『呸,你住在哪兒?你配住那兒?你只配住蘇州
胡同。』警察非常侮蔑地說,他不相信站在面前的這位少女是一位大

---

❼❾　《新民報》民國三十五年十二月二十六日。

學生，更不相信她眞就住在楊公館。」⓼ 報導中亦敍及事情發生後第二天，美軍方帶著譯官和軍醫官至楊公館要求再度檢查，爲楊先生所拒，「美軍便聲言如不願再度檢查，則美方不負責等語，狀至無禮」⓼。

沈崇案發生後，面臨到的問題是單純法律化，抑或加以政治化。政府當局希望將此案件單純法律化，所以，一月四日行政院長宋子文對教育部及各地方政府的指示，即云：

> 根據北平兩美兵犯有姦污中國女生事，現悉：美方已將犯事美兵依法交付軍事審訊，我北平市政府亦在就地交涉之中，此事爲該犯事美兵之私人行爲，犯事者自應受法律裁判，至於中美兩國間之友誼，自不應因此而受損害，任何人亦不應以此種私人行爲爲藉口，而有損侮我友邦或友邦人民之行動，各學校當局及地方行政機關，務各本此旨，負責勸導，遇有可能越軌行爲，並應負責阻止爲要。⓼

次日，教育部即電令北平各校云：「美軍污辱中國女生情事，此事係該犯事美兵之私人行爲，自應受法律上之制裁，不應以此種私人行爲爲藉口，而損侮我友邦。各校務本斯旨負責勸導，遇有可能越軌行爲，望負責阻止爲要。」⓼

在此之前，十二月二十九日，北平行轅負責人在接受訪問時亦云：「此案係一純法律問題，酒後失檢，各國均所難免。此項行爲，在中

⓼ 《燕京新聞》民國三十六年一月六日。
⓼ 同前註。
⓼ 《文匯報》民國三十六年一月五日。
⓼ 《經世日報》民國三十六年一月七日。

美法律，均觸刑章，自可施以裁判，惟望市民幸勿感情用事，致別生枝節。」❽ 次日，胡適在受訪時亦作相同之表示，胡適云：「這是一個法律問題，希望能夠早日得到合理合法解決。……這是東方特殊的道德問題，國人當然同俱憤慨，學生間的開會遊行，亦屬理之常情，但不可罷課，希望能即日恢復，免廢學業。」❽ 任職中央研究院的傅斯年同樣表示，認爲學生「誤將與政治無關之事件，作爲政治事件，此案固屬遺憾，但純爲法律問題。」❽

然而持反對意見者及中共分子，則認爲此一案件不是法律問題，而是政治問題，所以企圖藉此案機會，要求美軍退出中國。律師沙千里在接受訪問時說：「美軍犯罪的本身，當然是法律問題，但若以純法律來談駐華美軍強姦中國的女大學生的醜行，這是舍本逐末的說法，現在遣俘已了，整個問題核心還是美軍不該留駐中國。胡適之把美軍暴行沖淡了說這是法律問題，實在是見木不見林的說法，其實法律還是跟政治跑的，怎樣的政治才有怎樣的法律。」❽ 工商界人士張絅伯認爲「駐華美軍強姦中國女大學生這一椿行爲，實實在在是國家的政治問題」，他說：「美軍強姦女大學生之暴行，只是反美運動的一根導火線，根本的說來，反美情緒的迸發，還是因爲美國對華外交政策的錯誤，美國干涉了中國的內政，助長了內戰的火焰，日積月累的醞釀了中國人民的憤怒，所以結論還是要求美軍退出中國去！」❽ 周建人則大力抨擊胡適的說法，認爲胡適是在爲美軍掩飾，他說：「如

❽　《華北日報》民國三十六年十二月二十九日。

❽　《大公報》民國三十五年十二月三十一日。

❽　《文匯報》民國三十六年一月五日。

❽　《文匯報》民國三十六年一月十一日。

❽　同前註。

果美國人強姦美國女大學生，這才是他們的法律問題，事實上美國本國內強姦白人的事很少。駐華美軍對中國人隨意的『暴行』，這完全是因爲看不起中國人，但是中國不是美國的殖民地，全國各地學生的抗議是對的。在美國的法律規定黑人強姦白色女人處絞刑，而白人強姦黑人則僅處徒刑，這就說明法律在政治上的意義。所以胡適之這種說法無非是替駐華美軍暴行掩飾而已。美軍以對殖民地的態度對待我們中國，我們不能說美軍的暴行是純粹的法律問題。」**❽⑨**

兩種說法針鋒相對。事實上，在案發後，北平市政府即向美國駐平海軍陸戰隊司令官嚴重抗議，並提出四點解決方法：㈠應即執行軍事法庭裁判懲處；㈡美方當局應書面道歉、慰問及賠償被害人身體、名譽、精神等損失；㈢加強美軍軍紀，並保證以後絕不再有類似此事件發生；㈣應加強聯繫合作，以維護中美傳統友誼**❾⓪**。這四點之中，第一點之處理方式，則有爭議；因爲民國三十二年，中美共同並肩作戰，美軍在中國日益增加，爲適應當時環境需要，中美雙方商定如有美軍在中國發生犯罪行爲，則援照第一次、第二次大戰美英軍隊在法國作戰區域發生犯罪行爲，均由美英自行處分之辦法，雙方換文訂定「處理在華美軍刑事案件條例」，由中央交立法院制定。該條例內容規定：第一，美軍在華犯罪，中國法院可以逮捕，但須移送美軍司法部軍法處審辦；第二，中國政府可以要求美軍司令部將處理經過情形以及進行程度隨時通知中國政府，中國政府亦可提出意見；第三，該條例戰事結束後六個月廢止。所以，按照條例規定，該犯罪美軍應由美方審判，我政府可提供審判意見。

對於「處理在華美軍刑事案件條例」，首都高等法院院長趙琛曾加

❽⑨ 同前注。

❾⓪ 《資料匯編》頁四八七～四八八。

以解釋和呼籲，他說：「按照條例規定本於三十三年三月三日止，惟美軍目前在華任務尚未完成，故該條例有效期間經政府明令延長。至美軍在平如有強姦女生情事，應聽候美軍法律制裁，吾人可隨時注意，並隨時可提供意見，但不應由法律問題引起外交上之糾紛，更不宜以極少數美軍在華行動，牽涉整個對美邦交。」**❾❶**

然而，反對人士卻無法忍受「應聽候美軍法律制裁」之處理方式，要求由中國審判或組織中美聯合法庭審判。陳瑾昆教授主張罪犯應由中國法律裁判，他說：「照法律上講，中國已經收回領事裁判權，美國兵也要守中國法律，遵中國法律裁判，刑事訴訟法開頭就說明，就是中國軍人犯罪，若不是犯軍法，也要受正式法院裁判，美國兵在中國也只是一個普通美國人，若犯罪更要受中國正式審判，這是中國的主權與法律，美方無權過問。」**❾❷**重慶學生則主張由中美雙方共組特別法庭加以審理，他們在上蔣主席的公開信中云：「至於沈案之處理，查沈案之發生於我國北平，被害者沈女士為我同胞。中國復為當前之獨立國家，美軍凶犯既不受中國法律之制裁，亦不當援引『美國在華人員刑事案件條例』予以處理，俾免有所偏頗。為求公允計，為求適應事實之情況計，應由中美雙方共組特別法庭，公正審判方為合理。」**❾❸**

實際上，沈崇案的審訊程序係先由北平地方法院起訴，然後再函請美方處理。一月四日，沈崇以被害人身分向地方法院提出告訴，法院即展開調查，北大校長胡適亦以監護人之資格，邀集北大法學院教授燕樹棠、李士彤、費清、蔡樞衡，清華法律系主任趙鳳喈諸教授為

---

❾❶ 《中央日報》民國三十六年一月七日。

❾❷ 《新華日報》民國三十六年一月十五日。

❾❸ 〈重慶市學生抗暴聯合會為抗議沈案審理方式致蔣介石書〉，《資料匯編》頁六二八。

北大對此案之法律顧問，就本案加以縝密研究，並請趙鳳喈、李士彤爲受害人之法律顧問，將來開庭時，將爲受害人之律師。八日，北平地方法院認該二名美兵確有犯罪行爲，以公函致美國駐平海軍陸戰隊司令官，請其依法處理❾❹。

一月十一日，美國駐平海軍陸戰隊宣佈，沈崇案將由美國起訴，依美國海軍法規程序，由美國海軍法庭進行單獨審訊。至於旁觀規定，擔任軍事法官的費滋格羅中校表示，由於法庭旁聽席數有限，除了北平市長何恩源、市府外事處長左明徹、北大校長胡適及沈女士之法律顧問、父親、監護人，警察局代表外，記者席次將予限制❾❺。後來規定記者席次十八個，中外各一半，旁聽記者之名單由北平市記者公會開列，另外並規定統一發佈新聞辦法及懲處辦法。這個消息公佈後，記者嘩然，群起向記者公會抗議。

學生方面，亦對限制旁聽的方式表示抗議，而要求改變審理方式，允許學生代表及有關各方面公開旁聽。北平市學生抗暴聯合會致北平行轅、市府及北平海軍陸戰隊抗議書云：「報載美兵強姦中國女生案，定期開審，惟對旁聽人之限制極嚴，即中國記者觀審，亦遭限制，且將統一發佈消息。此種決定，實違反全國學生之願望，及新聞自由之原則。因全國學生每一抗議美軍暴行之行動，均曾要求公開審判肇事美兵，美軍當局不願公開審判，禁止自由發佈消息，顯係欲利用不正當之方法，爲美軍罪行洗脫責任，以遮掩世人耳目，我們北平市學生團體抗議美軍駐華暴行聯合會，對此種不合理之決定表示嚴重抗議，並要求立即改變方式，公開審判，准許各報記者及各人民團體自由派代表出席聽審，自由發佈消息。」❾❻然抗議並無結果。

---

❾❹ 《益世報》民國三十六年一月九日。
❾❺ 《新民報》民國三十六年一月十二日。

　　一月十八日，沈崇出庭敍述事件經過。二十二日，美國駐華海軍陸戰隊增援第一師軍事法庭審判長休士中校宣告，皮爾遜伍長之強姦罪成立，至於量刑問題，待美國最高當局覆核後再定。一月三十日，該法庭審訊美軍下士普利查德。二月一日，宣告普利查德幫兇罪成立，最後判決亦要由美國最高當局決定。二月十日，北平市府外事處長左明徹受訪時表示：「暴行案中之兩美兵即將隨同美軍返國，究判何種罪行，迄未宣布，即使宣布，亦在美國執行。」**❾❼** 三月一日，神州社北平消息報導：「據關係方面透露，皮爾遜已於首批美方人員撤退時，隨同返美，俟刑期核准後將在美執行。」**❾❽** 三月三日，美國海軍陸戰隊第一司令霍華德核准法庭判決，判處皮爾遜強姦罪，降爲普通士兵，處監禁勞役十五年。

　　沈崇案本來到此已告一段落，詎料同年六月十七日聯合社南星州消息報導，美國海軍陸戰隊司令范特格里甫將軍致函皮爾遜家屬，稱皮爾遜之罪行難以成立，准予釋放，並恢復伍長之職位。六月二十九日，華北學生聯合會分別致書蔣主席及國民政府委員、美國總統杜魯門，要求政府向美國提出強硬抗議，盼望美國政府「尊重法律，執行已判之徒刑，賠償受害人之一切損失」**❾❾**。同年八月十二日，美國海軍部長福萊斯特發表聲明，撤銷皮爾遜所受到的判決。十天之後，華北學生聯合會上書蔣主席，提出二點建議：「㈠關於美海軍部長撤銷皮爾遜強姦沈崇之罪案一事，政府立即以強硬態度，向美國政府提出最嚴重的抗議，務必堅持執行原來的判決（即處皮爾遜以十五年有期徒

❾❻　《平明日報》民國三十六年一月十七日。

❾❼　《文匯報》民國三十六年二月十二日。

❾❽　《文匯報》民國三十六年三月二日。

❾❾　《資料匯編》頁六四九～六五〇。

刑)。(二)政府應限令現尚留華之美軍，於最短期內全部撤離中國國境。在美軍尚未撤離中國以前，美軍官兵若再有損害或侮辱中國人民之行為，應交由中國法庭審判，並依中國法律處決。」⑩沈崇案到此告一段落。

三　北平的反美學潮

沈崇案的消息露布後，馬上引起北平學生強烈的反應。十二月二十六日，北京大學紅樓牆上開始張貼了抗議的海報。次日，北大女生在灰樓召開全體大會，提出懲凶及美軍退出中國的要求，並決定發表抗議書及告同胞書等。當日下午，中共地下黨負責人便召開緊急會議，通過「進步力量較強」的歷史系出面，由史學會臨時發起召開全校各系級代表及各社團代表大會。史學會的要求得到響應，當晚，會議在沙灘北樓禮堂舉行，到會代表一千餘人，會中通過三項決議，即：(一)嚴懲暴徒及其主管長官，在北平由中美聯合法庭公開審判。(二)駐華美軍當局公開道歉，並保證在撤退前不得再有任何非法事件發生。(三)要求美軍立即退出中國。會中還通過了「告全國同胞書」、「告全國同學書」、「告美國人民書」等，議決十二月三十日罷課一天，原則上決定遊行示威，並成立「北京大學學生抗議美軍暴行籌備會」(以下簡稱北大抗暴會) 為執行機構。二十八日，由民青分子掌控，清華大學學生自治會亦召開全校臨時代表大會，決定舉行罷課，並通電抗議。

二十九日，中共北平地下黨學生工作委員會分析形勢，認為舉行全市示威遊行的時機已趨成熟，地下黨應因勢利導，組織群眾上街遊行。晚上，北大抗暴會召開各系級代表大會，討論下一步行動。北平

---

⑩　《資料匯編》頁六五○。

黨政當局亦有所因應，欲使此一會議流會，其經過《益世報》報導云：「北大學生於二十九日晚六時半各系代表正紛紛簽名準備開會之際，突有自稱中大、華北等大學代表約三百餘人一擁而入，要求參加開會，北大學生見勢不佳，當即停止開會，紛紛散去。要求參加開會之三百餘人中，突有人高呼喊打，遂蜂擁至學生抗議美軍暴行委員會辦公室，惟室內並無一人，彼等乃決定另推代表自行開會。開會時頗多離奇提議，如：『被美軍姦汚女生係某黨分子』，『被強姦之女生擾亂北平治安，應予嚴行懲罰』，並否認北大組織之抗議美軍暴行委員會，另行成立『北平市大學生正義會』。當場散發『爲東單事件告同學書』，並撕毀北大紅樓灰樓所貼壁報。」❿中央社則從另一角度報導云：「東單練兵場美兵汚辱女生事件，頗引起各方重視。北大學生褚禮方、蔣承勛等，赴各大學聯絡，並邀請派代表在二十九日晚六時半出席代表大會，屆時參加各校代表五百餘人，情勢極爲緊張。不料原召集人，竟避不出頭，於是會場頓陷混亂。嗣經各校代表協商，臨時推舉主席，舉行大會。經決議要點如下：㈠組織北平各大學學生正義聯合會。㈡誓作政府後盾抗議美兵暴行。㈢要求賠償受辱女同學損失。㈣保證以後不再發生類似事件。㈤要求美軍嚴懲肇事兵士。㈥決不採取罷課遊行手段，荒廢學業。㈦定三十日下午三時在中國學院招待各報記者。」❿

　　學生正義聯合會的成立，明顯地是對中共地下黨策動組成的北大抗暴會的反制行動，因此，在正義聯合會的「告同學書」中，自稱代表北平市數萬青年剷除民族敗類、學閥分子，揭穿有計畫之陰謀。公開信指責北大抗暴會云：「㈠該會議以北大文學院史學系分會之名義，盜竊北大學生名義，妄發宣言，鼓動學潮並愚弄青年，殊堪痛恨。

❿　《益世報》民國三十五年十二月三十日。
❿　《華北日報》民國三十五年十二月三十日。

㈡該會顯屬陰謀分子,藉聲援抗議美軍暴行之美名,罷課遊行,以圖
造成慘案,殺害我純潔青年。總之,此爲有計畫之陰謀活動,不辯自
明,本會僅代表北平市數萬餘青年,振臂高呼,剷除民族敗類、學閥
分子。關於美軍此次強姦北大女同學沈某,本會極爲痛恨。誰無兄弟,
誰無姊妹,爲保障人權,爭取國格,誓依合法手續,向政府及美軍提
出嚴重抗議,不達到目的決不休止,並盼我純潔青年,共同起來,爲
剷除民族敗類,抗議美軍暴行而努力。」⑩

　　北大抗暴會受到反制後,乃將會議移到灰樓召開,議決次日罷課
並舉行遊行。這個決議當晚即獲得清大、交大、燕大、北平師範學院、
中法大學、北平鐵道管理學院、朝陽學院等校的響應。

　　十二月三十日,星期一,最低氣溫零下15°C,寒風凜冽。清晨,
北大沙灘大操場,即有各學院學生集合,到了九時許,全場已有一千
餘人,各種標語、海報,紛紛增加,貼遍各處。十時,清華、燕京之
遊行隊伍出發進城請願。十一時,「清華大學校長梅貽琦、訓導長褚士
荃、教務長吳澤霖等進城,至北大辦公處與北大秘書長鄭天挺、教務
長鄭華熾等,召開緊急聯合會議。當時議決對學生遊行事不加阻止,
並聯絡各有關機關,請求保護。」⑩午後一時,清華、燕京之遊行隊
伍三千多人,步行至北大沙灘紅樓前,會合北京大學文法理醫各學院
學生約三千人,北大先修班學生五百人,朝陽學院學生五百餘人,中
法大學學生百餘人,輔仁大學學生八百餘人,北平師院學生千餘人,
交通大學鐵道管理學院學生百餘人,及其他各參加單位共約一萬餘
人,全體排成三人一列之隊伍出發。糾察隊負責維持秩序,宣傳隊張
貼各種標語,及用粉筆書寫各種宣傳文字,及對市民講演,其所散布

⑩　同前注。
⑩　《世界日報》民國三十五年十二月三十一日。

之傳單有「告北平同學書」、「告全國同胞書」、「爲罷課抗議美軍暴行告平市父老書」、「美軍暴行眞象」、「一年來駐華美軍暴行錄」等，所呼口號則爲「抗議美軍暴行」……。二時許，由清華大學領頭，高舉旗幟，口號呼喊不絕，秩序良好。由沙灘經東皇城根，然後經東華門大街，轉赴王府井大街，至東單三條調處執行部門前，學生高呼「抗議美軍暴行」口號。隊伍出東單三條東口，南行至東單大操場，集合休息。

三時許，隊伍經整理後再度出發，原擬去西長安街中南海北平行轅請願，但行至南池子南口地方，臨時變更路線，進南池子大街。至北池子北口後，北大、中法、朝陽各大學同學，即列隊歸校。清華、燕京兩大學同學，繼續西進，然後繞西四大街，出西直門返校，時已五時，暮色蒼茫。最後，各大學同學，每校選派代表二人，經南長街赴中南海北平行轅請願。請願的內容有四：㈠請轉告中央當局，立即命令美軍自中國撤退。㈡中美合組聯合法庭，公開審判肇事美軍，判罪後遊街示衆。㈢要求美軍於未撤退前，必須與中國人民隔絕，以免發生類似之不幸事件，影響中美人民之感情。㈣公布此案之經過眞象。因李宗仁公出，由政務處處長王捷三代表接見。

北洋大學北平部全體學生，因未及參加此次大遊行，乃於次日舉行罷課遊行，其經過情形是這樣的：上午十時許，該校大操場即有同學集合，張貼標語，及準備遊行時所用之傳單等。十一時半，全體同學約四五百人，自操場列隊出發，口號高呼入雲。同時，糾察組、聯絡組、宣傳組諸同學，開始活動，隊伍由端王府夾道經武王侯至太平倉，遂向南經西四至西單，沿途散放傳單，用白灰書寫標語，異常顯明，大隊所過處，市民報以熱烈掌聲相迎，若干行人且自動參加，情緒至爲緊張熱烈，隊伍由西單東進，經西長安街、東長安街、御河橋，

竟轉赴東交民巷，過美軍兵營門前時，同學呼喊口號聲，如火山爆發；美軍兵營則鐵門緊閉，寂靜無聲。大隊折至東單廣場，即由同學向群眾大聲講述美軍獸行經過，朗讀抗議宣言及各種宣傳文字，市民有聞之落淚者，隊伍於東單廣場休息片刻，即進至王府井大街，轉西經東華門、北池子大街、景山大街、文津街、西安門、西四，然後整隊歸校❿。

北平此次示威遊行，中共稱之爲「一二三〇大遊行」，譽爲「一二九」以後十年來北平城裡首次大遊行。在這次遊行中，除了各界聲援外，最重要的是獲得教授的支持。北大有四十八名教授，包括法學院院長周炳琳、理學院院長江澤涵，都聯名寫信給美國駐華大使司徒雷登(Leighton Stuart)，表示抗議。北大西語系教授聞家駟向記者發表聲明云：「同學罷課，表示抗議，是爲個人爭人格，爲國家爭國格。」❿清大教授朱自清、張奚若公開表示支持學生，校長梅貽琦、訓導長褚士荃、教務長吳澤霖等也表示不能阻止學生遊行，不能強迫學生上課，並要求當局保護學生安全。許多教授更以實際行動支持，如向達、周炳琳出現在遊行或集會時，就非常有煽惑性，文匯報記者記云：「空氣一刻比一刻緊張，忽然見有一大群學生擁著一位老者從紅樓那方面走來，老者在中間怒吼：『我在北大十多年了，我從來沒有看見過北大被外人打進來過，我是向達，看你們誰敢來打我！』原來是歷史系教授向達先生。」「這時周炳琳突然出現在操場上，同學就高呼『擁護周先生恢復五四精神！』原來周先生正是當年五四健將，一瞬三十年，如今已兩鬢如霜了。當看著黑壓壓滿操場的人群，眼裡透著喜悅的光芒。」❿

---

❿　《世界日報》民國三十五年一月一日。

❿　同❿，頁七〇三。

　　此外，一些美籍的人士也參加抗議遊行，如燕京大學的雷潔瓊、夏仁德教授，紐約先驅論壇報的記者馬爾汀等。夏仁德對此一事件很憤慨，他說：「在已經和平的中國，爲何要保留美國武裝軍隊？我本來反對美軍駐華。現在美軍駐華唯一理由，爲保護爲中國謀取和平的軍調部，但我對軍調部這種作用有些懷疑，也許把這問題留給中國人自己解決更好一點。」^⑩他除了捐五萬元給燕大學生自治會抗議美軍暴行會外，並呼籲教職員也多參加遊行。還有一位在中國僑居了三十多年的燕大教授布多馬，雖然沒有參加遊行，但同情學生行動，曾發表聲明說：「美軍在中國已經沒有任務了，讓我們的孩子們回家，便不會在這裡闖禍了。」^⑩

　　整個大遊行都在中共地下黨分子的掌握之中，當然也有許多共黨幹部混跡其中觀察，葉劍英就是其中之一。據文匯報記者報導云：「忽然我發現了一對上尉領章，我要求他發表意見。這個軍人卻忸怩起來，他後面的另一個軍人說：『很好，學生很好。』我再要求他申論，他們都不肯說。我馬上發現電線桿子那邊還有一個人，仔細一看，原來是葉劍英，便服便帽，在他，大概也極難得在國民黨轄區看見群衆運動吧，所以也來看看。我轉而問他的意見，他馬上躲開了，說『我要看遊行』，原來中共的人在北平都是像大姑娘一樣有點怕羞的，我只得放棄這探訪。」^⑩由此亦足見中共對此次反美示威的狀況，應十分了解。

⑩　木耳，〈古城的怒吼──記北平學生萬人大遊行〉，《文匯報》民國三十六年一月五日。

⑩　《益世報》民國三十五年十二月三十一日。

⑩　同⑦，頁七○四。

⑩　〈十二月三十日遊行則記〉，《文匯報》民國三十六年一月十一日。

　　十二月三十一日，中共中央發出「關於在各大城市組織群眾響應北平學生運動」的指示給董必武、吳玉章、張曙時、葉劍英、方方、林平等，要求在各地策動響應。指示內容如下：「㈠北平學生因美兵強姦女生事，已造成有力的愛國運動，上海、天津聞亦將響應，望在各大城市（平、津、京、滬、渝、昆、港、蓉、杭等）及海外華僑中發動遊行示威，並堅持下去，不能遊行的地方，亦可進行請願及組織後援會，一面提出目前具體要求，如要求此案及以前歷次懸而未決的慘案徹底解決，要求美國兵犯罪由中國法庭按中國法律公開審判（如華僑在美犯罪一樣）等，一面依據情況聯繫到美軍全部撤離中國，反對美國干涉內政，出賣軍火，進行借款，助長內戰，及廢除中美商約，抵制美貨等口號。在運動中要盡量推動一般中立分子出面，造成最廣泛的陣容，並利用國民黨所宣布的元旦起實行憲法人權條文，採取理直氣壯的攻勢，使國民黨不敢壓迫，並達到暴露國民黨之媚外賣國及其國大制憲全係欺騙之目的。㈡我們在各地學生及婦女中的關係，應盡量利用學生及婦女中通信辦法，向各地推動發展，並推動各界撰文通電，向各方聲援呼籲，務使此運動向孤立美蔣及反對美國殖民地化中國之途展開。」⑪在這個指示中，中共中央企圖以沈崇案來達到美軍全部撤離中國、孤立政府的目標，其策略則是利用婦女、學生及中立分子，以人權為掩護，使政府不敢阻止遊行示威的行動。

　　民國三十六年一月一日，蔣主席在元旦演說中，提醒青年「切不可為別有居心的宣傳所搖惑，而自誤其平生」，責問青年「為什麼要徬徨於煩悶憤慨之中，要消耗於空洞無當的政治鬥爭之內，而不貢獻於建國的大業，為全國同胞創造實際的福利呢？」⑫但似乎沒有起什麼

---

⑪　《中共中央青年運動文件選編》頁六三六～六三七。

作用。同日，教育部長朱家驊命令各校當局，禁止學生罷課遊行，但是各地仍是罷課遊行蜂起；天津南開大學、北洋大學學生罷課，並聯合天津各中等以上學校學生舉行示威遊行；上海復旦大學、交通大學等二十一個專科以上學生一萬餘人舉行示威遊行；蘇州五千名大中學生舉行示威遊行；杭州浙江大學及醫專等八單位二千五百人舉行示威遊行；南京金陵大學、中山大學等四校組成反對美軍暴行大會主席團，通過罷課、遊行等項決定。

一月一日以後，中共對學潮的操控更加積極。一月二日，新華社發表題爲「以行動答覆美軍暴行」的社論，呼籲「全中國一切愛國主義者更加廣泛而堅強地團結起來，行動起來，以行動答覆美軍的暴行，並嚴懲那些爲美軍暴行辯護的根本違反民族立場的奴才。」⓭一月五日，中共中央再次發佈「關於響應北平學生反美蔣運動」之指示，給各中央局、分局、區黨委、南京、北平、重慶、香港、上海、魯南、劉伯承、鄧小平、林彪等，預估學潮的結果，要求利用此一機會廢除中美商約及爭取美軍全部撤退，同時提醒注意宣傳，以免政府當局警覺。這個指示共分三點，內容如下：「㈠北平學生反對美軍的愛國運動，得到上海、南京、天津等地學生的響應。在這一運動中，群衆已對美蔣採取攻勢，標誌著全國性的革命高潮確已接近。對於這一事變的重大意義必須充分估計。這個運動可能取得勝利（懲凶、賠償以至美軍撤退）並使群衆鬥爭繼續高漲。我們要準備在這個繼續高漲的基礎上爭取美軍全部撤退（包括軍事顧問團與海軍訓練學校）、廢除中美商約、抵制美貨及其他群衆民主要求與經濟要求。㈡爲避免引起國民

⓬　《蔣總統集》第二冊，臺北，國防研究院，民國五十年版，頁二一七二～二一七三。

⓭　《新華日報》民國三十六年一月二日。

黨過早警覺，以致群眾運動受到過早打擊，我們在宣傳上暫時保持冷靜，準備從一月十日停戰令及政協週年起，在解放區進行廣泛的運動，來響應北平和全國的學生愛國運動。㈢各解放區須依具體情況，於一月十日起舉行紀念停戰令及政協週年，與響應平滬京津愛國運動，揭露美蔣把中國殖民地化的事實，報告平、滬、京、津學生愛國運動及予以聲援，通過要求解放區政府明令規定十一月四日爲國恥紀念節的提議，熱烈支援前線爭取戰爭勝利，爲實現政協路線及一月停戰令而奮鬥。宣傳中注意用悲憤的口吻，不要用高興的口吻，以取得更廣大的同情。」⑭

次日，中共中央第三次發佈「關於利用平津京滬學運成績擴大我黨活動」的指示給董必武、葉劍英、吳玉章、張曙時、方方、林平、錢瑛、劉曉等，肯定這次的反美示威，「成績甚好」，已獲「民族工商業家及自由主義教授」同情，今後示威遊行會「繼長增高，層出不窮」。指示云：「此次平津京滬學生的反美示威，成績甚好，影響甚大。蔣介石在各學校罷課結束後，始發生禁止罷課的命令，同時，也更揭露他的獨裁賣國行爲。美帝國主義者雖萬分惱怒，但對示威群眾，仍不得不竭力避免衝突，而民族工商業家及自由主義教授，則一致同情這一運動。可見民主愛國運動的基礎正日益擴大，與解放區自衛戰爭的勝利已漸能起著配合作用，而美蔣的統治則日趨孤立，其政策則更加反動。今後在民族主義口號之下的民主愛國運動，定會繼長增高，層出不窮。」⑮

接著，要求藉著此次學潮，擴大「民族愛國主義」的宣傳，阻擾美援，繼續推動反美運動，普及學生以外的階層，如工人、店員、婦

---

⑭ 同⑪，頁六四一～六四二。
⑮ 同前注，頁六四三。

女、城市貧民、工商業家、自由職業者、華僑、農民等。指示云：「我黨在蔣管區的工作，應盡量利用這次學運的成果，擴大民族愛國主義的宣傳與活動。在一月十日停戰協定與政協開幕的週年紀念時，更應盡量揭露美蔣合作破壞停戰大打內戰推翻政協繼續獨裁的陰謀，尤其要反對正在商討中的美蔣借款與購械計畫。經過學生活動與報章揭露，要將這些宣傳深入到工人、店員、婦女、城市貧民、工商業家、自由職業者乃至華僑中去，引起他們的響應，以擴大這一運動。在陰曆年假中，如能組織學生下鄉宣傳更好。」⓰

再次是指示組織發展的策略和方法，要求組織在這次反美學潮中產生的新的「積極分子」，透過與學生日常生活有關的團體做基礎，展開活動，「不要畏懼學生運動中少數領導分子的暴露，這是在今後鬥爭中不可避免的」，因此，也要求準備二批三批的領導者來補缺。指示云：「在這次運動中已產生大批新的積極分子，我黨應幫助這些積極分子組織起來，作為核心，才能使運動長期堅持下去。其組織方式除繼續加強與有步驟地擴大原有的核心組織外，應依據實況在學生組織多的學校，加強其政治領導與聯繫，在學生組織少的學校，發展與鞏固其組織，在沒有學生組織的學校，設法建立適應當地當時環境的組織。一般地在民族愛國主義口號下的組織（如這次抗議美軍暴行委員會）較帶普遍性，但為著持久與擴大，又必須有各種與學生日常生活有關的團體做基礎。不要畏懼學生運動中少數領導分子的暴露，這是在今後鬥爭中不可避免的，但必須使這些少數領袖與廣大學生群眾保持經常聯繫，不致陷於孤立，同時又要準備二批三批的新的領袖來補缺。各學校學生團體間的聯絡，各地學生核心組織的彼此聯繫，青年

⓰　同前注，頁六四三～六四四。

會學生組織的活動加強，都成爲迎接今後更大規模的學生愛國運動的必要條件。」⑰

最後，以「據聞」方式指出其地下黨領導者意見已較群衆落後，要求糾正對群衆運動與「民主來潮」估計不足的缺點，繼續領導。指示云：「在這次北平學生示威遊行中，據聞核心組織的意見，開始時落後於群衆。現時運動已經前進，我黨在各地的領導同志，必須注意糾正對群衆運動與民主來潮估計不足的右傾觀點，方能有足夠勇氣與正確方針，領導這一運動的高漲。」⑱

事實上，關於反美學潮的組織化，在北平一二三〇大遊行後就展開了。一月四日，北平市各大學代表在北洋工學院開會，籌組抗議美軍駐華暴行聯合機構，並推舉清華、燕京兩校代表草擬規章。六日，清華、北大、燕京、中法、北洋工學院、師院六校代表復在燕大召開正式成立會，定名爲「北平市學生團體抗議美軍駐華暴行聯合會」，並確定宗旨爲「抗議美軍駐華損害中國主權獨立、人民自由，聯合全國各界，喚起國際輿論，促成美軍立即撤出中國。」其組織包括一切遵從該會宗旨自願參加之學生團體；在領導上，設有執行委員會，由各校代表各一人組成之，下設組織部、宣傳部、秘書處、總務部。會議並通過聯合會成立宣言、告全國同胞同學書、致美國人民美國學生書、致安全理事會、杜魯門總統書等六大文件。七日執行委員會召開第一次工作會議，各部分工，主席團三人由清華、燕京、中法三校代表分任，組織部由北大、中法負責，秘書處設於清華，宣傳部設於燕京，總務處設於北洋。

一月十六日，北平市學生團體抗議美軍駐華暴行聯合會召開會

⑰　同前注，頁六四四。
⑱　同前注。

議，抗議美方對沈崇案的審理方式，並發表致北平行轅、北平市政府及美國海軍陸戰隊的抗議書。二十五日，該會召開會議要求組織中美聯合法庭，進行公開審理，反對美國軍事法庭單獨審理，另並派代表向沈崇慰問。二十八日，該會與天津學生抗暴會舉行平津兩會代表聯席會，正式成立「平津學生團體抗議美軍駐華暴行聯合會」(簡稱平津聯)，並發表宣言，要求：㈠美軍立即退出中國。㈡國民政府採取獨立自主的外交政策。㈢立即停止內戰，實行政協決議，成立聯合政府⑲。

「平津聯」成立後，即積極與京、滬、杭學生反美組織串連，一月三十一日派代表離平飛滬，記者曾這樣報導：「據記者探悉，俟『平津聯』與京、滬、杭抗暴組織取得聯繫後，全國性之學生組織之成立，當在不遠。」⑳在這同時，「平津聯」亦展開「敦促美國改變對華政策」全國同學簽名運動，提出「美軍立即全部撤離中國」、「美國立即改變對華政策」、「反對中美商約」等三個要求。二月六日，「平津聯」發表「為敦促美國改變對華政策發起全國同學簽名運動啓事」及「為美國政府宣佈退出軍調部聲明」二個文件。經過積極的串連，二月二十二日，平津京滬四地的學生代表在上海正式成立「全國學生抗議美軍駐華暴行聯合會總會籌備會」，三月八日，「全國學生抗議駐華美軍暴行聯合總會」在上海正式成立，並通過章程、宣言、致四國外長會議書等。這個聯合機構，完全是「平津聯」推動的結果。

四 各地的反美學潮

十二月三十日北平反美大遊行後，全國驚動，隨後加上中共中央指示各地響應擴大，各地各界反美示威遊行風起雲湧，反美學潮團體

---

⑲ 《燕大雙周刊》第三十一期，民國三十六年二月一日。
⑳ 《燕京新聞》民國三十六年二月三日。

如雨後春筍般出現。十二月二十七日，上海《文匯報》第一版刊出沈
崇案消息，次日，上海暨南大學便貼出抗議沈崇案的海報和美軍暴行
錄；交通大學全體女生簽名，聲援北平學生的抗議行動。二十九日，
天津南開大學、北洋大學聯合發表「告全國同胞書」和「告全國同學
書」；上海學生團體聯合會發表「致全國同胞書」。三十日，天津南開
大學罷課；上海暨南、上法、復旦、同濟學生罷課，並發表了「告全
國同胞書」及「告全國同學書」等文告。三十一日，已擴大至南京、
浙江、南昌、重慶等地，當日除天津南開、北洋成立抗議美軍暴行委
員會，舉行記者會，說明罷課遊行的原因和目的；上海交通、復旦、
暨南等十七個專科以上學校舉行聯席會議，決定成立「上海市學生抗
議駐華美軍暴行聯合會」，並通過行動辦法外，南京中央、金陵分別召
開系科代表和全體同學大會，決定舉行罷課及遊行；浙江大學學生自
治會召開全體學生大會，決定舉行罷課及遊行；南昌中正大學等校學
生千餘人舉行示威遊行；重慶女子師範學院一百五十九人發表聯名
函，抗議沈崇案的發生。

　　以下將民國三十六年一月一日以後，各地反美示威遊行的情形整
理列表說明：

時　　間	地點	策　辦　單　位	經　　　過　　　情　　　形
1月1日	天津	南開、北洋等校	南開、北洋學生罷課，並聯合天津各中等以上學校學生舉行示威遊行。
	上海	復旦、交通等校	復旦、交通等二十一校一萬餘人舉行遊行，發表各項文告。
	蘇州		五千名大中學生舉行示威遊行。
	杭州	浙大等	浙大、醫專等八校二千五百人舉行示威遊行。
1月2日	無錫	江蘇省立教育學院	江蘇省立教育學院等校舉行遊行。

1月3日	南京	中央、金陵等校	中央、金陵、金女大、藥專等校四千餘人舉行第二次遊行。
	武漢	武漢、中華等校	決定罷課一週。
1月4日	開封	河南大學等	河南大學等兩萬名學生舉行示威。
1月5日	蘇州		大中學生五百餘人舉行示威遊行。
	鎮江	江蘇醫學院等	舉行示威遊行，保安隊開槍射擊，隊伍遭阻。
	武漢	武漢、華中等校	專科以上學生二千餘人舉行示威遊行。
1月5日	成都	川大、華西等校	川大等二十七團體一千餘人集會抗議，會後遊行。
	福州	協和大學等校	協大等十餘校學生罷課。
1月6日	浙江	英士大學	英士大學全體學生千餘人罷課遊行。
	重慶		重慶市六十三所院校師生一萬三千餘人舉行遊行。
	成都	川大等校	川大、華西等校二千餘人再次舉行遊行。
	昆明		三萬餘名學生舉行示威遊行。
1月7日	廣州	中山大學等	中山等校學生三千餘人遊行。
1月9日	臺北	臺大等	臺北市學生、工人及各界萬餘人示威遊行。
2月5日	重慶	重慶抗聯會	重慶市學生抗聯會南岸區宣傳隊與軍警發生衝突，中共稱「江北慘案」。
2月7日	重慶	重慶抗聯會	重慶市學生抗聯會各校代表至行轅及市政府請願。
2月8日	重慶	重慶抗聯會	重慶市學生抗聯會再至江北進行宣傳，又與軍警發生衝突。
2月10日	重慶	重慶大學	罷課一週。
2月11日	重慶	重慶抗聯會	重慶大學、重慶女子師範學院及鄉建學院罷課。
2月14日	重慶	重慶抗聯會	重慶市抗聯會赴行轅及市政府請願。
	廣州	中山大學等	舉行大會，罷課兩日，並發表宣言。
2月23日	上海	聖約翰、之江等校	聖約翰、之江等校走上街頭。

　　在各地的反美行動中，二月五日，重慶市學生抗議美軍暴行聯合會南岸區宣傳隊四十人，在江北公園宣傳時，與軍警發生衝突，有十

餘人受傷，二月八日，重慶抗聯會宣傳總隊和南岸區宣傳隊再赴江北進行宣傳，在中華路口與軍警再度衝突，有二十餘人輕重傷，中共稱之爲「江北慘案」或「二五」、「二八」事件。這個事件由於中共的幕後策動，所以各地均續有聲援的行動，儼然又成另一波瀾。

因沈崇案引起的反美示威遊行，嚴重擾亂各地治安，中共地下黨方面惟恐治安當局採取強硬措施，乃於二月七日，在北大、清大民主牆貼出「揭發大陰謀」的匿名壁報，放言有關機關開會決議，將大規模逮捕北大學生，營造恐怖之氣氛，引發學生一連串的抗議行動。二月十八日，北平警備司令部、警察局、憲兵第十九團等單位施行春季戶口總檢查，計查獲身分不明、漏報戶口及私藏武器、吸食煙毒者二千數百餘人，其中亦有學生被捕，如清大王憲銓、鐵道管理學院陸元熾等，治安當局認爲這是「爲鞏固平市治安，防止奸宄騷動」之必要行動，亦是政府貫徹禁絕煙毒及經濟緊急措施方案的決心表現[121]。但是中共地下黨及學生則認爲這是治安當局針對反美示威遊行採取之恐怖行動，「當局的決心是再明顯也沒有，那就是『實行恐怖，寧殺勿縱』，是謠言？是事實？那還用得著去說嗎！」[122]結果顯示，治安當局的這個行動，卻也使北平反美學潮逐漸平息下來。連鎖地，各地的反美學潮也平息了下來。

第三節　反美扶日運動

「反美扶日運動」係指民國三十七年五月至七月間中共策動的「反對美國扶植日本，挽救民族危機」學潮，又稱爲「反扶日運動」。中共

---

[121]　《世界日報》民國三十六年二月十九日。

[122]　吳海雲，〈恐怖的古城〉，《群衆》第一卷第七期，民國三十六年三月十三日。

利用當時國人對日本侵略暴行難以釋懷的情緒，及擔心日本復興再度
侵略中國的民族危機感，鼓動反美，藉以破壞美國與國民政府的關係。
茲就其發生背景及各地反美扶日示威遊行說明如下：

一　發生背景

　　民國三十六年三月十日，國防部審判戰犯軍事法庭對南京大屠殺
日本首要戰犯谷壽夫處死刑判決書中云：「被告與各會次將領，率部
陷我首都後，共同縱兵肆虐，遭戮者數十萬衆，更以剖腹、梟首、輪
姦、活焚之殘酷行爲，加諸徒手民衆與無辜婦孺，窮兇極劣，無與倫
比，不僅爲人類文明之重大汚點，即揆其心術之險惡，手段之毒辣，
貽害之慘烈，亦屬無可矜全，應予科處極刑，以昭炯戒。」⓬殘酷屠
殺，焚燒姦掠，是日軍侵略中國暴行的一般描述，絲毫無誇大渲染之
處。日軍在華的暴行是中國人的夢魘，難以忘懷。抗戰勝利後，政府
雖以「不念舊惡」及「與人爲善」的襟懷對待日本人民，但是國人對
日人之暴行仍是深惡痛絕，這個情形可從中共「反對美國扶植日本」
的宣傳發動後，各界熱烈響應時發佈的宣言中窺見一般。

　　漁民在反美扶日宣言中寫道：「民國二十六年七月七日，日本帝
國主義正面殺害中國人民的炮火終於在蘆溝橋爆發了。那時候瘋狂的
日帝軍隊像洪水猛獸般殺人放火，姦淫掠劫，由華北而華中而華南，
獸蹄所到雞犬不留，是令我們沒齒難忘的一頁血淚史，當日帝太平洋
艦隊南移的時候，那種橫蠻無道的焚、殺、淫、掠，造成了我南海漁
民有史以來的慘劫！那時候日帝艦隊的獸兵，用槍刺刀來威脅著每隻
遇難漁船的男女，剝到赤條條一絲不掛，任意凌辱一輪，獸性飽滿之

⓬　〈南京大屠殺日本首要戰犯谷壽夫處死刑判決書〉，《抗戰勝利的代價》頁一
　　七二。

後，即將筷子粗大的鐵線從每個失了知覺垂死者的掌心穿過，在悽呼慘烈鮮血淋漓的一刹，四個五個一組的推下海裡。後來那隻沒有一個人的漁船沒一刻工夫也葬身在熔熔的火海，再過一會一切也就無聲的淹沒在火海裡，這是日帝殺害我漁民用血寫成鐵一般事實，八年來日帝焚燒了我多少漁船，殺害了我多少無辜漁民同胞，姦淫了我多少漁民姊妹，這筆血債我們還沒有清算。」⑫

婦女也寫道：「我們這一代的中國婦女，在過去的半個世紀之中，忍受日本文化、經濟、武力的侵略，被姦淫、虐殺，夫離子散，家園毀滅，這創鉅痛深的恥辱，我們永遠不會忘記。我們並且教育著下一代的孩子不要忘記日本的侵略。」⑫ 甚至連中國兒童讀物作者們也發表宣言云：「半世紀來，日本帝國主義曾使中華民族飽受侵略的災禍，尤其使中國的兩代兒童，直接間接遭受屠殺、毒害、虐待的悲慘命運，使中華民族新生的嫩芽橫遭戕喪。如果不健忘的話，在八年抗戰中間，光是『廣州大轟炸』、『重慶大轟炸』，已不知殺害了我們多少的孩子們！這一筆血債，是任何有良心的人所決不會淡忘的。」⑫

由於國人對日本的侵略暴行難以釋懷，因此只要有關日本復興的問題被提出後，民族的危機感不免隨之而來。上海聖約翰大學學生會學術部，曾就日本復興問題擬製問卷，徵詢五百多位師生，統計結果顯示聖約翰大學的師生認為美國扶植日本的復興，是日本帝國主義侵略勢力和軍閥財閥的復興，具有侵略性，而且中國將首當其衝；至於日本的復興，多數均認為是美國的支持扶植，而美國扶日的目的是為了本身利益，企圖獨佔遠東和亞洲；對於美國扶植日本，則多數認為

---

⑫ 香港《華商日報》民國三十七年六月十七日。
⑫ 香港《華商日報》民國三十七年六月二十一日。
⑫ 上海《大公報》民國三十七年六月二十八日。

應該採取行動，要求政府採取強硬的外交政策，對美國抗議。類似聖
約翰大學師生的這種想法和認知，當不在少數，可視爲是「反美扶日」
運動發生之心理背景❼。

　　民國三十七年五月一日，中共中央發出「反美扶日」的口號後，
各地隨之響應。然而，美國扶植日本復興之眞象爲何，則屬見仁見智；
胡適與北大學生馬天道的辯辭就是最佳的例證❽。相信者認爲美國積
極扶植日本，鐵證如山；反對者則認爲抗議者「以歪曲的事實爲基
礎」，「不明悉眞正的事實」，不無「過慮」和「神經過敏」。不過，較
中性的看法大概是這樣：「美國在有意的扶植日本，是鐵一般的事實。
雖然美國的動機並不是希圖扶植起日本來侵略中國，但是日本被扶植
起來以後，中國的安全一定會受到威脅，也是鐵一般的事實。」❾因
此，一般人對日本復興後感到憂心，認爲有權要求美國謹愼處理日本
問題，山東大學敎授發表宣言云：「中國人是吃過日本的虧的，假如
沒有美國的參戰，中國也許還要多受幾年的戰禍。但假如沒有中國拖
住了日本的泥足，美國在珍珠港事變後所吃的苦頭也許會更大些。戰
勝日本應當是中美兩國共同的功勞，所以中國對於如何處置日本，當
然也要有說話的餘地。日本被扶植起來以後，在軍事與經濟方面不能
與美國匹敵，美國當然不致感覺到任何的威脅，而對於中國方面，其
情形便大不相同。縱然沒有軍事的侵略，而經濟的與政治的侵略是一
定無法避免的。即以現在而論，日本尚未擡起頭來，不是已經開始了
海上走私與越界捕魚了嗎？目前如此，將來可知，誰說日本不至於再
來侵略中國❿？

---

❼　楚揚，〈反對美帝扶日與干涉敎育〉，《群衆》第二卷第二十二期，頁一四。
❽　新加坡《南僑日報》民國三十七年六月三十日。
❾　上海《大公報》民國三十七年六月二十八日。

　　若就反美扶日的本質觀之，此一運動亦是國共鬥爭的一環，中共希望利用此一運動反對美國政府援華，所以中共的宣傳刊物提出「真正的反對扶日必須同時也反對援蔣」的論調❸。蓋因當時美國正通過一九四八年援華法案(The China Aid Act of 1948)。早在民國三十七年一月，東北戰局逆轉，鞍山失守，而瀋陽如被包圍，國軍所儲存軍火只能維持一星期的實況，已由駐瀋美總領事伍德(Angus Ward)密報國務院，馬歇爾亦知其前年所種禁運軍火令之禍苗，已生惡果❸，故當中國局勢益趨惡化之際，美國國會中對於給予中國軍援的呼聲亦日盛；同時，美國政府也知道除非將中國包括在經濟合作的撥款項內，否則國會可能拒絕整個撥款案，而使馬歇爾計畫陷於混亂❸，於是杜魯門總統乃在一九四八年二月十八日對國會之咨文中，要求國會撥款五億七千萬美元，以供中華民國十五個月的經濟援助之用，其中以五億一千萬元作為購買民用消費品，以六千萬元為重工業設備與交通器材之復興計畫。二月二十日，國務卿馬歇爾乃於眾議院外交委員會公開討論席上，表示對此案予以支持❸。

　　同年三月間，美總統請求撥款五億七千萬元充經濟援華款，經參眾兩院外交委員會分別討論，眾議院首先通過法案援華，該項法案係併入一以全世界為基礎之援外法案中。眾院法案批准款項兩筆共計五億七千萬元，為期十五個月，其中一項為四億二千萬元之經濟援助，另一項係於修正援助希臘法案中，批准以一億五千萬從事軍事援華，

---

❸　同前注。

❸　〈三位一體的蔣、美、日〉，《群眾》第二卷第二十三期，頁一七。

❸　梁敬錞，〈抗戰勝利後的中美關係〉，《中美關係論文集》頁一六五。

❸　董顯光，《蔣總統傳》臺北，中國文化大學出版部，民國六十九年，頁四九四。

❸　*The China White Paper*, pp. 379-380.

並依據美國軍事援助希臘辦法，派遣軍事代表團，予以監督。而參議院之援華係單獨成立法案，批准款爲四億六千三百萬元爲期一年，其中三億六千三百萬元爲經濟援助，所餘一億元授權美總統自由決定支配●。由於美國恢復對華軍經的援助，對於中共而言，自然是不利，所以中共選擇涉及民族主義之美國扶植日本問題，煽起國人的危機感，展開狂熱的反美運動。

　　從沈崇事件以後，中共策動的反美運動之所以能無往不利，和其地下黨的組織日趨周密有很大的關係。以北大爲例，民國三十五年五月，西南聯大宣告結束，北大、清華、南開各自獨立復員，聯大學生按志願分別返回三校就讀。當時北大學生約有三千多人，其中原西南聯大學生七○九人，北平臨時大學學生一五六二人，其他是青年軍復員或政府機關分發而來的●。由於學生來源的差異，因此中共的北大地下黨組織亦有南系、北系之分。王漢斌曾回憶道：「解放戰爭時期，領導北平學生運動的地下黨分爲南北兩個系統。北系是晉察冀中央局城工部（後來是華北局城工部）領導的，是原在北平的地下黨組織。我們南系地下黨是原昆明西南聯合大學的地下黨組織，隨學校復員到北平後，仍然由南方局（以後是上海局）領導，直接領導人是錢瑛同志。」●當時南系、北系是平行的，沒有隸屬關係，兩系的實力是這樣的：「南系黨員有十餘人，另有『民青』成員四十來人，黨員分散在民青一支部、二支部中進行工作，他們的負責人是肖松和李凌等。

● 同前注，頁三八七～三八八。

● 蕭超然等，《北京大學校史》頁二六六。

● 王漢斌，〈解放戰爭時期北平地下黨是怎樣領導學生運動的〉，《抗議美軍駐華暴行運動資料匯編》（以下簡稱資料匯編），北京，北京大學出版社，一九八九年十二月，頁七一一。

北系黨員近百人，分散隱蔽在五個學院中。文學院有黨員十餘人，負責人是杜平等；法學院和理學院有黨員三十餘人，負責人是項子明；醫學院成立了支部，有黨員二十來人，負責人是吳綏先、李振平、顏純；農學院成立了兩個平行的支部，有黨員三十來人，由周大澂、秋粟、黃蘆等負責。此外，還有少量黨員組織關係不在基層，而由別的線單線連繫。教職員工中也有一些黨員。」**⑱**由於中共的地下黨員散佈在各個院系，所以對學潮的策動與響應，非常便利。

沈崇案發生時，南系學委負責人袁永熙、王漢斌等商議對策；北系學委負責人佘滌清、楊伯箴、陸禹等亦集會討論如何行動。十二月二十六日南北系負責人佘滌清和袁永熙見面，密謀採取共同行動。他們商定的策略是：「抓住沈崇事件，舉起維護民族尊嚴的旗幟，激發廣大群衆的民族義憤，放手發動同學們掀起抗議運動，提出懲凶、道歉、賠償損失等要求。鬥爭要有理有利有節，從實際出發，根據發動群衆的情況來佈署行動，包括罷課和遊行。」**⑲**在實際行動方面，以北大、清華爲中心，以女學生爲先鋒。佘滌清回憶云：「我們還商定：北大是關鍵學校，我們要重點做好北大的發動和組織工作；北大的抗議運動，最好由女同學先出面，因爲他們先搞更容易獲得同情；清華的進步力量佔優勢，又有全校性的統一的學生自治會，因此，應由清華的這個公開合法的組織多出面和各校串聯，多做些工作。」**⑳**在北大、清大的基礎上，北平中共的地下黨及學生組織日趨周密，影響力日強，沈崇事件反美學潮期間，又接受中共中央的指示，聯合各校，

---

⑱ 佘滌清，〈中國革命史冊上的光輝一頁——回憶北平地下黨領導的抗暴運動〉，《資料匯編》頁六八四。

⑲ 同前注，頁六八五。

⑳ 同前注。

成立聯合會，先擴及天津，再與京滬杭各校串連，最後，於民國三十六年三月成立全國性的反美學生組織。所以中共發動的反美扶日運動是預謀性，和突發性的沈崇事件截然有別，而其所仗恃的即是擁有如臂使指的地下黨和學運組織。

二　各地反美扶日學潮

民國三十七年五月一日，中共中央發出的紀念勞動節口號，就有反美扶日的呼籲。這條口號的全文是：

> 全國工人階級、全國人民團結起來，反對美國帝國主義者干涉
> 中國內政，侵犯中國主權；反對美國帝國主義扶植日本侵略勢
> 力的復活。[141]

這是反美扶日運動的濫觴。

中共的指令發出後，各地的地下黨及其控制的學生團體便積極響應。五月四日，上海一百二十所學校學生一萬五千人，以紀念五四運動為名，聚集在交通大學，舉行營火晚會，並成立「上海市學生反對美國扶植日本挽救民族危機聯合會」，以通電向全國發出反對美國扶植日本的呼籲，在會中，上海學聯邀請孟憲章教授演講，他指出日本在美帝國主義扶持下，中國又面臨一個新的民族危機，他要學生發動一個新的五四運動，把帝國主義消滅掉。另有同學建議組織「上海反對美帝扶日聯合會」，並具體提出：㈠用自己的力量來阻止美帝扶日；㈡通牒全國及世界人民維護民族獨立；㈢號召上海與全國反對美

---

[141]　〈中共中央發佈紀念五一勞動節口號〉，《群眾》第二卷第十七期，香港群眾週刊社，民國三十七年五月六日，頁三。

帝扶日；㈣通電麥克阿瑟反對扶日政策。東吳學生首先贊成，各校也紛紛響應 ⑫。同日，南京大中學生聯合紀念五四大會，亦發表「保障人權保障教育搶救民族危機宣言」，提出「反對美國主義干涉中國內政」、「反對美國扶助日本帝國主義」、「反對新二十一條」等口號。其具體的主張尚有「拆除日本軍事工業，反對美國提高工業水準」、「解散日本海上保安廳，反對美國武裝日本警察及用其他方法變相保留和訓練陸軍」、「反對任命侵華日軍總司令岡村寧次為內戰顧問，反對任命崛內干城等戰犯」、「沒收廣州等地走私日貨，停止將海南島鐵砂及一切原料輸日，禁止日本在我領海捕魚」等⑬。

除了南京、上海之外，北平、天津、杭州、武漢、重慶、廈門、昆明等地的學生也都在這同一時候用各種不同的方式來紀念五四，鼓吹反美扶日。例如，在北京大學的民主科學晚會上，王鐵崖就藉著紀念五四而含沙射影地煽動學生，他說：「二十九年前有一個政府出賣中國的主權，要留日學生到政府裡來替日本統治中國。今天為了幾塊美金，中國的主權更大量地被出賣了。現在有一萬以上的美國兵駐在中國，有人要留美學生變成政府官員替美國統治中國。二十九年前的青年學生在街上遊行喊的口號是『內除國賊，外抗強權』，今天，這個口號又要喊出來了，我們需要掀起一個新的五四運動……。」⑭五月七日，全國學聯發表「為反對美帝扶植日本告全國同學書」，在這個公開信中，首先指出美國扶植日本的真相，其次指出美國所以必須扶植日本的原因，及所謂「資本美國、工業日本、農業中國」的說法。接

---

⑫ 學新，〈擊退黑夜，迎接黎明——五四在上海〉，《群眾》第二卷第十八期，頁十八～十九。

⑬ 何家仁，〈五月學運的新發展〉，《群眾》第二卷二十二期，頁十六～十八。

⑭ 同前注，頁四〇。

著，指出反美扶日之危險性，將使中國變成「雙重殖民地」。最後，其將所有的責任歸諸於政府，譴責政府，呼籲學生反美扶日，搶救民族的新危機 ⑮。這是反美扶日運動的重要文件，其主要論點均爲後來之運動宣言所運用。

五四之後，反美扶日另一個高潮是在五月二十日，亦即利用「五二〇事件」之一週年紀念，擴大此一學潮。五月十三日，上海各界舉行紀念褚輔成的追悼會上，上海法學院學生向與會人士呼籲反對美帝扶植日本再起，其後並成立「上法反對美國扶植日本搶救民族危機籌備會」，以便進行反美扶日運動⑯。五月十七日，上海學聯舉行全體會議，紀念「五二〇」及學聯成立一週年，會中通過三項決議：㈠號召同學注意反動當局目前新的迫害陰謀，準備以行動實行五四大會上的誓言，在任何迫害開始時，堅決把它擊退；號召同學立即進一步開展愛國運動，反對美國帝國主義扶植日本。㈡在五二〇舉行紀念大會，檢閱自己的隊伍。㈢決定以「你是燈塔」作爲學聯的歌 ⑰。次日，上海法學院邀請王造時、孟憲章赴校演講「國際矛盾的來龍去脈」及「美帝扶日問題」；上海聖約翰大學學生會學術部舉行全校師生座談會，其結論是：「目前靑年新的任務是喚起民衆注意日本問題，防止日本法西斯捲土重來。」⑱座談會後，約大學生會學術部並印發一千多份關於日本復興問題意見徵詢表，要與會者塡寫。

五月二十日，上海學聯以「檢閱自己的隊伍」、「檢閱自己的力量」、「檢閱一年來的愛國民主運動的成果」爲號召，在交大廣場集會，

⑮　《群衆》第二卷第二十期，頁二十三～二十四。

⑯　新加坡《南僑日報》民國三十七年六月十六日。

⑰　郭敏，〈戰鬥的一年間〉，《群衆》第二卷第二十一期，頁十八～十九。

⑱　楚揚，〈反對美帝扶日與干涉教育〉，《群衆》第二卷第二十二期，頁十四。

參加的學校有一百多個，人數一萬五千人以上。整個大會從五時三十分開始，至九時三十分結束，其過程有命名典禮、致詞、獻旗、控訴、大行進、演講、簽名運動、勝利舞、歌唱等，加上展覽、標語、血跡等佈置，可說是精心設計，其重點是所謂陳教授的講話，藉著講話凸顯整個活動的主題，透過反美扶日來反對政府⑭。

除了上海之外，平津唐十三院校學生自治會根據華北學聯的決議，聯合發表「五二○週年紀念告同學書」，提出反美扶日的口號。北平各校以系級和社團為單位，普遍舉行了座談會、講演會、圖片資料展覽和民意測驗，以提高青年學生的「反美扶日」認識。

五月二十一日，南京市大中學生一萬餘人在中央大學民主廣場舉行「五二○血案」週年紀念大會，會中以「反扶日、反迫害、反賣國」為主題，活動的內容和上海學聯的大會大同小異，有致詞、有控訴、有教授演說……等。比較特殊的有戲劇「典型猶在」和「公審特務」的演出。最後，大會通過三項決議：㈠二十二日罷課一天；㈡大會團結晚會仍定在二十二日晚七時半在金大操場舉行；㈢籌備大中學生聯防⑮。在這個集會中發生所謂的「特務騷擾」事件，使事態擴大，其經過是這樣：學生捉到兩名所謂的「特務」，並加以羞辱和審問，決定通電各地學聯發動「一傳十」宣傳運動。南京治安當局乃逮捕金大自治會主席孫桂筠和靳亮、中大學生廖景亞和李孝統。次日，金大、中大學生聚集，向青年部、衛戍部、警備廳及特種刑庭請願交涉，直到當局釋放學生後才告結束。「同學們用眼淚來慰問著遭迫害的兄弟，他們不怕一切，不怕舌敝唇焦的呼口號、唱歌、演劇，並出動四個控訴小組，向附近市民揭露這真象，『控訴書』、『告市民書』、『告軍警同志

⑭ 同⑭，頁十九。
⑮ 章靜蘭，〈黑暗發抖了〉，《群眾》第二卷第二十一期，頁二十。

書』在空中飛舞,在市民手裡爭讀。」「學生是勝利了。他們舉行了『聯防』宣誓,並且憑弔了『五二○』舊地。當他們沿途高呼『市民學生是一家』回去時,市民們向他們會意的微笑、點頭。在中大禮堂中他們聽取被捕同學報告受難經過,並決定繼續罷課三天。」**㉑**

由於南京、上海兩地「反美扶日」學潮擴大,國民黨青年部長陳雪屏、南京衛戍司令孫連仲都發表談話,指責學潮是共產黨鼓動的不法行為,決定要依法嚴懲。五月二十三日的南京《中央日報》,發表題為「為國救亡、為黨雪恥」的社論,指出鬧事學生係職業學生,不僅「妨害一般純潔學生的學業,破壞一般社會的安定秩序」,而且「直接向本黨挑釁」,「處心積慮毀滅本黨」**㉒**。

在北平,五月二十六日下午七時,北大學生自治會委託政治學會舉辦「美國積極扶植日本問題」討論會,原訂地點在北樓大禮堂,後因人數過多,改在子民紀念堂前舉行。會中邀請汪煊、王鐵崖演講,指責政府「為要貪得美援,處處對美國讓步,美國扶植日本,一聲不響,有了美援,提出的否決數也收回來了」**㉓**。會後,並由與會群眾討論以下五個主題:㈠美國扶植日本的原因何在?㈡美國扶植日本在中國影響如何?㈢美國扶植日本對遠東及世界影響如何?㈣中國人民對美國扶植日本應取之態度?㈤中國政府對此問題之態度如何?這種討論引發與會者之興趣情緒,擴大效果。

就在這同一天,北大校長胡適所撰關於美國扶植日本的看法刊載於平津各報上。胡適的論點有三:第一,他相信美國不致糊塗到叫日本恢復武裝的侵略力量,這在美國民主國家及對日參戰的國家都不會

㉑ 同前注。

㉒ 南京《中央日報》民國三十七年五月二十三日。

㉓ 新加坡《南僑日報》民國三十七年七月一日。

允許的。第二，他認爲日本是一個有七千五百萬以上人口的國家，我們沒有法子餓死他、毀滅他，假如我們餓死了他、毀滅了他，會使得他們投到共產黨去。所以正常的生活是應該允許他們的。第三，日本戰敗了，工業、殖民地都沒有了，可是誰來養活他們呢？現在美國對日和對德政策，都是著重在這一點，只有使他們恢復一部分工業，用生產來換得收入，來養活他們自己。胡適認爲這些是極平常的常識看法，有些人說些過慮的話，他則認爲是神經過敏。

　　胡適的談話發表後，一個叫馬天道的北大學生寫了一篇題爲「請教胡適校長」的文章加以反駁。最後，他以非常感性的筆觸質問胡適：

> 校長，你說我們不但「過慮」，而且「神經過敏」，我們承認我們確實有時候過敏了，不但我們過敏，正像王鐵崖先生在二十六號北大對日問題座談會上的結論所說：「不但我過敏，你們在座的諸位過敏，全體同學過敏，就是全國的老百姓都過敏了。」校長，那麼，依王先生所說全國都過敏了，豈不是顯得你老人家有點遲鈍嗎？但是，校長，我們再不能縱容一個侵略者的再起，千百萬人的鮮血曾爲了勝利付過重大代價。我們不能健忘，八年的血債尚未償清，而現在又要攜手親善。我們並不反對日本的眞正復興，但是其復興必須是建築在眞正的民主磐石上。我們堅決的反對一個軍國法西斯的復活，這嚴重威脅的危機，已經不是將來的空想，而是殘酷的現實，最後，我們敬愛的校長，這實在不是學生故意的非難，而是由內心的深處憑天良所發出的聲音。❿

這種感性的訴求，對於歷經對日八年抗戰的民眾而言，必然發生極大

的作用。

五月三十日，北平十二所學校三千多學生以紀念「五卅運動」二十三週年爲名，在北京大學民主廣場集合，反對美國扶助日本。會中成立了「華北學生反對美國扶植日本挽救民族危機聯合會」，通過了致美國國務院、美國駐中國大使、麥克阿瑟和政府等四份電報，抗議美國扶植日本。同日，上海法學院以慶祝新院長褚鳳儀就職暨校董錢新之任職二十週年，舉行盛大歡迎會之際，特別舉辦了「民族展覽會」，資料都是數日前在聖約翰大學所展覽的，內容包括抗戰八年中的慘痛經驗，以及美國扶植日本的全貌。展出品有木刻、照片、漫畫、文字宣傳等，由木刻協會、大公報資料室、亞東圖書館、美專、交大、劇專等提供的。展覽的成果是這樣的：「在三十日展覽時，參觀者包括校董、校友、教授、同學、工友等六百餘人，大家看了都非常感動，並且寫下多少寶貴的意見，都一致指出美帝的扶日必然給中國帶來新的民族危機，都表示了憤慨和抗議。」●

由於反美扶日運動如火如荼的進行，參與者不僅是各地的大中學生，甚至擴及平、津、京、滬、漢、廈、港各地的工商、文化界人士，演變成一種全面性的反美運動。六月四日，美國駐華大使司徒雷登在南京接見記者，發表書面聲明，表示美國的政策，只在提高日本人民的生活水準而已；此外，指責學生運動受人操縱煽動；他略帶威脅語氣說：「如果你們中煽動反對美國對日政策或參加這種煽動的人不同意我說的，那麼，你們就必須準備面對你們的行動的後果。」次日，政府亦發表聲明，表示「深信中美兩國政府均決無縱容日本重整軍備之意念」，並宣布取締一切反美扶日的宣傳和運動，就在這同時，上海

● 新加坡《南僑日報》民國三十七年六月三十日。

● 新加坡《南僑日報》民國三十七年六月十六日。

學生舉行大規模的反美扶日示威遊行，軍警當局也採取了強硬的策略。六月五日這天，軍警封鎖包圍了交大、復旦、同濟、中華工商等校，使學生遊行的隊伍無法衝出校門，但另外學校如聖約翰、大夏、光華、震旦和一些中學學生五千餘人，則分別到達外灘集合，舉行示威遊行。在遊行的過程中，政府派出軍警、馬隊加以驅散，雙方發生衝突，有八十多名學生被捕。這次的事件中共稱之為「六五血案」。

北平反美扶日運動的開展是在上海之後，六月九日前，其表現的方式只是座談會、宣言和五卅紀念日舉行的反美扶日大會，然而在司徒雷登發表聲明後，六月六日，平津唐十一校學生自治會聯合會發表強硬的抗議聲明，聲明云：「中國學生自五四運動起，即是在帝國主義和軍閥的刺刀槍桿下成長，在高壓迫害下壯大起來的。中國人民和中國學生不是任何恐嚇和暴力所能嚇倒的。……承受行動之結果者，不是中國人民和中國學生，而是美帝國主義！」❻接著，華北學聯根據中共地下黨的意見召開會議，決定自六月九日起各校罷課兩天，並舉行「突擊大遊行」。所謂「突擊」，可從兩方面說明：在時間方面，把醞釀、準備到行動的時間縮得很短，讓治安當局措手不及；在空間方面，一改以往遊行先集中再出發的方式，採取由分散而集中的策略，各校分別出發，先分散，後集中。

六月八日，北平各大學決定總罷課，但除了罷課的決定外，並未宣布遊行，這是學生鑑於六月五日上海遊行未成的緣故，一直到九日早晨，各校自治會才同時宣布遊行。「六九突擊大遊行」的隊伍分為三路，東路由北京大學一二三院、中法大學、朝陽學院、華北文法學院、輔仁大學等校組成，北大學生從民主廣場集合出發，然後在遊行途中

❻　共青團北京市委青年運動史研究室，《北京青年運動史》頁四一五。

與東路各校隊伍匯合，經東華門大街，進入南河沿大街，在南河沿北口爲軍警所阻；中路由清華大學和燕京大學兩校組成，遊行隊伍在清華園集合後，往西直門，警方聞訊關閉城門，中路學生一千六百餘人被阻城外；西路由北京大學第四院、醫學院、農學院、工學院、北平師範學院、瀋陽中正大學等院校組成，遊行隊伍陸續在街上匯合。

當西路隊伍匯合後，獲悉中路隊被阻於西直門外，因西直門有內外兩個城門，關閉的是外城門，內城門仍開著，於是北大工學院的自行車隊開往西直門，搶佔城門，西路隨後接應。當守衛城門的警察見到學生的自行車隊來勢洶洶，趕忙跑下城樓，剛關上內城門，還沒來得及拉下鐵絲網，自行車隊已衝至，學生推開警察，打開內城門，然後衝往外城門，恰巧外城門只拉上了門閂，沒有上鎖，於是外城門也打開了，被阻在城外的中路隊伍一湧而入，與西路匯合，然後前往南河沿，接應與警察僵持不下的東路隊伍。

「突擊大遊行」是學生示威遊行的轉變，給治安當局造成很大的困擾，署名穎梅的記者曾報導東路隊伍與警察周旋的經過，可更清楚了解當時的混亂情況。穎梅報導云：「當軍警趕去包圍北大時，隊伍早已出發了，他們經弓弦胡同、馬市大街、東四牌樓一直南下，一路的宣傳工作非常順利，老百姓搶著看他們的傳單和街頭劇，直到東單附近，他們發現一隊警察，爲了避免衝突，他們便折向西，繞過協和醫院和最熱鬧的王府井大街，轉向東華門，就在東安門街上，這時他們已遊行快兩小時了，他們正預備向南拐入南夾道時，被大批荷槍實彈的警察截住。於是一面交涉，一面想衝過警察的隊伍，就在這時，警察放槍了。」「當警察開了十來響槍，事實證明同學們暫時無法再前進時，隊伍就全體坐倒在地上，沒有一個人後退，也沒有一個人逃跑，哭的人很多，尤其是女同學，但那不是怯懦的表示，而是憤怒的抗議，

一時充滿眼淚的喊聲起來了：『中國人不打中國人！』『我們反對的是日本帝國主義，是美國扶植日本呀！』『日本人再來了我們都活不下去的啊！』」「雙方僵持了一刻多鐘，隊伍掉頭西去，想經東華門轉入南池子，但是一轉角又被另一批軍警截住，湯永咸（警察局長）也來了，他不僅沒有作妥善的解決問題，反而親自指揮，一把刺刀指向同學，隊伍至此不得不再度停下，等候主席團的交涉。同學們坐著，冒著九十幾度的太陽，鞋子在軟軟的出了油的柏油路上印上無數的印，屁股炙得火熱。過了兩三小時，交涉毫無結果，同學們無法再等，而且消息傳來，清華燕京的隊伍已經入了城，並且和師院的隊伍匯合，正在西城遊行，沿途都很順利。『我們要前進』的呼聲到處興起，於是隊伍又立刻振奮起來。往前衝呀！只要衝過警察和防護團的防線，就能繼續前進了。但一剎那間，一切皮鞭、腰帶、石頭都無情的擲向同學身上來了。並且，他們第二次開槍了。至此，爲了避免不必要的犧牲，他們不得不再退下來。過了一會，從西城過來的隊伍到了，大家發狂一樣的奔向南河沿，終於，他們和南路北路的兄弟們會師了。」 **⑮**

三路隊伍會合後，五千餘人的遊行隊伍返回北大民主廣場，召開了「華北學生反對美國扶植日本挽救民族危機大會」，會中通過進一步開展反美扶日等五項決議，華北文法學院、瀋陽中正大學代表和費青、樓邦彥等兩位教授均發表演說，最後在大會主席帶領與會者宣誓後結束。

司徒雷登的聲明對於整個反美扶日運動有如火上加油，益發不可收拾，「他的聲明在北平學生中的反感之惡劣，恐怕不是司徒本人所能想像得到的。五號開始，各校貼滿了斥責司徒的言論，北大有一個壁

---

⑮ 穎梅，〈反美扶日突擊大遊行〉，《群眾》第二卷第二十四期，頁二十二～二十三。

報說，司徒數十年來辛辛苦苦贏得中國人民的友誼，給這個聲明一筆勾銷了，這個聲明宣佈了他和中國人民絕交了。」❿ 華北十一院校自治會給司徒的快郵代電云：「你對我們中國學生反扶日的愛國運動，極盡誣蔑，這不是一個大使應有的態度。中國學生是威武不屈富貴不淫的，我們堅決反扶日反帝國主義，任何威脅（如你所指的『結果』）與迫害，都不能阻止我們的愛國運動。」❿ 六月十三日，中央大學、金陵大學、金陵女子大學自治會亦發表聲明，云：

> 我們作爲中國人，作爲受過高等教育的中國人，我們曾受過日本帝國主義的壓迫和禍害，我們身受八年抗戰的流離痛苦，反對日本帝國主義之復興是我們的權利，是痛苦經驗的教訓，我們不願自己再度受到亡國滅種的威脅，不願意我們的國家再度受到日本的侵略，我們不能不警惕、呼籲，我們誓死反對任何國家基於一己的利益出發而扶植日本，使中國的安全和世界的和平受到威脅和摧殘。❿

最特殊的是接受美國補助的燕京大學和滬江大學，也起了極強烈的反應。燕大的校園內貼滿「吾愛吾師，吾尤愛眞理」的標語，燕大師生員工團體聯合寫了一封信給司徒雷登，請他回燕大好好從事教育，不要再爲美國政府作辯護了。滬江大學教職員和學生亦發表公開信，抗議司徒雷登六月四日的聲明，有意無意對中國學生反美扶日運動作錯誤判斷，該信云：「我們不能不重申我們的宣言：我們採取行

---

❿　同前注。
❿　同前注。
❿　香港《華僑日報》民國三十七年七月四日。

動反對貴國政府對日政策，是出於我們的愛國心。其次，必須強調指出：我們既非反對貴國政府，更非反對貴國人民，而只是反對貴國不合理而有害的政策。」該信還批評司徒聲明的「威嚇口氣」，並說：「想到美援是『一種救濟而不是眞正友誼的證據，同時我們甚至要犧牲自尊心去接受它』時，是令人難於忍受的。」⑯

除了學生之外，教授、民意代表、婦女界、航運界、文化界……等亦紛紛發表聲明抗議。清華大學教職員更發表聲明，拒絕購買美援平價麵粉，並一致退還配購證，聲明云：「爲反對美國政府的扶日政策，爲抗議上海美國總領事卡波特（John M. Cabot）和美國駐華大使司徒雷登對中國人民的汚衊和侮辱，爲表示中國人民的尊嚴和氣節，我們斷然拒絕美國具有收買靈魂性的一切施捨物資，無論是購買的或給與的。下列同仁同意拒絕購買美援平價麵粉，一致退還配購證，特此聲明。三十七年六月十七日。（簽名）」⑯

六月二十三日，燕大學生自治會代表往訪司徒雷登，談及校務、反美扶日、學生運動等問題時，司徒作了澄清，他說：「㈠在這次運動裡大家都發表了意見，是很好的事，我很贊成這種作法，亦希大家要有所根據的，辨明是非黑白的發表意見。㈡美國的對日政策，目的上不會造成日本侵略勢力的再起，美國對美國的政策負責，也對全世界負責，中國學生不必害怕，中國學生應該注意的，我覺得應該是目前東北、內蒙、華北的問題。㈢美國對日政策是要使日本有足夠的生活水準，在作法和步驟上或許有錯誤和誤解，希望能得到各方面的意見，我也收集了不少材料寄給麥克阿瑟元帥。㈣各方面對扶日政策的抗議多出於誤解，東亞各國也是如此，以後美國應多公布材料與願意

---

⑯　香港《華商日報》民國三十七年六月十九日。
⑯　南京《新民報》民國三十七年六月二十六日。

與自治會聯繫交換材料。㈤日本今天已不是一個帝國,已無殖民地及屬國,所以他也不可能侵略他國。㈥那個聲明是我自己發出的,是爲了愛中國,也爲了愛美國,不是美國政府的。」**⑯** 同時他也給中國的學生運動提供建議,他說:「中國學生運動應該是建設性的,應該普遍展開,更努力的團結起來,督促政府和政府的積極分子及社會人士,三方面合作,在憲法賦予人民幾種基本權利下爭取民主,使中國走上和平、獨立、民主、富強的道路,我覺得南方的言論自由已經進步了。關於這次運動,聽說上海有人秘密操縱,但看到這次參加人數如此衆多,實非少數人所能辦到的。」**⑯**

司徒雷登談話前後,除了上海、南京、北平的反美扶日學潮外,各地亦學潮不斷。五月二十八日,廈門大學及各中學學生三千人,舉行反美帝扶日的遊行示威。五月三十一日,廣州中山大學全體學生罷課一天,宣言「反對獨裁政權與美帝簽訂任何條約,出賣華南主權美化華南的無恥企圖,反對美帝扶植日本奴役遠東的新陰謀。」**⑯** 六月十六日,昆明學生響應反美扶日運動,在雲大舉行演講,次日,昆明各校爲反美扶日,舉行總罷課一天,並在雲大舉行反美扶日大會。六月十九日,湖南大學響應反美扶日運動簽名者達八百人,次日罷課一天,並發表宣言。六月二十二日,青島國立山東大學全體教職員,爲反對扶植日本發表宣言。同日,華北學生反對美國扶植日本搶救民族危機聯合會爲支援上海交大學生,發表致上海市長吳國楨書。六月二十四日,重慶中學舉行反扶日運動座談,並決定成立行動委員會。六月二十六日,交通大學學生自治會於晚上在校舉行反扶日運動公斷

⑯ 南京《新民報》民國三十七年六月三十日。
⑯ 同前注。
⑯ 新加坡《南僑日報》民國三十七年六月十六日。

會，出席學生共一千五百人左右，由陳叔通等十七位日本問題專家及教授發表意見，肯定反扶日運動的價值。六月二十八日，青島國立山東大學全體學生爲反對美國扶植日本政策罷課三天。

中共對此一學潮推波助瀾，六月十七日由中共中央指示東北局、華東局、華北局、中原局、西北局、晉綏分局、熱河分局、豫皖蘇分局等，要求「解放區」民衆公開響應，指示云：「東宣部十三日電悉，對蔣區學生反美反蔣運動，在解放區一切大城市的工人、學生、市民中和其他學生集中的地方，均應公開響應，並可召集會議，報告美帝扶日侵華政策的具體內容及各種事實、蔣區學生運動狀況，並發表宣言、決議等。十八日新華社有社論，望根據社論的方向進行對外宣傳。一切擬對外廣播的宣傳稿件，望發總社統一廣播。」❿

由於中共的操縱介入，政府乃採強硬壓制，六月二十九日，南京《中央日報》以題爲「操刀一割──爲大學教育割盲腸」之嚴厲社論，指責中共是奉共產國際之命反美，是在轉移國人對東北領土主權的注意，用心險惡，根本談不上是愛國運動。所以社論最後呼籲政府要痛下決心，操刀一割，爲大學教育割去盲腸。社論云：「如此看來，共黨軍事間諜職業學生所發動之『反美扶日』運動，是違反國家利益，製造民族危機，妨害中美邦交，而最後目的則爲紊亂憲法，顛覆政府。這是內亂外患兩罪俱發，更加以妨害戡亂動員，還配談什麼『愛國』？對於這樣一群只知有外國不知有祖國的亡國奴，絕對不能寬恕。寬恕亡國奴就是虐待愛國者，吾人對之惟有操刀一割，並希望大學當局與政府合作，爲大學教育割去盲腸！」❿ 由於政府的強硬態度，反美扶日的學潮才逐漸平息下來。

---

❿　《中共中央青年運動文件選編》頁六七六。
❿　南京《中央日報》民國三十七年六月二十九日。

第四節　影響

戰後的排外學潮，在民族主義的激盪和黨派的操控鼓動之下，大體上都能展現反對帝國主義，爭取主權領土完整和民族尊嚴的熱潮，對國內政治及對外關係發生影響。然而，由於學潮的訴求、目標及策動者的考慮，使戰後反蘇與反美學潮所產生的效果，懸殊頗大。二二二反蘇運動由於國民黨內部意見不一致，所以使重慶及全國各地的示威遊行，猶如一陣突如其來的巨浪，洶湧澎湃，但來得疾去得也快，像曇花一現，缺乏後續的行動。沈崇事件引發的所謂「抗暴運動」及後來因反對美國扶植日本引發的反美扶日運動，則由於中共一貫的親蘇反美立場，使學潮發動後，全國各地響應，如潮汐般綿綿不絕，達成目標方始稍歇。

一　反蘇運動的影響

二二二反蘇運動為當時的社會輿論所推崇，稱之為「五四以來規模最大的學生愛國運動，其意義之重大，影響之深遠，實非一般運動所能比擬。」[168]《時事新報》的社論將此次的示威大遊行，譽為中國的希望，社論云：「近年來中國發生許多令人苦悶的事情，各黨各派為了爭權奪利，爭吵不已；蒙古獨立了，大家有苦不敢講，新疆問題尚未合理解決，內蒙問題又在醞釀，東北蘇聯遲遲不撤兵，向中國提出了新要求，在此時忽然又公佈了出賣中國的雅爾達秘密協定，內部的紛擾，外部的壓迫，久已使一般青年學生，陷於苦悶煩惱的深淵，鬱結

---

[168]　重慶《時事新報》民國三十五年二月二十三日。

再鬱結，抑制再抑制，到今天鬱結抑制達到了飽和點，於是就碰然爆發了。他們大聲疾呼『蘇軍必須立即撤退東北』、『反對蘇聯一切新要求』、『打倒新帝國主義』、『國家利益高於一切』、『剷除一切非法地方政權』、『中共應該愛護祖國』，凡此，全國人民早呼之欲出，而現在由學生們喊出來了，『鐵血保護東北』、『中華民國萬歲』，學生在馬路聲嘶的喊，路旁千萬的老百姓在鼓掌流淚，內心沸騰的熱血和臉上行行的眼淚交織成一體，這種偉大熱烈的場面，凡是中國人，誰不爲之感動？這就是今日中國的眞正民心表現。中國抗戰八年，流血流汗，咬牙苦撐，精神早已疲憊，但愛國之心則日久彌堅，愈戰愈強，有此心在，中國必大有希望。」⑯在國內政局紛擾，外國勢力壓迫的情況下，青年學生的行動，對於愛國士氣的提振，必然發生正面的影響。

　　二二二反蘇運動的訴求有二：一是反對蘇聯未如期撤兵及張莘夫接收撫順煤礦遭慘殺；一是反對中共要求㈠東北行政機構改組，容納各黨派；㈡承認東北抗日民主部隊；㈢承認東北各縣民主自治政府；㈣政府開入東北軍隊應有限制⑰。基於這兩個訴求，所以中國國民黨中央執行委員會致各省市當局指示處理方針的電文中，對於各種團體發表宣言口號規定爲：㈠忠實履行中蘇友好條約，奠定東北永久和平。㈡蘇聯依照條約協助國軍收復東北，敦睦邦交。㈢共產黨軍隊退出東北。㈣共產黨立即交出軍隊。㈤軍令統一、政令統一⑰。電文中並要求各省市當局「應加引導，不可超出範圍」。

---

⑯　同前注。

⑰　重慶《新華日報》民國三十五年二月十六日。

⑰　〈中國國民黨中央執行委員會對陪都學生爲東北問題醞釀活動事致各省市當局指示處理方針電〉民國三十五年二月二十日，錄自《中央黨史會庫藏特種檔案》。

　　若就此一運動訴求及宣言口號加以分析，可知係以反蘇爲名，反共爲實；反蘇爲表，反共爲裡。在國民黨中央執行委員會所發出的處理方針中，再三強調避免正面攻擊蘇聯，不可抨擊中蘇友好條約，電文曰：「現陪都學生正醞釀活動，提出反蘇反共口號，此全係激起愛國熱誠之中立分子所發起，黨團事先並無主動，此事蔓延，各地必發生同樣事件，在此種情緒下，制止恐不可能，但本黨只宜善爲引導，避免正面攻擊蘇聯。」「應向各方說明政府苦衷，中蘇友好條約，爲安定遠東，使我得有建國機會之基本措施，我方決定忠實履行其義務，蘇方亦當同樣履行，我只可就兩國共同利害上加以勸告，不可抨擊，所有行動標的，應以條約爲依據。」⓱至於對中共，則指示可以大加撻伐，痛加指摘，電文曰：「東北問題，乃是共黨阻撓國軍接收問題。中蘇友好條約規定，東北主權應完全歸還中國，並只支持國民政府；停止衝突之三人協定，亦規定東北由國軍接收，不受限制。共黨在日本投降以前，在東北原無活動，在互商停止衝突辦法時，亦同意東北由國軍接收，乃時甫一月，即自食其言，應痛加指摘。」「共黨提出政治解決口號與辦法之企圖，即在保持擴充其在東北非法樹立之政權及部隊，實行分裂國土，此點應在各種場合上予以駁斥。」⓲

　　國民黨在以東北問題及民族情感爲訴求的學生運動中，擬出如此矛盾的策略，在執行上自有其實際的困難，亦是整個運動徒勞無功的癥結所在。難怪姚葳在二二二週年的感言中要這樣嘆道：「檢討過去一年來的事實，眞使我們啼笑皆非。我們的要求，我們的呼聲，得到了什麼後果？張莘夫慘案仍然石沉海底；蘇聯雖已宣佈撤兵，而東北的許多領土，政府並未接收，大連問題更值得重視；共產黨荼毒中國

⓱　同前注。

⓲　同前注。

的行為，與日俱進，將不知伊於胡底；我們的政府還是委曲求全；最使人悲痛的是全國的人心大半『死』了，有多少人的眼睛仍然是雪亮的？有多少人的意志仍然是正確的？有多少人算得上是有良心的黃帝子孫？知道誰敵誰友，知道那一個想以錦鏽河山換取對內爭權的外援，認清誰在『民主』的帽子下做出分割祖國的工作，以及明白誰在阻撓建國工作推行的人們，當然更加稀少了！」❿

　　關於二二二反蘇運動中對蘇聯的態度，重慶黨政小組在民國三十五年二月二十日的臨時談話會中，討論沙坪壩學生醞釀發動對東北問題大遊行之處理，其決議採取之原則為「遵照總裁指示設法勸阻，若不能勸止時，儘量避免發生意外」。次日，該小組討論關於沙磁區各校學生對東北問題遊行示威處置辦法時，特別規定「由吳秘書長通知吳文官長於明日在國民政府接見遊行學生，並勸止學生前往蘇聯大使館」，「多派警察保護蘇聯大使館」，「遊行後之宣傳：凡足以妨礙中蘇邦交，或有刺激性之宣言、口號及標語等，中央社概不發表。」⓯從以上會議之決議，可知蔣主席並不贊成舉行反蘇示威遊行，因此黨政小組儘量設法防止發生過分刺激蘇聯之行動，以免妨礙中蘇邦交。而部分政府人士，如外交部長王世杰，則完全反對利用民眾反蘇遊行來促使蘇聯早日撤軍，因為他認為這種做法不能阻止蘇聯與東北共產黨及其他反政府武力之勾結，反而會造成不利於國家之形勢⓰。反蘇運動在國民政府和國民黨內部是有歧見存在，更深刻地說，是含有政治鬥爭的意味存在。國民政府和國民黨在反蘇運動中未蒙其利，反受其

❿　姚彝，〈二二二感言〉，南京《和平日報》民國三十六年二月二十二日。

⓯　〈重慶黨政小組臨時談話會會議紀錄〉民國三十五年二月二十、二十一日，錄自《中央黨史會庫藏特種檔案》。

⓰　《王世杰日記》民國三十五年三月六日條。

害，可謂是不利的影響。

　　按照國民黨中央執行委員會之目標，是希望反蘇運動的展開，對東北的接收有所裨益，且不致因此增加政府任何困難，故指示「過分刺激國際感情，及足以引起外交上不必要之誤解，所有文字圖表均應避免」**⑰**。蔣主席在二月二十五日的國民政府紀念週中，亦向全國民眾表示，保持與增進中蘇兩國的友誼是必要的，蔣主席說：「大家須知中蘇兩國之友誼，不僅於中國蘇聯均爲必要，且對戰後世界和平亦爲必要，故我中蘇兩國之友誼必須保持，並須繼續增進，我全國上下斷不可因一時一事之現象，而動搖此種信心，或怠忽其努力。」**⑱**既然中蘇兩國邦交必須維持增進，而反蘇運動卻使「中蘇交涉局勢益僵」，黨團的目標顯然無法達到，徒增交涉的困難。

　　反蘇運動展開後，蘇聯方面極爲不悅，屢屢提出抗議；二月二十六日提出書面抗議。王世杰記云：「彼得羅夫午後來部提出書面抗議，對反蘇遊行等事，謂有國家機關人員參與，應由中國政府負責。並謂蘇軍撤退之延期，只是技術上的原因。予力告以此係民間發動，且告以必須消除此種不快事實發生之原因。」**⑲**同日，駐長春蘇軍當局對東北蘇軍延期撤退事，發表書面聲明，謂從一九四六年一月十五日蘇軍開始撤退，至目前尙在繼續撤退中，並且極大一部分的蘇軍已撤走了。聲明中也解釋撤退耽誤的原因，並表示「東北蘇軍指揮部規定蘇軍撤出東北，一定會在美軍指揮部把美軍撤出以前」，最後則不悅地指責道：「在許多中外刊物上登載關於蘇軍故意延期撤出東北的各種消

---

⑰　〈中國國民黨中央執行委員會爲各地學生愛國遊行事致各省市黨團部指示應注意事項電〉民國三十五年二月二十二日，錄自《中央黨史會庫藏特種檔案》。

⑱　重慶《中央日報》民國三十五年二月二十六日。

⑲　《王世杰日記》民國三十五年二月二十六日條。

息，是反動的反民主分子的造謠，和仇視蘇軍的結果，這些分子曾企圖切斷中國人民對把東北由日寇奴役解放出來的紅軍之信任與好感。」⑱在此之前，二月二十二日，塔斯社亦指責中國政府利用張莘夫案鼓勵反蘇宣傳⑱。同日，莫斯科廣播也引述塔斯社的報導，指責重慶的反蘇遊行是在反蘇的挑撥情況下舉行的，「遊行表示出是特務預先組織的，可以明顯看出，這是中國地方當局積極援助與參加之下舉行的」⑱。三月三日，蘇聯莫斯科廣播評論員馬西努，嚴厲指責中國政府「力圖掩蓋眞實情形，用種種造謠誹謗進行陰謀挑撥勾當，掀起反蘇運動」⑱。從蘇方一連串的激烈反應，足見反蘇運動已令蘇方不快，這種不快自然影響中蘇兩國的友誼，使政府對蘇聯的交涉增加困難。

反蘇運動的矛頭是對準中共的，重慶示威遊行的學生曾散發「質中共文」，文中指責「中共對東北所抱的見解及政策，無疑的是個莫大的錯誤」，同時警告中共：「東北是血肉換來的結晶，我們的主權絕對不容轉移，我們的領土絕對不容分割，無論任何方面倘若忽略這點，將來必然遭受一次歷史的清算，希望中共特別予以重視，否則，定將擔負背叛祖國的惡名是永遠難以滌雪的。」「人民的眼睛是雪亮的，人民的意志是正確的，眞正的黃帝子孫，是有良心的，他們知道誰敵？誰友？也能認清他們的祖國，他們知曉那一個以錦繡河山媚外而奪取政權，他們更清楚誰在『民主』的帽子下做著分割祖國的工作。凡是不以國家至上的集團，遲早終必會爲人民所唾棄！」⑱

---

⑱　重慶《中央日報》民國三十五年二月二十八日。
⑱　上海《時代日報》民國三十五年二月二十七日。
⑱　同前註。
⑱　上海《時代日報》民國三十五年三月五日。
⑱　〈質中共文〉，重慶《中央日報》民國三十五年二月二十三日。

　　輿論亦藉此向中共批評施壓，《中央日報》社論云：「陪都與各地民眾因東北問題觸發的愛國運動，蔚爲高潮。今日陪都各界追悼張莘夫先生等的大會就是愛國高潮之中悲壯的集會。中國共產黨面對著民族主義大旗而顯示其卑怯心理，祇有使用『法西斯主義』和『排外主義』一類名詞，加在愛國青年和民眾的頭上，表示他們拒絕民族主義的啓迪而自絕於愛國之路，這是今日最可惋惜的一事。但是我們今日卻仍繼續我們一貫的呼籲，請愛國青年和一般民眾留下一道愛國的金橋，引導中國共產黨人及其所挾持的群眾同走愛國之路。」❽ 另一篇社論則呼籲以祖國愛和民族感來開導中共，社論云：「誰都知道中國共產黨是不忠於國家的黨派。但是我們更須知道：祖國愛與民族感的蓬勃發揚，有強制他們並開導他們不使他們背離祖國危害民族的力量。愛國的人民不必追問他們有無支解國家分裂民族的企圖，只須省察自己有無維護國家凝聚民族的信念與耐心。他們的企圖是長期的，大家的努力必須是長期的。中國共產黨盡了三年之力，以整風運動克服人性以毀滅民族性，結果怎樣？結果是一旦觸犯著祖國愛與民族感，而三年的努力化爲烏有。由此可知：只要愛國的人民持有堅忍的耐心，如此黨派有何可懼，更有何能爲？」❽

　　由於遊行學生及輿論給予中共強大的壓力，所以中共也採取反制的行動，除了周恩來以「愛國與排外應分開」的說法反擊外，重慶《新華日報》亦不得不刊出「悼張莘夫先生」的社論，對張莘夫之死表示極沉痛的哀悼。二月二十五日，延安的廣播抨擊二二二反蘇運動是「國民黨內法西斯反動派」策動的，「這種示威的性質絲毫沒有革命的愛國的成分包含在內；這種示威徹頭徹尾是反民族反民主的。」❽ 此外，

---

❽　〈愛國橋頭的華表〉，重慶《中央日報》民國三十五年三月四日。
❽　〈熱力與耐心〉，重慶《中央日報》民國三十五年二月二十八日。

並策動左傾團體及各「解放區」人士發表反擊的言論，以混淆視聽。反擊的言論如：「我們維護祖國主權之獨立完整，認爲東北蘇軍應該撤退，其他盟國駐軍也應撤離中國。」「希望全國各黨派及民主人士排除萬難，繼續奮鬥，並盼國民黨內的進步人士也好好管束自己陣營中的反動分子。」「東北人民和共產黨堅持十四年抗戰如一日，日寇投降後，當地人民成立民選政府，應該是合法的，全國軍政問題都用政治方法解決，東北問題也不例外。」「法西斯分子企圖把全國人民渴望和平、民主的目光轉移到他們製造的國際糾紛上去，這是中外法西斯的一貫手法。」**⑱⑱**

　　在各地的反蘇示威遊行，中共都加以抵制，以減輕示威遊行所造成的影響。事後，中共如此紀錄著：「當時昆明西南聯大一個法學會被國民黨把持，一九四六年二月二十五日，他們通告下午二時在聯大舉行東北問題講演。對此，我們就通過聯大等校黨支部、民青，以昆明學聯的名義，在聯大校本部大門上張貼這個講演會與學聯無關的聲明，受蒙蔽的學生，便紛紛離去。當國民黨教授講演時，臺下進步學生就議論紛紛，揭露其反動面目，受蒙蔽的到會學生，在遊行開始前就走掉一大半。遊行經過的途中，事先佈置好的進步學生，在群眾中喊話：『真正愛國的學生，不要被國民黨法西斯利用』，『真正愛國的學生退出來』。這時，參加遊行的紛紛開小差，隊伍越走越小，最後只剩下少數國民黨員和用每人兩萬元法幣收買的人。」

　　「在上海，國民黨反動派也在復興公園集會，搞反蘇反共大遊行。對這件事，黨組織事先作過佈置，要各校做好工作，粉碎敵人的陰謀。但由於時間緊，有的學校還沒來得及做廣大同學的工作，使一些不明

---

⑱　上海《時代日報》民國三十五年二月二十七日。
⑱⑱　重慶《新華日報》民國三十五年三月十一日。

眞象的同學在三靑團分子蠱惑下，參加了反蘇反共大遊行。當時要阻
止已很困難，如強行阻止，不僅會脫離中間和落後群衆，而且會暴露
我們的力量。於是這些學校黨員就帶領進步同學參加遊行，極力把遊
行的領導權轉到我們手裡，並且巧妙地把反蘇反共大遊行變成要民主
要和平的大遊行。」

　　「一九四六年二月二十六日，天津國民黨反動分子拼湊了一場以
追悼張莘夫爲名的反蘇反共集會和遊行。天津學聯則以不明東北問題
眞象爲理由，堅決拒絕參加和領導反蘇遊行。同時，天津學生在中共
地下黨的領導下，也進行了不同程度的抵制，使這次集會和遊行搞得
鬆散、混亂。」

　　「在重慶學生中的共產黨員參加到遊行隊伍中去，把反蘇反共遊
行轉變成向國民黨外交部請願。要外交部公佈中蘇談判內容，提出『不
能搞秘密外交』，『中國人民都應該知道這個外交談判內容』。這樣要
求外交部公佈中蘇談判內容，是合理的，群衆容易接受。而向外交部
請願，目標則轉移了。外交部又不敢宣佈蘇聯駐兵東北，是中國政府
答應的，是他們要求蘇聯緩期撤軍，使國民黨政府很狼狽。加上新華
日報連續發表許多關於東北問題的文章，迫使蔣介石不得不假裝『澄
淸』。」⑱⑨

　　中共認爲反蘇運動是國民黨利用學生愛國和排外的心理，向其發
動的一次「政治進攻」，「其目的是破壞國際國內和平，破壞政協決議，
並企圖在此行動中暴露我黨力量，以便將來一網打盡。」⑲⑩事後中共
的檢討，承認在此運動中處於被動，對反蘇反共的宣傳未加以有效的
澄淸，思想準備也不夠。檢討云：「回顧這場鬥爭，有些敎訓是應該

⑱⑨　共靑團中央靑運史研究室著，《中國靑年運動史》頁二三一～二三五。
⑲⑩　同前註，頁二三三。

總結和吸取的。這就是當時對國民黨反動派的反蘇反共陰謀估計不足，對當時出現的東北問題和敵人可能的反撲，思想準備不夠。後來雖然發現問題，曾通過各校學生自治會出面請人講演解釋，但為時已晚。更沒有抓緊進行區分愛國主義與排外主義的教育，以澄清一些反蘇反共的觀點，從政治上提高中間群眾的水平。所有這些都在客觀上造成我們處於被動的原因。」❿中共方面檢討的缺失，或可說正是二二二反蘇運動的成功之處。

二　反美運動的影響

　　無論是沈崇事件或反美扶日運動，事實上都僅是中共反美運動的一個爆發點而已，中共反美其來有自，已形成傳統。而這兩個事件都因牽涉到民族尊嚴或民族危機問題，使中共藉民族主義煽動反美，更加得心應手；同時也由於這兩個事件得到學生的支持與參與，使反美運動的規模更大，熱度更高，影響層面更廣。

　　從馬歇爾來華調處後，最初的兩三個月，中共沒有反美宣傳或反美行動。民國三十五年三月底，中共對美國船艦載運國軍到東北，及美國向國民政府提供貸款二事展開批評。四月二十一日，延安電臺在廣播中指控美國飛機在東北公然參加襲擊共軍。五月十九日的四平街陷落和五月二十三日國軍攻佔長春，成了中共重新發動反美宣傳攻勢的開端和信號，中共指責美國對國民黨的援助是「使得東北內戰擴大」的重要因素之一，同時對美國在華調停的公正立場提出疑問。六月二十三日，毛澤東對美國即將通過援華法案，發表反對的聲明。毛澤東指責美國對「國民黨政府」的軍事援助和在華駐紮大量美軍是「導致

---

❿　同前注，頁二三五。

大規模內戰爆發和加劇的根本原因」，他說：「因此，所謂美國對華軍事援助，其實是對中國內政的武裝干涉」，結論是要求美國「及時停止和收回所謂的對華軍事援助，立即從中國撤出軍隊。」⑲ 七月七日，中共在延安發表一項宣言，「這項宣言強烈而惡毒地攻擊美國對華政策，並且又一次抗議共產黨所謂的美國對國民政府的軍事和財政援助，這種援助被說成是在鼓勵國民黨的內戰政策。」⑲ 七月十三日，共軍攻擊美國海軍陸戰隊，並俘虜七人，二十九日，共軍在天津和北平間公路線上的安平伏擊美軍車隊，打死三名美國海軍陸戰隊隊員，另有十二名受傷。這是中共重新發動反美運動的一個信號，中共以此為根據「發動一場幾乎是歇斯底里的反美誹謗運動」⑲。

　　八月間，延安電臺繼續對美國發表批判性的評論，重點是在華美國海軍陸戰隊和安平事件。八月三十日，由於美國政府向國民政府出售其在中國和太平洋地區剩餘物資的剩餘物資購買合約公佈時，中共又重新猛烈地反美。九月中、下旬，延安電臺發動一場針對馬歇爾個人的宣傳攻勢。十月以後，延安電臺把主要注意力集中在在華美軍的「不軌行為」，其高潮是十月下旬針對美軍撤離中國一事所發動的「滾出中國」宣傳戰。十一月和十二月上旬，延安電臺集中在美帝國主義的題目上，對民國三十五年十一月四日在南京簽訂的中美商約發表惡毒的評論，認為這項條約標誌著「殖民地化的道路」，可以和臭名昭著的日本二十一條相比擬⑲。

---

⑲　中國社會科學院近代史研究所所譯，《馬歇爾使華》北京，中華書局，一九八一年，頁四六四。

⑲　同前注。

⑲　同前注，頁四六六。

⑲　同前注，頁四七七。

　　以上是沈崇事件前中共反美宣傳的情形。沈崇事件發生後，中共藉機策動的所謂「抗議美軍駐華暴行運動」中，幾乎把以前的反美訴求一併地提出來，包括要求美軍撤出中國、反對援助國民政府、抗議駐華美軍「暴行」、廢止中美商約、抵制美貨等，綜合作瘋狂的宣傳，尤其針對沈崇案，更是無所不用其極地煽動著民眾的情緒。中共第一篇有關沈崇案的反美宣傳，即已透露出其宣傳的模式；民國三十五年十二月二十八日《新華日報》「編餘雜談」云：「美軍駐華，足以醞成種種罪惡，已經是無庸置辯的了。祇有喪心病狂的國民黨宣傳機關，才會歌頌美軍『頂好』！但是，事實究竟勝於雄辯，最近北平美軍，又公然強姦了中國大學的一位女學生，這對中國人民是一個絕大的侮辱。這不能僅僅看作是美軍風紀的事情，我們認為，美軍的暴行，美國的帝國主義政策和國民黨當局的賣國政策要負完全的責任，沒有中美兩國反動派的勾結，美軍怎麼能夠駐華，又怎麼能夠演為暴行呢？」[196]以後，諸如：「在美國帝國主義者眼裡，我們同胞本來就不是人。他們在我國各大都市打人、罵人、搶人、殺人。總之，一年以來在中國境內那一天沒有了美軍暴行，太陽就落不下山。」[197]「只要駐華美軍一天不撤退，中國人民的生命財產就免不了被蹂躪。不是嗎？過去發生的一大堆血案還未清算，而北平美軍又演出了強姦北京大學女生沈女士的滔天罪行，這沉重地打擊每個身為中國人的民族自尊心！」[198]

　　類此煽情的宣傳文字，給予美方極大的困擾，馬歇爾在其離華聲明中就曾提到中共的宣傳讓他無法忍受。他說：

---

[196] 《新華日報》民國三十五年十二月二十八日。

[197] 〈號角響了，奮勇前進〉，《解放日報》民國三十六年一月九日。

[198] 〈以行動答覆美軍暴行〉，《新華日報》民國三十六年一月二日。

> 我希望能向美國人民說明，在故意歪曲和誣衊我國政府的行
> 動、政策和目的方面，(中國共產黨) 這種宣傳毫不顧及真象，
> 毫不顧及無論什麼樣的事實，清楚地證明其堅決的目的在於欺
> 騙中國人民和世界輿論，在於煽動對美國人的不滿和憎恨。面
> 對這種公然的誣衊和對事實的完全漠視，而要保持沉默是困難
> 的，但是否認只會導致必須每天加以否認，這是一個美國官員
> 所不能容忍的行動方針。⑲

中共藉沈崇案而掀起的全國性反美運動的高潮，目的在反對美援
及驅逐美軍。民國三十五年十二月二十八日，周恩來就時局問題答覆
記者時，公開指責美國對華援助及美軍駐華係「干涉中國內政」，「參
加中國內爭」⑳。因此，二天之後，即三十日，美國通知中國政府，撤
退在華美軍，此後美國就陸續撤退其駐北平、天津、青島各地的美軍，
並停止其對中國的軍事援助。民國三十六年一月六日，美國總統杜魯
門宣布馬歇爾業已結束其在華之調處任務，並召其剋日返美，次日，
馬歇爾發表聲明，承認其調處失敗，一月八日，馬歇爾返美出任美國
國務卿。馬歇爾任國務卿後，美國對華政策的第一聲，就是宣布退出
軍事調處執行部和三人小組，至此，中共的反美運動可謂完全成功。

沈崇事件引發的反美運動，矛頭雖然對準美國，但反政府則是間
接目標，在華的馬歇爾曾清楚看出這一點，他說：「十二月二十四日，
北平發生了一起據稱是一名美國海軍陸戰隊人員強姦了一名中國姑娘
的事件。這起事件起了把中國反美情緒聚集於一個焦點的作用，全國
大中學校學生組織了示威遊行，要求懲辦肇事的海軍陸戰隊人員並把

---

⑲ 同⑲，頁四五三～四五四。

⑳ 〈周恩來就時局問題答記者問〉，《新華日報》民國三十五年十二月二十九日。

美軍從中國撤出去。雖然這些示威活動無疑有共產黨的插手和鼓勵，但有跡象表明，示威也是間接針對國民政府的，而且是普遍反對國民黨的不滿情緒的一個信號。這些示威成了對國民黨不滿情緒的宣洩口，在性質上反政府的成分很可能和反美的成分相等。」⑳

中共利用反美運動對國民政府攻擊，是建立在「美帝國主義殖民地化中國政策」和「國民黨政府賣國外交」的指控上，周恩來曾針對中美關係指責說：「美國政府這種露骨的援蔣內戰政策，其目的在想壓服中國人民，將中國完全變成美國附庸。我們從最近簽訂的中美友好通商航海條約、中美航空協定及美國軍事顧問團與各種軍事訓練的協定看來，即可證明蔣介石政府出賣國家主權和民族利益給美帝國主義的行為，是與美帝國政府援蔣內戰政策相適應的。」⑳ 因此中共方面藉美軍駐華、駐華軍事顧問團、美援、美軍事人員刑事案件、中美商約、中美空運協定等題目，大作文章，嚴酷地抨擊政府。

以中美商約為例，《解放日報》的社論就曾歪曲、惡毒地批評說：「蔣美商約是比袁日二十一條更為苛酷十倍的賣國條約，正如邊區政府命令所說：『如任其實行，則我國非至亡國滅種不可。』蔣介石在簽訂這個『商約』之後，一面繼續簽訂中美空運協定等補充賣身文契，另一面召開『國民大會』，偽造『民主憲法』，把自己裝扮得花枝招展，使美國反動派看得更加入眼，便於從美國政府迅速取得五億美元的借款，和更多的武器物資援助，以更加擴大內戰，維持其法西斯獨裁。」⑳ 類此的宣傳說詞，不勝枚舉。如「在十一月四日公開簽訂的中美商約中，美國取得了以軍艦侵入並停泊於中國任何海港之權；在十二月二

---

⑳ 同⑲，頁四四〇～四四一。

⑳ 同⑳。

⑳ 《解放日報》民國三十六年一月二十五日。

十日簽訂的中美空運協定中,美國又取得了在上海、天津、廣州及『今後隨時同意』的地點,『非交通的』軍事飛行的降落權。因此,美國已把中國的領土、領海、領空主權全部破壞,蔣管中國已成爲美國的軍事基地。」「一年來廉價美國貨已滾滾傾銷我國,中美商約和空運協定簽訂後,美國商船更可控制中國的通商口岸、海關和貿易,控制海上、陸上和空中的運輸道路和交通事業,摧毀了我國的民族工業,中國已成爲美貨獨占市場。」「一年來美國已插足並逐步控制了中國的石油、鋁、銻、鎢、錫、電氣、電力、海、陸、空交通事業等等;中美商約簽訂後,『中國全部領土均對美國工商界開放』(蔣政府駐美大使顧維鈞語),美國便更得以挾其雄厚資本與高度技術,利用我國廉價勞動力,在華直接開礦、設廠。中國已成爲美國金融寡頭的獨占投資場所。」❷⁰⁴

至於「處理在華美軍刑事案件條例」,由於牽涉到沈崇案凶犯之審理問題,更引起反政府者的抨擊。律師梁朱明說:「臧大咬子案的凶手至今沒有審判,接著天津的王律師被美軍吉普輾死,塘沽的工人被美兵打死,北大女學生沈君又被兩美兵強姦,暴行層出不窮,愈演愈烈,美軍當局和政府當局都異口同聲說是法律問題,但我們還未曾看見美軍當局依法裁判過一個犯人。就個別的案件來說,自然是法律問題,正因爲法律可以無用,暴行便可以無窮,處理在華美軍人員刑事案件條例,是變相的治外法權,依照政府命令到今年三月二日要期滿失效了;恐怕美軍三月二日也不會撤退,這個法令還要延長,暴行還是不斷發生,可憐我們被損害被侮辱的命運,還沒有盡頭!」❷⁰⁵

《解放日報》也抨擊說:「美人在華治外法權已重新確立。中美

---

❷⁰⁴　廖蓋隆,〈一年來美國在華幹了些什麼?〉,《解放日報》民國三十六年一月一日。

❷⁰⁵　《文匯報》民國三十六年一月十一日。

間老早簽訂了關於『美軍事人員刑事案件條例』的協定，規定美軍事人員在華犯刑事案件由美軍單獨裁判。美軍事顧問團蒞華前，魏特梅耶曾親與蔣介石談過該團人員有治外法權問題。美聯總人員亦有此類似權利。最近在華美商人亦要求此種權利，國民黨當局已應邀組織『中美商務仲裁會』，一般傳為『仲裁法庭』和『公斷委員會』，實則為變相的『領事裁判權』。」 ⑳ 「戰前美國對我國的領事裁判權，已因駐華美軍、聯總人員之特權，以及『中美商務公斷委員會』的設立，而變相復活。美國顧問普遍於蔣政府的各部門；蔣介石軍隊均由美國人訓練並設計及建議戰術計畫……由於上述種種，蔣介石政府實際已經成為美帝國主義的傀儡政府。」 ⑳

以肆無忌憚的謾罵、污衊、歪曲、欺騙做宣傳，罔顧事實地來攻擊政府的政策，是中共一慣的伎倆。當時甚至把政府比喻為袁世凱政府，把和美國簽訂的條約比擬為「二十一條」，發出「美帝國主義在華所得已超過近百年來不平等條約中各帝國主義在華所得的總合」的讕言，對民心士氣自然會產生很大的影響，對政府的形象也會產生很大的傷害。

由沈崇事件引發之反美學潮，中共則予以相當高的評價。「華北學生運動小史」曾說明其意義與影響如下：「第一，抗暴運動並不是單純的抗議暴行的運動，倫理、道德及狹隘的民族觀念顯然不能解釋這一運動的深刻性。同時，抗暴運動也並不單純是反美的愛國運動。就其本質來講，抗暴運動是勝利以後，從一二一運動所掀起的反內戰運動的繼續。」「第二，由於抗暴具有了這樣一個豐富的內容，因而得到了全國各界人民的有力支持，尤其在代表了受盡美國資本摧殘的民族

---

⑳ 〈試看今日蔣管區竟是誰家之天下〉，《解放日報》民國三十五年十一月十日。
⑳ 同⑳，頁一一三。

資本主義的工商界，得到了更熱烈的響應。因此，嚴格來說，抗暴已經不單純是一次學生運動，而是已發展成爲一次具有統一戰線性質的人民運動。」「第三，抗暴表現了全國人民不可侮的要求與力量。在國際與國內，都產生了巨大的影響。它打擊了美國的對華政策，向全世界人民暴露了美帝在中國的黑暗勾當。它打擊了政府的倚外政策，教育了全中國人民更認識了內戰的醜惡。它是中國國內從『親美』到『反美帝』的轉捩點。」「第四，抗暴運動是在復員後的低壓空氣中爆發出來的。是在明談暗打的烽火中，是在京滬三十五年六月的反內戰運動被扼殺後的恐怖氣氛中爆發出來的。是抗暴，掀開了以後二年來壯烈的民主運動的大幕。從這樣一個意義上來講，抗暴是一個新的起點。而且由於運動內容的豐富、基礎的廣泛，提供了民主運動發展的極有利的條件。」「第五，抗暴運動不僅恢復了華北學運『五四』、『一二九』的光榮傳統，而且奠定了全華北同學、全國同學空前未有的大團結，孕育了華北學聯、全國學聯的誕生。由於這一個特質，抗暴將學運帶上了一個過去從來沒有過的穩固的基礎──高度的團結與組織。如果沒有這樣一個基礎，以後，一年來，在一天比一天更險惡的局勢下，而學運不僅沒有被打垮，反而能日益發展，這將是不可想像的。」 ⓴

　　陳喜慶在〈試論抗暴運動及其意義〉一文中，亦提到此一運動有三個意義和影響。第一是「揭開了國民黨統治區人民民主革命運動新高漲的序幕」，第二是「預示著第二條戰線的形成」，第三是「爲後來國民黨統治區青年運動和人民民主革命運動的發展準備了條件」⓴。綜合以上的看法，可以發現因沈崇事件引發之反美學潮，無論在思想上、

⓴　〈抗暴運動〉，《資料匯編》頁六七五～六七六。

⓴　陳喜慶，〈試論抗暴運動及其意義〉，《解放戰爭時期學生運動論文集》頁一三八～一三九。

組織上或經驗上都對往後中共所發動的學潮具有奠基的功能。

至於因為抗議美國扶植日本而爆發的反美扶日運動，因涉及民族存亡的危機問題，導致美國的對日政策始終無法以理性的方式加以釐清，儘管美駐華大使司徒雷登、美駐日政治顧問等一再發表聲明，加以解釋，然不僅無法平息國人的疑慮，反而引起各界的駁斥。上海婦女界就曾發表如下的聲明：「六月四日司徒雷登大使以美國外交官的身分，竟直接訓斥中國人民的愛國運動；六月十五日美國駐日政治顧問發言人又在東京發表答覆中國人民抗議的聲明。我們中國婦女對此，有感於對國家的責任，不得不提出嚴重抗議。美國在經濟上、政治上、軍事上扶助日本帝國主義復活，是鐵一般的事實。美國官方的文件、美國官員談話和活動、美國記者的電訊報導，提供了車載斗量的證據。司徒大使的聲明，極盡危言恫嚇，並沒有駁倒任何事實；美國駐日政治顧問發言人的公開答覆，雖然謊言飾辯，也不得不承認確有其事，只是藏拙地託詞。……司徒雷登大使以及在東京發言人的聲明，正揭穿了美國對華政策的真面目。他們不但替美國華爾街集團詭辯，而且，企圖壓迫中國人民屈從美國的自私政策。我們中國婦女，絕不接受任何巧言或威脅，任何美國官員都沒有權力干涉中國人民的愛國運動。我們面臨著日本帝國主義再起侵略的危險，中國的男女青年學生已經振臂前導，他們是出於純潔的愛國的動機，任何人都不能利用他們，也不能嚇退他們！」❷⁰類此的聲明層出不窮，給美國方面自然帶來壓力和困擾。

反美扶日運動另一目標是反政府，香港《群眾週刊》的社評曾赤裸裸地指出：「真正的反對扶日必須同時也反對援蔣，因為第一，只

---

❷⁰ 香港《華商日報》民國三十七年六月二十一日。

要蔣介石的反動政府存在一天，中國在封建買辦勢力的黑暗統治下，就永遠得不到獨立，永遠富強不起來，因此將永遠遭受這個或那個帝國主義的侵略與奴役；第二，南京國民黨反動統治正是一個徹頭徹尾的賣國統治，它早已把中國的海、陸、空、工礦、農業、漁業、商業、海關、鐵路、文化教育等等重要權益雙手拱奉給美國，其範圍之廣，遠超過袁世凱對日本所簽訂的二十一條。不但如此，蔣介石還直接和日本法西斯勾結，聘請日本軍閥來給他參謀和指揮進攻中國人民的戰爭；屠殺了無數中國人民的岡村寧次，還在南京做蔣介石的上賓，宋子文又聘了崛內干城來給他做掠取人民財富的顧問，陳立夫在美國正和日本法西斯的狗腿子握手言歡。南京反動政府公開宣佈，他們的對日政策是完全和美國一致的。這些事實，使中國人民清楚地認識了：反美侵略必須和反蔣統治連繫起來，只有徹底消滅了封建買辦的黑暗統治，才能完全終結帝國主義對中國的侵略與奴役。」**⑪**類此尖銳、肆無忌憚的批評，加上各地學生大規模的示威遊行，與軍警發生衝突，造成社會動盪不安，增加政府處理的困難。

中共方面對反美扶日運動亦給予很高的評價，《中國青年運動史》書中指出：「反美扶日運動，深刻地揭露了美帝國主義扶植日本軍國主義和侵略中國的陰謀，揭露了國民黨反動派的賣國勾當。這一運動，使廣大學生和人民群眾，受到了反對帝國主義侵略，維護民族尊嚴的愛國主義教育，使各階層群眾更加團結，有力地配合了人民解放戰爭的勝利進行。」**⑫**《北京青年運動史》書中云：「反美扶日運動取得了很大的勝利。它沉重地打擊了美帝國主義的扶日政策，進一步暴露國民黨的賣國嘴臉，同時顯示了廣大青年學生政治上的成熟和鬥爭水平

---

⑪ 〈三位一體的蔣、美、日〉，《群眾》第二卷第二十三期，頁十七。
⑫ 同⑱，頁二五八。

的提高。一九四八年六月十八日，新華社發表評論指出：反美扶日運動就其覺悟性、組織性、勇敢機智和堅持性來看，都達到了空前的水平。中共中央城市工作部也認爲，這次運動在革命的堅持性、策略的靈活性方面都是前所未有的。」❷⓵故就中共而言，無論是沈崇事件或反美扶日運動，都達成了其預期的目標，在國共的政治鬥爭中，得到初步的勝利。

---

❷⓵　共青團北京市委青年運動史研究室，《北京青年運動史》頁四一七。

第五章　反飢餓反內戰學潮

　　民國三十六年五月，中共在沈崇案引發的反美學潮的基礎上，利用當時日益惡化的財經問題，把經濟鬥爭和政治鬥爭結合起來，發動了所謂的「反飢餓、反內戰」學潮。反飢餓反內戰學潮先後持續了一個多月，遍及六十多個大中城市，由於其訴求與青年學生有切身利害關係，因此使學潮之開展顯得更廣泛、更深刻、更猛烈，亦使政府在處理上愈形棘手；中共則以學潮配合其軍事行動，獲致豐碩的成果，毛澤東於是將學潮譽之為「第二條戰線」，給予極高的評價。

第一節　發生背景

　　民國三十六年一月八日，馬歇爾將軍因調處工作失敗，不得不黯然返回美國。回顧馬歇爾使華之初，美國總統杜魯門在給他的信中賦予任務：「我特別希望你竭力說服中國政府召開包括各主要政黨代表的國民會議，以實現中國的統一，同時實現停止敵對行動，尤其是在華北停止敵對行動。」❶事實上，馬歇爾在華調處期間，雖曾有三次的停戰令，但中共不但不遵令停止戰鬥，且在各地發動攻擊，破壞交通，公然違背停戰協定，使戰火遍燃於華北和東北。在政府方面，則「由於美國自以為是的態度，蔣總統遂常遭掣肘，致不能發動全面軍

---

❶　中國社會科學院近代史研究所譯，《馬歇爾使華》頁二十五。

事行動，以稍挫共軍之攻勢」，當國軍剿共攻勢進行順利時，美國就對國民政府施加壓力宣佈停戰，「這幾次的停戰不祇是毫無結果，而且使共黨穩渡一九四六年，使其軍隊練習使用關東軍的武器，而準備一九四七年之捲土重來。」❷

　　國共軍隊的實力方面，在馬歇爾調處期間亦有很大的變化。共軍由弱轉強，其原因是蘇軍在從東北撤退以前，將日本關東軍留下之大量軍火交由林彪部隊接收，依日本人的估計，關東軍積存的軍火可供一百萬人十年間的尋常需要。蘇聯爲使中共軍隊能利用這些武器，復派遣軍事教官訓練共軍使用及維護這些軍火裝備的方法，此外，蘇聯還供給中共一支經過其訓練的頑強部隊，人數約三萬，加入林彪部隊作戰，壯大共軍的勢力 ❸。國軍方面則由強轉弱，其原因是美國在民國三十五年七月宣佈對華禁運，八月，杜魯門又以行政命令擴大此項禁運行爲，制止中國購買美國剩餘軍火。此項禁運持續八個月之久，「其結果於此嚴重關頭削弱了中國政府對於中共軍事上的優勢。禁運對於國軍尤爲嚴酷者，則因其裝備幾全爲美國所製之故。裝備之若干部分損壞而有更換之必要時，禁運令便阻止中國向美國市場購取其所需。這些零件是不能向他國購得的。」 ❹

　　馬歇爾離華以後，蔣主席曾於一月十五日邀宴參加政治協商會議之代表，研究恢復和平談判問題。次日，經司徒雷登通知中共，要派遣張治中攜帶和平方案赴延安與中共商談重啓和談之門的方法，然而未及成行，中共即於十七日發表正式拒絕和談之聲明。聲明指出：「這

❷　董顯光，《蔣總統傳》臺北，中國文化學院出版部，民國六十九年九月，頁四六五。

❸　同前注，頁四六四～四六五。

❹　同前注，頁四六七～四六八。

完全是欺騙作用……除非國民黨當局取消偽憲，恢復去年一月十三日軍事位置，便無法證明他不是欺騙。」❺ 中共所提出之解散國民大會取消憲法及軍隊恢復民國三十五年一月十三日之位置等兩個條件，非政府所能接受，因此至民國三十八年一月的兩年間，雙方對和談問題均未採取進一步之行動。總括言之，民國三十六年初，國內政局在政治和軍事方面均有比較重要而突出的發展；在政治方面，政府決心行憲而籌備召開第一屆全國國民代表大會；在軍事方面，則爲中共大舉叛亂。

　　回溯民國三十五年一月至五月間，國共的戰況是這樣：一月，陳毅和劉伯承所率的共軍分向魯南、魯西南猛攻，國軍損失約六萬人，徐州吃緊。二月，陳毅又大敗國軍於魯中萊蕪，俘總指揮李仙洲以下官兵約五萬人。三四月間，劉伯承與國軍爭奪津浦鐵路。五月，國軍進攻魯南沂蒙山區，最精銳的張靈甫師被陳毅困於蒙陰孟良崗，全軍約二萬人盡覆。在此期間，聶榮臻所率的共軍，連下平漢鐵路兩側各城，威脅保定、北平。至是，戰鬥力較強的國軍已犧牲二十五個師，約三十萬人。山西的大部分亦入於共軍徐向前、賀龍之手，閻錫山坐困太原。陝西之戰，最爲中外矚目，經過五天戰鬥，三月十九日，胡宗南攻下十年來中共中央所在地的延安，毛澤東北退。但胡軍以不明共軍主力所在，月餘之間，三次挫敗❻。三月十七日，參謀總長陳誠在中國國民黨六屆三中全會中報告，在諸戰役中，「匪傷亡估計在十萬以上，其被俘虜亦甚夥，國軍數師傷亡損失亦較重。」❼ 當時中共的

❺　《停戰談判資料》成都，四川人民出版社，一九八一年五月，頁五〇一。

❻　郭廷以，《近代中國史綱》頁七七一～七七二。

❼　《中華民國重要史料初編——對日抗戰時期》第七編，《戰後中國㈡》臺北，中國國民黨中央委員會黨史委員會，民國七十年九月，頁八五三。

總兵力爲八十六萬零一百五十人，包括野戰軍六十一萬三千一百五十人，軍區部隊二十四萬七千人；就地區而言，關外有四十四萬四千人，關內有四十一萬六千一百五十人。東北的民主聯軍，野戰軍有三十九萬九千人，軍區部隊有四萬五千人，包括韓共十四萬五千人、日軍一萬五千人、東蒙自治軍三萬五千人在內❽。就兵力來看，中共不可不謂強大。

從民國三十五年七月初，中共對國軍發動所謂「七月攻勢」以後，國內即陷入戰連禍結的局面，財政與經濟隨之惡化。在此之前，抗戰勝利之際，雖有一部分經濟在戰時受到嚴重破壞，然在大部分從日人手中收復之地區，農、礦、工業之生產潛力，與戰前相較，相差並不遠。財政方面，則持有之外匯數量爲有史以來之最鉅，政府主要國庫資金爲大量之黃金美匯存儲，此次存儲比三十四年底估計總數超過九億。另外，私人尚存有相當數量之外匯資產，其中大部分可用來供給進口之需要。由此可知，抗戰勝利後，如非中共叛亂，則財政與經濟可以迅速復原，不僅戰爭瘡痍可復，且國家可步上康樂之途，然在中共全面作亂後，從華北以至東北，共軍肆意破壞，切斷交通，扣押敵軍物資，加以蘇聯在東北大肆掠奪與破壞，使東北雄厚之工業基礎敗壞不堪，生產無望，致使財經方面有利因素迅速消滅。

在中共叛亂的過程，董顯光認爲有兩個副產品，破壞經濟爲禍尤烈。這兩個副產品，一是共軍與其遊擊隊對於交通與資源的故意與有計畫地破壞；一是難民。董顯光認爲，「經濟破壞乃是共黨一個有系統的武器。共黨以爲逼使政府陷於通貨膨脹之深淵，以從事於維持國民生活之掙扎。」❾他指出，中共爲到處流竄之人，對於戰地的人民生

---

❽　同前注，頁九〇二。

❾　同❷，頁四八八。

活可不負責任，而政府則必須照顧人民，所以要重建破壞之城市，修復被毀壞之鐵路、公路，修理河堤與水道，恢復毀壞之機器、工廠，同時必須負擔鉅額的經費，以防守孤立的城市，並沿鐵路橋樑的長途駐兵防衛。面對中共有計畫與不斷的破壞，在經濟的消耗戰中成為龐大的負擔，加以戰爭中產生無數的難民，大量地逃入政府的據點，政府對其必須供食宿、施醫藥，亦成為政府的重大負擔。中共故意讓難民逃至政府區域，以增加政府負擔，稱之為「蝗蟲政策」❿。董顯光說：「所有這些經濟的打擊，對於國家幣制具有直接的影響。政府既深陷於入不敷出之境，而在民國三十六年中期的收入得自於租稅者只占半數，其餘則得自出售日偽財產與救濟物資及剩餘物資（經聯合國善後救濟總署之同意）外匯黃金等，雖有這些特殊之收入，仍須大量印刷鈔券，以供開支。三十六年初，法幣發行總額為三萬五千億，到了七月便達十萬億。」⓫

　　關於民國三十五年至三十六年間，中國經濟惡化的情形，郭廷以曾扼要地加以說明：「一九四六年初，政府外匯漸感短絀，始禁止奢侈品進口，將美鈔與法幣的比率由一對二〇元，提高至一對二〇四元，再提高至一對三〇〇〇元，美鈔仍然上漲。是年十一月，存儲的外匯已耗去一半。一九四七年二月初，美鈔一元由法幣一萬元漲至一萬八千元，黃金一兩由五十萬元漲至九十三萬元，國庫存儲的九億美元外匯僅餘一億，大部入於有權有勢者之手。二月二十六日，政府宣布經濟緊急措施方案，禁止黃金、美鈔買賣，重施物價管制，凍結薪水、工資。一個月以後，黃金、美鈔黑市出現，商品亦流入黑市，物價如脫韁之馬，特別是糧食紗布。五月，浙江、四川發生搶糧風潮，限價

---

❿　王健民，《中國共產黨史》第三編，頁五四三。

⓫　同❷，頁四八九。

撤銷，管制政策失敗。八月，美鈔一元漲至法幣四、五萬元，黃金一
兩漲至二百五十萬元。十二月，發行二萬、四萬、十萬元大額法幣，
米每石由四十萬元躍至一百餘萬元，一般物價高過去年十五倍。」**⑫**

　　茲以南京市為例，民國三十六年一至十二月的物價及生活費總指
數如下表**⑬**：

時　　　期	躉售國貨價格總指數	躉售國貨及外國貨價格總指數	零售國貨價格總指數	機關辦公用品價格總指數	公務員生活費指數	工人生活費指數
三十六年						
一月	342,480	829,580	890,920	866,838	1,002,808	816,519
二月	1,282,353	1,288,091	1,345,240	1,453,811	1,322,172	1,092,305
三月	1,363,290	1,387,677	1,408,935	1,618,816	1,394,470	1,159,251
四月	1,621,259	1,604,357	1,652,885	1,721,328	1,469,547	1,292,118
五月	2,417,500	2,388,842	2,483,706	1,993,753	2,158,400	2,039,965
六月	2,881,400	2,894,800	2,944,333	2,304,305	2,657,182	2,380,891
七月	3,451,154	3,508,250	3,472,917	2,988,876	3,150,499	2,664,660
八月	3,511,083	3,602,833	3,670,818	3,287,679	3,268,358	2,648,368
九月	4,361,642	4,468,276	4,396,732	3,873,110	3,612,601	3,151,417
十月	6,721,869	6,875,600	6,875,749	6,092,437	5,008,262	4,496,113
十一月	8,328,562	8,506,482	8,127,370	8,068,653	6,686,970	5,032,061
十二月	10,400,400	10,755,485	10,050,553	9,702,966	8,393,156	6,320,190

以民國三十六年十二月為例，公務員生活費總指數較民國二十六年上
漲八萬三千九百三十一倍。在分類指數中以衣著類上漲十四萬一千九
百一十六倍為最高，房租類上漲一萬七千七百六十倍為最低；若與十

---

⑫　同**❻**，頁七七八～七七九。

⑬　南京市政府統計處檔案，《五二〇運動資料》北京，人民出版社，一九八五年
　　六月，頁八七。

一月份比較，則總指數上漲百分之二十五點五二，分類指數中以衣著類上漲百分之三十八點一七爲最速，房租類上漲百分之八點六九爲最緩。工人生活費指數方面，總指數較民國二十六年上漲六萬三千三百零一倍，分類指數中以衣著類上漲十二萬九千八百一十五倍爲最高，房租上漲二萬二百零八倍爲最低；若與十一月份相較，總指數上漲百分之二十五點八，分類指數中，除房租類無變動外，以燃料類上漲百分之三十三點四五爲最速，雜項類上漲百分之十八點三八爲最緩⓮。

在全國各地的物價方面，新華社於民國三十六年五月七日的時評曾綜合中央社的消息報導如下：「據五月四日消息，上海美金黑市已漲至一比三萬，即比二月份漲了兩倍半；此中大部分爲四月十七日以後十八天內上漲者。上月二十四日黃金每兩已達一百一十萬元，即漲了近兩倍，而其大部分亦爲四月十七日以後八天內漲成者。」這一次的經濟危機不僅表現在黃金美鈔之上漲，而且表現在生活必需品上面。據中央社自己對物價的報導：南京四月中旬一般物價已比去年十二月漲了幾倍。四月份內，糧食與紗布之漲風，中央社已呼爲『驚人紀錄』；其實由四月下旬到現在，更『驚人』的『紀錄』還正在產生。上海米價至本月五日已漲至三十萬元(官價爲十六萬八千元)；北平四日大袋麵粉已由一週前之二十萬元漲至三十五萬元；上月二十九日，北平大米由每斤一千元漲至三千五百萬元；太原上月二十一日物價與二月緊急措施方案時比較，小麥由十四萬元漲至二十萬元，明星布由二十萬元漲至二十九萬元，長春物價四月份較三月份平均指數漲四分之一強；福州大米本月四日漲至二十二萬餘元；南昌大米本月五日已漲達十二萬元；濟南物價『一日數漲，市場漸趨紊亂』。此外昆明、重

⓮　同前註，頁八六。

慶、成都、長沙、武漢各地物價無處不漲，僅根據極不完全材料，蔣介石在二月份頒發了緊急措施方案後，到四月爲止，大體平均各地物價上漲了一倍，黃金美鈔則在兩倍以上。」⑮

由於米價狂漲，南京、上海均發生搶米事件，南京浦鎭於五月七日發生搶米，《大公報》報導云：「緣浦鎭米價七日晨連續跳躍，數小時內由每擔十九萬元而二十二萬、二十三萬、二十五萬、二十八萬，於午前十一時便突破三十萬元大關。浦鎭居民多爲鐵路工人，家無隔宿之糧，七日午，散工後，便湧往米店集中之金湯街，與米商理論，語言不合，衝突起來，各米店遂遭搗毀，存米爲之一空。混亂狀態持續約一小時餘，當地駐軍及憲兵隊趕到，群眾始漸散去，當場有九人被捕，其中工人五人已經廠方保釋，八日已完全恢復常態，各米店全部關門，糙米售二十二萬，軍警在米店附近防範甚嚴。」⑯上海自五月七日發生搶米風潮後，八日又發生搶米事件十二起。《文匯報》報導云：「緣本市自七日發生搶米風潮後，昨晨又連續發生搶米事件十二起，計有淮安路七四四號徐恒泰米號，徐家匯華山路三七一號萬興米號，襄陽路四一四號申大米號，寧海路一○○號同泰公米號，長陽路上海米店及萬興、信興、三益、鼎豐、聚豐等十二家。至此，全市米號大都關閉，南北米市場聞訊後，即陷極度混亂中，有人登臺演說，激昂慷慨。」⑰由以上兩則新聞報導可知米價上漲帶給一般民眾強大的生活壓力，貧困者只好鋌而走險。

在經濟惡化的情況下，承受通貨膨脹壓力最大的是公教人員；而公教人員中，教師尤受其苦。民國三十五年三月，由於物價激烈上漲，

---

⑮　〈蔣介石的經濟危機深刻化〉，《五二○運動資料》頁八一～八二。
⑯　《大公報》民國三十六年五月九日。
⑰　《文匯報》民國三十六年五月九日。

上海交通大學的全體教授因不勝生活之壓迫，電請政府改善待遇。當時的輿論曾就教授待遇與一般公務人員之待遇做比較，爲教授抱不平，評論云：「通貨膨脹，物價狂漲的結果，最倒霉的是公務人員。而同一公務人員，其待遇亦不可一概而論。……即使是一個辦庶務的雇員，其生活也較大學教授爲優裕。至於技術人員，更可以用怠工罷工等手段來要挾，也可以達到目的。只有大學教授，身爲人師，當然不能爲了自己的生活，用怠教罷教的方式來要挾政府。歷年以來，以簡任的薪級，爲國子的導師，而其收入經常在銀行雇員甚至工役之下，天下事之不合理與不公平，國家對於建國基本工作之不重視，寧有甚於是者！近來北平已有爲生活所迫而教授自殺的慘事，河南教員有鬻子醫父的悲劇。想不到勝利以後的四強之一，竟有如此現象，瞻望國家建設的前途，我們應該作何感想？」[18] 當時教授之生活情況，資深薪高者約略與事業機關之員司工役相等；和社會職業相比，則與商店雇員不相上下，平日提攜褓抱，洗濯炊爨，生活困難，所以當時有「搶救教師」、「搶救教授」之呼聲。

《大公報》曾討論教授的待遇與社會地位云：「先從物質生活上說，就照政府最近所公佈的待遇調整的比額來說，其中資深薪高的，不過只與許多事業機關的員司工役相等，而有業務上特殊補助的，還較他們所得的多得多。再與社會職業相比，他們每每不能趕上理髮、修腳腳擦背的人，他們與商店雇員的待遇不相上下。」[19]

戰後教育的困境，並不只是大學教授待遇菲薄一端而已，各級學校教育經費捉襟見肘、學生公費趕不上物價、教育復原停滯、私校學費高昂等，導致學生罷課、教師罷教、總請假、總辭職、怠工等事件

[18] 〈讀交大教授呼籲電感言〉，重慶《時事新報》民國三十五年三月四日。
[19] 重慶《大公報》民國三十五年三月十六日。

層出不窮。民國三十五年十月九日，一個叫何平的中央大學學生，曾對抗戰勝利以來的教育發出如下的哀嘆：「在後方我們一直過著吃不飽、穿不暖的生活，想想飯是石子、稗子混在一起而又發霉的糙米煮的『八寶飯』。菜是豆瓣、蘿蔔葉、塊巴的混合物。穿是補了又補的衣履。教授們把書籍衣物當盡了呀！甚至作過下力的。可是勝利後給了我們些什麼？師生們是逐漸的瘦了、病了，甚至倒下去了。這是公道的嗎？有的勉強保住命，僥倖挨過四年，但方帽子才到頭上，失業就又恐嚇著他們了，有錢有勢的，到大學來鍍金，不讀書也能找得一官半職，無錢沒勢的，死拚了四年，仍是找不到獻身的機會。這是提拔青年嗎？這是『教育』？我要問：我們還要『教育』不？我們是不是應該『提倡教育』？既不重視就請將學校的門全都關上，而把青年們都趕回農村吧，要不然就好好的辦呀！撥給充分的款項，予以充分便利，給予安靜的環境，不能再拖、拖、拖了！其實少打一天內戰，就可充實現有學校內容，再少打幾天，便可多辦許多學校，救濟成堆的失學青年了。社會賢達、教育先進，及要人們，我懇請你們伸出同情的手，救救教育，救救成千成萬的無辜青年！」[20]

　　民國三十六年二月二十四日，南京《新民報》題爲「搶救大學教育」的社論，曾分析當時大學教育極度混亂的原因有四：㈠內戰激烈，大局惡化，政治的低氣壓，使一般敏感的大學生，有窒息的感覺，因而激起一種騷動不安的情緒；㈡物價飛漲，生活艱苦，物質的重壓，失業的威脅，造成一種畸形的變態心理；㈢黨派鬥爭的白熱化，一般大學生是各黨派最理想的爭取對象，紛紛伸出巨靈之掌，插入各大學裡面，攫取幹部，排斥異黨。以致學府政治化，大小事情都會含有黨

---

[20]　上海《大公報》民國三十五年十月九日。

派色彩；㈣師資奇缺，設備簡陋，學生無書可讀，向學情緒自然益形低落❷。以上四個原因當中，內戰最爲教授學生所詬病，認爲是危機之根源。清大教授趙人儁在談物價問題時說：「物價波動最根本的原因是內戰。因爲軍費開支太大，使收支不能平衡就不得不增發紙幣平穩物價，治本的辦法只有停止內戰，這不但一般人民知道，連當局也知道。張岳軍先生說：目前經濟只能治標。這是很開明的說法。」❷吳晗則直截了當地說：「內戰不停，經濟根本沒有辦法，換誰上臺，也是一樣。」❷不僅是經濟問題如此，教育問題也一樣，南京《新民報》云：「像目前這樣的大學教育，誰也不忍就讓它這樣壞下去，爲國家前途著想，也不能再讓它壞下去，所以我們要發出搶救呼聲，我們希望內戰早停，使大學教育，在根本上得救。」❷

　　對於經濟惡化、物價暴漲帶給教授學生和群衆生活的壓力，中共方面知之甚詳，早欲加以利用。民國三十六年二月二十八日，周恩來在「關於蔣管區的工作方針和鬥爭策略」中，指示「在鬥爭中要聯繫到、有時要轉移到經濟鬥爭上去，才能動員更廣大群衆參加，而且易於取得合法的形式。有了經濟鬥爭的廣大基礎，也易於聯繫到反特務反內戰的鬥爭上去。」❷三月一日，中共中央「關於目前蔣管區民主愛國運動方針的指示」中，要求「一切帶全國性的政治鬥爭，應從參加這一鬥爭的群衆本身的生存問題上著想，有計畫地轉移到帶地方性的經濟鬥爭中去，以深入和鞏固群衆鬥爭基礎。」❷四月二十八日，

---

❷　南京《新民報》民國三十六年二月二十四日。

❷　《清華週刊》復刊第二十二期，民國三十六年五月十一日。

❷　同前注。

❷　同❷。

❷　〈關於在蔣管區的工作方針和鬥爭策略的兩個文件〉，《周恩來選集》（上），頁二六八～二六九。

中共上海局負責人劉曉致中央的文件中，曾分析當時的形勢說：「由
於最近物價暴漲，從三月以來發生一連串美軍侮華事件，經濟統治剝
削與政治壓迫加緊，近月來群眾鬥爭又復趨活躍，雖是分散的、生活
性的，但從公教人員要求公平配給、學生的學業保障與增加公費，一
直到各校各廠的具體鬥爭和今天正在開展的職工解凍指數的鬥爭，是
此起彼伏沒有斷過的，而且每一個鬥爭都帶有全體的統一性與包含反
國民黨的內容。」❷

　　基於以上的分析，他預測第二個學潮的高潮很快到來，所以他擬
了三個工作方針，即「㈠從生活鬥爭的不斷發展中來突破，因為這是
敵人弱點，我們更易推動群眾與準備力量。職工中的鬥爭是從解凍生
活指數發展到勞資共同要求目前多貸款，配原料，減捐稅，搶救工商
業。學生以增加公費，救濟清寒同學，保障學業，反對會考，自治會
自由選舉，發展到反對借外債，打內戰，增加教育經費，擴充學校設
備，提高待遇，救濟同學。㈡雖以生活鬥爭為主，但必須滲進一些政
治鬥爭，而使每個生活鬥爭成為另一面的政治鬥爭。㈢上層分子政治
性組織大膽公開活動，多作宣傳，多作號召，多把生活運動與政治運
動從思想上聯繫，不斷提高，還要大膽公開擴大活動鬥爭。中間分子
已從這些鬥爭團結、匯合到反對借外債、打內戰的活動中來，要國民
黨無條件停止內戰政策，挽救民族危機。」❷中共以生活鬥爭和政治
鬥爭相聯繫的策略，經過其地下黨分子的運用，很快地就把效果發揮
出來。

---

❷　〈中央關於目前蔣管區民主愛國運動方針的指示〉，《中共中央青年運動文件
　　選編》頁六五〇。
❷　劉曉，〈群眾運動復趨高潮〉，《中共中央青年運動文件選編》頁六五六。
❷　同前注，頁六五七～六五八。

　　在反飢餓反內戰的學潮中，英士大學、暨南大學、復旦大學等校的學生向行政院請願時便說：「竊以建國時期，教育第一，全國上下，一再倡之，而今我國教育經費在全國總預算中不及百分之四，學校設備簡陋，圖書儀器缺乏，教授為柴米油鹽而奔走，學生為營養不良而死亡，民族生機斷喪殆盡，學生等身受之餘，深恐長此以往，覆亡無日，用特聯合請願要求：㈠全國教育經費須提高至總預算百分之十五；㈡五月份學生副食費應增至十萬元，以後按物價指數逐月調整；㈢專科以上學校學生應一律享受公費待遇；㈣提高教職員工研究生待遇或生活津貼，並按物價指數調整；㈤請政府直接指撥充足外匯交學校訂購圖書儀器及科學器材，並簡化上項文物向國外訂購之各種手續。上列各點均為挽救當前教育危機所必需，仰祈鑒核迅賜施行，國家幸甚，生等幸甚。」❷❾

　　浙江大學之請願內容則更為具體，內容云：「竊以近來經濟不安定，物價急遽上漲，教育遭受到空前危機，各校員生生活因而陷入絕境，生等在此情況之下，為求改善國家教育，以及獲得基本生活，安心學業計，乃於本月十六日舉行全體會員大會，當場決議八項要求：㈠教育經費應提高為國家總支出百分之十五；㈡增加本校經費；㈢增加本校設備；㈣政府動用聯總撥給圖書儀器等費四百萬元美金應予償還；㈤學校黨團經費不得由教育經費支出；㈥提高公費待遇，以五月份十萬元之副食費為基數，以後按物價指數升縮為標準；㈦公費名額自五月份起改為百分之百；㈧提高教職員及工人待遇。」❸❿從以上兩份學生的請願文，可知學生的要求都是因經濟惡化所引發的切身問題，因此亦多能獲得學生共鳴。

❷❾　〈英士大學等校為挽救當前教育危機提出請願〉，錄自《國史館檔案》。
❸❿　〈國立浙江大學學生自治會請願文〉，錄自《國史館檔案》。

　　關於學生因通貨膨脹生活艱困而鬧學潮的情形，司徒雷登曾分析說：「學生是民心趨向的最好測驗表，這種情形在中國也許比他處更爲明顯。他們是最敏感的人物，他們的反應比較明智，而更有自發性，受到的禁制也較少。中國的學生自成爲一個熱誠愛國的階級，他們的純良動機可以被聰明地利用，以達到政治上的目的。在一九四七年與一九四八年通貨膨脹直線上升，生活費用急遽增加的時候，學潮的增長不但起因於政治問題，而且越到後來越起因於經濟問題。爲了伙食而引起的騷動，尤使學潮有了戲劇化的發展。原來在對日戰爭時期，政府對於內遷各大學的學生，曾經聰明地給予津貼，縱使如此，學生的困苦與煩悶，仍甚嚴重，但他們都甘願忍受。日本投降後，國立大學仍維持伙食津貼和其他津貼的辦法，可是食物日漸減少，也越來越壞，於是他們就歸咎於這個不能使他們得到和平與較佳生活條件的政府。反共戰爭未能鼓起他們在抗日時期所發出的同樣愛國熱誠，因爲共產黨終究是中國人。學生的同情心也較傾向於激進社會主義運動，而不傾向於他們大多數所認爲至於絕望程度的政府。所有的學生團體遍漫沮喪甚至絕望的情緒。這不僅是由於伙食太壞，衣服、溫暖、課本、實驗室設備、教學的品質、畢業後的就業——舉凡一切和他們生活有關的問題，無不跟伙食一樣壞。」❸ 與生活有關的經濟問題取代了政治問題，而成爲學潮的訴求，是反飢餓反內戰學潮的特色。

　　除了以上的因素外，中共地下黨的活動及民盟對學潮的策動，亦是反飢餓反內戰學潮擴大的關鍵。中共利用沈崇案引發的反美學潮，在各地成立所謂的「抗議駐華美軍暴行聯合會」，最後，在平津抗暴聯的推動下，民國三十六年三月八日，全國學生抗議駐華美軍暴行聯合

---

❸　司徒雷登原著，李宜培等譯，《司徒雷登回憶錄——旅華五十年記》臺北，大華晚報社，民國四十三年十二月，頁一一六～一一七。

總會在上海成立。此後，層出不窮的學潮，即以此組織爲策動中心。
關於中共策動此次學潮的經過，當時上海局的負責人劉曉回憶說：「上
海局對運動作了具體部署，決定首先在國民黨首都南京突破，舉行一
次聲勢浩大的『反飢餓、反內戰』的學生運動，由上海、北平、天津、
杭州等地配合響應。隨即通知南京市委書記陳修良同志到滬研究。陳
修良同志到上海後，即在她家開會，專門研究了南京工作。參加會議
的有我、劉長勝、沙文漢（他當時主管南京市委工作）和陳修良同志。
陳修良同志匯報南京的情況後，大家認爲條件基本成熟，可以在國民
黨首都發動一次震驚中外的『反飢餓、反內戰』運動。南京是國民黨
統治區的政治中心和國際觀瞻所在，在那裡發動鬥爭，政治影響比其
他城市大。同時，由上海局錢瑛同志分別向上海學委吳學謙同志、北
平南系的袁永熙同志和西南方面學生工作負責人等，佈置如何發動鬥
爭，確定通過紀念紅五月活動，開展結合各校情況的分散鬥爭，逐步
匯合，準備在紅五月中形成鬥爭高潮。」㉜

　　當時負責南京學運工作的陳修良也回憶說：「一九四七年四月
間，中央又有指示給上海局，要求開闢第二條戰線，發動學生運動。
於是上海局通知我迅速回滬，討論南京的學生運動。這次會議是在一
個亭子間裡召開的，它是上海局一個秘密機關的所在地。與會者劉曉、
劉長勝、沙文漢和我，專門討論南京工作，上海局書記劉曉同志問我：
有沒有力量發動學生進行反對內戰的運動？我匯報了南京的情況以
後，大家認爲已有足夠的條件在國民黨首都發動一次震驚中外的反內
戰、反飢餓的運動。爲什麼要在南京先發動呢？因爲它是首都，政治
影響比上海大，隨後還決定南京與滬、平、津、杭的各大城市學生聯

㉜　劉曉，〈一九四七年反飢餓、反內戰、反迫害運動的一些回顧〉，《解放戰爭時
　　期學生運動論文集》頁二十七。

合起來進行鬥爭。」❸

　　反飢餓反內戰學潮係以南京中央大學為中心，陳修良曾回憶其在南京策動和工作的情形說：「我回到南京後，立即召集市委有關同志開會，通知學生工作委員會立即具體佈置，並決定首先由中大發動。因為中大是全國有名的大學，學生多、黨員多，進步勢力強，歷次運動其他學校總是唯中大馬首是瞻。敵人在中大的反共勢力也特別大，在各班級安插了不少耳目，不過被人們稱為『特務學生』的人，實在孤立得很，成不了氣候。我們早已學會了對付的方法，這就是公開工作與秘密工作分開，黨的負責人不出面，在第一線的都有合法身分。黨的組織分為幾層，獨立作戰，又接受統一指揮，以防萬一有人被捕，這個堡壘仍能保存下來。中大內部新青社的成員很多，在五二〇運動中起了很大作用，其他各校也有新青社的組織。這個組織在黨的領導之下進行活動，有點像共青團的性質，不過沒有組織章程，它是當時南京學運中一支有力的隊伍。」❸

　　除了中共之外，民盟對反飢餓反內戰學潮亦有推波助瀾的作用。民國三十六年五月學潮前夕，中央大學學生自治會改選，南京市民盟辦事處以巨款支持梅振乾競選，先後由郭亨衢、廖祖緣自李相符處支領活動費九百萬元。五四紀念日，羅隆基、章伯鈞、王紹鏊、施復亮、馬寅初等分赴京、滬、杭各大中學演講，作公開之鼓動，其後即發生上海法學院「五四事件」，五月五、六兩日，民盟滬市支部開會決定全力使此一事件擴大，以醞釀全面性之學潮。南京五二〇事件發生後，民盟之黃炎培、羅隆基等繼續以慰問金名義募集活動金七百餘萬元。

❸　陳修良，〈五二〇學生運動與開闢第二條戰線問題〉，《解放戰爭時期學生運動論文集》頁五十二。

❸　同前注，頁五十二～五十三。

中大罷課之第二日，即五月十四日晚，施復亮自梅園新村李相符處取去轉交中大學生自治會款項二百六十萬元。在學潮過程中，民盟南京市辦事處不斷有「職業學生」前往，民盟則派羅子爲、金若年等赴各校聯絡，章伯鈞、黃炎培、梁漱溟、馬寅初等亦輪流公開赴中大等校演講，加以煽動。沈鈞儒、劉王立明等則在上海以「中國國際人權保障會」名義，上書參政會抗議。民盟南京市辦事處與上海市支部亦發表「致各校同學意見書」及「對目前學生運動的意見」等文件宣傳品，加強煽惑工作❸❺。在中共地下黨和民盟相互配合策動下，以搶救教育危機爲訴求的學潮，隨著通貨膨脹的生活壓力逐漸加重，終於在南京爆發出來。

第二節　五月學潮（上）

民國三十六年五月，以南京中央大學爲中心發起的全國性反飢餓反內戰學潮，稱之爲「五月學潮」，中共稱之爲「五二〇運動」。

五月學潮從五月初各地學生紀念五四開始，至六月十六日北平學生爲抗議武漢大學六一事件，歷時一個月餘，全國有六十多個大中城市的學生舉行遊行罷課，局面極爲混亂。本節茲分爲學潮的序幕、南京五二〇事件、五月學潮在平津及武漢大學六一事件等四個部分說明如下：

---

❸❺　王健民，《中國共產黨史》第三編，頁五五二～五五三。資料來源是內政部發表之〈民盟資料〉，載於民國三十六年十月二十九、三十、三十一日之上海《大公報》。

一 學潮的序幕

民國三十六年五月五日,周恩來指示中共地下黨在所謂「蔣管區」的工作方針時,曾指控政府捏造所謂「中共地下鬥爭路線綱領」,藉以逮捕其黨人及「進步分子」。周恩來說:「近日,蔣頑因軍事、經濟、政治種種危機難以解說,於是大造謠言,捏造所謂『中共地下鬥爭路線綱領』,企圖一方面藉此陷害民主人士和群衆團體,另方面藉此捕殺我黨秘密人員和進步分子,以鎮壓蔣管區的人民運動。在此情況下,你們在蔣管區統治尚嚴的地方,尤其是蔣管區大城市中的工作方針,就是要保護我黨及民主進步力量,以繼續加緊開展人民運動。」❸❻ 因此,周恩來要求中共地下黨員自我保護,做長期存在的打算。

在政府發佈的資料中,中共是有所謂的「五月工作計畫」,密謀發起「一校一事運動」。王健民根據內政部發佈的資料云:「中共、民盟計畫以五四紀念爲五月學潮之開始,上海中共『五月工作計畫』第二項規定爲『發動學潮以五四紀念爲活動中心,以各校抗暴會爲基幹,以各大學爲活動對象,以造成流血事件爲目標,以繼續發動請願示威爲鬥爭方式』。」❸❼ 在中共刊佈的檔案資料中,尚未見有所謂「五月工作計畫」,不過,中共對五月學潮之策動,用心極深。民國三十六年二月一日,毛澤東在起草中共中央的黨內指示「迎接中國革命的新高潮」時,就鼓動地說:「蔣介石區域的偉大的人民運動發展起來了。去年十一月三十日因國民黨壓迫攤販而引起的上海市民騷動,和去年十二月三十日因美軍強姦中國女學生而引起的北平學生運動,標誌著蔣管區人民鬥爭的新高漲。由北平開始的學生運動,已向全國各大城市發

❸❻　《周恩來選集》(上),頁二六九。
❸❼　王健民,《中國共產黨史》第三編,頁五五二。

展，參加人數達數十萬，超過一二九抗日學生運動的規模。」「解放區人民解放軍的勝利和蔣管區人民運動的發展，預示著中國新的反帝、反封建鬥爭的人民大革命毫無疑義地將要到來，並可能取得勝利。」❸

　　二月十七日，中共中央指示晉察冀中央局，要求做到以下四點：「㈠積極擴大深入堅持學生愛國運動，並與學生本身鬥爭聯繫起來，特別反對年假開除學生，要求學生救濟金。㈡積極幫助建立與發展青年積極分子的組織。㈢黨的組織仍應精幹隱秘，不應過分集中與統一；但黨員在此運動中應以群眾面目以各種各式姿態出現，去積極響應抗暴聯的號召與活動，這樣既可免突出暴露又可積極配合統一行動。㈣對平津特務秘密捕人計畫，要公開揭露，取得輿論援助。」❸ 在這個指示中，中共中央已要求將學潮和學生本身的權益聯繫起來，以擴大和深入學潮的影響性。

　　二月二十八日，周恩來在給中共地下黨的指示中，除了提出將政治鬥爭和經濟鬥爭聯繫起來之外，並預測一個新高潮將要出現，他說：「蔣的鎮壓政策仍具試探性。尤其是使人活不下去的財經危機，人民既忍受不了，而前線繼續大敗，人民也嚇唬不了，故蔣管區群眾鬥爭，固然要經過一些迂迴起伏，但總的趨勢必然會繼長增高，問題就要看我們領導的鬥爭策略如何，組織力量如何，以決定群眾鬥爭增長的快慢與可否避免一些挫折。」❹ 因此，周恩來指示中共地下黨要「擴大宣傳，避免硬碰硬，爭取中間分子，利用合法形式，力求從為生存而

---

❸　毛澤東，〈迎接中國革命的新高潮〉，《毛澤東選集》第四卷，頁一一〇七～一一〇八。

❸　〈中央關於平津學生運動給晉察冀中央局的指示〉，《中共中央青年運動文件選編》頁六四七。

❹　周恩來，〈關於在蔣管區的工作方針和鬥爭策略的兩個文件〉，《周恩來選集》（上），頁二六八～二七一。

鬥爭的基礎上，建立反賣國、反內戰、反獨裁與反特務恐怖的廣大陣線。」至於工作的方法，則分別就宣傳、行動、組織加以說明：「在宣傳上，我們對蔣之任何一個反動設施、恐怖行爲，都要盡情揭露，宣告中外，只要我們善於抓住其弱點，擊中其要害，蔣美的反動陰謀是最怕被人揭穿的。在行動上，我們應避免在不利的條件下去硬碰，這不是保守，而是領導群衆變換方式，繞過暗礁。」「在組織上，學生的抗暴聯合會雖已在京、滬、平、津、渝學生中有了基礎和聯絡，但也要建立可以自保的防線，即在名稱上與行動上，在蔣特發現施以高壓後，不妨改換名稱或分開作戰，使我損失不大，而仍能繼續鬥爭，繼續聯絡。」**❹**

　　到了三月，由於國共和談絕望，中共駐京滬等地人員被下「逐客令」，雙方關係更趨緊張，中共方面惟恐政府採取「鎭壓恐怖」手段，因此下令地下黨暫停活動，就地隱蔽，靜觀變化，以待時機。指示云：「爲適應這一新變化，避免不必要的損傷，以準備迎接新的鬥爭形勢，在蔣管區的這些城市民主愛國運動，應暫保持平靜狀態，不作過於刺激過於突出的進攻性的發動，而多作防禦性的合法形式的呼籲和聲訴。一切帶全國性的政治鬥爭，應從參加這一鬥爭的群衆本身的生存問題上著想，有計畫地轉移到帶地方性的經濟鬥爭中去，以深入和鞏固群衆鬥爭基礎。某些過於暴露而又爲特務極其注意的分子，除已取得社會地位者外，應暫就地隱蔽，靜觀變化，如鎭壓範圍不大，過一時期，仍可回至原來崗位，如追究甚急，則只有易地疏散，這種暫時退守的策略，完全爲避免硬碰，保全力量，利於今後新的鬥爭。相信蔣頑前線續敗，人民在活不下去忍受不了的條件下，新的鬥爭會在爲

---

❹　同前注。

生存而奮鬥的基礎上增長起來，到時，只要各方面的核心力量還存在，而且懂得及時領導，新的運動高潮仍會推動起來的。」[42]

四月二十八日，上海局負責人劉曉致中共中央的報告中，曾分析京滬的形勢，預測城市群眾運動的「曲線」即將走完，「抗暴運動以後的第二個高潮」即將到來。劉曉說：「群眾對國特恐懼逐漸減少，中間份子在鬥爭中表現積極，上層分子一部分思想開始有新的轉變。像大公報王芸生對時局看法，自己認為有修改自己觀點之必要，拒絕胡政之對新政府多捧少罵的意見，而胡竟驚異說王左傾了。章乃器公開發表擁護我們主張意見，羅隆基在新政府成立不久即到南京中大，以新政府成立發表公開反新政府演說。上海工業資本家以吳蘊初為中心，聯合向政府請願，要求參加輸入限額分配決定，反對浪費外匯。」[43]因為群眾、中間分子和上層分子的思想、行為均已發生變化，故其預測在五月會有新高潮的產生，而且這個高潮將不是突發性的，而是此起彼伏、連縣不絕的生活鬥爭。劉曉說：「蔣區城市的群眾運動目前曲線即將走完，抗暴運動以後第二個高潮又將很快到來，辰月份可能是這一新高潮的開始。這一高潮要比抗暴有更大社會基礎，更廣泛也會更堅強，配合全國軍事形勢的轉變，有一直發展成為高潮可能，當然也還可能走一兩個曲折。但這次國民黨是有準備的，在新高潮來到前也將極力阻撓與破壞，必須有一個艱苦鬥爭過程，才能突破，走上高潮。因此，這一高潮不像抗暴帶突然性，而是在開始形態，是此起彼伏、連縣不絕、分散的生活鬥爭，是生活鬥爭與政治相互協通到一定時機又匯合成為全面性的政治鬥爭，我們在思想上、組織上、策略

---

[42]　〈中央關於目前蔣管區民主愛國運動方針的指示〉，《中共中央青年運動文件選編》頁六五〇。

[43]　劉曉，〈群眾運動復趨高潮〉，《中共中央青年運動文件選編》頁六五六。

上都是為著準備組織與領導這一新的高潮，把蔣區民主運動向前推進一步。」⑭

　　到了五月，各地學生紀念五四的活動紛紛展開，周恩來於五月五日指示各地中共地下黨，「旣要堅定勇敢，又要機警謹愼」，而工作的重點和方法是：

> ㈠要時時注視情勢的發展，堅持我黨放手動員群眾進行反美反蔣的方針，靈活地旣結合又分別合法與非法的鬥爭。㈡將適合群眾迫切要求、提高群眾鬥爭情緒的口號，均經過群眾面目提出，以發動群眾；將黨的宣傳工作，側重於以群眾中有職業有地位人物，利用公開刊物、報紙、集會，批評時政，增強不滿；而將黨的廣播言論、解放區勝利消息，經過極可靠關係，輾轉秘密散佈。㈢黨與民主團體、群眾組織及進步人士等關係，亦要多發展極端隱蔽黨員及同情分子，成單線領導，居中工作，不要以黨的公開面目經常來往，尤要避免書信文件來往，以防牽涉。㈣黨的組織要嚴守精幹隱蔽，平行組織，單線領導，不轉關係，城鄉分開，上下分開，公開與秘密分開等原則。㈤從城市派人往外縣鄉村去發動、組織與領導武裝鬥爭，必須與城市其他任何工作及人員分開，免致牽連。㈥高級領導機關更須十分隱蔽，少開會、少接頭，多做局勢研究與策略指導的工作。⑮

從以上的文件資料，可以證明在五月學潮之前，中共對於政府統治地區的學生動態有很深刻的認識，對於發動學潮的策略和準備工作，亦

---

⑭　同前注，頁六五六～六五七。
⑮　同⑩，頁二七一。

有極詳細之指導方針。

　　根據劉曉的回憶，上海局依照中共中央的指示，結合京滬等地的情況，分析研究後決定採取以下方針：「從生活鬥爭入手，進行突破並使之不斷發展，逐步和政治鬥爭相結合。我們認為，解決生活問題是廣大群眾的迫切要求，提出符合群眾切身利益的口號，發動群眾進行合法的生活鬥爭，可以抓住敵人的弱點，成為全面開展運動的突破口。同時在運動的部署上，我們決定，在此起彼伏的分散鬥爭中，要集中力量，組織幾個中心運動，作為整個運動的主流。此外，我們還準備推動上層分子的組織，大膽地公開活動，多作宣傳和號召，以配合和支持群眾的鬥爭。」❻ 具體的行動方面，則決定在南京——國民政府所在地——舉行一次聲勢浩大的反飢餓反內戰運動。

　　五月學潮前奏是各地學生紀念五四的活動，在北平，五月初，以北京大學為中心，各校普遍開展紀念五四運動二十八週年活動，五月三日，許德珩在北大紅樓廣場遊藝教室平臺前，對北大學生演講，鼓動學生「要向前看，不要向後看，向後看是沒有出路的」，參加學生共約有五、六千人。五月四日，北平各大中學校學生在北大紅樓廣場舉行了大規模的營火晚會，除了各社團演出歌詠、詩朗誦等節目外，並跳秧歌舞，把所謂「解放區」的秧歌搬到北平來 ❼。同時，北大、燕大等校學生並發表紀念五四宣言，其訴求是：「反對美國干涉中國內政」、「爭取人民世紀的民主」、「確實保障人權」、「科學應服務於人民」等❽。

　　在南京，中央大學、金陵大學、金陵女子大學、音樂學院、劇專

---

❻　劉曉，〈一九四七年反飢餓、反內戰、反迫害運動的一些回顧〉，《解放戰爭時期學生運動論文集》頁二十六。

❼　《北京青年運動史》頁三八六。

等五校，於五月四日下午二時在中大禮堂，聯合舉行紀念會，會中發表五四第二十八週年大會宣言。宣言中大力抨擊所謂內戰，云：「沒有和平則無所實現民主，沒有民主則無以保障和平，我們堅決號召全國人民，應當團結一致，以雷霆萬鈞的力量，制止這個不義的、可恥的斬傷我國族命脈的內戰。」其提出的訴求是：「反對內戰，要求和平」、「反對政府非法逮捕人民，非法查禁刊物」、「政府應立即實行民主政治」、「政府應採行獨立外交，不作任何國家的附庸」、「遵循政協途徑，實行政協決議」、「發揚科學精神，建設新文化」❹。

在昆明，雲南大學、師範學院及各中學等校學生，在昆明學聯的策動下，舉行一連串的活動。五月三日，舉行音樂詩歌晚會，五月四日白天舉行紀念大會，晚上舉行營火會。五月五日至八日舉行話劇晚會，地點在雲大至公堂；五日演「升官圖」、六日七日演「心獄」、八日演「裙帶風」。昆明學聯亦藉這個機會紀念聞一多❺。

紀念五四的活動，在上海最為蓬勃，並發生所謂的「上法五四事件」。從五月一日起，聖約翰大學、復旦大學、大夏大學、光華大學、同濟大學、暨南大學、上海法學院、交通大學、中華工商專科學校、上海市立女子師範及健承、交通、華模、育才、麥倫等中學，或舉行紀念大會、慶祝晚會，或舉行專題演講、學術座談。邀請演講人選如郭沫若、田漢、姚蓬子、蔡尚思、馬敍倫、張絅伯、章伯鈞、姚雪垠等❺。上海抗暴聯並發表對時局的宣言，提出十五點要求：「㈠發揚

---

❹　〈北京大學燕京大學等校學生紀念五四宣言〉，《燕京新聞》民國三十六年五月五日。

❹　〈南京學生紀念五四宣言〉，《文匯報》民國三十六年五月四日。

❺　〈五四紀念在昆明〉，《文匯報》民國三十六年五月十一日。

❺　〈上海學生熱烈慶祝五四〉，《文匯報》民國三十六年五月五日。

五四青年團結反帝反封建精神！㈡提高教育經費、公費，搶救失學危機！㈢師生合作改善教職員待遇，保障講學自由！㈣反對摧殘青年，保障人權！㈤反對不合理教育制度，保障學術自由！㈥言論、出版、集會、結社自由！㈦反對內戰，要求和平！㈧反對徵兵徵糧！㈨實行政協決議，實行眞正民主！㈩抵制外貨，愛用國貨，挽救民族工商業！㈪反對中美商約！㈫反對國際干涉，美軍立即退出中國！㈬反對繼續借款，助長內戰！㈭全國青年團結起來，建立獨立、和平、民主新中國！㈮全世界青年聯合起來，反對杜魯門新侵略主義，爭取世界永久和平！」**52** 從以上演講人選及抗暴聯的宣言內容，可知這一連串的活動都是中共地下黨從中策動的。

五月四日上午，上海法學院的學生在該校附近張貼紀念五四標語，被警員阻止，雙方發生衝突，該校學生潘思采、顧錢吉及警員郭家祥均受傷。中共地下黨將此一事件加以渲染，除通知各學校各社團聲援外，並組織「五四事件抗議會」，提出：㈠向市長請願嚴懲凶手；㈡公開登報道歉；㈢負責醫藥費及一切損失；㈣保證以後不發生同樣事件；㈤通電蔣主席。聯合專科以上學生一致行動，於五日上午九時全體學生向市長請願**53**。後來，又把「五四事件抗議會」改組爲「上海市學生五四事件後援會」，要求撤辦四川路警察分局局長，這就是所謂的「上法五四事件」。

五月學潮的前奏，除了紀念五四的活動外，就是所謂的「護校運動」，中共將護校運動稱之爲「保障學業的鬥爭」。民國三十六年二月六日，上海學生爲了爭取市政府五萬萬元的補助金及要求政府確實提高教育經費，由「南模同學要求提高教育經費委員會」發起，在麥倫

---

52 〈上海抗暴聯紀念五四對時局宣言〉，《文匯報》民國三十六年五月三日。
53 《文匯報》民國三十六年五月五日。

中學召開上海市中等以上學校學生代表聯席會議，出席學校有四十三個，代表一百二十九人，會中成立「上海市學生學業保障聯合會」，選出南模等七校代表爲主席團，下設總務、宣傳、聯絡、交際四部，並發表宣言，宣言一開頭就說：「在這社會經濟總崩潰的前夕，學生家長負擔過重，致學費的付不出成爲一般的現象。今天可以說是我國教育界從來沒有過的慘痛時代！」他們的要求有四：「㈠要求市政府立刻發放五萬萬元的私校教育補助費。㈡要求市教育貸金委員會支付上屆所存之全部本利，繼續辦理教育貸金，並要求賬目公開。㈢要求當局永久保障各校清寒同學不致失學。㈣要求政府切實提高教育經費，補助私校。」❺ 二月十六日，該會學生五百人前往教育局請願，經中等教育處答覆准許向校方申請尚未獲准免費之清寒學生，先行上課後繳費，並通令各校切實執行百分之二十全免額及百分之十半免額之規定❺。

　　在物價飛漲的情形下，除了中學生因學費高昂而失學外，大學教育亦問題叢生。南京《新民報》的社論云：「在今天來喊搶救大學教育，已絕非無病呻吟，或是危言聳聽，而是一種有著迫切需要的緊急呼籲。今天的大學教育正如一個垂危的病人，再不加以搶救，其生命實在很成問題了！我們且看看最近所發生的一連串事實：有著最光榮歷史的北京大學，正在極度的動盪中，學生竟有五、六百人退學，學生代表要向北平行轅請願，要求保障，這對於文化重鎮的北平，眞可謂一絕大的諷刺！馳譽華中的武漢大學，學潮鬧得不可收拾，學生不滿校長的是，不但沒有增聘好教授，反而使若干名教授紛紛離去，加

❺　〈上海學生成立學業保障聯合會並發表宣言〉，《文匯報》民國三十六年二月七日。

❺　《文匯報》民國三十六年二月十七日。

以復員費的爭執，遂釀成了軒然大波，部派的督學也受了侮辱，現在都沒有完全解決。江西中正大學，也發生了驚人的學潮，學生的理由是到現在爲止，院長系主任都沒有湊齊，敎授更不用說；簽名請校長辭職的，竟達百分之八十以上，校長因而被毆傷，事態還在僵持中。東北最高學府的東北大學，有八、九個學生因爲『反貪污』，而被開除，招致了學生的極度不滿，已經迭有表示。……夠了！夠了！不必再數下去，就已經看出今天的大學敎育，是個什麼樣子？」❺❻

由於大學問題叢生，加上中共地下黨的煽惑，學潮便從英士大學的遷校問題開始，繼之以交通大學的併系和滬江大學的反積點制問題，匯成南京中央大學等校反飢餓吃光運動大遊行，並波及平、津、鄂、贛等校。茲將其緣起列表說明如下：

校　　　　名	要　　　　　　　　　求	經　　　　過
國立英士大學	任命校長確定校址恢復醫學院	罷課遊行請願
國立交通大學	輪機航海兩系停辦問題	同　　　　上
私立滬江大學	反對積點制度	同　　　　上
國立東方語專	易長設獨立學院	同　　　　上
國立中正大學	易長遷校址問題	同　　　　上
國立暨南大學	自治會及公費問題	同　　　　上
私立金陵大學	增加公費問題	同　　　　上
國立中央大學	增加敎育經費問題	同　　　　上

五月學潮的始發者爲英士大學；英大學生自抗戰勝利後，即不滿校址設在金華，於三十六年五月二日罷課要求遷至上海或南京，最低

---

❺❻　〈搶救大學敎育〉，南京《新民報》民國三十六年二月二十四日。

亦須遷至杭州，同時要求撤換校長，恢復醫學院。五月七日，五百餘學生赴杭州轉南京請願，因路局不允撥給車輛，發生衝突，阻礙滬杭交通，經教育部杭次長協調後，交通恢復，然英大學生分批赴南京請願。英大請願團寄居中央大學丁家橋宿舍，決議：㈠十九日上午十時在丁家橋集隊前往教部請願，不達目的，決不後退。㈡響應全國各大學提高公費待遇運動，發表宣言，與中大等普遍聯絡，必要時並擬積極參加行動。㈢如敎部堅持成見，該團四百餘學生準備不惜一切犧牲，甚至開除、解散亦所不懼。並將於最近數日內向國民政府、行政院、參政會等各有關方面，分別控訴教部以停止交通阻撓請願之罪行。

五月十九日上午十時，英大請願團二百餘人赴教育部請願，有關請願之情形，中央日報報導云：「國立英士大學赴杭之一部分學生，前數日又分批來京，集居中央大學丁家橋宿舍，並於昨（十九）日上午十時，聚集二百餘人，結隊至教育部請願，部中職員以根據維持省會秩序臨時辦法，學生請願只能派代表十人陳述意見，切勿聚衆進部，但勸阻無效，該部門警遂將大門關閉，並繼續勸導，相持歷一小時，學生爬越大門，自行啓開，蜂湧而入，圍集教部庭院中，紛紛貼標語、塗漫畫。在部憲警協同阻止，維持秩序，亦無效果。教部杭次長以學生違反法紀，未便接談，並由該部總務司長賀師俊勸令學生先行離部，始准派代表晉見，學生仍堅持不退。下午二時半，首都衛戍司令衛指揮官持平根據維持社會秩序臨時辦法，發佈第一道解散令，學生仍結集不退，及三時半，衛指揮續下第二道解散令，適該校前校長楊公達來部，即到場開導，勸學生退出第二道大門，再派代表晉見杭次長，其時學生意見不一，自相爭執甚烈，卒乃推代表十人至該部會議室，晉見杭氏，杭氏即照部方意旨，對遷校等問題懇切釋示。此時雷副秘書長震，以昨日擔任陳英士紀念大會主席時，英大學生曾向其請願，

故自動來部商談，見該校學生正在部中即參加勸導說明，並表示渠私人允將遷校問題向下屆全國教育會議代表提出，勸促從速離部，尊重國家法紀，雷氏並親向全體請願學生訓話，時將近下午六點鐘，少數學生尚在猶豫，衛指揮官以時限已屆，即下最後一道之解散令，限於一分鐘內自動解散，請願學生以事關法令，遂自結隊離部而去。」**㊼**

英大的請願案，經參政會副秘書長雷震轉圜結果，同意㈠遷移校址問題，由雷氏保證離開金華，至於遷至何地，俟七月教育會議通過後再行決定；㈡校長問題，教育部允予慎重選派；㈢恢復醫學院，並在暑假招生一節，教育部允許儘先恢復。學生認為滿意，留在南京之學生於二十四日起分批返校。

上海方面，國立交通大學學生為反對教育部更改校名和停辦輪機、航海兩科，決定全體晉京請願。五月十三日，全體學生二千餘人不受吳國楨市長之勸阻，赴北站欲搭車赴京，路局奉令不供給車輛，雙方形成僵持狀態。教育部長朱家驊由南京飛抵上海處理，對學生之要求提出答覆，但學生則堅持朱部長親自到北站說明，否則即由學生自行駕車赴京，由於朱部長堅持不往，學生將火車開至真如車站，因被拆去車軌而受阻。當時學生的要求有八點：㈠交通大學應名其成為交大；㈡交大各院及系科不容分割，交大發展不容限制；㈢航輪科不容停辦，水利、紡織、化工科必須設立；㈣交大不容歧視；㈤要求增加經費；㈥要求增加設備及校舍；㈦要求補足教授及員工名額；㈧要求增加公費及名額。教育部的答覆是：㈠交大決改名，並決不停辦任何院系科；㈡輪機科併入造船輪機系，仍屬工學院；航海科改為航海管理系，屬管理學院；㈢學校經費依照實際要求增加與其他大學平；

㊼ 南京《中央日報》民國三十六年五月二十日。

㈣員工名額按班級及人數照章增加；㈤如果有未盡事宜，師生及校友可派代表晉京面商❸。

　　交大學生對教育部的答覆仍不滿意，但最後卻停止抗爭，其原因劉曉曾有說明，他說：「交通大學師生進行了反對停辦航海、輪機兩系爲主要內容的護校鬥爭，當合理要求爲教育部粗暴拒絕後，群衆激憤。十二日全校罷課，十三日在交大黨總支領導下，全校學生集體赴南京請願，引起了敵人內部的恐慌，採取了鐵路局停止火車運行的措施。請願學生便自己開火車，到達眞如車站附近，敵人拆掉前進路軌，出動大批軍警包圍列車，雙方對峙。這時如果請願學生在鐵路線上繼續鬥爭，一場血腥鎭壓可能會發生。我和上海學委分析了這一形勢，決定要堅持有理、有利、有節的鬥爭原則，保護群衆積極性，避免不必要的犧牲，爲下一步更大規模的鬥爭打下基礎；因此，必須堅決說服黨員和積極分子充分利用敵人內部矛盾，積極談判，果斷收兵。並由吳學謙、浦作兩同志通知現場指揮的國立大學區委負責同志及交大黨總支。他們執行了這一決定，安全撤回了學生隊伍。」❺

　　五月十八日，交大學生根據教育部答覆第五條，派代表十五人抵京向教育部請願，並在中央大學舉行記者招待會，列舉教育部歧視交大之事實十大項，內容如下：㈠北平、唐山兩分院被分割。㈡理院去年曾下令停辦，後經當局要求，始收回成命。㈢停辦輪機、航海兩科。㈣教部有不許續辦水利、紡織二系之意，即化工系亦云待考慮後始能核准。㈤交大事前曾派代表來京與教部當局會商，談話中當局表示有將交大改爲純粹工學院之意。㈥各大學經費之分配不公允，文大每月經費一千萬元，實際支出爲五千萬元，相差至鉅。㈦教職員、工役、

❸　《文匯報》民國三十六年五月十四日。

❺　同❹，頁二十八。

技工之名額過少。㈧今年度發給之各大學改良設備擴充費,交大只得
八億,目前已發者僅三億,而同濟大學為十八億,中央大學二十億,
浙江大學五十二億。㈨以學院之多寡言之,交大僅三學院,而全國大
學中,西北、同濟、暨南、湖南、貴州、英士六大學校各有四學院,
東北、四川、雲南、中正、復旦、重慶、山東、蘭州八大學各有五院,
武漢、長春、河南、臺灣四大學各有六院,中央、浙江、中山三大學
各有七院。㈩戰後各大學均有擴充,如武大增設醫學院,廈大、復旦
增設海洋等系,而交大反而停辦系科❻。交大師生認為他們係為學校
本身之生存起見,不得已而請願,請願之目標為朱家驊部長答應之增
加設備經費暨平、唐兩分院仍歸交大。

東方語專全體學生一百五十人,亦於五月十七日上午十時赴教育
部請願,要求兩點:㈠撤換校長葛定華,謂葛氏任職一月,常不至校
辦公,且所有措施如停止發給醫藥費、減少報章雜誌之訂閱,均對同
學不利,現更延發膳食費,今日即無法開飯(語專全部為公費生),故
不得已來部請願。㈡請求改語專為獨立學院❼。後來經高教司司長周
鴻經接見解釋後,直到下午二時才結束請願。

南昌國立中正大學學生因遷校易長等問題,於五月十七日起罷
課,並高呼「明令撤換蕭校長」、「我們遷到廬山去」等口號,並籌組
請願團,準備晉京請願,雖經教育部督學吳兆棠等處理,但卻有愈趨
激烈之勢。十九日,省主席王陵基舉行記者會,公佈解決正大學潮之
要點:「㈠中正大學校內秩序,應立即恢復,不得妨害各個教職員及
學生之自由。㈡中正大學護校會之非法組織,應予解散。㈢依法恢復
該校學生自治會之活動。㈣學校員生不得非法私帶武器。㈤被打學生

---

❻　南京《大剛報》民國三十六年,五月十九日。
❼　南京《中央日報》民國三十六年五月十八日。

應自行起訴，請求法院依法裁判。㈥學校公費必須依法支用，學生不得脅迫學校將款移作其他用途。㈦各方分別勸導學生勿受少數分子脅迫，從事非法活動。㈧希望各生家長約束其子弟。㈨如有暴徒乘機利用，製造暴亂，查明時將予逮捕，與其他學生無關。㈩如繼續擴大風潮，必須時有趨於解散的可能，各學生應考慮自己學業前途。」⑫正大學生由於晉京受阻，乃於五月二十一日舉行遊行，遊行中與徒手憲警發生衝突，學生四人受傷⑬。

國立暨南大學因學生自治會選舉問題，上屆自治會不肯辦理移交手續，且將新任之常務理事王世華、于煥鎔綁架，下落不明。私立滬江大學則因「積點制」問題，發生罷課風潮，雖然學校同意按部頒計分法辦理，規定平時及格爲六十分，畢業成績平均爲七十分，但未爲學生自治會接受，仍舊堅持罷課到底；另外學生則組「反對任意罷課委員會」加以抵制，以求迅速復課⑭。此外，全國藥科學生聯合會亦推代表六十餘人，於五月十二日向教育部請願，要求：㈠將現有之藥學專科學校，一律改爲藥學院。㈡反對五年制（招收初中學生）之實施。㈢反對軍醫學校藥科縮編於國防醫學院醫科內。㈣恢復英士大學藥學系，並繼續招生。請願未果，該聯合會即通知全國各藥校總罷課，並發動全國藥學從業人員集體脫離工作崗位相當時間，以證明其重要性⑮。

在南京方面，五月六日，中央大學教授會集會，討論通過「要求提高教育經費改善教員待遇宣言」，提出六個要求：「㈠請政府決定並

---

⑫　南京《中央日報》民國三十六年五月二十一日。

⑬　《和平日報》民國三十六年，五月二十二日。

⑭　《益世報》民國三十六年，五月二十一日。

⑮　《文匯報》民國三十六年，五月十五、十八日。

施行全國教育經費最低不得少於國家總預算百分之十五。㈡各黨派及青年團訓練費用，不得由國家教育文化項內開支。㈢請政府直接撥充足外匯，交各學校訂購圖書儀器及科學器材，並簡化上項各物向國外訂購之各種手續。㈣教員薪津應明文規定，依照物價指數支付。㈤教授最高薪額，應由六百元提高至八百元。㈥如不能達到目的，吾人為國家前途及實際生活計，當採取適當步驟，以求上列決議案之有效貫徹。」❻中大學生亦於三月十一日召開系科代表緊急大會，決定自十二日起罷課，以促使政府增加副食費。當時中大學生在文昌橋學生宿舍的牆壁上寫滿各種意見和呼籲文告，學生簽名贊同者有二千餘人，歸納學生的意見有三：「㈠要求教育部增加副食費為十萬元，並按月就米價上漲予以調整；㈡系科代表大會應授權伙食團，即動用本學期尚存之全部膳費，恢復二月份菜蔬素質，至吃完之日為止；㈢待全部膳費吃光後，開始實行絕食，並作飢餓大遊行，列隊赴有關部院請願。」❼這些意見就是後來所謂「吃光運動」的前奏。

　　五月十三日，中大學生派代表十人前往行政院與教育部請願，未獲結果，故該校系科代表大會以一〇三票對十三票通過繼續罷課。關於中大學生請願的經過，文匯報報導云：「中大學生代表十人，今日分赴教部與行政院請願，要求增加副食費至十萬元，教部總務司賀司長接見謂，公教人員生活補助費增加百分之八十五一案，即可實施。學生副食費，仍可照公務員津貼七分之一數目發給，為四萬四千四百元。學生認為十萬元乃最低營養之標準，賀司長也將此意轉達朱部長，唯認為學生副食費，既經前國防最高委員會通過，教部無力更改。各

❻　〈中央大學教授會要求提高教育經費改善教員待遇宣言〉，《五二〇運動資料》頁一三四～一三五。
❼　《文匯報》民國三十六年五月十三日。

代表赴行政院請願時，由甘乃光秘書長接見，甘除允學生按公務員津貼增加七分之一計算外，並對請願代表訓示稱：『中國人員過多，耕地面積太少，所以中國窮，物資缺乏，所以物價亦漲，你們吃不飽，是實在的情形，可是，全國人民都吃不飽，我也吃不飽，我的兒女也吃不飽。』最後並勸各代表：『要領導群衆，不要跟著群衆。』」❻❽

中大學生的罷課行動和「吃光運動」，隨即獲得音樂學院和劇專的響應。五月十三日，音樂學院召開全體大會，討論改善伙食問題，決定自即日起，每日荣金增加一倍辦理，吃光後即絕食，並與各校一致行動，派代表向教育部請願。劇專亦於十四日決定罷課，響應中大增加副食費之要求。十五日，金陵大學學生自治會決定罷課，國立藥專學生亦通過無限期罷課，以響應中大。

五月十五日，中央大學、國立音樂學院及國立劇專等三校學生四千餘人，舉行所謂的「飢餓遊行請願」，《文匯報》報導其經過云：「晨八時在四牌樓中大集合，九時許整隊出發，中大校旗先導，三校聯合主席團王世德等九人領隊，學生手持各種旗子，有蘆席、有鐵皮，上繪漫畫及標語：『我們要飯吃』，『炮彈？麵包？』，『我們餓，上不得課』，有一席上繪飯碗一只，大書一『餓』字，高舉而行，沿途張貼宣言標語，散發傳單。」「十時三十分朱部長匆匆自外趕到，自人群中穿過，爲學生所阻，遂立於樓階，以學生所攜來麥克風向學生訓話，大意爲：公費制度原爲戰時規定，戰後爲救濟青年，仍維持此項制度，生活補助費調整後學生副食費可增至四萬八千元，自五月份起實行，並決定將六、七兩月提前發放，至於學生要求增加至十萬元，爲絕對辦不到的事，因爲不能不顧到國家整個的財政。」「十二時十分抵達政

院，由王雲五副院長與甘乃光秘書長接見，答覆學生要求：㈠增加副食費事，王副院長表示『沒有錢，預算不夠』，學生高呼：『錢哪裡去了？為什麼沒有錢？』王氏謂渠無權答覆，但決負責交下星期二之行政院院務會議討論；㈡本月份下半月伙食，提前借支半月即以五萬元為標準；㈢全國教育經費增加至百分之十五一案，須俟憲法施行以後方能更改。學生當即要求下半月之五萬元不算借支，並要求王副院長簽字保證，王氏不允，雙方僵持至下午五時，主席團仍於政院大樓上與王副院長及甘秘書長會商，王氏表示『頭可斷亦無力答覆。』」三校學生約至六時許始分頭返校❻❾。

　　五月十六日，金陵大學學生七百餘人，繼中大、劇專、音樂學院三校之後，亦舉行飢餓大遊行，分赴教育部、行政院請願，提出五項要求：㈠按生活指數增加公費生副食費。㈡半公費生及自費生普遍改為公費。㈢教育經費保持全國總預算的百分之十五。㈣增加私立學校經費。㈤立刻停止內戰。關於金陵大學飢餓遊行之情形，《大剛報》報導云：「上午九時，隊伍自學校出發，經珠江路至成賢街教育部，沿途高呼口號、運動標語，然秩序甚為良好。十時正，抵教育部，學生整集於門內空場中，宣傳組立即開始工作，在教育部板壁、粉牆及洋灰地面上用油墨書寫標語，成賢街兩側粉牆上，亦書滿標語。教部牆壁前日經中央大學學生裝飾一遍，事後曾出動全體工友擦洗乾淨，至此又被金陵大學生作運毫之所。遊行主席團求見朱部長，因部長他往，由杭次長立武代見，與杭次長會談無結果，並整隊續赴行政院請願。三時一刻，學生抵達行政院，主席團隨即與王副院長雲五交涉，談判至九時，仍無結果，遂向同學報告交涉之經過，『對目前的伙食問題，學

---

❻❾　《文匯報》民國三十六年五月十六日。

校方面已答應墊付，我們所提的要求，尚無結果，我們必須先回去以後再說』。同時，並由倪清原教授向政院交涉，用政院交通車輛送學生回去，女先男後，來回兩趟，至九時，學生始走完，時已萬家燈火。」**⑩**

五月十六日，中央大學系科代表大會第七次會議做成下列八項決議：㈠十七日晨起繼續罷課。㈡通電京滬杭各大學。㈢組織南京市專科以上學校聯合會（並促成全國性聯合會），要求增加教育經費，增加公費（包括增加公費名額）。㈣致函學校自十八日起罷課，罷課期間停止吹上課號。㈤致函教授會要求支持系科代表大會決議。㈥加強聯絡工作，組織宣傳隊赴丁**⑪**，宣達系科代表大會決議及發行快報。㈦向違反系科代表大會決議之上課教授表示遺憾。㈧聯合會決定請願後即通知本會，以便召開系科代表大會決定**⑫**。從此以後，要求增加公費與爭取教育經費的示威遊行，有擴散爲全國性學潮的趨勢，南京學生並表示歡迎滬杭學生來京請願。

五月十七日，「南京大專學校爭取公費待遇聯合會」發表成立宣言，要求政府：㈠把軍費用來彌補教育經費，使教育經費合於百分之十五的規定。㈡實行全面公費。㈢學生公費按職工生活指數調整，以十萬元爲基數，並維持二斗三升的配購米。㈣改善教職員工警待遇。最後，宣言並略帶威脅的口吻說：「上面的要求是最基本的要求，是飢餓的學生群出於迫不得已的要求，要是誰否定了我們的要求，就是扼殺我們的生存，我們決以集體的行動來爭取，不達目的誓不休。」**⑬**

---

⑩　《大剛報》民國三十六年五月十七日。

⑪　「赴丁」即指到丁家橋中大二部，包括醫、農學院及一年級學生課堂與宿舍所在地。

⑫　《五二〇運動資料》頁一五七。

⑬　〈南京區大專學校爭取公費待遇聯合會成立宣言〉，《五二〇運動資料》頁一六八。

關於以中央大學爲中心的學潮演變，中共地下黨所扮演的角色，劉曉曾回憶說：「五月十二日，中大地下黨支部根據南京市委的決定和南京市學委的部署，召開了各系學生代表會，一致決定自即日起宣佈罷課，向國民黨政府教育部請願，要求按物價指數增加公費，並決定先按營養標準吃飯，吃完了再說，稱爲『吃光運動』。他們又聯絡南京各校和上海、杭州、北平等地學校進行聯合鬥爭。南京金陵大學首先響應罷課，全校學生還到行政院請願。十五日，中央大學又聯合金陵大學、音專、劇專、藥專等高等學校的學生打著『我們餓，上不得課』，『向炮口要飯吃』等標語旗幟舉行遊行示威。」❼

以上是南京五二○事件發生前，南京和上海等地學潮的情形，由於此次學潮所提出之宣傳訴求與學生有切身關係，因此很快地獲得各地學生支持，產生「席捲而來」的浩大聲勢效果。

二　南京五二○事件

民國三十六年五月二十日，京滬蘇杭區專科以上十六校學生在南京舉行聯合大遊行，遊行過程與軍警發生衝突，造成流血事件，稱之爲「南京五二○事件」，中共稱之爲「南京五二○血案」，是整個五月學潮的最高潮。

在五月十六日中大系科代表大會決定進行組織「南京市各專科以上學校要求增加公費與爭取教育經費聯合委員會」，並有將其擴大爲全國性組織的構想。因此中大學生自治會理事會乃將其決議內容向全國各大學發出快郵代電，上海由交大轉達各校，杭州由浙大轉達，北平由清華、北大、燕京轉達，天津由南開，漢口由武大，重慶由重大，

---

❼　同❺。

成都由川大、華大，廣州由中山大學，雲南由雲大轉達各校，以為響應聲援。

中大學生發起「吃光運動」後，首獲浙江大學的響應。五月十四日，浙大學生自治會貼出小啓云：「為了飢餓與苦難，感於營養之不足維持最低生活，我們這些被生活壓迫的人，竭誠高呼響應中大吃光運動。」**⑦⑤** 該小啓中並提出辦法二則：㈠將本月份應得之副食費按營養標準提前吃光。㈡馬上罷課；如教育部仍不增加副食費，則集體晉京請願。該小啓貼出後，即獲學生簽名支持。十七日，發表罷課宣言，要求改善教育，安定生活；並派晉京請願團代表六人赴京，前往車站歡送之學生有一千餘人**⑦⑥**。

在上海，五月十四日，國立上海醫學院學生自治會為反對藥科改為五年制，要求增高藥學教育地位，並響應南京中大罷課事件，決定立即罷課。十五日，上海醫學院和暨南大學均致函電給中大學生自治會表示響應；到了十六日，上海各大學中響應「吃光運動」者已有交通大學、上海醫學院、暨南大學、同濟大學、復旦大學等五校；十七日，國立各校在上海醫學院校內舉行聯誼大會，當即成立「上海市國立學校學生聯合會」，響應中大學生行動，並提出增加副食費至十萬元及全部大學生一律公費待遇等四項要求，同時並決議：㈠各校推派代表晉京向教育部請願；㈡若要求不獲結果，上海各國立大學開始吃光運動**⑦⑦**。

在平津，五月十六日，清華大學首先致電中大，表示響應，並決定十七日罷課三天，以「抗議政府進行內戰，而置各校師生生活於不

---

⑦⑤　《文匯報》民國三十六年五月十五日。

⑦⑥　《浙江大學求是周報快報》第三期，民國三十六年五月十七日。

⑦⑦　《文匯報》民國三十六年五月十八日。

顧」❼❽。並以「清華大學反內戰反飢餓罷課抗議委員會」名義發表告同學書，以學生自治會名義發表罷課宣言，除了表示「支持中央大學等校為飢餓而採取行動的同學」外，並呼籲：「㈠改善人民生活，增加學生公費，先修班同學應享有同等公費待遇。㈡依據政協原則，停止內戰。㈢反對武力統一政策。㈣成立舉國一致擁護的聯合政府。」❼❾之後，除了清大教授響應學生罷課外，北京大學亦決定於十九日開始罷課，餘如中法大學、燕京大學、南開大學、唐山交通大學亦紛紛響應。

國民政府當局深切瞭解此次學潮為中共所策動，內情不單純，且有擴大惡化之趨勢，因此採取一連串之制止措施。五月十七日，內政部訓令各省省政府及南京、上海、天津、北平、青島、重慶等市政府，禁止罷工、罷課、請願遊行，要求在「非做有效制止不可之時，亦須依法辦理以昭折服而免口實」❽⓪。五月十八日，國民政府公佈施行「維持社會秩序臨時辦法」，禁止越級請願並限制請願代表為十人。其辦法如下：㈠凡人民團體或學校學生，如向政府有所請求，應向當地主管機關呈請，主管機關不能解決時，應候主管機關向其上級機關呈請核辦，不得越級請願。㈡凡人民團體或學校學生請願時，應派代表向主管機關陳述意見，其代表人數以十人為限，不得聚眾威脅，違者應依刑法第一百四十九條之規定予以解散。㈢各學校學生，如有罷課或遊行示威或其他擾亂公安情事，各該管教育行政機關，應採取必要措施，或予以解散。㈣各地人民團體，如有罷業罷工或遊行示威或其他擾亂公安情事，各該管行政機關，應採取必要措施或予以解散。㈤凡人民

---

❼❽ 《清華週刊》復刊第十三期，民國三十六年五月十八日。

❼❾ 同前註。

❽⓪ 〈內政部禁止罷工、罷課，請願遊行訓令〉，內政部檔案，《五二〇運動資料》頁二三二。

團體或學校學生不遵守以上條文規定,致妨害公共秩序、阻礙交通、妨礙公務、毀損公私財物,或傷害他人身體者,當地政府應採緊急處置,作有效之制止,其觸犯刑法者,並送由司法機關處理。㈥本辦法自公佈日施行[81]。隨後,教育部即將辦法轉知各校遵行,並要求「已罷課者,即日復課,並查明滋事分子,分別主從,從嚴懲處,爲首者一律開除學籍」[82]。

同日,蔣主席亦發表「整飭學風,維護法紀」的談話,指明中共利用學生,策動學潮,破壞秩序,擾亂社會,「窒息吾人生機」。他並提醒青年學生要有警覺性,了解共黨煽動學潮之陰謀,勿爲暴亂奸徒所「脅制與玩弄」,斷送國家生命及自身之前途。最後,蔣主席警告,絕不容許使培育青年之機關成爲毀法亂紀之策源地,必要時將採取斷然之處置。蔣主席說:「最近發生之學生行動,實已越出國民道德與國家法律所許可之範圍,顯係共產黨直接間接所指使,如長此放任,不但學風敗壞,法紀蕩然,勢必使培育青年之機關,成爲毀法亂紀之策源地。國家何貴有如此之學校?亦何惜於如此恣肆暴戾之青年?爲保障整個國家之生命與全體青年之前途,將不能不採取斷然之處置。」[83]

儘管蔣主席苦口婆心,維持社會秩序臨時辦法規定明確,但中共地下黨及罷課學生並不稍加理會,仍繼續籌劃五月二十日的大遊行。五月十七、十八兩日,「南京市專科以上學校要求增加教育經費、學生公費聯合會」分兩次在中央大學學生自治會閱覽室開會,討論聯合原則和五二〇遊行事宜。出席者有:國立音樂院代表廖一鳴,國立藥專

[81] 《文匯報》民國三十六年五月十九日。
[82] 〈教育部飭令所屬執行維持社會秩序臨時辦法代電〉,教育部檔案,《五二〇運動資料》頁二四一。
[83] 南京《中央日報》民國三十六年五月十九日。

代表鍾杰、宋惕、李廷元,國立劇專代表向夢俠、欒紅福,國立中央大學代表王世德、朱成學、蕭蓉生、樊友熙等人,由朱成學、王世德分任主席,會中決定以各校全體同學聯合請願的方式,於五月二十日赴參政會、行政院請願。聯合要求的原則有三:㈠要求增加教育經費;㈡五月份同學副食費應增加為十萬元,以後按此標準實報實銷;㈢專科以上學校學生應一律為公費待遇。關於聯合請願費用預算方面,總預算一百四十五萬元,中大負擔七十萬元,金大負擔三十萬元,藥專、語專負擔十五萬元,劇專、音院負擔十萬元。集合地點在中大,集合時間是上午九點半❽。

五月十九日,上海市國立大學與專科學校學生代表三十六人暨浙大代表六人,組成「滬杭區國立院校學生搶救教育危機晉京代表聯合請願團」,於上午十一時搭車赴南京。在出發前,上海市復旦、交大、暨大、同濟、上醫、音專、幼專、吳淞商船專校、高級機械專校、上商等十國立學校與上法、中華工商專校、大夏三私校共十三單位,七千餘學生在暨大二院大操場舉行盛大歡送會。歡送完畢,舉行飢餓大遊行,學生遊行隊伍從北站出發,經河南路、南京路、西藏路、大世界轉入愛多亞路,最後到外灘公園解散。

滬杭學生晉京請願代表抵南京後,當日晚上與中大、金大、劇專、音樂院、藥專等學生八百餘人舉行聯誼晚會,組成「京滬蘇杭區十六專科以上學校挽救教育危機聯合會」,並舉行第一次會議,決議事項如下:㈠聯合請願原則除一般性外可有特殊性之要求,但該特殊性之要求應由該校負責。㈡聯合請願之原則:⑴全國教育經費需至總預算百

---

❽ 〈南京市專科以上學校要求增加教育經費、學生公費聯合費關於聯合原則和五二〇遊行的會議記錄〉,中央大學學生自治會檔案,《五二〇運動資料》頁一六一~一六六。

分之十五。(2)五月份學生副食費應增至十萬元。(3)專科以上學校應一律享受公費待遇。(4)提高教職員工研究生待遇或生活津貼，並按照物價指數逐月調整。(5)請政府直接指撥充足外匯交各學校訂購圖書儀器及科學器材，並簡化該項文物向外國訂購之手續。㈢關於各校特殊要求由本會另具書面向當局提出之。㈣宣言口號。㈤請願程序：主席團先到教部，再返中大參與大隊，九時回到參政會，再去行政院。㈥請願主席團每校一人，請願代表召集人由中大擔任。㈦請願書根據宣傳原則擬定，由中大擔任 ❽❺。當晚，中央大學自治會並以五大學名義，向首都衛戍司令部申請示威遊行，但爲該部所駁回。

　　五月二十日示威遊行的經過，和平報的記者作如下扼要的報導：「上午八時左右，中大學生開始集合。不久，農學院、醫學院和英士大學的代表來了；上海、杭州的學生代表和社教學院的學生代表也來了。當時，記者算人數，中大是三百八十八列，每列三人，共是一一六四人，英大學生二十餘人，滬杭學生四十人。他們把隊伍整理好，先在操場上繞場一週，就由寶泰街奔向金大，擬與金大學生會合。金大學生二百餘人，八時左右也集合好了，準備到中大去參加遊行。因爲金大教授會議決勸導學生復課，不許外出遊行，所以教授們即往勸阻，部分徒手軍警也幫助勸阻。十時二十五分，中大的隊伍到達鼓樓，金大訓導長和軍警交涉後，憲警自動撤退，金大學生走了出來，在鼓樓和中大隊伍會合了，學生隊伍由鼓樓向國民大會堂進發。憲警爲執行制止集體請願的命令，已在珠江路廣州路口列成橫隊，阻止學生前進，在那裡，徒手警察臂挽著臂，排成三列，作爲『阻止線』，旁邊另有兩架水龍。警察後面，又是徒手憲兵，他們一共約有二百多人。」

---

❽❺　〈京滬蘇杭區十六專科以上學校挽救教育危機聯合會第一次會議紀錄〉，中央大學學生自治會檔案，《五二〇運動資料》頁二二九。

「十時五十分，學生隊伍到了珠江路口，就向警察交涉，要求通過。開初，雙方態度都很好，相持十幾分鐘，因為警察為執行任務，始終不允學生通過，學生就決定衝過這『阻止線』。他們把隊伍整理好，是十一時零三分，學生衝向前去，警察的隊伍散開了，學生隊伍就向前進發，十一時十分，水龍不得已發放了。學生們衝向前去搶奪水龍，於是，秩序混亂了，而且毆打起來。毆打了十多分鐘，雙方都有負傷的人，並有少數學生被警察拘留了。學生大隊伍繼續向前走，在林森路西段，憲兵騎兵隊排成橫隊阻在路上，並且向學生勸說，要他們不要再前進，學生隊伍停留下來，這時是十一時二十五分。學生行列在林森路停留了八小時。在停留中，行列雖然靜止，但學生的宣傳組卻展開工作，唱著歌，喊著口號，到後來，圍觀的民眾多了，學生們便向觀眾不斷發表演講。」

「在僵持中，學生派出代表王世德等八人到參政會去謁見參政會邵力子秘書長，經學生代表提出各項條件，邵秘書長負責答覆。五時，學生代表七人和邵秘書長、代表王同榮由國民大會堂歸返，王氏當即對學生聲明下列三點：㈠諸同學今天向參政會提出的要求及意見，邵力子先生決負責向參政會主席團報告。㈡增加教育經費一事，乃參政會一貫主張，希望學生此次請願乃最後一次。㈢邵力子先生負責解除國民大會堂前的戒嚴，俾請願學生可通過國民大會堂前歸返學校，一切受傷學生醫藥費用，政府全部負責。隨後由一學生代表立於汽車上向請願行列重述上列三點，到五時五十分，騎兵隊撤離，學生隊伍整理後，才慢慢向前進發，這時已是午後六時。學生們在停留中已喊得力竭聲嘶，但繼續前進時，他們的喊聲並沒有減退，而在國民大會堂時喊得更響亮，在那兒，他們的口號是：『反對內戰！』『反對徵兵！』『反對徵糧！』『參政員拿出良心來！』反而要求增加副食費的呼聲，

聽不到了！通過國民大會堂之後，學生隊伍的行進速度增加了，喊口號的聲音也低落下來，走回中大然後離散開去。」❽

　　關於珠江路口的衝突，首都衛戌司令部代司令官張鎮當晚曾舉行記者會說明，張鎮說：「本部見學生既已不聽各方勸阻，結隊出校遊行，爲避免發生意外起見，當將平日派出之巡邏武裝憲警，一律撤回。故學生遊行隊伍於抵達珠江路口，阻止學生前進者完全爲徒手憲兵與警察。當時曾由東區警察局陳局長親自向遊行學生一再懇切開導，而學生摩拳擦掌叫罵愈烈，數次準備衝過徒手憲警之行列。相持半小時，學生遂相互挽臂，一聲喊衝，即向徒手之憲警橫面衝過，而後續隊伍亦挽臂搭肩一擁而上，秩序因而紊亂。在場警察初擬以水龍放水驅散，不意水管已被有組織之學生糾察隊所奪，反持水管射向側面與地上。此時學生之糾察隊、宣傳隊行動愈形劇烈，乃紛紛以書寫標語之鐵質油墨罐及旗杆，並向附近商店奪取木棒，向徒手憲警攻擊。當時情形極爲混亂，陷入互毆互扭之狀態，憲警中有數十人被毆傷，制服爲油墨所汚損，當時地面積水路滑，此挽臂搭肩之學生，，與在場憲警致多有跌仆者，學生亦有十餘名受傷。截至下午四時止，已查明警察憲兵之受傷者，已有羅漢佛、李經榮、宋超凡等二十八名，餘在續查中；學生亦有十餘名受傷，惟以學生持有鐵罐旗杆等作爲武器，故實際受傷者，憲警當較學生爲多。」❽

　　首都警察廳特別警備大隊隊附湯毓德在取締五二〇遊行的報告中，對於珠江路口的衝突，亦有很完整的說明，湯毓德說：「至十時三十分，即有中央、金陵等大學學生約三千餘人，以中大爲先導，卡車四輛結隊由中山路高呼口號向國府路前進。渠等視有憲警阻止，初

---

❽　《和平日報》民國三十六年五月二十一日。
❽　南京《中央日報》民國三十六年五月二十一日。

以向陳指揮官交涉通行，經指揮官多方勸阻，堅意不從，繼則學生集體挽臂蜂擁前衝，呼嘯鼓噪如豕突狼奔，並以自行車多輛、卡車兩輛，向在場憲警猛衝。我憲警等以命令所在，仍堅予勸告，詎遊行隊伍中暴徒竟各持標語、旗杆、木棍及宣傳油墨、石頭等物，向我憲警毆打擊拋，致一時秩序混亂。我員警秉上峰意旨打不還手罵不開口，實行解散遊行行列。但學生等乃變本加厲肆意毆打，致東區警員及職隊分隊長譚平宣、警士劉志杰等十五人均被打傷，尤以劉志杰、蕭義仲、杲學鑾等三名傷勢為最重。而遊行學生在蜂擁浪奔中，自相踐踏亦受傷多人。在此情形之下，我憲警既不能使用其他有效方法，故被其衝破，並蜂擁搶毀水龍，迫使消防隊施以水龍沖射，始將該學生等隊伍截斷，未能通過學生約一千人，雖經勸告散去，然已衝過之學生約二千人無法再行阻止，即向國府路前進。」❽

　　遊行學生在事後的「南京五二○血案記實」中，則極力指控軍警的「暴行」，說：「在這裡，我們不得不控訴警察特務們已喪失了人性，他們已打紅了眼睛，打黑了心，逢人就打，只要力氣許可，要打多少下就打多少下，愛怎樣打就怎樣打，善良的同學們，看打來了，閃開或抱住頭等著挨打，所以，被打同學非常普遍，毆傷流血者五十餘人，重傷者八人，遭打者起碼五百人之多。」「趙海倫（女）被警察十幾人圍打，仆倒馬路，傷頭、胸部、兩肘、兩膝，跌倒後，有警員跳起來踏她的身軀，因而又造成嚴重的內傷。趙之巽（女）頭部受木棍毒擊倒地，警員五、六人左右用腳互踢。孫傲滄的傷，據醫生說是複雜骨折，是用鐵器猛擊，腿骨斜折粉碎，躺在加油筒旁，鮮血汩汩流出。黃斌同學是為援救女同學時右肋被木樁猝擊，立刻嘔血昏厥。還有很

❽　〈首都警察廳特別警備大隊報告取締五二○遊行經過呈文〉，首都警察廳檔案，《五二○運動資料》頁三一○～三一一。

多更是我們心疼得無法敍述下去的情形。」 **89**

　　在這次衝突中，軍警和學生受傷之情形，五月二十日晚雙方各自舉行的記者會中，首都衛戍司令部代司令官張鎮指出軍警受傷者約有二十八名；學生方面則稱，失蹤者有張志東、徐梅洲等四十二人，輕傷者三十九人，重傷者有趙之巽（女）、孫傲滄、顧恩祥等三人，其中以孫傲滄負傷最重，右腿已被擊斷 **90**。事後，中央大學學生自治會的估計，則重傷十九人，輕傷一〇四人，被捕二十八人，「被毆打侮辱者不計其數」，故稱之爲「五二〇大血案」 **91**。

　　五二〇事件發生後，中大學生馬上成立「五二〇血案處理委員會」和一個「臨時工作委員會」，展開宣傳和善後的工作，同時京滬蘇杭各地學生亦紛紛聲援。五月二十三日，「京滬蘇杭四區十八專科以上學校學生挽救敎育危機聯合會」發表向政府抗議書，要求六點：㈠立即釋放所有被捕同學。㈡嚴懲首都衛戍總司令部代司令張鎮、首都警察廳長韓文煥、東區警察局長陳善周及行凶軍警，並追究此次慘案責任。㈢立即撤銷「維持社會秩序臨時辦法」。㈣賠償一切損失。㈤切實保障人身言論出版集會結社遊行請願自由 **92**。

　　五月二十四日，中大敎授會一百五十餘人集會，認爲政府對於此次學潮未有完全妥善之處理，以致釀成不幸事件，要求政府嚴屬懲處當日肇事之警察，並保證日後不再有類似事件發生。其決議有二：對

89　五二〇血案處理委員會，〈南京五二〇血案紀實〉，中央大學學生自治會檔案，《五二〇運動資料》頁二六〇～二六一。

90　《文匯報》民國三十六年五月二十一日。

91　〈中央大學學生自治會駁斥張鎮談話〉，中央大學學生自治會檔案，《五二〇運動資料》頁二九二。

92　〈京滬蘇杭四區十八學校學生挽救敎育危機聯合會爲五二〇血案向政府抗議書〉，國史館檔案。

同學方面，推舉代表慰問受傷及被捕同學；募捐慰問受傷同學；勸導同學早日復課。對政府方面：針對此次不幸事件向政府表示遺憾；對於此次肇事警察請政府嚴予懲處，並保證以後不再有類似事件發生；希望政府對青年應本愛護態度；繼續向政府力爭務期本會前次宣言中所提之五項能早日實現。其決議並於五月二十六日致函行政院參考。❸

五月二十日晚上，當南京五二〇事件的消息傳至上海後，上海學聯馬上發表抗議書，其他如上醫、同濟、交大、暨大亦多有抗議行動。五月二十一日，交大學生自治會舉辦一晚會，學生千餘人參加，由返校晉京代表報告五二〇事件，之後並召開系科代表大會，決議：㈠聯合上海市各校抗議政府暴行：甲、要求：⑴嚴懲凶手張鎮。⑵立刻釋放被捕學生。⑶要求政府保障人權。⑷立即撤消所謂維持秩序臨時辦法。⑸要求實現四項諾言。⑹實現邵力子諾言。乙、行動：⑴定二十三、四兩日為「抗議南京慘案日」，全市各校總罷課。⑵派代表慰問受傷同學。⑶向聯合國安全理事會及國際人權保障會呼籲並對摧殘人權行為控告。⑷向世界各國人民及青年聯合會呼籲。⑸絕食一天表示支援和抗議，省下伙食費捐助同學。⑹復課日期由上海學生聯合會決定。㈡響應平津學生反內戰運動：甲、要求：⑴立即停止內戰。⑵恢復政協路線。⑶停止徵兵徵糧。乙、行動：⑴上書參政會。⑵響應六月二日號召，並發起全國反戰學生聯合會❹。隨後，交大、同濟、復旦、大同、東吳、光華等三十七校代表組成「五二〇慘案後援會」，在後援會號召下，五月二十三日上海市四十校為抗議南京五二〇事件一致罷課；到二十四日罷課的學校擴大到七十餘校。

---

❸　〈國立中央大學教授會決議案〉，國史館檔案。

❹　陳雷，〈向炮口要飯吃——上海〉，《學潮憶舊》（鴻鳴編），香港，中原出版社，一九九〇年五月，頁二一八～二一九。

　　由於上海學潮有擴大之趨勢，從五月二十二日開始，上海警備司令部大舉逮捕中共地下黨分子及罷課學生。二十四日，復勒令《文匯》、《聯合》、《新民》等三家報紙停刊，使中共地下黨及罷課學生的氣燄稍挫。二十七日，原京滬蘇杭四區之學聯會改組爲「京滬蘇浙豫五區十九專科以上學校學生聯合會」，向行政院投遞了一個備忘錄，要求四點：㈠立即答覆五月二十日及二十三日的十一點要求。㈡立即釋放五月二十二日以後所逮捕的學生。㈢立即撤消對上海《文匯報》、《聯合晚報》和《新民報》的停刊令。㈣保證今後無類似事件發生❾❺。備忘錄中並要求政府在短期間內圓滿的答覆，「否則今後所發生的一切事件及其後果，將由政府負完全責任」，同時表示即日起繼續罷課一週，並進行擴大宣傳工作。因南京五二○事件引發的學潮鬥爭，似乎仍然持續下去。

第三節　五月學潮（下）

　　以反飢餓反內戰爲訴求的五月學潮，不僅是在京滬蘇浙熾熱展開，在平津武漢亦有響應行動，造成舉國風潮。當南方學生喊出：「向炮口要飯吃」、「我們餓，上不得課」的口號時，北方的學生也喊出：「舉起我們骨瘦的手，向飢餓宣戰，向飢餓的製造者宣戰！」這次的學潮從五月初開始，至六月十六日始告一段落。以下說明五月學潮在平津的發展和武漢大學「六一事件」始末。

三　五月學潮在平津

　　五月學潮在平津地區的展開，係從清華園開始。因經濟惡化，物

---

❾❺ 〈京滬蘇浙豫五區十九專科以上學校學生聯合會爲抗議政府摧殘敎育剝奪人權致行政院備忘錄〉，國史館檔案。

價飛漲，導致教授和學生生活艱困的情況，雖然是全國普遍的現象，但以北平為最嚴重。

　　同學們本來已沒有油星的菜碗裡，現在只剩下白開水煮的菜葉，主食由饅頭、米飯，改為棒子麵蒸的絲糕和窩頭，後來連絲糕也快吃不起了。一向有貴族學校之稱的燕京大學，也一度出現了斷炊的現象。清華大學的校園裡，同學們出賣衣物的小條比比皆是，有的上面沉痛地寫道：「賣盡身邊物，暫充腹中飢」。學生自治會主辦的清華週刊憤怒地喊道：「內戰聲高，公費日少。今日絲糕，明日啃草」。一場大規模的學生運動風暴在孕育著。❻

學生如此，教職員亦困窘不堪。五月上旬，清華大學教職員上書梅校長要求調整待遇，書云：「職等服務學校，薄俸不足維持生活，已非一日，而邇來國內市場混亂，物價高漲，北平尤甚，處此米珠薪桂之境，職等捉襟見肘，勢將淪於匱乏。無衣無食，何以從公？言念政府曾一再宣示教育為國家百年樹人之大計，豈能置公教人員生活於度外。用特懇請鈞長代呈政府當局，迅照現實物價指數，調整公教人員生活待遇，俾能略具薪水之資，勉襄國策，使得國家得收養士育材之效。」❼

　　教職員除上書校長外，亦致函教授會，要求聲援，函云：「邇來國內經濟混亂，物價飛漲，同仁等待遇原已菲薄，而薪俸加成，又遠落物價之後，生活艱苦之情，實深痛心。今山東河南武漢各大學教授

❻　共青團北京市委青年運動史研究室，《北京青年運動史》頁三八五。
❼　《清華週刊》第六八八期，民國三十六年五月十一日。

等要求調整待遇，已開始罷教。北平公教人員，盡在發起簽名之中。同仁等爲國家教育前途設想，亦爲自身及家屬生活計，何能自甘緘默？惟是調整待遇應隨時按現實物價指數辦理，否則即失保障生活之義。殘喘苟延，前車可鑒，教育停頓，爲禍實多。爲此同仁等除簽呈校長轉請政府自即日起按現實生活指數隨時作合理調整外，並向貴會呼籲，請以一致要求爲其聲援。如所請未獲圓滿解決，則惟有共同採取有效抗議，促其實現。」⑱

　　五月十二日，南京中央大學學生爲促使政府增加副食費，發動罷課後，清華大學學生自治會於五月十五日下午六時半在東飯廳召開代表大會，出席系級代表九十餘人，會場氣氛激昂，會中決議十七日起罷課，「抗議政府進行內戰，而置各校師生生活於不顧」，並授權理事會草擬各項宣言電文，要求停止內戰，改善教授學生生活，聲援上海法學院、中大、交大及各地反對會考高中畢業同學⑲。次日，清大學生自治會致電中央大學學生自治會，表示決定以罷課行動響應。電文云：「我們同情你們的罷課，同時爲反內戰、反飢餓，我們全體同學已經決定以罷課的行動，響應你們。願我們攜起手來。」⑳

　　清大學生罷課後，除了中法大學共鳴社等七個社團、燕京大學文摘社等十個社團聲援響應外，清華大學的教授、講師、教員、助教亦簽名支持，截至十七日下午一時止，計有錢偉長等八十一人簽名。簽名教授致函全校同學云：「本校同學爲反內戰反飢餓而罷課，同仁等對於此嚴正行動表示衷心同情，內戰造成全國人民普遍之死亡與飢

⑱　同前注。
⑲　《清華週刊》復刊第十三期，民國三十六年五月十八日。
⑳　〈清華大學致中大響應電〉，民國三十六年五月十六日，中央大學學生自治會　檔案，《五二〇運動資料》頁一九一。

餓，因不僅我校員生獨受其苦痛，即參政員立法委員諸公亦覺以行動爭取和平之大要，同仁等深有同感，願共為和平民主而努力。」**⑩**

　　隨著清大之後，北京大學也召開院系聯席會議，決定成立「北京大學反飢餓反內戰罷課行動委員會」，決定自十九日起罷課三天，並上街宣傳。接著北平鐵道管理學院、朝陽學院、燕京大學、中法大學等校學生，亦都先後捲入了反飢餓反內戰的浪潮中。關於當時北平的反內戰反飢餓學潮醞釀的情形，《文匯報》曾報導云：「古城邁進五月後，學潮澎湃，現罷課者有北洋平校、交大平校，而醞釀罷課者則有清華、燕京、師院等校，罷課原因為『教授貧苦，同學飢餓』，遂有『各大學聯絡起來，對現行教育政策來一個總清算』的呼聲。」「古城各學府空氣連日異常緊張，一個新的五四運動勢將爆發。清華已於今（十七）日罷課，北大則定十九日開始罷課，並定是日為『反內戰日』，聯絡全國各地學校一致行動。記者今至紅樓見民主牆上遍貼『反內戰』、『反飢餓』之標語，並有各教授之意見發表，皆表同情於學生。」**⑩**

　　北平各校學生罷課後，即積極宣傳反內戰；比起其他地區，北平學生對於內戰和飢餓的關係剖析得更為直接露骨，煽動性更強烈。如清華大學學生自治會的反飢餓及反內戰罷課宣言云：「我們認為，一切的根源在於內戰，在於當局的實行武力統一政策。是內戰，使得大量的財富被毫無顧惜地塞進炮筒；是內戰，使得千百萬人民遭受慘痛的毀滅；是內戰，使得法幣像天文數字般發行，把物價攛向無比的高空；內戰不停，當局的武力統一政策不放棄，則飢餓將永遠追隨著人民，『吃飯問題』將永遠成為一個無法解決的死結。」**⑩**北平鐵道學院

---

⑩　《清華週刊》罷課特刊第一號，民國三十六年五月十八日。

⑩　《文匯報》民國三十六年五月十八日。

⑩　《清華週刊》復刊第十三期，民國三十六年五月十八日。

學生的「反飢餓反內戰告全國同學書」講得更明白：「我們反對飢餓，內戰是促使飢餓的原因。因此，我們也反對內戰，內戰和飢餓，結成不解緣了。惟有消滅內戰，才能消除飢餓。」⑩

　　天津南開大學學生為反內戰反飢餓告全國同胞書中，則更感性而煽情地說：

> 我們要活，但是我們不能活！物價一直往上漲，工廠倒閉了，商店關門了，千千萬萬的人失業，千千萬萬的人逃亡，千千萬萬的人掙扎在飢餓線上，死亡線上、為什麼？因為飢餓，因為內戰！今天，我們念書的不能安心念書，教書的不能安心教書，為什麼？因為飢餓，因為內戰！今天，全中國充滿了騷動，充滿了不安，徵兵徵糧，裁員裁薪，自殺投河，搶案暴動……為什麼？因為飢餓，因為內戰！今天，統治者為了自己的利益，窮打內戰，濫發鈔票，吸我們的血，剝我們的皮，我們要活呀，我們不准他們打內戰，不准打內戰！⑩

　　除了宣言之外，學生並組成宣傳隊、家庭訪問隊到北平街頭宣傳。一個叫「如冰」的學生曾記述宣傳隊工作的情形，她說：「二百多人的宣傳隊伍，在已是炎熱的日光下縱貫了燕京大學而到了海淀，當糾察隊員都分散而站立在自己的崗位上時，宣傳隊更熱烈展開了工作，歌聲引來了許多人，有商人、農人、工人、車夫、皮匠、學生和警察，

---

⑩　〈北平鐵道學院學生為響應中央大學並提出反飢餓反內戰告全國同胞書〉，中央大學學生自治會檔案，《五二〇運動資料》頁一九三。

⑩　〈天津國立南開大學學生為反內戰反飢餓告全國同胞書〉，中央大學學生自治會檔案，《五二〇運動資料》頁二〇一～二〇二。

把歌唱的人圍成了一個圈兒，把街道都阻塞了，唱完了歌，便是熱烈
的演講和解說，一字一字地深印在他們腦裡——內戰把物價弄高，內
戰把人民殺死餓死，但誰要發動打內戰？是不是讓內戰一直打下去？
他們熱心的傾聽著。當汽車要貫穿時，按了許多聲喇叭，他才慢慢的
不願意地讓開。聽到鈔票不值錢，政府拼命打內戰，老百姓裡抽去當
兵的在戰場上打死，在家裡活活餓死……時他們都互相交換著目光，
了解地點了頭。」⑩這種街頭的反戰宣傳，效果如何，無法評估，但
給北平當局帶來困擾，則不容置疑，因此，也就有所謂的「五一八事
件」的發生。

　　五月十八日，清大、北大、北洋平部三校的學生組成宣傳隊，赴
北平市區作宣傳，在行經西單牌樓時，與青年軍二○八師的士兵發生
衝突，導致學生六人受傷，青年軍二人受傷。此一事件，中共稱之為
「五一八血案」或「西單血案」。關於此一事件的經過，北平市長何思
源云：「巧（十八）日有北大、清華、北洋三校一部學生八十餘人出
校作反內戰、反飢餓宣傳，在西單與青年軍因爭辯互毆，學生受傷六
人，青年軍受傷二人。」⑩青年軍二○八師孫參謀長在接受訪問時說：
「本師係訓練失業失學青年之機構，士兵均受過中等以上教育之青年
學生，與普通軍隊之士兵性質不同，今日適值星期日，士兵進城渡過
假期，在西單與演講學生相遇，學生攔住本師士兵所乘汽車，書寫標
語，並演講許多諷刺言語，該士兵等目睹學生在市面及在本師汽車上
所寫標語，多含有煽動刺激意義，耳聽學生演講，有侮辱國家元首及

⑩　〈北平街頭宣傳記實〉，《清華週刊》罷課特刊第一號，民國三十六年五月十
　　八日。

⑩　〈國民政府文官處抄送北平市政府有關學潮密電〉，教育部檔案，《五二○運
　　動資料》頁三四三～三四四。

擾亂社會秩序之言詞，該士兵等因本身係青年學生，對於愛護國家、尊重元首之情緒特強，與講演學生之意見相左，因而發生口角，遂致互毆，學生與本師士兵均有受傷。」❿

　　五一八事件發生後，當天晚上，北大、燕京、清華、北平北洋、天津北洋、師院、中法、鐵院、唐山交大、朝陽、南開等十一校成立「華北各院校五一八血案後援會」，通過四個重要決議：「㈠向行轅抗議五一八血案，重申保障人權。㈡派代表慰問受傷同學。㈢通過九項口號。㈣自十九日起各校全體罷課。今後各校一切行動，均由後援會決定。其九項口號爲：㈠抗議五一八血案，確實保障人權。㈡反飢餓，反內戰。㈢公教人員生活待遇應按物價指數比例增加。㈣提高教育經費，占國家總預算百分之十五。㈤全國各公私大中學生應一律公費待遇。㈥停止徵兵徵糧徵購。㈦清算豪門資本，徹底挽救經濟危機。㈧提高工人生活，減輕農民痛苦。㈨恢復政協路線，實現眞正民主政治。」❾

　　五月二十日，北平各院校學生舉行反飢餓反內戰遊行。遊行的經過，北大校長胡適略云：「二十日上午北大、清華、燕大、輔仁、師院、鐵院各大學，及一部分中學學生共約四千人，在北大第一院操場集合，於下午一時三十分結隊出發，經東四、東單、王府井、長安街、西單、西四遊行，並推代表到行轅請願。沿途因行轅李主任與地方當局預爲戒備，未肇事端。惟在西單有北洋學生一人，於隊外被便衣人員毆傷，即送北大醫院醫治。一部分學生在西四散去。六時三十分大隊返抵北大後解散，時清華梅校長在北大，共同商定，備公共汽車，於八時三十分送清華學生出城。」❿

　　北平學生的五二○遊行，各校遊行隊伍先在北大紅樓廣場集合，

---

❿　《中央日報》民國三十六年五月十九日。
❾　《文匯報》民國三十六年五月二十日。

從上午九時半開始，市立女子第三中學、第二中學、匯文中學、貝滿女中等隊伍陸續前來，「這是中學生在解放戰爭時期第一次上街遊行」。十一時，北大劇藝社和大一學生等兩個劇團在廣場的一側演出「放下你的鞭子」和反內戰獨幕劇「凱旋」。下午一時三十五分，遊行隊伍從紅樓廣場出發，北大宣傳隊歌詠組的卡車在最前面，後面是白底紅字的「華北學生北平區反飢餓反內戰遊行」橫幅，再後便是清華大學復員軍人（學生）的隊伍，後面依次是清華大學、匯文中學、第一助產學校、北平師範學院、北平鐵道管理學院、中法大學、北洋大學北平部、燕京大學、北平藝專、朝陽學院、輔仁大學、女二中、女三中、貝滿女中、北京大學復員軍人（學生）、北京大學，共計十五所大中學校，七千餘人。遊行的隊伍途經弓弦胡同、馬市大街、東四西大街、東四南大街、燈市口、王府井大街、東長安街、西長安街、西單、西四丁字街、西安門大街、北海、景山前大街、沙灘，歷時五小時二十五分，直至傍晚七時，才返回北大紅樓廣場。遊行結束後，華北學生反飢餓反內戰聯合會負責人宣布：由於請願團代表向行轅請願毫無結果，所以隔日繼續罷課；同時宣布接受北大學生建議，將紅樓廣場命名為民主廣場；定六月二日國民參政會閉幕日為全國反戰日。

　　在這次的遊行中，最具特色的是活躍的反內戰宣傳。「遊行大隊像一塊強力磁鐵，七千多同學發出的反飢餓反內戰的怒吼，像一條條磁力線，將無數市民和過往行人吸引過來。活躍在大隊兩側的宣傳隊員乘機展開宣傳工作，他們有的向市民散發傳單，有的提著漿糊桶貼標語，有的高舉起一丈多長的大刷子，蘸著白灰水和柏油，將大幅漫畫、標語寫到牆上、牌樓上和來往的汽車上。有三位身穿長衫的同學別出

⓾　〈胡適報告北平學生請願遊行密電〉，民國三十六年五月二十一日，教育部檔案，《五二〇運動資料》頁三四一。

心裁，每人的背上都用粉筆寫上一個大字，三個人並排站到一起，合成了一個無聲的抗議：反內戰！許多同學立刻仿效，並把這種標語稱爲『活標語』。」⑪「宣傳隊員們，激動地熱心地向市民解釋物價爲什麼漲，說明萬惡政府內戰獨裁政策造成惡性通貨膨脹，使老百姓不能活的原因。宣傳隊員喊口號，老百姓也跟著一齊喊，有的慷慨獻出捐款，不肯要收據，好多被壓迫不能參加的中學生，臨時參加了隊伍。」⑫另外，如「你這個壞東西」、「薪水是個大活寶」⑬等歌唱，亦引起共鳴。

五月二十日，天津市專科以上各院校學生亦有反飢餓反內戰遊行，但因受到阻攔與反制，而有衝突發生。天津《大公報》報導云：「津市專科以上各院校學生，昨晨在市內分兩路遊行，結果南路大學生遊行隊甫出校門，即遭阻止，一部學生被毆，並有八人被捕，未能成行。北路水專、體專兩校學生未參加遊行，北洋等校學生遊行隊行至一區羅斯福路下天仙附近，也被打散，十餘學生被捕。當局在南大門前戒嚴，至黃昏始解除。北洋大學學生被打散後，曾往市府請願，至晚六時返校。」⑭

關於羅斯福路下天仙附近的衝突情形，天津《大公報》報導云：「北洋大學、河北工學院及保定工業職業學校學生五六百人昨晨遊行，至羅斯福路下天仙附近，突遭迎面而來之青年百餘人毆打，遊行隊伍被解散。當時該地陷入混亂狀態中。警察爲『保護學生』，當時逮

---

⑪　同⑯，頁三九〇。

⑫　化葦，〈北平五二〇幾個鏡頭〉，《群衆》第二十一期，民國三十六年六月二十日。

⑬　歌詞是：「薪水是個大活寶，想和物價來賽跑，物價一天漲一天，薪水半年趕不到」。

⑭　天津《大公報》民國三十六年五月二十一日。

捕十七人，裝入囚車，送至一分局。經審訊後，證明內有北洋學生七人，河北工學院學生二人，保定工業職業學校學生六人，公務人員一人。訊明當場並無打人情事，遂以汽車送之歸校。據北洋大學方面統計，該校同學受重傷者六人，其中二人吐血，一人肝臟受傷，已送醫院，另外輕傷三十餘人。」⑮另根據北洋大學學生的說法，學生七人受重傷，四十二人輕傷，另有十七人被逮捕，用囚車運走⑯。

　　南開大學的遊行隊伍，在走出校門後即受到反制阻攔。學生受阻後退回校內，天津警備司令部宣布戒嚴兩小時。天津《大公報》報導云：「南開大學男女同學四百五十餘人及中學部男同學三百餘人，二十日晨爲『反內戰反飢餓』自六里臺該校出發赴市區遊行。甫離校門數百步，突有著短衣者二百餘名，高喊口號，向學生大隊衝來，並有警察巡官二十餘人在前，屢作擋阻之狀。學生見狀，當即折返學校，彼等當以磚頭石塊紛向學生投擲，密如雨下，學生被擊中者甚多。」⑰根據南開大學學生自治會的統計：輕重傷者十二人，遭警方逮捕者六人。⑱

　　天津五二〇遊行情形，天津市教育局長郝任夫曾向教育部報告經過，郝任夫云：「本市南開、北洋等各大學一部學生，忽於本月二十日晨，發動罷課遊行。當日北洋出動學生約爲三百餘人，於八時半離校行經河北省工學院，又誘煽該院學生百餘人參加，沿途高喊反對內戰等口號，並張貼標語散發傳單。迨九時許行至市中心區，竟與反對

---

⑮　同前注。
⑯　〈血的紀錄〉，《北洋大學五二〇血案特刊》民國三十六年六月二日，《五二〇運動資料》頁三五四。
⑰　同⑭。
⑱　〈南開反內戰遊行受傷者名單〉，《五二〇運動資料》頁三七六。

該項舉動群眾發生衝突，學生隊群當被衝散。旋有少數學生陸續到達市府請願，及經杜市長勸導規訓後，始乘車返校。至南開方面亦有一部學生約四百人，於同日晨九時半，出發離校，甫出校門不遠即與反對群眾衝突，旋即折返原校，遊行未果。」⑲天津市的反飢餓反內戰遊行，在天津市當局運用「反對群眾」抵制的情況下，而告失敗。

　　平津學生五二〇遊行後，除了五月二十二日北平四中與朝陽學院曾發生衝突外，其餘各校逐漸復課，學潮近尾聲。然由於北大學生曾宣佈六月二日為「反內戰日」，呼籲全國各界罷工、罷市、罷課。北平當局為防患未然，由北平警備司令致函各校，嚴禁學生罷課遊行；該函並於五月二十六日在北平各報刊披露，不無警告之意味。事實上，六二反內戰日是北大學生提出來的，不是中共地下黨的決定，因此，中共北平地下黨「根據日益嚴重的局勢進行了多次研究，認為六二反內戰日的決議是不策略的，等於把我們的行動計畫通知了敵人，很可能遭到殘酷鎮壓。為了避免無謂的犧牲，地下黨改變了這一次決定，並通過黨員、盟員向群眾進行說服工作。」⑳六月一日，北平各校學生聚集北大紅樓廣場，舉行所謂的民主廣場命名典禮。典禮後，會議主席宣布華北學生反飢餓反內戰聯合會決議：六月二日罷課一天，不遊行，只進行校內活動。

　　六月二日，北平各校學生按照中共地下黨的部署，在校內開展了各種活動。中共地下黨亦在此日將華北學生反飢餓反內戰聯合會改組為華北學生聯合會，到了六月十五日，又成立了全國學生聯合會。六月十六日，華北學聯為了聲援武漢大學六一事件，罷課一天。平津學

⑲　〈天津市教育局郝任夫呈報學潮代電〉，教育部檔案，《五二〇運動資料》頁三八三。

⑳　同⑯，頁三九三。

生的反飢餓反內戰學潮到此告一段落。

四　武漢大學六一事件

　　南京五二○事件發生後，京滬等地學生仍藉遊行學生與憲警的衝突的事件，繼續鼓勵，京滬蘇杭十六校學聯發表了題爲「嚇不倒我們」的告全國同胞書，金陵大學學生自治會公費請願團執行委員會亦發表聲援五二○事件的宣言。南京市大中學校同時進行廣泛的宣傳募捐活動；音樂院還在各校舉行「反飢餓、反內戰、反迫害」的專題音樂會等；上海方面則積極策動全市各級學校總罷課。政府當局鑑於學潮有「惡化之預兆」，仍決心依法取締，全力撲滅。五月二十一日下午，新聞局長董顯光在答記者問時，曾表示政府的決心：「問：政府於五月十九日公佈之法令，能否解釋爲制止學生之任何示威及遊行行爲，抑或僅以妨礙公共秩序者爲限？答：最近發生之學生運動，不幸受懷有政治企圖者之利用，馴至妨害社會秩序及公衆利益，政府爰於五月十九日根據施政方針第十條之規定，公佈維持社會秩序辦法，凡人民團體請願，應派代表向主管機關陳述意見，其代表人數以十人爲限，不得有聚會脅迫遊行示威或其他擾亂公安情事。問：以後如再有遊行請願事發生，政府如何處理？答：以後如再有遊行請願事發生，仍依照現行法令處理。」⓬

　　在此之前，首都衛戍司令部和上海警備司令部亦多發表佈告或談話，重申嚴懲不法之決心。首都衛戍司令部佈告云：「查近有奸匪潛伏各地，煽惑民衆，鼓動工潮學潮，擾亂社會秩序，破壞行政措施，危害國家匪淺。政府爲嚴正法紀，以遏亂萌，採取必要措施，作有效

⓬　上海《大公報》民國三十六年五月二十一日。

之制止，經公佈維持社會秩序臨時辦法六項，嚴令遵行。嗣後如有違反上項規定，存心搗亂或受人利用，假遊行請願之名，爲擾亂治安之實者，本部職責所在，自當執法以繩，決不姑寬。特此剴切佈告，仰各懍遵毋違！此佈！」⑫

上海警備司令部司令宣鐵吾亦下手令云：「邇來各地迭有奸宄鼓惑工人學生，破壞秩序，擾亂治安，脅迫群衆，作違法干紀之行動，我國民政府爲安定社會，整肅法紀，乃有維持秩序之臨時辦法公佈。本市爲全國經濟政治重心，亦爲陰謀分子處心積慮，不甘放棄活動之地區，是以各種風潮之發生，無不由若輩操縱，指使於其間，設不力謀戢止，勢將星火燎原，我警備部隊及憲警人員，均有維護本市治安之全責，對上項維持秩序辦法，應切實執行。本警備區原爲戒嚴地區，罷工罷課，結隊遊行，及其他足以妨害秩序之一切舉動，均在禁止之列，聚衆威脅，遊行示威，及其他擾亂公安情事，又爲維持秩序辦法所不許，嗣後若再遇此類事件發生，務必全力制止，並拿辦爲首之人，不稍姑寬爲要，此令。」⑬

除了宣鐵吾的警告外，警備部的負責人亦紛紛發表談話，云：「本市連日發生之學潮，現漸漸變質，由純粹之學生請願而涉及政治，此中有奸宄策動，已甚明顯，警備部遵照『維持社會秩序臨時辦法』，嗣後如有風潮，對爲首之人，決予逮捕法辦，深望純潔之青年學生憬然覺悟，不再爲陰謀分子所利用，則陰謀分子當無從逞其所能，而暴露其原形矣。」「關於邇來學潮迭有發生，本人深盼同學爲學業計，爲前途計，迅予消滅學潮，復課求學，雖然營養之不佳，亦爲吾人所注意，然試想士兵待遇之低落，亟須救濟，則亦可心滿意足矣。否則本部爲維

---

⑫　南京《中央日報》民國三十六年五月二十日。

⑬　上海《益世報》民國三十六年五月二十一日。

持治安計，必要時將宣佈戒嚴，而爲首掀動風潮者，決予嚴懲不貸。」⑫④

五月二十二日，上海當局爲了嚴防不良分子煽動風潮起見，又擬訂了四項緊急措施：「㈠凡煽動罷市罷工者無論何人決依戒嚴法第九條懲辦。㈡非本校學生而擅往各校作宣傳演講者，以妨害公務及秩序罪辦理。㈢佔據學校之財產不任學校使用者，以妨害公務及侵佔罪辦理。㈣學生自願上課者，由學校當局轉請主管當局予以保護，其阻止上項學校復課者，照妨害自由罪辦理。上項措施自即日起嚴厲切實執行。」(125)

由於政府當局採取嚴厲的措施，所以中共方面改採彈性的策略，中共上海局曾針對當時的局勢，採取三點對策。劉曉回憶道：「上海局分析研究了當時鬥爭的形勢和對策。決定三點：㈠運動已從個別要求發展到共同要求，從局部發展到全國性，從經濟發展到帶政治性。群衆情緒高漲，社會同情，國民黨內部有矛盾，經濟危機繼續發展。這些都對於我們有利。但敵人頒布緊急措施，威脅、鎭壓群衆，並企圖進行若干妥協，以分化打擊積極分子。平、津、京、滬均已發生慘案。我們若在目前退卻，敵人會得寸進尺，群衆情緒將會降低，敵人更會趁機搞更大的破壞。因此，我們應抓緊時機，發揮我們有利條件，進行回擊，並利用我一部分預備力量，迫使敵人做若干讓步，取得局部勝利後，即轉變鬥爭方式，一面上課，一面交涉，以鞏固鬥爭成果，準備第二次鬥爭。同時推動一部分教授或參政會社會人士出面調解，以便在更有利的條件下和在第三者保證下轉變我們的鬥爭方式。㈡我們還估計到鬥爭將連續不斷，只有鬥爭形勢的改變，而無鬥爭的結束。鬥爭將是此起彼伏，以經濟爲主，但又聯繫政治，使之不斷提高，並

(124) 同前注。

(125) 南京《和平日報》民國三十六年五月二十三日。

利用每次群眾運動,來爭取分化敵人之統治力量。㈢決定利用這次鬥爭成立各地學聯與全國總學聯,使之成為公開群眾性領導機關。」**⑫**

　　五月二十三日,中共中央指示有關所謂「蔣管區」的鬥爭方針,亦要求「靈活地運用鬥爭策略」,指示云:「劉曉卯儉電關於群眾鬥爭形勢的分析及鬥爭方針的規定,均甚恰當。一月來的米騷動及此次學潮,完全證明了你的分析的正確,鬥爭的發展也完全循著我黨的指導方針前進。望即堅持此項方針,並靈活地運用鬥爭策略,有時直進,有時迂迴,有時集中,有時分散,公開與秘密,合法與非法,既區別又結合,使一切群眾鬥爭都為著開闢蔣管區的第二戰場,把人民的愛國和平民主運動大大地向前推進。」**⑬**在這個指示中,中共中央同意採取彈性的策略,直進與迂迴、集中與分散、公開與秘密、合法與非法、區分與結合等並用;而上海局亦決定一面上課,一面交涉,轉變鬥爭的方式,鞏固鬥爭的成果,因此,上海及各地的學校陸續復課。

　　詎料在學潮漸歸平靜之際,武漢大學卻發生了「六一事件」,又掀起了波瀾。國立武漢大學是我國歷史悠久的高等院校之一,有著光榮的傳統和優良的校風。中共對武漢大學的滲透甚早,周恩來、董必武、惲代英、陳潭秋、李漢俊、鄧穎超、陶鑄等,都曾在武大進行過活動,中共的「五大」是在武漢大學秘密召開的。中共的幹部羅榮桓、伍修權、李銳、劉西堯、潘琪等都是武漢大學畢業的,另外如侯方岳、余明、徐謙、張黎群、戴健、陳彥儒、韓炳煬、陸蘭秀等則是樂山時期的武大學生。武漢大學原址在武昌的珞珈山,抗戰時期遷校到四川樂

---

⑫　劉曉,〈一九四七年反飢餓、反內戰、反迫害運動的一些回顧〉,《解放戰爭時期學生運動論文集》頁三十二。

⑬　〈中央關於蔣管區黨的爭鬥方針的指示〉,《中共中央青年運動文件選編》頁六五三。

山，直到民國三十五年秋才遷返武昌⓬。

中共在武漢大學的組織發展，可追溯至民國十四年五卅運動後不久，當時武大便有中共黨員十多人，並成立武昌大學黨支部。民國二十六年，陶鑄至武大發展組織，正式重建了中共武漢大學支部。民國二十七年八月，中共四川省工作委員會派樂山中心縣委書記侯方岳到武大建立樂山時期第一個黨支部，由侯兼任書記，直屬中共嘉屬工作委員會領導。民國二十八年建立特支，由余明擔任書記，不久黨員增加至三十多人，改建總支，仍由樂山中心縣委書記余明兼任書記。總支下設理工、文法、女生等三個支部。武大的中共地下黨另外組織了「抗戰問題研究社」，進行宣傳活動。民國二十九年七月六日，政府當局逮捕武大中共地下黨員及抗戰問題研究社成員，摧毀中共地下組織，中共稱之為「七六事件」。之後，未暴露身分之中共黨員組成男、女生兩個支部，以「岷江讀書社」為據點，進行活動⓭。民國三十四年初，中共南方局青年組派趙隆侃到武大建立秘密的核心小組。次年秋，武大遷回珞珈山，秘密的核心小組仍然存在，主要負責人為王爾杰、趙萌蘭和夏雨亭，他們在武大組成半公開的「社團聯席會」，推動學生自治會工作。沈崇事件發生時，武大同武漢地區的其他大中學校亦發起示威遊行，民國三十六年三月，中共武漢地下黨的負責人曾惇、徐遠、劉實等與武大建立了直接的聯繫⓮。

五月學潮展開時，武大亦有聲援的行動；南京五二○事件發生

⓬　盧祥麟，〈在樂山時期的武漢大學〉，《抗戰時期內遷西南的高等學校》頁二二三。

⓭　同前注，頁二二九～二三○。

⓮　曾惇，〈武漢地下黨的重建及其工作概況〉，《武漢地下鬥爭回憶錄》武昌，湖北人民出版社，一九八一年五月，頁一○。

後，武大學生曾致函行政院長張群，抨擊政府云：「八年抗戰，人民創痛至深，休養生息，尚虞未遑，而乃內戰頻仍，經年累月，烽煙遍於各地，人民困於水火，生產停滯，物價狂漲，經濟阽危，餓莩載道，自經濟緊急措施方案頒佈以來，更如薪火加油，物價飛騰，糧食奇缺，情勢愈益危急，舉國人民，掙扎於飢餓之中，咸引領都城嗷嗷待哺，政府惟事內戰，不予馳援，人民之冤怨何伸，同胞之倒懸莫解。」⑬並提出：「㈠請嚴懲兇手並追究責任；㈡實踐四項諾言，切實保障人民言論出版集會結社遊行請願之自由；㈢立即撤消違背人權摧殘自由之維持社會秩序臨時辦法；㈣立刻釋放被捕學生，並補償受傷遇難同學之一切損失。」⑬

五月二十三日，武漢大學、華中大學、武昌藝專等學生欲聯合遊行受阻，武漢大學學生四百餘人衝入湖北省政府辦公室，塗寫「反對內戰」、「官肥民瘦」、「打倒好戰分子」等標語，搗毀了部分辦公室。其經過湖北省政府秘書長鄧翔海記云：「本晨八時，武大學生約四百餘人，汽車三輛，張貼標語，高呼口號，結隊入城，徒手警察不能阻止，該學生等環遊至司門口，見華中學生未出，遂入校強邀學生同行，未達目的，轉赴漢陽門，又因武漢警備司令部已控制交通工具，無船不得渡江，藝專復在漢口不能來，遂返至本府索船。本府以奉令不准遊行，且司徒大使在漢，絕對不允給船渡江，該學生等遂闖入各廳處各室，咆哮歌呼，隨將所寫靛水粉筆紙條，滿壁滿柱滿地均張貼，及畫各種標語，塗污幾無寸隙，以反對內戰、反對徵兵徵糧、打倒好戰及獨裁分子，與不做暴政的幫凶，與朱門酒肉臭、路有凍死骨等詞，並將會議室、秘書長室門玻桌均搗毀，幸軍警維持尚力，未至傷人，

---

⑬　〈國立武漢大學致行政院張院長抗議函〉，國史館檔案。

⑬　同前注。

計午十二時餘入府，午後五時始去。」[133]武漢行轅主任程潛亦記云：

「此間國立武漢大學一部學生三百餘人，原預定與華中大學、武昌藝專兩校學生於養日遊行示威，本行轅據報後，即多方分途勸阻，結果華大、藝專兩校均未參加，僅武大學生單獨遊行，本行轅復事先妥爲佈署，並飭武漢輪渡於該校學生遊行時暫停航，未能過江，僅在武昌遊行請願，張貼狂妄標語，並赴省府請願滋擾，至下午四時返校，尚未發生意外事端。」[134]從鄧翔海和程潛的報告中，可見武漢大學的遊行學生極爲囂張。

由於五月十九日北京大學院系聯合會發起定六月二日爲「反內戰日」，呼籲全國學生罷課、工人罷工、商人罷市，引起政府當局的關切，事前採取防範措施。中共方面深恐此一活動暴露其實力，地下組織受到破壞；加以此一活動並非該黨所發起，故在京滬平津等地均採低姿勢，僅罷課而不舉行示威遊行，但是武漢方面卻似乎無法控制群眾情緒，來不及取消遊行，時任武漢地下黨的負責人曾惇和吳仲炎均曾回憶彼時情形，曾惇說：「當北平的華北學聯提出『六二』舉行全國總罷課的號召以後，也就是在『六一』慘案發生的前兩天，徐遠同志專程去武大找夏雨亭提出了建議：『從我們得到的各方面的消息來看，國民黨很可能在遊行時下毒手，我們的意見最好是取消遊行或改期舉行。』夏雨亭馬上把這個建議告訴了地下黨員王爾杰同志，但由於遊行的準備工作已經就緒，群眾的情緒已經起來，要取消遊行已來不及了，因而只決定對第一線的積極分子採取一些保護措施。」[135]吳仲炎說：「『六一』慘案發生的前兩天，徐遠到武大對夏雨亭說：『從我們

[133]　〈湖北省政府秘書長鄧翔海致行政院長函〉，國史館檔案。

[134]　〈程潛致行政院長函〉，國史館檔案。

[135]　同[130]。

得到的各方面的消息來看，國民黨很可能會下毒手。我們的意見最好是取消這次遊行或改期舉行。』夏雨亭馬上把這個建議告訴了蔭蔽在武大的地下黨員王爾杰（這時王爾杰的組織關係還在中共南方局組織部長錢瑛同志手裡，沒有轉到武漢地下市委來）。經過商量認為，各方面的準備工作已經就緒，取消或改變計畫已來不及了，因此只有在罷課遊行時對第一線的積極分子採取一些保護措施。」❿

　　由於武大的示威遊行勢在必行，因此武漢警備司令部亦採取相對的因應措施，除了調查中共地下黨員和激進學生名單外，並由三青團組織進行反罷課反遊行的簽名。「五月二十八日審定了捕人的名單，五月三十一日夜，僞警司稽查處召開軍警憲特秘密會議，佈置了兩股軍警分別到武大和華中大學。到武大的一股由稽查處長胡孝揚、科長陳肇鴻帶步兵一個連、憲兵一個連、警察總隊一個小隊，攜帶新式武器，刀出鞘、彈上膛，殺氣騰騰地撲向武大校園。」❿而五月三十一日晚上，武大學生亦舉行文娛晚會，演出反內戰的歌劇「老母刺瞎親子目」，描寫一位母親為了不讓兒子赴戰場，而將兒子眼睛刺瞎的故事，藉戲劇煽動學生反內戰的情緒。

　　六月一日清晨三時左右，武漢警備司令部派遣軍警憲兵一千餘人，開往珞珈山武漢大學逮捕共黨分子。軍警憲兵至武大後，即斷絕交通，包圍全校，分別進入教職員住宅區及男女學生宿舍搜捕，當場被捕的有哲學系教授金克木、歷史系教授梁園東、外文系教授繆朗山、朱君允（女）、機械系教授劉穎等五人，助教劉椿銘一人，學生十人，工友三人。迨天已破曉，警戒稍弛後，學生見宿舍外尚有一輛卡車尚未開走，仍蜂擁而上，以圖阻止開車，與軍警發生衝突，軍警鳴槍示

---

❿　吳仲炎，〈記武漢大學六一慘案〉，《武漢地下鬥爭回憶錄》頁一二八。
❿　同前注，頁一二九。

警，結果有政治系一年級學生陳如豐、土木系一年級學生王志德、歷史系一年級學生黃鳴崗等三人被擊斃，此外重傷者有齋務員毛明章及學生戴焜、周佩瑜等三人，輕傷者有學生王元吉等二十餘人。此一事件即所謂的「武大六一事件」，中共稱「六一慘案」。

關於六一事件之經過，武漢大學致行政院的報告中曾有扼要的說明，茲摘錄如下：「南京行政院鈞鑒：本校員生多人，突於東日晨被捕或遭槍殺、槍傷，群情惶駭，業經東電呈核，茲謹將經過實情詳陳如次：查東日上午四時左右，有大批軍隊憲兵警察暨保安部隊共約一千餘人，攜帶機槍、步槍、刺刀暨手榴彈等全副武裝，在本校校區內遍佈崗哨，斷絕交通，包圍男女學生宿舍及教職員住宅，分別將本校教授劉穎、朱君允、金克木、梁園東、繆朗山等五人逮捕押走，並在學生各宿舍大肆搜索，每一寢室門前守以軍警五、六人，一持手榴彈，一持手槍，餘持步槍，並裝刺刀，情形嚴重，如臨大敵，即捕去學生數十人，分批用卡車及公共汽車運走，迄五時許，方准學生行動，一部分學生見宿舍前馬路上停有汽車一輛，內裝被捕學生八人，尚未開走，感於同學之情，前請釋放，押車軍警中忽有一人鳴槍一響，於是遍佈宿舍上下周圍之軍警，亦紛紛開槍，拋擲手榴彈，並以機關槍掃射，當即死傷多人，復經三十分鐘之久，始從容鳴號撤去。事後檢查結果，本校學生黃鳴崗被槍殺於其所住之張字齋寢室中，學生陳如豐被槍殺於學生宿舍天字齋茶爐旁，學生王志德被槍殺於學生宿舍前馬路旁，血流遍地，厥狀至慘。此外重傷者有齋務員毛明章及學生戴焜、周佩瑜等三人，輕傷者有學生王元吉、董光韜等數十人，此外並聞在被捕諸生中，尚有受傷者，惟傷情不明，全校師生睹此奇禍，震駭悲憤，不可終日，除死者暫行停放待殮，傷者正予醫治，並已電請武昌地方法院檢察處派員勘驗外，究應如何善後，仍祈　鑒核迅示祗遵。

國立武漢大學叩。已江。」⓲

　　關於三名學生之死亡情形,武大師生的陳情書中有詳細說明,云:
「事後調查:學生被擊斃者有政治系一年級學生陳如豐、土木系一年
級學生王志德、歷史系一年級學生黃鳴崗三人。陳爲臺灣人,係去年
由臺省保送分發來校者,渠正走出宿舍往燒水間取水洗臉,即不幸中
彈仆地。王於槍聲四起之時,倉皇奔回宿舍,伏臥於宿舍通道之石階
上,稍擡其頭,即被一彈擊中頭部,腦漿四溢,血流滿地,厥狀至慘。
黃尙病瘧靜臥床上,乍聞槍聲驚惶起立,向窗外伸首探望,即爲對面
平臺上之士兵瞄準射中,倒斃室內。」⓳從以上三位學生致死的情形,
可知均屬意外,而眞正上前阻擋汽車之同學並未有傷亡之發生,可見
軍警鳴槍示警,並非蓄意射殺學生。

　　關於學生蜂擁阻擋汽車行駛之情形,武漢當局曾透過漢口市參議
會議長張瀾川、漢口市總工會理事長張恩澤等民意機構和民間團體負
責人,聯名向行政院陳明經過,云:「六月一日武漢大學不幸事件,
起因係由軍警奉令前往該校逮捕共黨分子,裝運三汽車,兩車已行,
第三車尙停在校門口,正撤去警戒之時,學生數百人蜂擁而出,先將
汽車打壞,毆傷憲兵、連長等,劫回二十六人,遂致衝突鳴槍,死學
生三人。此案發生,原係執行命令之軍警未能沉著應付,演成慘案,
貽人口實。」⓴武大師生的陳情書亦云:「迨天已破曉,門禁稍弛,
一部分學生見宿舍外馬路上有卡車一輛,正在裝載繼續被捕之學生,
雙手反剪,備受侮辱,遂蜂擁上前與押車者理論,力爭以圖阻止開車。
孰意此時立於車旁之軍官,忽向空鳴放一槍,發令開火,於是密佈各

⓲　　〈國立武漢大學呈報員生多人被捕及死傷經過詳情〉,國史館檔案。

⓳　　〈國立武漢大學致國民參政會之陳情書〉,國史館檔案。

⓴　　〈張瀾川等致行政院電〉,國史館檔案。

處之軍警，即以學生群衆及宿舍爲目標，亦紛紛開槍。一時槍聲大作，彈如雨下，並擲手榴彈三枚，且用機關槍射掃，凡歷十餘分鐘之久。時警備部稽查處處長胡孝揚、科長陳肇鴻等四人，方至劉代校長秉麟家中出示警備部與彼等之逮捕命令，始尚佯稱槍聲爲爆竹之聲，及槍聲已密，又表示開槍亦無所謂。」**⑭**

　　吳仲炎在事後的回憶，則更加煽情，他說：「黎明了，齋舍下面的馬路上，還停著最後一輛汽車，繼續裝進被捕的同學。這時齋舍大門還被封鎖著，同學們紛紛站在窗口看望敵人是怎樣把自己兄弟抓走的，眼看著敵人正在捆綁自己的兄弟，把他們裝進最後一輛汽車馬上又要開走了。慘叫聲、獰笑聲和咒罵聲混合在一起，擰成了一根根粗鐵繩，絞著每個同學的心。同學們憤怒得再也忍不下去了，不約而同地從宿舍裡衝了出來，圍繞著最後一輛汽車同軍警們據理力爭，要從虎口裡奪回自己的兄弟。機械系的同學鑽到了汽車駕駛室前面，掀開車頭，破壞了引擎；有的同學砸壞了車輪；有的空拳奮力擊碎車窗，血流如注，染紅了玻璃；有的勇敢地縱上汽車，把自己兄弟背了下來，解開他們的繩索。劊子手慌亂了，他們發瘋了，拳頭、槍托、刺刀向同學們一齊擊來，英勇果敢的同學們徒手單身抵擋住野獸的狂擊。突然，一個軍官掏出手槍，砰的一聲，大屠殺的信號槍響了，立即手榴彈投擲過來，爆炸開來，機關槍、步槍從四方八面掃射過來。頓時珞珈山變成了屠夫們的殺場。」**⑭**

　　武大六一事件發生後，武漢當局和中共武漢地下黨旋即展開爭鬥，武漢當局採取的策略是斷絕交通，封鎖消息；中共地下黨方面則組織善後處理委員會和突破封鎖。對於當時鬥爭的情形，吳仲炎曾回

⑭　同**⑬**。

⑭　同**⑬**，頁一三〇～一三一。

憶說：「慘案發生後，反動當局的緊急措施是斷絕交通，封鎖新聞。不僅新聞電訊被扣發，連學校發到南京給周校長報告校內情況以及同學給家長報告傷亡或平安的電報也被扣發，整個通訊、交通都被嚴密地監視著。偽中央社在六月二日的報導中造謠說：『有學生多人將憲兵連長陳永嘉擊倒，奪去手槍，衝突遂起』；『一時互擊，槍聲大作，結果除奪回陳連長手槍外，並奪獲共產黨分子日十四式九三〇六號手槍一支、子彈三粒』等等。在偽警司召開的記者招待會上，劊子手拿出自己屠殺無辜學生的槍彈，宣稱是『從學生手中繳獲的』。偽中央社為了自圓其荒誕的報導，在六月三日又說：『軍警重傷人員仍未脫離危險階段，聞各界曾派代表前往慰問。』」❸

　　至於中共武漢地下黨的反應方面，吳仲炎說：「慘案的當天，地下黨領導同志就知道了這一消息，徐遠、劉實、陳克東、劉綿等同志馬上趕到武大，了解情況。他們作了指示，地下黨還提出了如何進行鬥爭的六條意見，王一南同志懷著六個月的身孕，徒步去武昌找到李聲簧同志，把黨的六條意見帶到武大。當天晚上，王爾杰從每個進步的社團中抽出一名骨幹，聯合『教授會』、『講師助教會』，建立『六一』慘案處理委員會。會上決定派代表赴南京請願，並於六月二日擡棺遊行，為死難烈士伸冤。在全校師生員工努力下，『六一慘案處委會』成立了，通過一系列決議：抗議反動派的暴行，要求撤辦程潛，槍斃彭善，要求釋放被捕師生員工。」❹

　　在突破新聞封鎖方面，六一慘案處理委員會（以下簡稱處委會）在六月一日上午即委託文治平、王可達等，於採辦死者壽衣棺木的過程中，用電話向華中大學、湖北農學院、湖北醫學院等校學校自治會

---

❸　同前注，頁一三四～一三五。
❹　同前注，頁一三二。

報告武大情況；在過江的輪渡上，他們又把電文寫成信，分別在漢口五個地方寄給北京大學等五個學校學生自治會。隨後，武大學生邵利華通過在武漢美國新聞處工作的左傾詩人鄒荻帆，用美國新聞處大信封把鉛印的「六一慘案紀實」、控訴書和照片寄往上海；邵利華同時用世界語譯出「六一慘案紀實」等資料，寄往捷克世界語學會。經過中共有計畫的宣揚，六一事件的消息很快傳到全國各地，連美國舊金山的廣播電臺也在六月二日播出有關六一事件之新聞⑭。此外，處委會亦發動全校師生員工寫信，向自己的家長和親友報告事件，並發表所謂「爲六一屠殺慘案告全國同胞書」。同時根據中共地下黨的指示，成立「答謝團」，於六月九日至十三日分赴武昌各校宣傳致謝。六月十日，派張繼達、吳耀曦、萬典武、張令哨、何萬榮等五人爲晉京請願團代表，赴南京參加中大、金大、音專、藥專、劇專等校學生舉行的追悼會，並召開記者會，進行宣傳，直至六月十七日始返回武漢⑭。

　　由於中共地下黨有系統的宣傳鼓動，各界紛紛聲援。六月二日，華中大學罷課一天，列隊遊行到武漢大學弔唁，隊前高舉「誓爲武漢大學六一慘案死難烈士伸冤復仇」的白色橫幅。湖北醫學院學生由學生自治會帶隊，擡著自製花圈，一路高呼「血債要用血來還」、「嚴懲兇手」、「撤查程潛」、「槍斃彭善」等口號，赴武大弔唁。此外前往弔唁者尚有市一男中、一女中、湖北農學院、臨大先修班等校學生一千餘人，此爲武漢當地情形。外地方面，華北學聯爲聲援武大，決定罷課三天，清華、北大反飢餓、反內戰委員會亦罷課設祭。北平交大、唐山交大、上海交大、南京中大、同濟大學、暨南大學、上海醫學院、

<hr>

⑭　雷正先等，〈試論武大六一慘案的特點、意義和作用〉，《解放戰爭時期學生運動論文集》頁一五三。

⑭　同⑬，頁一三五～一三八。

社教學院、武大上海校友會、武大臺灣同學會、武大自貢校友會等均
有慰問聲援⑭。

　　武漢大學的教授對此一事件甚爲不滿，六月八日，武大教授會致
電國民政府蔣主席、行政院院長張群、教育部長朱家驊、次長杭立武，
要求「將負責之警備司令彭善先行撤辦，以平衆憤，而張國法」⑭。在
此之前，六月一日教授會亦發表宣言，宣布罷教一週，並提出四項要
求：㈠嚴懲肇禍兇手，並追究責任。㈡立即釋放被捕之教授與學生，
如確有犯罪嫌疑，應即速解送法院，依法再審判。㈢優卹已死學生之
家屬，並賠償受傷學生一切物質與精神上之損失。㈣保證以後不再派
遣軍警或特務分子任意侵入學校，非法逮捕。」⑭武大的講師助教會
同時發表宣言，決定與教授會採取同樣辦法，自六月二日起暫行罷教
一週，以示抗議⑮。

　　到了七月上旬，武大師生趙師梅等向國民參政會陳情，控訴武漢
警備司令彭善等「違法背令、擅權瀆職、殺捕學生、濫押教授等五大
罪狀」，可以代表武大師生對此一事件之看法。五大罪狀如下：

　　㈠彭善於六月一日晨，天尙未明之際，擅派大批武裝軍警來至本
校逮捕師生，殺傷學生，其爲違法背令擅權瀆職，實已昭然若揭，不
容置辯。

　　㈡彭善身爲國家高級軍官，又曾統兵多年，必深知士兵習性，即
使有派遣軍警來校之必要，亦絕不應使其佩帶武器，尤不應使其佩帶
作戰武器，如機關槍、迫擊砲、手榴彈等，以免肇生事端。乃彭善不

---

⑭　同⑭，頁一五三～一五四。
⑭　〈武大教授會致蔣主席電〉，國史館檔案。
⑭　〈國立武漢大學教授會爲武大六一慘案宣言〉，國史館檔案。
⑮　〈國立武漢大學講師助教會爲武大六一血案宣言〉，國史館檔案。

此之圖，竟使軍警佩帶種種作戰武器，於深夜侵入文化機關，其爲有意肇禍已至顯然。復查六月一日，武裝軍警開來本校以後，在學生宿舍之上下四周密密佈防，全係採取作戰佈置，凡出入要口，幾無不架有機關槍或迫擊砲，僅就男生宿舍而言，所安設之機關槍陣地即達五處以上，此種措施，顯非通常執行逮捕所需要，由此可見彭善不但使軍警佩帶作戰武器侵入本校，且更使其武裝軍警於侵入本校以後，從事實際作戰之佈置，其有縱兵來校發生流血慘案之故意，更屬不容否認。

(三)在通常政府機關依法執行逮捕之時，對於被逮人之身體及名譽皆應加以適當之注意（刑事訴訟法第八十九條），然此次武裝軍警逮捕本校師生之時，稍不遂意輕則申訴嘗罵，重則以槍托毆擊，且一一用繩索反綁，不啻以盜匪相待。再據醫生對死難學生黃鳴崗傷口檢驗之報告，其入口爲二公分，而出口則達九公分，此顯由使用國際禁用之「達姆彈」所致。又本校師生被捕以後，執行逮捕之機關依法應即時訊問，如確有犯罪嫌疑，並應於二十四小時內移送法院依法審判（刑事訴訟法第九十三條、訓政時期約法第八條第二項）。然本校師生被捕以後，不但未經逮捕機關即時訊問，且連續羈押數日，亦未見一人移送法院依法審判。此次武裝軍警對本校師生所施之凌辱虐殺及濫押，實非員生等所能忍受，而彭善縱兵殃民，違法悖理，雖百口亦莫能辯。

(四)彭善派武裝軍警侵入本校，逮捕師生，本屬違法之舉，已如上述。對於此種不法之侵害，被侵害者或他人得爲正當之防衛，乃係法律所明定（刑法第二十三條）。本校學生見同學無故被捕，雙手反綁形同囚徒，因圖加以營救，自爲法律所許可。況從事營救之學生，均係徒手，乃軍警竟以機關槍、迫擊砲、手榴彈，其至「達姆彈」等武器加以殺害，可見彭善所派武裝軍警在本校之橫行不法，殺傷無辜，絕

無法律上之任何理由可資辯護。

㈤六一慘案發生以後，彭善隨即招待武漢新聞記者，宣稱武大師生多屬共黨分子，私藏軍火，圖謀不軌，被殺學生係由軍警與共黨分子互相槍擊所致，並出示日本式手槍一枝、槍彈二粒，謂係在武大搜索所獲。又禁止新聞記者自由發佈關於武大慘案消息，如發佈消息，必須以治安當局所供給者爲唯一依據，似此捏編事實，僞造證據，任意誣衊，並藉封鎖新聞之手段，以圖一手遮天，掩沒眞相，不獨居心狠毒，且尤足證明其派遣軍警殺傷學生之殘酷罪行，非徒不足以使其反省自責，實顯有出於預謀之嫌❺。

在政府方面，六月二日，教育部次長杭立武即偕同武大校長周鯁生飛往武漢處理，於當日下午六時抵漢口，旋即同往武漢行轅謁晤程潛，聽取武漢警備司令部及武漢大學兩方面負責人報告；深夜過江到武大，約集校中全體重要行政人員談話。翌日查驗死亡學生屍體，訪問受傷員生，查勘出事場所，並參加全體教授談話會。杭立武的調查報告云：「當日情形，各方報告大致相同，惟警備司令部聲稱，曾於事前要求校方交出共黨民盟分子未獲結果，但據劉代校長秉麟及負責教職員堅稱未有任何書面或口頭通知，又警備部稱學生有放槍者，但武大師生均稱僅有學生數人曾搶奪一憲兵之槍枝，擲入溝中，學生並無持武器者。綜合調查所得，深覺此事之嚴重，實較想像者爲甚，執行命令之士兵，旣爲正規軍隊，其佈置亦係作戰準備，校舍牆壁門窗臺階馬路，隨處俱有子彈痕跡。」❺因此，杭立武與程潛磋商處理辦法如下：四日上午立即釋放被捕員生，五日懲處直接負責長官胡孝揚、陳盡鴻、解洪業、張文堂等四人，並撥款二億元撫卹死傷學生，

---

❺　〈國立武漢大學全體員生向國民參政會陳情書〉，國史館檔案。
❺　〈教育部呈覆有關杭次長查辦武漢大學慘案經過情形〉，國史館檔案。

行轅副主任孫蔚如、省參議長何成濬、武昌市長楊錦昱等親蒞武大慰問，並報告各項處理辦法。但武大師生對此處理辦法，仍持異議，要求將武漢警備司令彭善撤懲[153]。

對於武大六一事件，中央政府均認為武漢當局處置不當，六月九日，蔣主席在中央黨部紀念週說明政府處理學潮之方針時，曾明白認定武漢治安當局以武裝軍警進入武大為「不恪遵政府命令」，為「擅自行動」。同日，行政院長張群在覆函武大教授會時亦說：「武漢治安主管，執行失當，指揮無方，致學生竟有傷亡，遺憾至深，軫悼尤切，主席對於負責主管業已明令懲處，至對死傷學生亦經分別撫卹醫治，所幸各教授先生領導有方，同學顧全大局，良深贊佩，政府愛護學生，尊重教育，無改初衷，對於負責官吏業已懲辦，尚祈共體時艱，恢復學業，是所佇幸。」[154]

由於中央之態度如此，故武漢當局乃發動漢口市、武昌市之民間社團負責人致電行政院，請求免議行轅及警備部主管人員。電云：「傳達命令之行轅及警備司令部主管人事，先曾嚴密叮囑軍警，在執行任務時，無論遇何阻礙，不得鳴槍，是此案之發生誤在執行之軍警，即行轅警備部亦非始料所及，現被捕者均經交保釋放，放回之後，大肆囂張，以責任加諸行轅警備部，恐共黨分子益在各地猖獗無忌，不可收拾。現執行逮捕之軍警，已查明事實，予以相當處分，致傳達命令之行轅及警備部主管人員，尚未構成若何法律責任，務請予以免議，謹電瀝陳，伏維睿察。」[155]但由於群情憤慨，國民政府只好將彭善撤職查辦，然至七月底仍無下文。七月三十日，武大校長周鯁生致函張

---

[153] 同前注。

[154] 〈行政院機要組電稿〉，國史館檔案。

[155] 同[140]。

群院長追問查辦下文，八月十六日，蔣主席下令國防部派員前往漢口
會同武漢行轅程主任查辦，並限當月內呈報。八月二十三日，程潛致
函張群報告已建議將「前武漢警備司令部彭善從輕予以五年或十年不
敍用之處分」，同時請託張群於事過境遷之後，懇求蔣主席予以戴罪立
功之機會 ⓲。九月十一日，蔣主席下令：「彭善處置學潮失職一案，
所擬予以停止任用五年之處分，准予照辦。」彭善最後受到停止任用
五年之處分。

　　死者殯葬方面，六月二十二日在武大體育館舉行追悼會，二十三
日出殯，出殯的隊伍從武昌至漢口，有擡棺遊行之意味，最後死者埋
葬在武大車站附近，暑假時，武大當局將墳移至離校舍約一里遠之墓
園中，後來，武大學生在體育館對面修建了一座紀念亭，以資紀念。
民國三十九年，中共展開所謂「鎮反運動」，將六一事件的「兇手」郝
釗等十一名槍斃，這一事件徹底的告了一段落。

第四節　影響

　　以反飢餓反內戰為訴求的五月學潮展開於國共決裂之際，故雙方
均極力爭取輿論與社會的同情支持。蔣主席在五月十八日的「整飭學
風，維護法紀」談話中，除了指出「共產黨破壞國家、阻撓建設及擾
亂社會之陰謀」外，還特別解釋大學公費生制度之由來，並勸青年學
生不可作過份與不可能之要求。蔣主席說：

　　　各大學公費生之制度，原為戰時之臨時辦法，戰爭結束以後，

⓲　〈程潛致張群函〉，民國三十六年八月二十三日，國史館檔案。

本應早日停止，惟因共產黨在各地暴力叛亂，經濟秩序未能恢復，多數學生之家屬，接濟困難，政府不忍青年學業中斷，故仍予繼續，所以體恤清寒學子者，實已盡其應盡之力量。我青年學生，亦須知公費之來源，出於人民血汗之負擔。今日我一般貧苦同胞，其食不果腹，衣不蔽體，飢寒困苦之狀況，耳不忍聞。而前線為國效命之士兵，其每月所得，乃遠低於公費生膳食費用之數額，自抗戰至今，政府對青年學生必需之生活，無不時刻注意，預為代謀，故此十年間，一般人民生活，雖極端困窮，國家財政雖極端困難，而對我大多數學生，不僅使之免於飢餓，且使之繼續學業，政府實已竭其心力，我青年學生，稍有理智，應不願自視為特殊階級，而作過分與不可能之要求。⑰

此外，行政院長張群在公佈維持社會秩序臨時辦法的談話中，除了說明政府公佈的維持社會秩序臨時辦法，乃是為維持社會安寧秩序，避免緊急危難而採取的措施外，並對所謂內戰問題提出辯解。張群說：「這次學生的行動，除了個別問題以外，更標榜反戰的口號，關於政治方法解決國內糾紛，本是政府一貫的政策，自從前年八月主席邀請中共首領商討和平大計以來，本人始終參加，政府百般忍讓，委曲求全，中共始終沒有解決的誠意，最後竟公然關閉和平談判之門，然即在此種情勢之下，政府仍然沒有放棄初衷，只要中共願意和平，政府仍願從事以政治方法解決，這種旨趣，明白表現於新政府施政方針之中，國人有目共睹，學生們應該知道：現在不去探討和平問題的癥結，反而向政府借題發揮，作片面的無理的要求。這顯然是受了鼓

---

⑰　南京《中央日報》民國三十六年五月十八日。

動與利用，所謂『吃光運動』，置青年人格於何地，在一般人民的心目中，又將作何感想？」⑤

教育部長朱家驊在南京五二〇事件前夕，亦發表書面談話，將學潮發生之原因歸納爲三類：㈠涉及教育制度與行政；㈡學生本身生活；㈢學校之設備。朱家驊承認三個問題中，以學校設備問題較爲嚴重，其餘兩個問題或是以訛傳訛，或學生需求過高，政府會逐步調整以爲因應。朱家驊呼籲說：

> 合理的請求，正當的建議，政府無不採納，本部無不竭力期其實現，然默察近日學潮，動輒罷課遊行，要挾請願，囂張成習，幾於無可理喻，路人爲之側目，師長尤所寒心，影響社會秩序，逾越教育範圍，少數陰謀煽動妨害多數課業，爲有計畫之搗亂行爲，其採取方式與藉口，如出一轍。此風不戢，教育危險殊甚，切盼學生家長約束青年子弟，不任荒廢學業，並希熱心教育社會人士共同指導。當今青年之努力方向，不求學將何之？我大多數純潔學生，其速猛省，愼思明辨，激發理知，探求眞理，識大體明大義，認清時代，固守本身求學崗位，勿蹈入不可解救之境地！⑥

官方的說法，並不能阻止南京五二〇事件的發生，因爲當時的學潮已非單純的學生運動，而是在中共操縱下的政治鬥爭。馬飛海、陳一鳴、吳增亮、浦作等當年學潮的策動者在事後回憶時說：「在五二〇運動中，分析形勢、研究方針、制訂政策、掌握策略、部署行動、

---

⑤　《中國時報》民國三十六年五月十九日。
⑥　上海《申報》民國三十六年五月十八日。

指揮進退等，始終是在中共中央和中共上海局的密切注視和有力領導下。」又說：「五二○運動的勝利，充分說明了黨在政治上、領導藝術上已經完全成熟。遵義會議以後，特別是一九三七年白區工作會議，黨總結了過去的錯誤和教訓，制定了一條正確的白區工作路線。以後經過抗日戰爭白區工作實踐的檢驗，內容更發展了。黨不但在領導根據地建設和武裝鬥爭方面，而且在領導白區群眾鬥爭方面也完全成熟，並且有著豐富的實踐經驗。由這樣的黨來領導五二○運動，才取得了重大的勝利。」⓰

　　南京五二○事件發生後，政府和中共方面均發動輿論攻勢。在持譴責南京五二○事件的立場方面，學生部分有中大等五校、金陵大學、上海專科學校以上學生、之江滬校、廣州學聯會、杭州藝專、復員青年軍學生等發表宣言，主張護校復課，甚至組織復課運動委員會；教師部分，有中大、金大教授聯名書告同學、中大吳校長訓話、滬專科以上校長發表意見、南京市中等學校校長發表告社會人士書等。民意機關和民眾團體部分，南京市工會、北平市工農商文教婦女會等十一團體，上海參議會、上海市商會、北平教育會及漢口、重慶、天津等市參議會、商會、農會、教育會、總工會等亦紛紛通電或發表宣言，擁護政府頒佈之維持社會秩序臨時辦法，呼籲嚴厲整飭學風。輿論方面，《中央日報》、《和平日報》、《申報》、《益世報》、南京《中國時報》、上海《大公報》、上海《前線日報》、上海《東南日報》、上海《正言報》等都對學潮有所評論，對於所謂「吃光運動」有所批評。

　　茲摘錄南京《中央日報》和《和平日報》的社論各一段，藉以觀看南京五二○事件前後輿情之一般。南京《中央日報》社論云：「一

⓰　馬飛海等，〈五二○運動簡論〉，《解放戰爭時期學生運動論文集》頁五十七～五十八。

個人在社會上總要有所不為，才可有所作為。大學青年知識分子受父兄的愛護，領國家的公費，將來必有所作為，今日有所不為。此次參加『吃光運動』的大學生，試把爭論四萬八千元與十萬五千元差額的『吃光運動』，和五四時代爭取青島和膠濟路的主權和爭取民主與科學的新文化運動作一比較，試把吃光運動與北宋末年抵抗女真侵略的太學生請願作一比較，能不憬然自艾？吃光運動這樣的罷課遊行示威，是超過了大家有所不為的界限。我們要喚起一般知識青年到此止步！倘使大學裡面少數操縱多數的暴力行為繼續發展，倘使大學裡面毀滅自尊心自愛心和民族感祖國愛的運動繼續發展，我們主張政府採取緊急措施，為了多數學生的和平生活和寶貴學業，對少數崇拜暴力的虛無主義者加以嚴厲的制裁。」**⑯**

　　南京《和平日報》社論云：「中國共產黨之為國際陰謀暴力集團，根本沒有國家民族觀念，是人人皆知的事實。共產黨出賣國家民族，割裂國家領土主權，企圖滅亡中華民國，建立蘇維埃傀儡政權，也是人人皆知的事實。共產黨一面發動武裝叛亂，『絕對不與政府在政治協商中解決任何問題』，一面在政府統治區製造和平空氣、策動『反內戰』運動，以困擾政府、動搖人心、挫折國軍士氣，這種策略，是過去一年多的事實證明了的。共產黨的最大利益，在於盡量加強共軍禍國殃民的力量，盡量削弱國軍衛國救民的力量，所以在割據區則實行總動員，強迫人民『參軍』、『獻糧』，在政府統治區則破壞政府的一切防衛措施，反對徵兵徵糧。這種道理，十分簡單，為了要困擾政府，共產黨便實行『三罷一慘』政策，鼓動罷工、罷課、罷市、製造慘案，以破壞社會秩序，五月初纔洩露的共產黨『地下鬥爭總路線綱領』，證

---

⑯　南京《中央日報》民國三十六年五月十九日。

明共產黨對於『三罷一慘』政策，正利用潛伏的共產特務和尾巴同盟變本加厲地進行。」[162]

在所有正面的聲音中，最直截了當地反駁反飢餓反內戰訴求的是上海各大學學生護校大同盟的宣言。宣言說：

㈠他們發動『吃光』『光吃』運動，這是我們良心上願意做的嗎？我們的公費，已經增加到七萬餘元了（米金及副食費合算），我們每隔三天，有一次『牙祭』，在每月十六日以後，每餐都有魚有肉，我們還要在可憐的老百姓的頭上，索取來滿足我們的奢望嗎？我們如何忍心奪取老百姓的命根，提高我們的享受？㈡他們反對會考和總考，現在教部已允許會考總考不舉行了，我們還有所藉口要鬧嗎？我們實在想不出鬧的理由在那裡？㈢他們反對『內戰』，其實何嘗是內戰，純粹是共產黨的內亂，我們爲什麼不想『政府幾次下停戰令，而共產黨就幾次拼命要打，政府幾次央求和談，而共產黨就根本不理』的事實呢？我們需要和平，我們反對內亂，但是內亂的責任，不應由政府負擔的，而且相反的，是應由共產黨負起。㈣他們要搶救教育，就是叫千萬個青年享受著公費的待遇，坐在學校裡，天天罷課，荒廢學業嗎？搶救教育，就是把學校鬧得天翻地覆，片刻不安嗎？他們的口號，叫得很響，但是他們的陰謀，是狠毒的。所以我們希望共產黨拿出良心來，不要再用搶救教育的美名，來摧殘教育，同時我們呼籲政府來搶救青年。[163]

[162] 南京《和平日報》民國三十六年五月二十三日。
[163] 上海《益世報》民國三十六年五月二十一日。

這些正面的聲音和反制罷課的行動，在當時必然發揮了制衡的作用，為政府採取強硬手段製造了有利氣候。

然而，就整體的宣傳而言，中共在反飢餓反內戰的學潮中仍屬贏家；除了在南京五二〇事件後有馮玉祥、李濟琛、何香凝、黃炎培、陳嘉庚、郭沫若、茅盾、許慶平、柳棄子、馬寅初、沈鈞儒、馬敘倫、張瀾、許德珩、周谷城、章伯鈞、葉聖陶、張元濟、唐文治、陳叔通等聲援學生、譴責政府之外，中共亦發動左傾人民團體、各級學校、工人、教員、科學文化工作者、公務員、市民、華僑、港澳同胞、國際學聯及所謂的「國民黨軍政人員」，或發表宣言，或函電聲援。馮玉祥在狀況未明之時，即在美國舊金山發表告全國同胞書，指責政府，要求政府馬上認罪。馮玉祥說：「青年學生是中華民國的青年主人，因為吃不飽穿不暖，誠懇的向僕人們說：『你們不要打仗！』這是他們的本分，他們應當有這個權利。僕人殺主人，僕人打主人，這是徹底的反叛行動，況且就退一萬步來說，幾個兄長為了鬧家務，打得頭破血出，子弟們出來向著兄長叩頭奉揖，請求不要再打，聽也好，不聽也好，何至於忍心害理，喪盡天良，把子弟們打死打傷呢？這件事件，是應當馬上請罪的。」⓴馮玉祥並藉著南京五二〇事件，把國內政治、經濟、黨務、軍事、用人、輿論、特務工作等肆意抨擊，最後並提出停戰議和和成立真正聯合政府之主張。

此外，李濟琛、何香凝等亦發表告全國軍政人員書，呼籲軍政人員採取有效行動，勸蔣主席「宗風唐虞，師法堯舜」。李濟琛、何香凝云：「今者，全國大學教授、學生、工人，相率罷教、罷課、罷工，以反內戰、以反飢餓，足證人民生計，實已瀕於絕境，亦足證民主和

⓴　〈馮玉祥將軍告全國同胞書〉，《五二〇運動資料》頁三九五。

平，確爲全國一致之要求。總理有言：號稱民國應以人民爲主，我軍
政諸君，乃民國之公僕，非皇朝之家臣，一言一行當以民意爲依皈。
總理又言：國家之內，一物不得其所，乃吾人之責任，今全國同胞旣
溺於水深火熱之中矣，食民之祿者，寧忍坐視？望我軍政諸君，本先
儒『人溺己溺』之名訓、總理『救國救民』之宏願，一致敦促中央政
府改弦易轍，與民更始，放棄武力政策，是非決諸公議。倘不爲主政
者所諒，則諸君爲愛國家民族計，爲愛護蔣主席計，應一致採取有效
行動，對其宗風唐虞，師效堯舜。蓋因一人之故而殃全國之民，仁者
所忍，智者所不爲，民命垂危，時不待人，苟且遷延，貽禍滋大，諸
君明達，幸早圖之。」❻這些藉學潮之爆發而要求「舉行新政協會議，
用謀和平，從而組織眞有代表性之聯合政府」，對於政府的領導產生分
化的作用。

　　在反飢餓反內戰的宣傳中，最突出的「成就」是把反飢餓和反內
戰結合在一起，把經濟鬥爭和政治鬥爭混成一體，進而把反內戰轉移
到群衆切身的需求，使政府成爲民衆怨懟的對象，動搖了統治的基礎。
中央大學的學生曾以一則「新幾何題」，突顯學生膳食費和戰費的關
係，對於學生產生煽惑的作用。這個宣傳如下：「求證」：二分三十七
秒內戰費等於中大全體同學全月膳費。「證」：因本年度總預算爲二十
萬億元，實際支出爲六十萬億元（按以往經驗實際支出常爲預算之三
倍），內戰費用佔百分之八十故爲四十八萬億元，故每月戰費爲四萬億
元，每日戰費一千三百三十三億元（強），每時戰費五十五億（強），
每分戰費九千一百萬（強），每秒戰費一百五十萬（強），故二分三十
七秒戰費爲二三八五億，因中大同學每月每人膳費共五萬三千元（米

---

❻　〈李濟琛、何香凝致全國軍政人員書〉，《五二〇運動資料》頁四〇一～四〇
　　二。

折價二萬九千元，副食費二萬四千元），故中大全體同學每月膳費（按四千五百人計）應為二三八五億，故二分三十七秒內戰費用等於中大全體同學全月膳費⑯。以上之宣傳方式新穎而具說服力，對學生自然產生影響。另外，中大醫院的學生亦做食物調查分析報告，認為學生的基本伙食，「每月每人所需為六〇〇〇〇元，應增加之動物性蛋白，每人每月所需為一五〇〇〇元，應增加之脂肪質，每人每月所需為三六五〇〇元，故維持每人每月最低限度健康標準之伙食費，至少應有十一萬一千五百元的副食費。」⑰因此學生要求調整到副食費每人每月國幣十萬元，理直氣壯。

面對學生的要求，政府的答案總是：國家目前經濟極度困難，教育經費增加實在不易⑱；而學生則趁此機會將其歸罪於內戰，而自認沒有義務來忍受這個因內戰所造成的苦難⑲。

在中共有計畫地策動反內戰宣傳下，各種宣傳說詞均系統化、制式化，其產生的效果當更為宏大。以華北學生反飢餓反內戰聯合會天津分會的宣傳綱要為例，要求宣傳員從內戰對於國家民族的損害和內戰對人民的痛苦兩方面加以宣傳。關於內戰對於國家民族的損害，列有五點：㈠內戰使國際地位降低；㈡內戰使國防力量削弱；㈢內戰給與帝國主義侵略的機會；㈣內戰使民族體質降低；㈤內戰使國家癱瘓，經濟教育等陷於不可收拾之地。關於內戰給人民帶來的痛苦，列有八點：㈠內戰使通貨膨脹，攪高物價；㈡內戰增加了人民的負擔，徵糧課重稅等；㈢內戰使人民家庭分散——徵壯丁，或者為內戰所流

---

⑯　《五二〇運動資料》頁一五〇～一五一。

⑰　〈副食費為何要提高？〉，《五二〇運動資料》頁一五五～一五六。

⑱　〈中央大學學生為要求增加公費再度宣言〉，《五二〇運動資料》頁一五九。

⑲　同前注，頁一五九～一六〇。

離；㈣內戰使各種生產停頓或減低效率，使整個人民生活降低；㈤內戰造成大多數的失業；㈥內戰造成了高利貸，使一般商人無法經營；㈦內戰使全國交通發生阻塞往來，致使運輸不暢；㈧內戰使同學不能安心讀書，教師不能安心教學、研究。最後，則說明只有立刻停止內戰，遵循政協的精神與路線重新召開和談，才能使人民安居樂業，國家康樂強盛⓱。

南開大學學生發表題為「我們為什麼反內戰反飢餓？」的告同胞書，則以淺顯的、問話的方式，來鼓動反對內戰。他們這樣寫著：「請問各位，你們每天都吃得飽嗎？你們辛苦了一天，賺到的錢，夠買棒子麵來養活你們一家嗎？就以棒子麵來說吧，一斤已經兩千多塊錢啦！照這樣漲下去，恐怕我們大家快要連窩窩頭也都吃不著啦！這是什麼道理呢？大家一定要明白，這就是為了打內戰，打內戰使棒子麵沒命的上漲，打內戰使我們頓頓吃不飽。不信嗎？舉個例子來看，現在四川的大米才五百多元一斤，但是，這兒每斤要賣四千多元，你們想想，因為什麼有這樣便宜的米還運不到天津呢？這就是因為打內戰打得鐵道被扒了，船又拿去運了兵，所以不管是那兒，就是有米在那兒擺著，也運不了來。再說，我們知道，打內戰要用很多兵；可是，這些兵是從那兒來的呢？這個我們都很知道，他們都是被從鄉下拉來的。他們當兵去打內戰，碰到一場惡戰，便要死去很多，這樣一來，地當然就不能種了，沒有人種地，當然也就出不來糧食，即便就是收上一星半點，那也還不夠他們打內戰的當軍餉，所以我們那兒還是餓著。還有，打內戰要用槍，要用炮，要用子彈，這些東西都要用錢買。你們想想看，打一槍，發一顆子彈，就得好多萬，那麼，這一天要化

⓱ 〈華北學生反飢餓反內戰聯合會天津分會宣傳綱要〉，南開大學圖書館保存，《五二〇運動資料》頁三四六～三四七。

去多少錢呢？大家都知道錢一天比一天『毛』，錢爲什麼這麼『毛』
呢？就是打內戰費錢太多的緣故。捐稅不夠用，就濫發鈔票，大家看
看，現在街面上五百元美金、一萬元法幣……共有多少？恐怕數也數
不清了。票子多了，物價就漲，咱們賺的錢老趕不上物價，怎麼不一
天比一天窮呢？好啦，旣然打內戰使我們吃不飽，打內戰使我們一天
比一天窮，所以我們爲了要活下去，就不得不起來『反對內戰』。可是，
大家更要知道，光是張三，或者李四幾個人來『反對打內戰』是不行
的，因爲他們的力量是不夠的，而且他們喊出來的聲音也很小；『反
內戰』旣是我們每個人心裡都有的東西，那麼，就讓我們把他喊出來，
我們大家一齊喊出來。只要我們全國的老百姓都一齊來喊『反內戰』，
我們更一齊不讓拉兵，不賣軍糧，反對濫發鈔票，不拿錢給他們買槍
炮反內戰，便一定能強迫打內戰的人，放下槍桿，停止內戰。」**⑰**

　　這些反內戰的宣傳說詞，中共地下黨或通過學生到街頭宣傳，或
者利用示威遊行進行宣傳。五月十九日，上海市專科以上十四個學校
學生舉行的飢餓大遊行，即有如下一景：「同濟大學的活報組，一路
上演著『你這個壞東西』的活劇。壞東西的胸口和背上掛著兩個卍字
大勳章，頭上戴著一頂是寫著USA三字的炮彈式的帽子。指著他不停
的唱著『你這個壞東西』，當歌聲由歌詠隊的隊員唱而變成怒吼時，
『壞東西』終於在歌詠者的追逐前抱頭鼠竄了，觀衆中一個學生跳出
來怒吼：『有這種壞東西，憑藉打內戰找官作、賺鈔票，全不顧人民
的飢餓死亡，我們大家應該一致團結起來，壞東西終於有倒下的一
天！』四周圍群衆爆裂出喊好的聲音。最能表現同學困苦的是交大的
一幅立體標語，一幅大紙牌上寫著『每日菜錢七百五十五元，還不夠

---

⑰　〈我們爲什麼反內戰反飢餓？〉，天津市歷史博物館檔案，《五二○運動資料》
　　頁三四九～三五○。

買→』箭頭下紙牌上掛著三根油條。這情形對於不入學府的人恐怕還是第一次知道。」[172]

在北平五二〇示威遊行中，則是「每當遊行行列行經一處時，大幅漫畫、壁報、標語，給當地街道換上新的衣裝，傳單、宣言，滿街飛舞，市民們興奮地競相搶讀，『清華日刊』和『罷課快訊』，人們都爭搶著購買。」「遊行行列中，女同學特別活耀，她們的『我們要安居樂業』和『反對中國人打中國』的呼聲，引起了人們——特別是婦女們深深的感動。燈市口的兩位老太太為此掉了淚，她以她顫抖的手指指著天咒罵拉她兒子去當兵的人。當宣傳小隊隨大隊進行街頭講演時，圍觀的人臉上的表情緊張而憤怒，他們有的竟不由自主的做了義務演講者，向旁邊的人說：『自己人有什麼話不好說？為什麼要打仗，讓我們當炮灰？』這之後，群眾和宣傳隊唱和在一起，景象悲壯動人。歌聲和口號響徹在每一條沸騰的馬路上，『抗議五一八』、『反對徵兵徵糧！』悲壯和憤怒表現在各個不同階層的市民的臉上，他們落淚了。」[173]

除了示威遊行的反飢餓、反內戰宣傳外，中共地下黨更組織街頭宣傳隊，進行機動、突擊的宣傳活動。陳雷在五二〇事件後曾記述道：「從五月下旬一直到今天，上海市學生宣傳爭和平、反內戰，從沒有停頓下來，謊言的報紙記載著說自從少數『敗類分子』被逮捕之後，擾亂社會秩序的煽動性宣傳已壓制下去了，其實呢，今天，更多的控訴小隊——宣傳隊現在採取的方式，三個人一隊，兩個人一隊，走到上海市任何一個角落裡的住宅裡去、商店裡去，和藹地拿最淺近最現實的情況來分析為甚麼我們應該反內戰、爭和平、爭民主……統治者

拿出來最殘酷的統治政策的時候,這邊卻把該做的工作推進得更深、更廣、更緊湊……。」⓱關於街頭宣傳隊活動的情形,陳雷亦有鮮活的描述:「第三宣傳小隊來到和平女神底下,附近沒有軍警,誰也想不到我們又來了。標語紙貼上去,圍集過來的市民唸出那些通俗的句子:『內戰不停止,我們早晚都會死!』『大米一擔三十萬,餓不死,餵炮彈!』……漫畫也貼上去,上面畫著肥頭大耳的軍閥們閒逸地躺在飢民們骨架上。人群像浪潮擁上來,在第二小隊長演講時被捕的地方,趙榮潛同學又站上去:『同胞們,米價一天一天漲上去,三月底十七萬一石,四月底二十五萬一石,五月三十三萬一石,像這種情況,我們還能生存下去嗎?前幾天,上海鬧搶米,米,那裡去了?前線呀!大票滿天飛,為什麼呀?充戰費!打內戰,中國人殺中國人……』人愈來愈多,人擠人,多少個眼睛裡閃著光,一個中年婦人,突然地伸出手來,顫抖聲音叫出來:『先生們講得對,活勿下去哦!』第三宣傳小隊同學喉嚨嘶啞了,流著汗,急切地把該講的話講下去,一個同學把大幅歌詞高高舉起來了,是王大娘補缸,一隻在上海最流行的調子。『萬元大票滿天飛喲,瑯格里格瑯!』人圍外邊,聯絡向這邊喊:『快快宣傳,警車來了!』但,這邊歌聲卻變成嘹亮,大家想,把剩下來的力量完全拿出來吧,我們又不能把聲音帶進牢獄裡去!」⓲

　　當時中共地下黨的宣傳理念非常進步,陳雷說:「我們宣傳的信條是不拿說教者的姿態來把最顯淺的現實政治變成教條,我們時時刻刻企圖著去瞭解他們生活的實際情況,然後想出來一種最容易為他們接受的宣傳方式。我們甚至於注重宣傳文字的音韻,因為真理性的文字最好能像一隻歌,廣遍地流傳下去,讓中國苦難大眾在慘酷現實壓

⓱　同⓯,頁二三四。
⓲　同前注,頁二二六～二二七。

榨底下的時候哼出一隻熟稔的歌，那些流傳在鄉土上已經千百年的調子如今卻嵌進搏鬥性的文字了。」❻因此，反飢餓反內戰的宣傳有許多歌曲，最有名的是「王大娘補缸」，這原是一隻最流行在上海民間的歌謠，宣傳小隊填進了現實性的新歌詞：

```
1 1 6 5 5 3 2 3 5 1 2 2 5 3 5 2 - 1 6 5 6 1 2
萬元  大票  滿天  飛喲瑯格里格瑯    瑯格  瑯噹
3323   3 6 1 2 3 1 1   6 1 2 1 6 5 1   1 6 5  45
白米 價漲四 十  萬喲，瑯格里格瑯  瑯  格瑯  噹
壯丁 前線充  砲  灰喲，      （同上）
老少 都成餓  死  鬼喲，      （同上）
我們 不要打  內  戰喲，      （同上）
大家 齊心喊  和  平喲，      （同上）
```

另外尚有「到南京去要飯吃歌」，歌詞云：

「物價天天高，飯也吃不飽，物價高啊飯費少，我們啊都要餓倒了。要吃飯喲，嘿，（呼喊）到──南──京──去──要。」

「你這個壞東西」歌詞云：「你，你，你，你這個壞東西，市面上柴米油鹽不夠用，你一大批一大批送上戰場去，只管你內戰爲自己，學生的營養你是全不管……，別國在和平裡復興建設，只有你，整天在內戰上玩把戲……唉嗨！你這個壞東西，真是該槍斃！」❼歌曲之外，

---

❻ 同前註，頁二三二。

標語亦極為聳動,如:「再不放鬆我們的脖子,舉起我們骨瘦的手,向飢餓宣戰,向製造飢餓的人宣戰。再不解脫我們的鐐鎖,用我們沒有肉的軀體,向著恐怖衝,向著製造恐怖的人衝!」[178] 又如:「餓,餓,餓,大家齊心來合作,把內戰的令旗奪!把官僚買辦的酒杯破!我們要呼籲:同胞們,大家起來,否則子子孫孫不得活!」[179] 等等,不勝枚舉。

中共透過其地下黨策動的學潮,在所謂「國統區」進行全面、廣泛、深入的反飢餓反內戰宣傳,其效果究竟如何,委實很難量化評估。按照中共的說法,這次的反飢餓反內戰宣傳的「成就」,不僅是「使國民黨政府陷入四面楚歌的孤立境地」,而且「促使廣大知識界的新覺醒和迅速革命化」。劉曉說:「由於我們提出了符合廣大群眾要求的口號,團結了廣大群眾,使運動具有廣泛的群眾基礎。同時,我們還爭取和組織了社會各階層的支援和同情,爭取社會輿論,積極開展統一戰線,取得了各方面民主人士和許多大學教授的支持,他們紛紛聯名發表書面意見,甚至罷教抗議,同情學生,指責國民黨政府,並挺身而出,參加營救被捕學生的鬥爭。特別是得到了工人運動的大力支持,使工人運動和學生運動結合起來。這就使國民黨政府陷入四面楚歌的孤立境地。」[180] 又說:「由於運動的廣泛和深入,以及國民黨政府的殘酷鎮壓,充分地暴露了其反動統治的本質,使廣大青年學生和人民清楚地認識到:國民黨政府是和他們勢不兩立的,對國民黨政府不能

---

[177] 錢甄,〈到南京去要吃飯〉,《群眾》第十八期,民國三十六年五月二十九日,頁四二八。

[178] 李邈,〈五月的火花〉,《群眾》第十八期,頁四二六。

[179] 同[177]。

[180] 劉曉,〈一九四七年反飢餓反內戰反迫害運動的一些回顧〉,《解放戰爭時期學生運動的論文集》頁三十六。

再存任何幻想。要生存、要和平、要自由民主，除了團結起來推翻國民黨政府的統治之外，別無出路。這就促使廣大知識界的新覺醒和迅速革命化，促進了人民運動的更進一步高漲。」[181]

在五月學潮之後，沈友谷在評論所謂「學生運動的發展規律」時，曾說：

> 五四以來的歷次運動之所以有重大的歷史意義，並不是因為他們能一舉而達到目的，其真實效果是在於通過每一次學生運動而使廣大學生的志氣和認識提高和堅定，同時又推動了學生以外的各階層人民的覺悟與團結；然後當學生群眾與學生群眾以外的人民結合到一起，匯成巨大的力量時，就終能夠達到所要達到的目的。[182]

就這個觀點而言，五月學潮中的反飢餓反內戰宣傳實在發揮了巨大、無與倫比的影響作用。

除了宣傳之外，中共在組織發展方面亦大有收穫。由於學潮的展開，吸引許多激進學生的參與，這些參與最後都為中共地下黨所吸收。馬飛海等說：「五二〇運動和許多運動的實踐，黨和群眾的密切結合，深刻地教育了黨員，也深刻地教育了當時整整一代青年學生，促進了青年的普遍覺醒，極大地鍛鍊了他們，從群眾中培養了大批骨幹和積極分子，不斷壯大黨的隊伍，也為建國後各條戰線準備了幹部。」[183]

---

[181] 同前注，頁三十五。

[182] 沈友谷，〈從學生運動中所看到的〉，《群眾》第十八期，民國三十六年五月二十九日，頁四二三。

[183] 同[160]，頁五十九～六十。

劉曉說：「運動中湧現出來的一批積極分子，有些人被作為培養對象，以後不少人陸續加入了黨的組織，還有不少人被陸續輸送到解放區去。」[184]民國三十六年六月十九日，卓芸在〈爭取勝利的迅速到來〉一文中，亦說：「在學生運動中也產生了一批批的新的積極分子和幹部，他們知道在學生運動堅持了一個多月的時間，並不斷高漲發展之後，並在蔣介石政府集中壓迫的時機，如何團結在鬥爭中已提高認識，獲得鬥爭經驗的同學，並使認識程度不同、鬥爭經驗不同的同學，都能更堅強的鞏固團結起來，在這次運動中，上海市及其他地區的學聯，各區域學聯、都或已成立，或已加強，近閱報載，全國學聯定六月十六日召開大會，一定能總結學運經驗，在這個基礎上，鞏固團結，加大團結，繼續堅持和發展偉大的鬥爭。」[185]

民國三十六年五月二十三日的新華社時評指出，廣泛和勇敢是這次學潮的最顯著特點。該社云：「這次學生運動，有兩個特點最是顯著。第一是廣泛，例如以蔣介石的師傅陳英士和蔣介石自己得名的浙江英士大學和南昌中正大學，過去是沒有參加過學生運動的，在這一次卻站在鬥爭的前線；甚至蔣介石的黨校『中央訓練團』將官班團員，也在這次學生運動的高漲中提出了六項關於生活的要求，這是『為以往任何時期所未有』的。第二是勇敢，蔣介石不准學生罷課，學生就偏偏擴大罷課；蔣介石不准學生遊行示威，學生就偏偏擴大遊行示威；蔣介石不讓學生坐車，學生就自己開車；蔣介石命令軍警憲特毆打學生，學生就奪過他們手裡的水龍沖破他們的包圍，一切蔣介石所故意裝得莊嚴神聖的東西，都被群眾當作狗屎一樣拋棄得遠遠的。」[186]

---

[184] 同[180]，頁三十四。

[185] 卓芸，〈爭取勝利的迅速到來〉，《群眾》第二十一期，民國三十六年六月十九日，頁四八九。

在新華社的解釋中，廣泛是因為反飢餓的訴求對於群眾有最迫切的需要；勇敢是因為反內戰的訴求具有普遍性。因此，中共認為這是國民政府「統治危機的表面化」。事實上，五月學潮突破政府頒佈的維持社會秩序臨時辦法的禁令，普遍地在全國各地舉行示威遊行，對於政府的統治權威，已深深地造成傷害。尤其南京五二○事件係發生於首都之地，在軍警密佈的情況下，仍無法阻止，足見政府的統治力量已經式微了。

沙健孫在探討所謂「解放戰爭時期的學生運動」時曾指出，在五二○運動以前，中共的基本口號是「以自衛戰爭粉碎蔣介石的進攻」，之後，由於「學生運動的高潮，表明了蔣介石處境的孤立，表明他已經處於全民的包圍之中，表明提出打倒蔣介石的口號的時機到來了。」他並引述周恩來所說：「城市裡的青年到處示威，反對美軍強姦中國婦女，反對美軍打死中國人，有的直接起來反對蔣介石。蔣介石出席參政會時，南京中央大學學生到禮堂鬧起來，使蔣介石下不了臺。蔣介石遭到人民反對，政治上破了產，所以我們應當提出打倒蔣介石的口號。」[187]換言之，在五月學潮後，中共即敢於提出「打倒蔣介石」之口號，足見此一學潮對於國民政府之打擊多麼巨大，蔣主席在談處理學潮之方針時，也慨然嘆道：「此次學潮之影響，有關國家元氣之損失，已屬不可數計。」[188]

關於國民政府與蔣主席統治權威受到損害，亦可從民國三十六年

---

[186] 〈蔣介石的末路〉，民國三十六年五月二十三日，新華社時評，《五二○運動資料》頁十五。

[187] 沙健孫，〈論全國解放戰爭時期的學生運動〉，《解放戰爭時期學生運動論文集》頁九。

[188] 天津《益世報》民國三十六年六月十日。

五月十八日蔣主席發表「整飭學風，維護法紀」的談話後，清華大學的奔流、原野兩壁報社，公然反駁蔣主席的談話中，窺見一般。壁報指責蔣主席「對於各地學生的要求和呼籲，置之不理，一切蔑視，反誣為『顯受反動共產黨直接間接之策動……為暴亂奸徒所脅制與玩弄，而甘心斷送國家之生命與自身之前途』，如此不顧民情，實非素以愛護青年自居之元首應有的態度。」「學校原為培育青年之機關，為神聖清白之園地，然近數年來，國內多數學校均已變成官場，黨派操縱，漆黑一團，正義的聲音被迫歸於喑啞，對於這些，蔣主席不置一辭，不發一笑，而對於學生的要求合理的公費待遇，要求停止內戰，反謂『學風敗壞，法紀蕩然，勢必使培育青年之教育機關成為毀法亂紀之策源地』，並『將不能不採取斷然之處置』，我們實在沒有什麼話說，只有一點希望，希望蔣主席『崇尚理智，明禮義，知廉恥，自愛自重。』」 ⑱⑨ 直指希望元首「明禮義，知廉恥，自愛自重」，實為不敬之至，然亦可見當時學風之一般。

　　五月學潮的爆發，除了擾亂社會秩序，使政局動盪不安外，更重要的是形成一種牽制的力量，無形中幫助了中共軍事的進展。關於這一點，沙健孫曾有很精闢的分析，他說：「國民黨雖然擁有龐大的軍隊，但由於它的統治區內學生運動以及由學生運動推動起來的整個人民運動在不斷的發展，這就迫使它不得不把大批兵力用來擔任後方的守備，並由此使它用於第一線的兵力極大地減少了。比如，五二○遊行之後，國民黨當局為防範學生在六月二日發動全國性行動，就出動了大批軍隊、警察，這一天，『北平城門緊閉，西直門外戒備森嚴，十步一崗，五步一哨，如臨大敵』、『沙灘北大附近，調集了國民黨軍隊

---

⑱⑨ 〈清華大學兩壁報社駁蔣介石整飭學風的談話〉，中央大學學生自治會檔案，《五二○運動資料》頁二三○～二三一。

構築工事』、『一個個士兵荷槍實彈，上起刺刀，來回巡邏』；清華、燕京『四周也被成千的警察、特務所包圍』，北平如此，其他許多城市也是如此。與此相反，解放軍由於得到人民的擁護，它的後方卻是十分穩定的，它毋須留駐大量的兵力，而可以把兵力集中地用於前線。一九四七年七月，國民黨總兵力尚有三七〇萬人，由於大部兵力用於守備，整個戰場上的機動兵力不過四十個旅；解放軍總數爲一九五萬人，其中正規軍二〇〇萬人，由於不須分兵守衛後方供給線和城市，其機動兵力已超過國民黨軍隊。正因爲如此，中共中央才有可能毅然作出決定，當人民軍隊在數量上還並不佔優勢的情況下，就開始發動戰略進攻。」 ⑲ 從以上的分析，很清楚地說明學潮已成爲國民政府的後顧之憂，使政府無法全力對付中共的武裝力量，在軍事優勢的情況下，反成被動。

　　在南京五二〇事件後的第十天，毛澤東寫的〈蔣介石政府已處在全民的包圍中〉一文指出，學潮已成爲第二條戰線。他說：「中國境內已有兩條戰線。蔣介石進犯軍和人民解放軍的戰爭，這是第一條戰線。現在又出現了第二條戰線，這就是偉大的正義的學生運動和蔣介石反動政府之間的尖銳鬥爭。學生運動的口號是要飯吃、要和平、要自由，亦即反飢餓、反內戰、反迫害。蔣介石頒佈了『維持社會秩序臨時辦法』，蔣介石的軍警憲特同學生群衆之間，到處發生衝突。蔣介石用逮捕、監禁、毆打、屠殺等項暴力行爲對付赤手空拳的學生，學生運動因而日益擴大。一切社會同情都在學生方面，蔣介石及其走狗完全陷於孤立，蔣介石的猙獰面貌暴露無遺。學生運動是整個人民運動的一部分，學生運動的高漲，不可避免地要促進整個人民運動的高

---

⑲　同⑱，頁十。

漲。過去五四運動時期和一二九運動時期的歷史經驗，已經表明了這一點。」⑲ 毛澤東的宣告，明目張膽地暴露學潮的本質，已由請願訴求蛻變爲戰鬥的形式，「戰線化」學潮的時代已來臨了，而這個轉變，實是五月學潮最深遠的影響。

---

⑲　毛澤東，〈蔣介石政府已處在全民的包圍中〉，《毛澤東選集》第四卷，頁一一二〇～一一二一。

第六章　戰線化學潮

民國三十六年五月三十日，毛澤東宣稱學生運動是國共兩黨武裝鬥爭之外的「第二條戰線」後，學潮的性質和演變愈發顯現此種特徵，故本研究稱之爲「戰線化學潮」。

戰線化學潮始於民國三十六年六月十五日，上海學聯組織了助學會，展開所謂的「助學運動」，至民國三十八年七月二十三日，廣州軍警逮捕中山大學共黨分子和左傾學生的所謂「七二三事件」。在這段期間，全國各地學潮層出不窮，中共地下黨居間策應，政府軍警全力防制，鬥爭激烈，直至戰局急轉直下，中共勝利成爲定局，學潮方告緩和。

第一節　發生背景

南京五二〇事件後，中共中央有關所謂「蔣管區」黨的鬥爭方針的指示，即說明最終的目的是「搞垮蔣介石」。指示云：「現在全國人民的鬥爭，不僅人民解放軍的自衛戰爭是在搞垮蔣介石統治，就是蔣管區要飯吃、要和平、反對借外債打內戰的任何一種鬥爭，不管其主觀想法如何，其客觀意義都在搞垮蔣介石統治，甚至統治階級內部的鬥爭，乃至相互埋怨美帝國主義對蔣借債的猶疑，都可看作是搞垮蔣介石統治的間接幫助。所以我們儘管放手動員群衆進行反飢餓、反內戰、反借款的鬥爭，向蔣政權要飯吃、要和平、要自由。」又云：「鬥

爭口號的提高，停戰條件的改變，要適時但也不要頻繁，其作用要在能動員廣大群衆接受此口號並爲此口號奮鬥，以達到搞垮蔣介石的目的。」❶

爲了達成搞垮國民政府的目的，中共中央從民國三十六年五月二十三日起，至六月二十三日止的一個月間，共發出了有關學潮的指示七件，即五月二十三日「關於蔣管區黨的鬥爭方針的指示」、「關於在學運中向青年軍與憲警進行工作的指示」、五月二十七日「關於學運口號不要生硬對葉羅報告的批示」、六月三日「關於學運方針給上海局的指示」、六月六日「關於對青年軍工作的指示」、六月十九日「關於同意上海局學運方針的覆示」、六月二十三日「關於蔣管區學生暑假下鄉中心任務的指示」等❷。在這些指示中，中共要求各地地下黨調整鬥爭的策略，爲戰線化學潮樹立了方針，茲就組織、宣傳、鼓動、統一陣線、發展等五方面說明如下：

在組織策略的調整方面，中共中央要求學潮的指揮系統，不應急求組織統一，而應多求方針與策略的一致。在五月學潮後，中共爲了互通情況，交流經驗，指示上海局成立所謂「蔣管區」學生運動小組，由錢瑛領導，不定期舉行會議，參加此一小組的有朱語今（西南）、吳學謙（上海）、袁永熙、王漢斌（北平、南京）等❸。但對於各地領導者之間的組織領導關係仍有詳細的指示：「錢瑛已參加上海局，其所管關係，當然應遵守上海局的指示，統一策略行動，但組織系統，仍

---

❶　〈中央關於蔣管區黨的鬥爭方針的指示〉，《中共中央青年運動文件選編》頁六五四。

❷　《中共中央青年運動文件選編》頁六五三～六六七。

❸　劉曉，〈一九四七年反飢餓、反內戰、反迫害運動的一些回顧〉，《解放戰爭時期學生運動論文集》頁三四。

應是平行的，在學校機關中不必打通，以適應鬥爭形勢的複雜發展，有可能還要經過一些艱苦曲折的過程。許滌新所管的上海經濟界上層關係，可介紹其關鍵人物與張明，以便配合鬥爭，但必須注意，一切鬥爭不應急求組織統一，而應多求方針與策略一致，以利鬥爭的持續與組織的保全和發展。」❹在學生的組織方面，要求先進行各區域的聯合，以達到成立全國學聯的目的。指示云：「學生的組織形式也應與形勢相適應，例如現有華北區學聯、京滬蘇浙豫五區學聯以及各地學生反暴行委員會，均可不拘名稱形式，設法聯合，以達到成立全國學聯的目的，但形式上卻不要馬上號召成立全國學聯，致引起敵人過早注意分化與壓迫。究如何為好，由你們依實際指導之。」❺又云：「蔣政府現正禁止全國學聯的成立，我們應利用各地各校的簽名運動、校內的後援會或共同委員會先求得幾個地域的聯合，以配合華北學聯、京滬五地學聯的行動，為全國聯合準備基礎，而不要馬上集中一切力量於全國聯合的組織，去便利敵人的集中打擊。」❻中共中央要求學生組織逐步地聯合，但不要馬上成立統一的聯合組織，以免受到打擊。

在宣傳策略方面，中共中央恐怕各地地下黨因共軍與國軍間的激烈戰鬥，而不敢提出和平、停戰的宣傳訴求，因此特別指示要敢於提出和平、停戰的主張。為此，中共中央還特別解釋「人民解放軍也是為獨立、和平、民主而戰」。指示云：「我們不必怕人民要和平、進步

---

❹　同❶，頁六五五。

❺　〈中央關於學運方針給上海局的指示〉，《中共中央青年運動文件選編》頁六六一～六六二。

❻　〈中央關於同意上海局學運方針的覆示〉，《中共中央青年運動文件選編》頁六六五。

乃至中間輿論主張和平，我們要在爲和平的鬥爭中，證明蔣介石不會給人民和平。即使蔣介石一旦被迫而承讓一時的假和平時，我們也能以人民要求眞和平的力量配合人民解放軍爲和平而戰的力量，突破蔣介石假和平的防線而搞垮蔣介石，這與爲民主的鬥爭一樣。」❼ 至於中共所提出來的「恢復民國三十五年一月十三日軍隊位置及取消憲法」等兩個停戰條件，中共中央認爲尚未過時，要求加以宣傳，藉以擴大認同，搞垮政府。指示云：「在現在，停戰兩條件，恢復去年一月十三日軍隊位置與取消僞憲，還沒過時，也還沒有危險，因爲蔣介石目前是以放下武器、恢復交通爲宣傳條件，在被迫時有可能又以無條件停戰欺人，而人民中有眞能無條件停戰也不錯的想法的也還有人，我們應提高他們爲停戰兩條件與我們共同奮鬥。如果逼到蔣介石也意識只有接受這兩個條件才能緩氣時，那我們就可乘勢直攻，逼其在取消僞憲撤回原防以宣布其政治軍事破產中搞垮他。如蔣依然是講拖騙（此種可能最大），則我們那時號召人民起來推翻他，更師出有名了。袁世凱取消洪憲隨即垮臺的經驗可以爲證。」❽ 至於政治協商會議的決議，中共雖然認爲已經失效，但仍舊要求各地地下黨宣傳政協路線，即黨派協商會議和聯合政府。指示云：「政協決議在蔣大打內戰，訂賣國條約，開國大，制僞憲，趕走中共代表團，改組僞政府，宣布三黨施政方針後，已全部失效，我們現在所堅持的是政協路線（或精神），不是政協決議，路線是指黨派協商會議、聯合政府而言。決議是蔣介石徹底破壞的，我們是擁護的，且已失效，可不必提它有什麼弱點。」❾

　　在鼓動策略方面，中共中央非常注意口號的擬製，除了要求不可

---

❼　同❶，頁六五四
❽　同前注。
❾　同前注，頁六五四～六五五。

生硬外，還要有輔助口號。指示云：「此次學潮一般的是從學生本身要求發動起來的，但一經發動，便馬上聯繫到政治口號，於是要飯吃要和平、反飢餓反內戰，均成為不可分離的鬥爭口號。現在在五月二十慘案的激動下，連取消蔣介石的緊急治安法令的口號都提出了，更難使各地學運只局限在經濟口號上。應該說，要使此次學運的政治經濟鬥爭口號成為有機的聯繫，不要生硬加上，不要脫離中間分子，要依其覺悟程度提出各種部分的輔助的口號，以推動其向總的鬥爭口號前進。」⑩在五月學潮中除了「要飯吃、要和平、要自由」的口號外，中共中央認為「適當地提出實施民主自由、肅清貪官污吏、沒收官僚資本、實行土地改革、驅逐反動好戰分子與反對美帝國主義干涉中國內政、援蔣內戰等口號是很對的。」⑪這些成為此一階段學潮的基本口號。

　　在統一戰線策略方面，中共中央認為應先鞏固校內教職員、學生的統一戰線，集中要求可能實現之條件，然後再改變鬥爭的形式。中共中央在六月三日給葉劍英和羅邁的指示中說：「你們領導鬥爭向前發展的方針是對的。今天京滬平津學生停止街上遊行改在校內開會的辦法也是對的，這樣可以鞏固校內（包括教職員）的統一戰線，便於集中要求於可能實現的條件（如釋放所有被捕學生教員、醫治受傷學生，懲辦暴行人員、取消緊急措施及軍事戒嚴等），然後再改變鬥爭形式，繼續進行要和平、要飯吃、要自由的運動。目前蔣政府捕殺學生兼及教員、記者的暴行是普遍的，應抓緊社會上對此暴行的共同憤慨及統治階級中某些矛盾（如立法院設調查委員會），堅持放人反暴行的

⑩　〈中共中央關於學運口號不要生硬對葉羅報告的批示〉，《中共中央青年運動文件選編》頁六六〇。

⑪　同⑩，頁六五五。

要求，以團結內部，擴大同情。」❶❷六月十九日的指示亦說：「完全同意你們關於學運的復課休整，以鞏固和擴大校內校外的同情運動和陣容，並準備新的更大鬥爭的方針。在目前，宜使同情運動集中於反暴行要求釋放一切被捕的學生、教授、記者及民主分子的問題上，各種組織也要與此相適應。」❶❸

　　中共中央除了指示鞏固校內的統一戰線外，並要求對青年軍與憲警進行工作，避免與青年軍及憲警造成對立外，更進一步爭取他們同情學運。中共中央對此曾詳細地說明工作的方式和注意事項。指示云：「目前學潮日趨高漲、廣泛，蔣政府所恃以鎮壓與毆殺學生者在其後方兵力空虛下僅有青年軍與憲警，在上海爲二〇二師，北平爲二〇八師，重慶爲二〇三師，均青年軍，憲兵中亦有很多學生出身的士兵，爲避免與青年軍及憲警士兵造成對立，並爭取他們同情學運，以瓦解蔣介石鎮壓後方的力量起見，你們應通過各種組織、各方積極分子趕緊進行青年軍及憲警中的士兵工作，尤其要利用學校中退伍學生及同校學生向青年軍中進行同軍同學的聯絡、解釋，提出適當口號，使之由同情學生要飯吃、要和平的鬥爭，進到其本身要求加餉退伍的鬥爭。特別當青年軍和憲兵毆打、逮捕學生時，更要進行學生群衆有力的勸阻呼號，以感動他們停止動手，即使是消極的袖手旁觀，對學潮的發展，也是極有利的。」❶❹這個指示下達後，燕京、清華兩校的學生即和青年軍二〇八師進行交談，並由該師政治部副主任陳氏接見，雙方聯絡的狀況是這樣：「二十三日清華退伍軍官兩人，赴二〇八師聯絡，

---

❶❷　同❺，頁六六一。

❶❸　同❻。

❶❹　〈中央關於在學運中向青年軍與憲警進行工作的指示〉，《中共中央青年運動文件選編》頁六五九。

相談甚詳。二十四日清華學生代表三人，燕京二人，再赴二〇八師，由該師政治部副主任陳氏接見，並招待。陳氏否認靑年軍毆打學生，係外人冒充，並謂靑年軍亦有被淸華學生毆打者，兩校學生亦加否認。凡此誤會均係缺少聯絡，陳主任請兩校代表向同學解釋，並召各連小組與同學聯歡。靑年軍亦有劇團、球隊，將分別擧行友誼比賽，及提出兩校學生分別招待靑年軍到校參觀。淸華並應該軍之請，由敎授數人分期到該師講演，實行聯絡。」[15]由聯絡的狀況，中共中央認爲「靑年軍的工作大有可爲」，但提醒「應注意國特分子故意利用靑年軍與學校來往，以暴露學生中進步分子。」[16]

在發展策略方面，中共中央一再要求各地下黨進行各校組織的整理和調整工作的計畫、佈置爲新的鬥爭做準備。指示云：「暑期工作，亦應及早計畫。」[17]「各校組織的整理和發展，平行組織和單線領導的堅持，經驗敎訓的總結，特別是暑期工作與下學期工作的佈置與幹部的配備和調整，都要有適當的指示發給各地，以準備新的鬥爭領導。」[18]中共中央要求各地地下黨策動學生利用暑假下鄉，進行宣傳，但是「黨委黨組織對學生下鄉指示，不要普遍號召，而應經過各校核心分子，採取適合環境的辦法，進行各種不同方式的傳達，以避免損失」。中共中央認爲「學生暑期下鄉，主要是播散反蔣鬥爭種子，學習與群衆接近，而不是一下子就希望開花結果，其意義好像『一二九』以後的學生下鄉爲抗日戰爭播散種子一樣，不過今日在蔣管區鄉村的組織形式、鬥爭形式及工作方法更應適合今日的形勢爲要。」因此，規定暑

---

[15]　〈中央關於對靑年軍工作的指示〉，《中共中央靑年運動文件選編》頁六六三。
[16]　同前註。
[17]　同[15]，頁六六二。
[18]　同[16]。

期學生下鄉的任務是「宣傳群衆，鍛鍊自己」，組織群衆的形式依環境來決定，利用家庭和社會關係，分散下鄉，或者利用夏令旅行、採集生物、暑期教育等名義集體下鄉，但不可再用演劇、歌詠的形式下鄉。宣傳方式要利用探視、訪友、訪問、調查、教農民識字、講故事、講衛生常識、看病、施藥等機會接近農民，「引導農民由反對徵兵、徵糧、徵差而逐漸認識到人民要飯吃、要和平的重要與蔣介石國民黨賣國打內戰的必然失敗」，工作方法要避免暴露孤立或引起注意，「爲便利工作進行，學生本身，要多吸收中間分子參加，活動方面，不拒絕上層拉攏，並盡量利用家庭親戚關係，以掩護下層工作。群衆組織，在有可能進行時，要利用社會上存在著的某些形式，團結起鄉村中一些積極分子，常常集合，爲鬥爭準備組織基礎。鬥爭發動，如有可能，必須在當地農民爲生活鬥爭的基礎上，逐漸聯繫到反對徵兵、徵糧、徵差或反對加重負擔，要求救濟（如兩廣水災）等等鬥爭，以擴大範圍。」[19]最後，並要求下鄉學生若發現有適合於自己工作的崗位，或在當地取得信用而被要求留下工作，如當小學教員，即應堅決地拋棄學生生活，留在鄉村開展工作。

吳學謙在回憶一九四七年上海學生的「五月運動」時，也曾提到在南京五二○事件後，上海學委根據中共中央的指示和當時的鬥爭形勢，決定改變鬥爭方式，由集中鬥爭轉爲分散鬥爭。當時中共總結了五月學潮和民國三十六年上半年群衆運動的經驗，其經驗內容大致可分爲五點，吳學謙說：「㈠一月抗暴鬥爭以後，隨著解放戰爭在全國的勝利進展，上海學生的反帝（反美帝）民主（反蔣）的群衆運動一浪高過一浪，群衆的政治覺悟不斷提高，對現狀日益不滿，不願在學

[19] 〈中央關於蔣管區學生暑期下鄉中心任務的指示〉，《中共中央靑年運動文件選編》頁六六六～六六七。

校內照老樣子讀書，迫切要求參加鬥爭，因此各次鬥爭都能發動廣大群衆上街，並且在反動派進行迫害時，堅持下去，通過鬥爭，擴大了學生中的進步勢力，加強了黨在各校的陣地。㈡運動的主要缺點是各校鬥爭發展不平衡，一部分學校支部不善於在鬥爭中發動廣大群衆，只是依靠少數黨員和積極分子同三青團硬拚，過於暴露，使我們在這些學校中處於不利地位。㈢運動發展的基本規律是：在鬥爭內容方面，把爭取學生切身利益的生活鬥爭和反帝民主的政治鬥爭相結合；在鬥爭形式方面，以各校爲單位的分散鬥爭和校際性的集中鬥爭相結合。㈣五月運動把上海學生鬥爭推向了一個新階段。它的主要標誌是：從以生活鬥爭爲主轉變以政治鬥爭爲主。估計到隨著解放戰爭的節節勝利，這種鬥爭還將繼續擴大和深入；同時也估計到國民黨反動派必將作垂死掙扎，對學生運動的鎭壓勢必更加瘋狂和殘酷。因此，在今後鬥爭中必須注意掌握策略和鬥爭方式。㈤對於五月運動以後的主要工作部署是：利用五月運動的有利形勢，鞏固勝利成果；加強各校的基層群衆工作；大量發展積極分子和新黨員；消滅空白點，建立新的學校支部；調整各校支部組織機構，將各校已暴露的黨員和積極分子撤退到解放區或者轉移到別的學校或外縣。」[20]吳學謙的總結檢討中，對於中共策動五月學潮的成效與缺失，均有所說明，而中共也藉此調整其鬥爭的策略與路線，重新展開下一階段的學潮鬥爭，對政府和國民黨而言，自然形成一種新的威脅。

　　在國民政府方面，對毛澤東提出以學潮作爲第二戰線，甚懷戒心，蔣主席在「七七」十週年紀念詞中說：

---

[20]　吳學謙，〈一九四七年上海學生的五月運動〉，《學潮憶舊》頁二〇三～二〇四。

自從我們對日抗戰以來，共黨始終一貫的對政府抗戰建國的工
作，肆意做誣衊詆譭的宣傳，其目的就是要離間我政府與國民
的關係，分散我中華民國整個的力量，貶損國家的地位，抹煞
我全體軍民抗戰的歷史，減低我人民救國的信心，沮喪我人民
愛國的意志。他們不僅在學校、在社會、在工廠、在經濟界，
造謠挑撥，擾亂破壞，他們並公開宣稱這種擾亂破壞的行爲，
是他叛亂的「第一道戰線」，而以軍事叛變爲「第二道戰線」，
兩者互相策應，既可以軍事影響社會，更可以後方影響前線。
這是何等險毒的陰謀，我不能不喚起大家及時防止。㉑

所以蔣主席要求全國同胞注意「第二戰線」之陰謀，及時阻止。

在此之前，民國三十六年六月二十五日，最高法院檢查署發出通
緝毛澤東的訓令，訓令中指出：「毛澤東竊據國土，稱兵叛亂，禍國
殃民，罪大惡極，自應依法緝辦。」㉒六月三十日，孫科於中國國民
黨第六屆中央執行委員會第七十四次、政治委員會第六次聯席會議上
作報告時指出：「抗戰勝利，中共稱兵作亂，政府無法與民更始。中
共拒絕和談，關閉以政治方法解決之門。政治方法既不能解決，除加
強武力解決外，無他道。」㉓同日，聯席會議通過如下決議：「中國
共產黨武裝叛亂，割據地方，破壞統一和平，危害國家民族，政府以
政治方式解決之途徑，已因共產黨之迭次峻拒而告絕望，爲保衛國家
基礎，掃除建國障礙，拯救匪區同胞，亟應明令剿辦，戡平內亂。」㉔

㉑ 〈「七七」十週年紀念詞〉，《先總統　蔣公全集》第三卷，書告類，頁三二八九。
㉒ 國民政府公報，第二八二號，民國三十六年六月二十七日。
㉓ 錄自中央黨史會庫藏中國國民黨第六屆中央政治會議檔案。
㉔ 同前注。

七月四日，國民政府第六次國務會議通過「厲行全國總動員戡平共匪叛亂方案」。同日，國民政府發佈處字第七二二號戡亂總動員令。

國民政府在戡亂總動員令中指責中共擁兵割據，擾害地方，而具體的罪行則稱：

> 共黨自去年十月以來，始則拒絕政府頒佈之停戰令，繼則拒絕參加國民大會，又復拒絕政府派員赴延安商洽和平之建議，最近復由其宣傳機關對國民參政會之和平建議斷然予以拒絕。政府方力謀整編軍隊，而共黨則脅制民眾，大量擴充其叛國之武力；政府方力謀復員建設，而共匪則到處阻礙復員之進行，到處破壞我交通與工礦之建設；政府方力圖實現民主政治，準備行憲工作，而共匪則一面宣傳民主，一面殘虐人民，無所不用其極；最近數月，共匪復在華北東北對我國軍發動大規模之攻勢，妨礙政府對領土主權之完全接收，其必欲以武力顛覆國家，已極彰著，而其煽動各地社會擾亂治安秩序之盜匪暴行，亦日益明顯。㉕

基於中共武裝全面叛亂之罪行，政府和平建國之國策，已非以政治方式所能求得解決，故

> 政府不能長此貽誤，坐視不救，而我全國同胞欲求得安居樂業之生活，亦非以全力剷除此復興建國之最大障礙，實不足以捍衛國家基礎，安定社會秩序，而策我整個國家與全體人民之安

㉕ 〈國民政府厲行全國總動員戡平共匪叛亂訓令〉，民國三十六年七月四日，錄自《中央黨史會庫藏史料》。

全。況政府有鞏固國家統一保障民族生存之責任，若非從速戡
平叛亂，則不僅憲政與民主無由實現，即國家之統一與安全，
亦已失保障，故政府決心戡亂，實出於萬不得已，必須全國軍
民集中意志，動員全國力量，一面加緊戡亂，一面積極建設，
方能掃除民主憲政之障礙，達成和平建國之目的。㉖

　　蔣主席在戡亂訓令發佈之後，亦藉講演指出中共「匪性難移」，絕
無悔過的誠意，絕對會叛亂到底，故除了武力的戡亂剿匪外，對從事
「第二條戰線」之學生亦予嚴重警告，表示政府決不姑息養奸，必將
依法取締懲處。蔣主席說：「我可以向大家申言，政府這次實施總動
員，一切必照法定的範圍，對於人民的基本權利，各級軍政機關，自
必一體尊重，但是對於不顧國家危機，不守民族大義，甘受共匪亂國
殃民的指使，參加其『第二條戰線』的工作，而有擾亂秩序、危害治
安的行為，則政府為國家存亡與人民禍福計，自不能姑息養奸，必須
負責取締，依照法紀，予以處治。」㉗為了貫徹肅清中共地下黨，八
月，政府又實施「後方共產黨處置辦法」；九月間，政府在北平進行戶
口大檢查，逮捕燕京、清華、北大、貝滿女中的共黨分子多人；十月，
僅上海、北平兩個城市被逮捕的共黨分子就有二千一百人㉘。

　　在民主同盟方面，政府始終認為該同盟與中共勾結，煽動五月學
潮及上海工潮，而欲加以限制。民盟在政府發佈戡亂總動員令之前，
曾數度召開中央常會，共同研議，以為政府必對中共下令討伐，章伯

㉖　同前注。
㉗　同㉑，頁三二九○。
㉘　王水湘，《中國學生的光榮歷程──近代中國學生運動簡史》北京，人民教育
　　出版社，一九八九年三月，頁二二一。

鈞因而主張聯合各民衆團體，對時局發表宣言，反對政府下討伐令；
黃炎培則主張俟討伐令頒布後，民盟即將奔走國共和平經過，宣告國
人，表明民盟的心跡。商討結果認爲政府討伐令一經頒下，戰爭必然
延長，民盟亦將首先遭受迫害，如在討伐令未下之前，起而反對，亦
不宜過於露骨，免被政府有所藉口。當民盟正在計畫發表對時局宣言，
反對政府下令討伐中共之時，而政府所發佈者竟非討伐令，而係動員
令，大出民盟分子意料之外，雖欲反對，亦不好措詞❷。

　　政府發佈戡亂總動員令後，實行戡亂剿共，對民盟則始終希望其
能改弦更張，承認憲法，參加政府。民盟非但拒絕政府之期望與勸告，
且變本加厲，公開反對動員戡亂，並指使其盟員在各地作破壞動員反
對戡亂的活動。如該同盟港九及馬來亞支部，皆號召盟員以人民動員
反抗政府動員，一再強調該盟分子之參加中共組織爲合法、自由，極
力掩飾支持中共叛亂之罪行。政府以民盟仍執迷不悟，追隨中共叛國
作亂，已無可救藥，乃於十月二十七日，由內政部發言人宣布民盟爲
非法團體。內政部發言人云：「查民主同盟勾結共匪，參加叛亂，早
爲國人所注意。茲迭據各地負責治安機關先後報告，其最顯著事實，
爲該盟派駱賓基在東北策動孔從周等叛變，並煽動五月學潮及上海工
潮，皆暗與共黨之軍事行動相呼應。政府頒佈動員戡亂命令後，該盟
香港及馬來亞之支部公開宣言反抗，顯與共匪勾結一氣，最近該盟重
要分子李蔭楓在川省招致匪徒，圖謀暴動，以響應共匪李先念殘部之
竄擾。其他公然作叛亂宣傳，掩護共匪之間諜活動，皆罪證確鑿。政
府對此不承認國家憲法，企圖顛覆政府之非法團體，不能坐視不理。
證之共匪近來四處流竄，益形猖獗，而該盟分子亦無不到處活動，互

---

❷　王覺源，《中國黨派史》臺北，正中書局，民國七十二年十月，頁五三四。

爲聲援，如不立加遏制，後方治安，在在堪虞，本部職責所在，對此在匪區助長叛亂，在後方則爲匪聲援之不法團體，不得不採取適當之處置，已將該民主同盟宣佈爲非法團體，今後各地治安機關對於該盟及其分子一切活動，自應依據『妨害國家總動員懲罰暫行條例』及『後方共產黨處置辦法』嚴加取締，以遏亂萌，而維治安。」❸民國三十六年十一月六日，民主同盟以主席張瀾名義宣告解散，然這只是形式上的宣告，實際上則轉入地下活動，各地支部仍與中共配合，有的則乾脆加入中國共產黨。

　　民國三十七年二月二十四日，教育部爲矯正頹風，安定學校，使純正青年學生得有保障，安心向學，特發表整頓學風通令。整頓學風令首先指出學風不振、風潮迭起的情形，及社會輿論之不滿❸。其次，指出學潮的主動者，「僅爲少數學生，又深悉幕後之發蹤指使，均爲共匪及其工具之所爲，大多數在學青年，均出於脅迫被動，實未忍不分皂白，遽予嚴繩」；最後，警告學生自覺自愛自勉，尊重法紀，恪守校規，努力學業，若不如是，則政府必將害群之馬予以清除，決無顧惜，將不堪整頓之學校予以解散或停辦❸。

　　教育部頒佈整頓學風令後，輿論界大都表示支持，茲以上海《申報》的社論爲例說明：上海《申報》認爲該整頓的是學潮而不是學風，該報承認一年來學潮實在太多了，而學潮繁多的原因是因爲共產黨及其外圍分子所製造的。社論云：「這一年來，學潮實在太多了！我們曾根據報紙，做了一個小小的統計。一年來，全國專科以上學校，共發生學潮一百四十二次，涉及的學校有八十二校，中等學校還不在內。

---

❸　同前注，頁五三六～五三七。
❸　南京《中央日報》民國三十七年二月二十四日。
❸　同前注。

學潮次數最多的學校，一年間共發生過十次。浪費時間最多的，有一個學校半年間只上六個星期的課！何以會有這樣多的學潮？我們不能不明白指出這是共產黨及其外圍分子所製造，這事件是極爲明顯的。例如若干學潮，最初雖然由個別問題而起，甚至爲的是愛國事件，但是到了後來，往往都變了質。去年五月學潮，原祇是少數學校的校址問題、經費問題，其後竟變爲全國性的『反飢餓』、『反內戰』，和共黨屬行的『吃光運動』，那次學潮，幾鬧到不可收拾的地步，就是共黨以學潮爲第二戰場的顯明表現。共黨及其外圍分子之發動學潮，是有組織、有計畫、而富於機動性的，一校發生事件，其餘各校立即附和。甲地有了行動，乙地隨即響應。像這樣有組織有計畫的行動，不必等待搜出共黨文件已可看出是共黨及其外圍分子所爲了。」❸

　　爲了徹底地清除共黨分子、匪諜及職業學生，政府在民國三十七年三月一日，在南京成立首都高等特種刑事法庭簡稱「特刑庭」，它的產生是根據民國三十六年十二月二十二日國民政府公佈施行的「戡亂時期危害國家緊急治罪條例」，在這個條例中規定軍人違犯這個條例的條款，由軍法審判；非軍人則由特種刑事法庭審判。民國三十七年二月二十五日，立法院通過「特種刑事法庭組織條例」和「特種刑事法庭審判條例」，接著司法行政部籌畫在全國設立二十四個高等特種刑事法庭。特種刑事法庭分中央和高等兩級，其受理之案件是「戡亂時期危害國家治罪條例」中所規定的案件，多與刑法裡的內亂罪和外患罪相似。不過對內亂罪的判決，加重其刑，外患罪條款則將「外國」「敵國」字樣改爲「匪徒」，關於管理意圖妨害戡亂、擾亂治安或擾亂金融的案件，是特刑庭所以冠爲「特種」的原因之一，所以叛亂的匪

---

❸　上海《申報》民國三十七年三月一日。

諜和擡價的奸商,都是特刑庭審判的對象。特刑庭是基於戡亂的需要,依據法律秩序審理違害戡亂工作的叛徒,而設立的「政治性的司法機構」,用刑特重㉞。

特刑庭成立後,各地治安當局協助積極清除社會潛伏的共匪間諜,包括主導學潮的職業學生的清查與取締,因此造成恐怖的氣氛。南京《益世報》一篇題爲「窮風吹澈特庭秋」的特寫云:「說起首都特刑庭,每個人聽到這個名詞,似乎都有不寒而慄的神情,人們爲什麼對『她』另眼看待?懷著異樣的心情?也就是因爲『她』是匪諜學生以及危害國家內亂分子的死對頭,更是違反限價、私擡物價商人的勁敵。所以街坊上的人民,無不異口同聲說:『她,是戡亂非常時期不可缺少的鎮魔物。』由此可知,特刑庭的責任是如何的重要了。」㉟由於政府雷厲風行地緝捕匪諜學生,因此特刑庭的監所人滿爲患。記者這樣描述:「記者昨得許可,前往參觀首都高等特刑庭看守所,該所設於羊皮巷國防部軍法局內,共有監房兩幢,分作十大間,監房就西式住宅改造而成,正面欄以木柵,預定每間住二十人到二十五人不等,白天或坐或立,還有空隙,夜晚睡倒下去,便擠得不能翻身。人犯中匪諜嫌疑學生佔半數以上,其他擡價商人及軍事機關移送危害國家人犯也不少。」㊱

政府對學潮採取嚴厲的措施,與國共軍事情勢的逆轉有密切的關係。民國三十六年七月四日,政府宣布全國總動員,戡平共黨叛變,國軍隨即全面對共軍佔領區進行攻擊,而共軍亦全面進攻。在國軍方面,八月二十一日膠濟鐵路全線打通,二十三日在河南收復汝南、新

㉞　〈何謂特刑庭〉,南京《益世報》民國三十七年八月三十一日。
㉟　南京《益世報》民國三十七年十月六日。
㊱　南京《人報》民國三十七年十月六日。

泰；九月下旬在安徽收復舒城、六安、廬江、桐城和霍山，在山東克復莒縣和龍口；十月初，在山東克復煙臺和威海衛；十一月一日，在吉林收復永吉，十八日在湖北收復黃梅 ❸。在共軍方面，七月，劉伯承部自冀南魯西渡黃河，進攻魯豫間的政府區，八月至大別山，九月二日陷北麻城，十月二十三日陷安徽武穴，十一月，陷石家莊，十二月陷河南許昌及山西運城。「就全盤戰局而論，國共兩軍已攻守易勢。」❸政府爲了應付中共的全面攻勢，統一華北指揮，兼支援東北，於民國三十六年十二月二日，以傅作義爲「華北剿匪總司令」，統一指揮晉、冀、察、熱、綏五省軍事；民國三十七年一月十七日設置「東北剿匪總司令部」，以衛立煌爲東北剿匪總司令。同時命令各省設保安司令部，確保各省治安，免受中共擾亂。

　　民國三十六年十月，毛澤東以人民解放軍總部的名義，發表政治宣言。在宣言中，毛澤東認爲「整個敵我形勢，和一年前比較，已經起了基本上的變化」，共軍已「大舉反攻」，南線共軍已向長江流域進擊，北線共軍已向中長、北寧兩路進擊❸。因此，毛澤東大膽提出「打倒蔣介石」的口號。十二月，毛澤東在「目前形勢和我們的任務」中指出，國共之間的武裝鬥爭已到了轉折點。十五個月前，他預計打倒政府軍需要五年左右的時間，現在認爲勝利已經在握，爲期當在不遠。「意氣之豪，有如一九二六年北伐軍底定湖南時的蔣總司令。」❹

　　蔣主席在民國三十七年元旦告全國軍民同胞書中，亦承認國軍被動應戰，犧牲損失至爲慘重。蔣主席說：

---

❸　蔡國裕，《中共黨史》第二冊，臺北，國史館，民國七十九年六月，頁五九〇。
❸　郭廷以，《近代中國史綱》頁七七四。
❸　毛澤東，〈中國人民解放軍宣言〉，《毛澤東選集》第四卷，頁一一三一。
❹　同❸。

我們檢討過去這一年間剿匪軍事，首先要指出，在戡亂動員令頒發以前，政府是在極端忍讓之下，竭盡方法，以求避免戰事的。政府自抗戰勝利，即已停止徵兵，原有官兵員額，且經嚴格整編，大量減少；而我們國軍，在去年六月以前，爲了體念人民苦痛，保存國家元氣，對於共匪，從未採取積極的軍事行動。反之，共匪則蓄謀已久，在匪區以內，屢次動員，就在政府愛護和平，未做戰爭準備之時，到處乘虛蹈隙，擴張他叛亂的範圍，充實他叛亂的力量。我一般社會民衆，對共匪毒計，認識不清，即在七月間戡亂動員令頒佈之後，依然爲共匪反動宣傳所迷惑；尤其在我後方各省市，間諜縱橫，謠諑頻興，各種混亂複雜的現象，猝難澄清，因之對於動員，遂未能徹底實施，剿匪軍事遂不能收穫十分成效。在這種情勢之下，前線國軍，一直在被動中作戰，也一直在孤立中應戰，以致一年之間，屢受損失，將士犧牲，至爲慘重。❹

民國三十七年是戰局逆轉的關鍵年；從一月到七月，東北、華北、西北、華中等地都是戰場，主要戰役有：一月至三月的東北之戰，三月至五月的西北之戰及察南、綏東、熱西之戰，四月至七月的膠濟、徐濟線之戰，五月至七月的晉南、晉中之戰及豫西、豫東之戰。在這些戰役中，國軍只有豫東一役獲勝，其他戰役都挫敗，因而造成共軍勢力不斷擴張，國軍的戰區與戰區間多被隔斷，同一戰區也被隔成許多不相連貫的孤點❷。關於民國三十五年以來，國共勢力的消長情形，

❹　〈三十七年元旦告全國同胞書〉，《先總統　蔣公全集》第二卷，書告類，頁三二九五。

郭廷以曾有簡單扼要的分析，他說：「總計兩年以來，政府軍損折近百萬人，解放軍則增加一倍，政府軍由四百三十萬人減至三百六十五萬人，解放軍由一百三十萬人增至二百八十萬人。解放區的面積約為二百三十萬公里，包括東北、熱河、察哈爾、山西、河北、山東、河南的大部及陝西、江蘇的一部，人口約一億六千八百萬，中共黨員為三百萬。」❸

　　除了軍事失利外，政府在經濟的管制方面亦一敗塗地。民國三十七年一月，物價再度飛漲，二月，米每石突破三百萬元、三月，至四百四十萬元、六月，達一千萬元、七月，突破三千萬元。黃金每兩在二月為二千二百萬元、七月，約為一億一千萬元、八月，超出六億元。小民不得一飽，公職人員三餐不繼。軍中高級軍官領導軍餉，多先購黃金，再行出售，等到法幣到了士兵之手，已不及原值的十分之二、三。政府為挽救經濟財政危機，於三十七年八月十九日，正式頒佈「財政經濟緊急處分令」，其要旨有：「㈠由即日起，以金圓券為本位幣，十足準備發行金圓券，限期收兌已發行之法幣及東北流通券。㈡限期收兌人民所有黃金、白銀、銀幣及外國幣券，逾期任何人不得持有。㈢限期登記管理本國人民存放國外之外匯資產，違者予以制裁。㈣整理財政並加強管制經濟以穩定物價，平衡國家總預算及國際收支。基於上開要旨，特制定：㈠金圓券發行辦法，㈡人民所有金銀外幣處理辦法，㈢中華民國人民存放國外外匯資產登記管理辦法，㈣整理財政及加強管制經濟辦法。」❹處分令頒佈後，規定即日起，以金圓為貨幣本位，發行金圓券，限於九月三十日，收兌法幣及東北流通券，金

---

❷　同❸，頁五九二。

❸　同❸，頁七七五。

❹　黃元彬，〈金圓券的發行和它的崩潰〉，《法幣、金圓券與黃金風潮》頁五九。

圓一元折合法幣三百萬元，東北流通券三十萬元；金圓二元折合銀幣一元；金圓四元折合美鈔一元。人民不得持有黃金、白銀、銀幣、外幣，均須於十二月三十一日前兌換金圓券，並限期登記人民存放國外之外匯資產，所有物價以八月十九日爲準。金圓券總額爲二十億，估計二億金圓券可收回全部法幣及東北流通券。

　　政府爲貫徹執行前述法令，分於上海、天津、廣州設置經濟管制督導員，上海爲俞鴻鈞、蔣經國，天津爲張厲生、王撫洲，廣州爲宋子文、霍寶樹。蔣經國在上海雷厲風行，檢舉投機商人，控制市場，扣押豪門大戶，孔祥熙的揚子公司以囤積鋼鐵、棉紗、汽車亦被涉及。然不到一個月，物價又起波動，工廠因限價而缺原料，因缺原料而減工；糧食因限價而不運入市場，人心愈爲惶惶，上海、南京搶米、搶購之風愈熾。十月三十一日，政府放棄限價政策，糧食照市價交易，自由運銷紗布、煤、鹽及其他日用品，由政府核本定價，但都市內仍難買到米糧。十一月十一日，准人民持有金銀外幣，銀幣流通，金圓券存款兌換金、銀，黃金每兩兌換金圓券一千元，白銀每兩兌換十五元，美鈔一元兌換三十元，發行不到三個月的金圓券完全失敗，前此以金銀外幣兌換金圓券的守法良民爲之破產，怨聲載道，加速了大局的崩潰❹❺。

　　關於金圓券崩潰的過程，若就其發行總額、物價與幣值的變動觀之，更能發現問題的嚴重性。在發行總額方面，原訂以二十億元爲限，但在十一月十一日，行政院頒佈「修正金圓券發行辦法」改爲「金圓券發行總額另以命令定之」之前，已在限額二十億元之外，增發十億元，接著十一月二十七日、十二月六日、十二月十九日又三次請增發

<hr>

❹❺　同❸❽，頁七七九～七八○。

每次十億元，十二月下旬兩次請增發共六十億元。民國三十八年一月，劉攻芸繼任中央銀行總裁，請增發一百億元，二月請增發三百五十億元，三月請增一千六百億元，四月增一萬三千億元，五月十八日達到二十九萬四千七百二十二億元，僅九個月，金圓券已成廢紙。物價方面，在金圓券發行後第十五天，漢口物價漲高百分之二十一，重慶漲高百分之四十，廣州漲高百分之八十三，政府已無法管制物價了。同年十月，物價的批發指數比八月漲高百分之三十五點六。十一月漲高到十七倍半，十二月漲到三十二倍。民國三十八年一月漲到八十五倍七，二月漲到八百三十四倍，三月十九日漲到二千九百倍。單就上海批發物價來說，到了四月十五日，竟漲高六萬二千七百一十九倍。幣值方面，民國三十八年六月二十五日，行政院規定銀元一元等於金圓券五億元，而四川省政府早在同月十二日宣布銀元一元等於金圓券七億五千萬元。二十一日重慶銀元的黑市，一元就等於金圓券二十五億元。法幣在金圓券發行前夕，還只要六百萬元換銀元一元，比起金圓券的崩潰，也算小巫見大巫了❹❻。

在政府從事經濟整頓及金圓券崩潰的過程，亦正是國共雙方在軍事上決戰的時刻。從民國三十七年九月至三十八年一月，國共之間爆發所謂的「三大戰役」，即民國三十七年九月十二日至十一月二日的遼瀋戰役，民國三十七年十一月六日至三十八年一月十日的徐蚌會戰（淮海戰役），以及民國三十七年十一月二十九日至三十八年一月三十一日的平津戰役。經過這幾次戰役，中共於九月二十六日先攻佔濟南，接著陷臨沂、煙臺，進而控制山東全境；其次東北，中共於十月十六日陷錦州，十月十九日陷長春，十一月二日陷瀋陽，十一月四日國軍

---

❹❻　同❹❹，頁六○～六十一。

自營口撤退，東北盡落中共之手。再次華中，中共於十二月三日陷徐
州，十二月十八日陷蚌埠。最後是華北，中共於十一月十五日陷承德，
次年一月十五日陷天津，一月二十三日進入北平。至此，長江以北半
壁河山盡陷中共之手。

　　民國三十七年八月二十二日，中共中央針對局勢對其有利的變
化，指示各地中共地下黨要以「清醒頭腦和靈活策略」來進行工作。
指示云：「我黨在國民黨統治區的目前工作，必須有清醒的頭腦和靈
活的策略，必須依靠廣大群眾而不要犯冒險主義的錯誤。在此原則下，
針對當前緊急情況及可能發展的情勢，除鄉村在條件成熟的地區盡量
發展武裝鬥爭，在條件不成熟或我工作薄弱的地區堅持群眾工作和隱
蔽黨的組織以待解放軍的到來外，在城市方面，應堅決實行疏散隱蔽、
積蓄力量、以待時機的方針。」❹中共中央禁止城市的中共地下黨採
取或準備採取武裝行動，認為這是最失策的事，因為這是「將城市中
多年積聚的革命領導力量在解放軍尚未逼近、敵人尚未最後崩潰之前
過早地損失掉」，「根據最近上海來的材料，黨的準備工作及學生運動
情形，都有此冒險傾向，這對於今天的堅持，明天的配合解放軍進城，
或在反動統治內部舉行政變時所需發動的人民革命運動，都是不利
的。」❹

　　對於政府進行的特種刑事檢舉，中共中央指示的肆應策略是：「在
這次大檢舉中的鬥爭策略，要依據各個單位自己群眾的覺悟程度和人
數，實行合法鬥爭（盡量利用統治內部的矛盾），如要求學校保護，反
對特種刑事檢舉，在特種刑庭上據理力爭，組織社會營救等。如果大

---

❹　周恩來，〈蔣管區鬥爭要有清醒頭腦和靈活策略〉，《周恩來選集》(上)，頁三
　　三一。

❹　同前注。

多數學生已發生恐慌，不敢或不願進行鬥爭，則不要使少數覺悟者單獨去鬥爭，必須注意爭取中間派，凡脫離中間派的群眾行動必須力求避免。隱蔽後的組織形式，應採取抗戰後期經驗，實行平行組織、單線領導、轉移地區不轉移關係的方針。」❹中共將學潮的骨幹和左傾學生加以隱蔽和疏散，以保存力量，留待日後作爲武裝「解放」的裡應外合力量。同時，指示不再採取示威遊行、大規模群眾鬥爭形式，以免給予「進攻」的藉口，從此以後，學潮也就平息了。

第二節　第二條戰線的展開

五月學潮以後，政府對學生的街頭示威遊行採取強硬的態度，使學潮暫時的進入了低潮。「在這關鍵時刻，地下黨適時地指明了前進的道路，指出必須從以政治鬥爭爲主轉向以經濟鬥爭爲主，要關心同學生活，開展助學運動。」❺從民國三十六年六月開始，助學運動在全國各地展開，形成一種新型態的學潮鬥爭，十月二十九日，浙江大學學生自治會主席于子三自殺於獄中；民國三十七年一月二十九日，上海同濟大學因學生自治會選舉問題欲赴南京請願，與軍警發生衝突，造成「上海同濟一二九事件」；這些事件都推動了戰線化學潮的開展，茲分別說明如後：

一　助學運動

民國三十六年六月至民國三十七年三月間，全國各地紛紛成立助學會，展開助學運動。關於助學運動的緣起，《北京青年運動史》一書

❹　同前注，頁三一二。
❺　崔明三，〈崢嶸歲月〉，《武漢地下鬥爭回憶錄》頁一四三。

寫道：「一九四七年夏，國民黨統治區經濟更加崩潰，教育危機加劇，許多大學生交不起學費，買不起書本，吃不飽飯，被迫中途退學。中學生的境況更是嚴重，許多同學斷了頓，不得不到貧民食堂去討飯，毫無疑問，暑假之後將有更多的學生含淚輟學。怎麼辦？向反動政府去請願嗎？反飢餓反內戰運動的事實證明那是無濟於事的。因此，在搶救教育危機的口號下，北平地下黨通過華北學聯，利用暑期，開展了自己救自己的大規模助學運動。」**❺❶** 助學運動的展開，是從上海開始，民國三十六年六月十五日，上海學聯組織助學會，七月十日，大中學生七千餘人出動，勸募助學金；八月八日，北平大中學生組織了助學委員會，二十三日在北平街頭進行募捐；同一天，上海聖約翰以及之江、東吳等私立大學也展開助學運動。以後，九月十七日，交通大學進行助學義賣；十一月三日，昆明舉行萬人助學運動；同一天，南京各校開展了助學運動，十二日，上街義賣，在全國形成了一次新的學乞運動浪潮。

　　茲以北平的助學運動為例，詳細說明其經過與發揮的作用：八月八日，由二十多所大中學校參加的北平助學委員會成立，其宗旨是「基於同學互助互愛之精神，以集體力量協助清寒同學解決經濟問題」。助學的方法是到社會上勸募義賣，舉辦音樂戲劇演出和體育比賽，為清寒學生募捐，募捐的目標是五億元法幣，為了使助學運動合法進行，助學會聘請政府官員和社會賢達當顧問，擔任名譽顧問的有李宗仁、何思源、胡適、梅貽琦、陸志韋等。助學會主席在接受記者訪問時表示：「北平大學學膳費達近二百萬，將令大批青年失學，本會純為救濟失學同學而宣傳，絕無政治氣息。」**❺❷** 十三日晚，在北大舉行宣傳

---

❺❶　共青團北京市委青年運動史研究室，《北京青年運動史》頁三九五。

❺❷　上海《大公報》民國三十六年八月十三日。

遊藝會，十五日，成立宣募大隊，二十日、二十一日爲宣傳日，二十二至二十四日爲勸募日，進行街頭勸募，燕京、清華學生進城參加，爲了使學生了解宣傳方法，該會還編印了《助學問答》。

到了八月十九日，北平市三十一所大中學校的近三千名學生參加了宣募隊，佔暑期留校學生的百分之六十。八月二十一日開始，各校宣募隊分區分批走上街頭，進行宣傳和募捐，助學的標語出現在王府井、前門、東單、西單等繁華的街道上，學生自己編的「助學歌」傳遍北平城的大街小巷：「物價天天漲啊，半年學費六石糧，多少青年學生沒錢上學堂。……」標語寫道：「貧窮像一條河，我們的伙伴被隔在河的那邊，好心腸的朋友啊，把他們渡濟過來。」❸北平市學生助學委員會並向北平市發出公開信，以博取北平市民的同情與支持。公開信云：「目前，暑假快要結束，擺在我們面前最大的困難是『如何籌畫學費？』私立的大中學，單學費一項就要五六十萬，連同宿、雜等費，竟達一百五十萬以上，這樣龐大的數目，一般靠薪俸收入的家庭如何能負擔得起？私立學校如此，國立學校亦有困難，教育部已明令取消三十六年度新生的公費制度，多少青年學生因此不能上學。成千成百的學生中途被逼離開學校，這對教育是一種毀滅性的打擊，對國家民族是無比的損失，然而更重要的問題尚在兩者之外，就是：青年離開學校又到那裡去？我們爲求解決本身的困難，爲求幫助無力繳學費的同學，爲求克服這普遍的失學危機，我們，北平市學生，展開了助學運動。我們希望藉著這一運動發現諸位父老兄弟姊妹愛護學生的熱忱，我們並深信諸位父老兄弟姊妹一定同情我們，瞭解我們，願意在精神和物質方面給我們幫助與鼓勵。」❹

❸　天津《大公報》民國三十六年八月十二日。
❹　天津《大公報》民國三十六年八月二十一日。

　　北平學生在街頭進行募捐活動的情形,記者報導云:「助學運動二十一日進行文字及口頭宣傳,約兩千學生分小隊至全城街頭宣講標貼,有的市民對學生說:『現在大家都窮得不得了,但無論如何學生讀書是要幫忙的。』二十二日普遍捐募開始,二十三日深入里巷,敬向行人募捐。各校正鼓舞『助學英雄』,除宣募隊、攝影隊(爲捐錢人留影)、採訪隊、糾察隊外,並有拚命隊,即突擊捐募之意,參加者亦有六十人。燕京女生已開始洗衣,北大女生已糊信封萬個,並作玩具、書包、桌布等。九月一、二日將在公園舉行義賣會。清華之第一中隊已捐到書畫約值一千萬元,美領事傅瑞門日前邀助學會代表談話,索取捐冊,擬代向美商募捐。」❺❺學生的宣募隊伍獲得市民的同情,三天之內,全市募捐所得近三億法幣。接著,學生展開了義賣義演,亦獲得一筆不小的收入。助學運動歷時一個多月,共募捐了五億法幣,達成了預期的目標。

　　助學運動展開的過程中,中共地下黨逐漸藉其進行反政府的宣傳。八月二十五日,國民黨北平市黨部發言人針對助學運動發表談話,云:

　　　現因共匪盤踞華北及東北,並竄擾各地,致使社會經濟日益艱困,若干學生無力求學,故本會對於發動各界資助貧寒學生一事,深表同情。惟此次運動必須純粹的,無條件的站在幫助學生之立場,同時公開合理的進行。上海各地對此項工作多由學校當局負責,公開辦理,故進行順利,收益頗大。惟平市發動募捐之一部分學生,散發之「學風週刊助學運動特刊」中,竟

---

❺❺　同前注。

以「立即制止內戰獨裁政策，反對擴大內戰的徵兵徵糧徵稅的
搜刮壓迫政策」爲號召，足證有人正圖利用此種正大理由之「助
學運動」，以遂其實現「地下工作綱領」之陰謀，如此則多數清
貧學生未必能受實惠，反將發生種種事與願違之結果。深望各
學校當局注意及之，並加強領導，務使成爲純潔的愛護清寒學
生之運動。㊱

　　九月十三日下午，北平市助學委員會在北京大學第四院召開助學
運動總結大會，會議總結了一個多月來助學運動的成績和經驗，討論
了助學金分配辦法。會後，各校又廣泛開展了「禮讓運動」，提出了「大
哥哥讓小弟弟（大學讓中學），經濟困難的讓絕望的」的口號。「北平
師範學院提出一個不申請，北京大學工學院熱烈響應，從而在全市形
成了一個公立大學同學主動讓給私立大學的同學，大學同學主動讓給
中學同學的動人景象，圓滿地完成了助學金的分配，幫助一千五百多
名同學解決了就學問題。」㊲

　　當助學運動在各地展開後，政府當局隨即獲知係中共的陰謀，因
此採取反制的措施。以南京市爲例：南京市助學委員會於八月十二日
成立，首先參加者有中大、金大、金女大、劇專、藥專等五校，各校
先後成立助委會，之後，陸續參加的公私立大中學校有三十餘校，學
生有二千餘人。該會勸募方式是推銷助學章、助學花及窗貼爲主，並
決定於八月三十、三十一兩日分隊在街頭義賣。南京市當局爲了掌握
助學運動，由市長沈怡出面，籌組南京市清寒學生助學金募集運動委
員會，統一指揮。新聞報導云：「當工作都快準備好了的時候，卻出

㊱　天津《大公報》民國三十六年八月二十六日。
㊲　同㊱，頁三九六。

了意外。前幾天，沈市長突然邀請姚克方（南京學生救濟委員會負責人）、沈祖懋、李清悚、張紹揆、馬元放等在市政府舉行座談會。沈市長說，現在本市有四個團體（除男女青年會外，尚有青年團京支團部及青年救濟學會）發動助學運動，爲統一事權起見，擬聯合組織一個南京市清寒學生助學金募集運動委員會，統一工作，統一分配，統一……頭一天座談，第二天籌備，第四天就宣告成立，同時通知青年會的助學運動委員會停止活動，只負責擔任宣傳工作。」❺❽報導中曾指出南京當局的做法是有「內幕」的，並諷刺助學運動已變成「助學競爭」了。

在武漢，武漢大學的助學運動從八月中旬發動，先由社團中的左傾學生組成助學籌委會，八月二十三日，正式成立武漢大學學生助學會。這時，武漢當局亦採取反制行動，邀請社會人士和學生代表組織助學會。崔明三回憶當時的情形說：「這時國民黨官方忽然擺出一副悲天憫人的姿態，在八月二十三日武漢日報上發出消息，邀請社會人士和學生代表組織助學會，企圖用官辦方式來扼殺我們的助學運動。我們考慮這是一個聯合武漢各兄弟學校的機會，便由張中文、朱因治代表武大助學會參加，去漢口開會。可是國民黨又耍花樣，會議改期。爲了和國民黨的陰謀作鬥爭，我們提出了『武漢學生助學運動聯合會章程』（草案），而他們一味拖延，陰謀破壞，我們便主動聯合華中大學、中華大學、省農院、省立二中、武漢藝專、漢陽高中等七單位，在中華大學開會，聯合組織了『武漢學生助學運動聯合籌備處』，並於八月三十一日招待武漢新聞界，報告助學意義，並決定開展大規模募捐義賣活動。國民黨反動當局看到他們已無法領導和控制，就指使中

---

❺❽　南京《新民報》民國三十六年八月三十日。

華大學自治會的代表梁中忍從中破壞，使聯合的助學行動陷於困難。」❺九月十三日，武大學生助學會發表「爲助學告社會人士書」，並組成八百多人的助學大軍，至武昌、漢口展開宣傳、勸募、義賣，第二天，華中大學亦參加了助學運動。武漢大學推展的助學運動效果並不佳，崔明三說：「只是由於離城太遠，開支很大，最後募捐和義賣的收入金額還不太多。爲了使這些錢更有效地幫助最困難的同學，我們又發動同學禮讓，進一步增強了同學之間的團結互助，最後平均分配了助學金。」❻儘管募捐的錢數並不多，最後還是「禮讓」一番，足見是中共地下黨的統一規定。

　　關於助學運動的本質，有多種不同的面目，表面上，中共稱：「助學運動是從自力更生出發的，它的原則就是自助助人，它的宗旨就是要使一切受不起學費的重壓的同學，都衝破學費的防線，重新回到他們的座位上。說得更明瞭些，就是一般窮苦的學生拿他們自己的力量去換取他們自己的學費，以免除失學的危機，雖然，這樣也許並不能解決全部問題，但做到那裡，算到那裡，減輕一分負擔，到底可以多透一口氣，以少積多，集腋成裘，這是一個很積極而有成效的辦法。」❻在實質上，助學運動是特殊型態的學生運動，亦就是反飢餓反內戰運動的另一種面目。「助學運動是目前中國一種特殊的學生運動，同時也是一種社會運動，它一方面是求生求學，另一方面是要求建設（挽救教育），求生求學是要免於匱乏；要求建設是要和平安定，這運動的本質也就是反飢餓及內戰。」❻因此，在論及助學運動的意義時，很容

❺　同❻，頁一四四～一四五。

❻　同前註，頁一四五。

❻　南京《新民報》民國三十六年九月一日。

❻　小木，〈論助學〉，天津《大公報》民國三十六年九月八日。

易地便能和反飢餓反內戰扯上關聯。「助學運動本身就是一個社會控訴，控訴那些好戰成性扼殺教育的人，由於內戰的繼續，人民普遍窮困，商業蕭條，田園荒蕪，工廠關門，公教人員待遇菲薄，加上徵糧徵借，苛捐雜稅，使得家長無法再維持子弟的學業，而物價一天漲一天，私立學校收費高昂，公立學校公費取消，迫得面臨著失學和飢餓的學生要直接向社會奔走呼號，他們的行動與聲音已教育了社會，也就扯破了扼殺教育者的假面具，因而這運動遭遇到困難和阻撓是並不奇怪的。」[63]

反對助學運動者的看法，則認為這根本就是共黨職業學生的幌子，他們欲藉助學運動達到下面三種目的：「㈠加強各大中學的聯繫，並製造一個有形式的組織以便藉此名義作對外的活動。南京『學聯』解散之後，苦無一個利用的名義來對外宣傳，於是由『南京大中學學聯』改為『南京大中助學聯』，成立一個永久性的機構，範圍更擴大到中學去，眼看一大群純潔天真的中學同學也將被他們利用作政治的工具，中學的同學恐怕今後也難得安心讀書了，我不知到底是誰在摧殘教育？誰是教育的罪人？㈡籌募製造學潮的經費。從過去的經驗，製造學潮是需要一筆的經費的，而製造學潮又是『上面』的指示，也是他們的職業，儘管『上面』是全力支持和接濟，可是又有一個『經濟自籌為原則』的指示，這『自籌』只有假借各種名義，在他們巧妙的運用之下提出若干成來作『基金』，這次募得的助學金，原是規定各小組自由分配，後來又有所謂『禮讓』運動以便全部集中在『助學聯』手裡，提取大量的『基金』，所以結果參加助學的人，除了『基金』及大量的開支以外，所得的僅數萬元的收穫，我實在替一些純潔的清寒

[63] 同前注。

同學抱不平，而他們提出質詢的意見，又爲『助學聯』的少數把持者所摒棄，這不知是那裡學來的妙法？㈢藉助學的名義好發『鬥士』們的津貼。除了少數的『幹部』以外，多數『鬥士』們也需要津貼，以收買人心。於是這助學金的發給倒是一個好的藉口，其實支票是早就開好了，誰又不清楚呢？再有一點很奇怪的是他們一向以『民主』作幌子、『自由』作招牌，可是這次的勸募小組的小組長及隊長都是他們指派的，而指派的人當然是他們的可靠『幹部』，這是民主嗎？自由又在那裡？不知他們對此作何解釋？」❻❹

面對主題光明正大的助學運動，反對者很難加以批評，儘管瞭解係中共地下黨從中策動，亦難加以禁絕，所以南京《中央日報》只有提出由社會領導階層出面統籌辦理助學運動的建議。社論云：「現在，國民經濟水準一般低落，若干青年學子底求學費用感受到相當困難，這是事實。雖然政府沒有全部擔負學生教育費用的責任，可是，就中國今日底實際情形而論，社會上有裕餘經濟力量的人在道義上應須對於若干確係貧苦的在學青年伸出援助之手。然而，這種援助的辦法，也最好是由社會底領導層統籌辦理，這樣，便可以免除青年荒廢學業以及其他的種種弊病了。由社會底領導層來統籌辦理助學運動，不獨可以使青年不致荒廢學業，而且更可以杜絕紛擾於無形之間。爲什麼呢？事情底可能發展是很顯而易見的，正同對於許許多多次數底學生運動一樣，少數職業學生，可能趁助學運動發展至某一階段時，轉變其原本性質，掀動學潮，增加社會之不安，爲共黨匪徒擴大第二戰線。如果由社會領袖來領導，就可以不致發生這樣的可能結果了。」❻❺《中央日報》提出這個建議，最主要還是擔心助學運動爲中共所利用，成

❻❹　其引，〈歲首春寒話中大〉，南京《學生論壇報》民國三十七年三月六日。
❻❺　南京《中央日報》民國三十七年二月十六日。

為其第二戰線。

助學運動是學潮鬥爭的另一種方式,由於此一運動針對現實生活,極易受到廣大學生的擁護和社會各界的同情與支持,又有合法鬥爭的掩護,讓有關當局無法取締。國民黨方面有鑒於此,在民國三十六年寒假發起「尊師勵學募捐運動」,但由於受到中共北平地下黨的抵制,成效受到了影響。

此外,中共又以社會服務和社團作為學潮鬥爭的新方式。在社會服務方面,清華大學的識字班和醫療隊辦得最出色;燕京大學的義務學校和北京大學醫學院的保健站也辦得很有成效,而這些都是中共北平地下黨及外圍組織「中國民主青年聯盟」所策動的⓺⓺。在社團方面,中共北平地下黨建立社團為外圍組織,吸收學生為外圍分子,社團的形式多樣,五花八門,有文藝性、體育性、藝術性、讀書性、宣傳性、宗教性、生活服務性、群眾工作性、綜合性等等。隨著社團的發展,再進行社團之間的聯合,如和平社團,由北平師範大學三十六個社團組成,另有北平學生戲劇團體聯合會、平津唐歌聯、全國歌聯等。民國三十七年夏天,為中共所操縱的社團,光是北平的大學中就有三百多個⓺⓻。至於社團所發揮的作用,有人曾回憶說:「原來聽國民黨宣傳,說共產黨會運用組織網羅人心,也不知道怎麼個組織和網羅法兒,後來自己一步步參加了社團活動,就好像四面八方都有強大的力量,吸引著推動著自己往革命的路上走,不知不覺就被網羅進來了,真是天羅地網啊!」⓺⓼

⓺⓺　同❺❶,頁三九八。

⓺⓻　同前注,頁四○二。

⓺⓼　同前注。

二　浙大于子三事件

民國三十六年十月二十五日晚，浙江大學學生自治會主席、農學院農藝系四年級學生于子三，在杭州市延齡路大同旅館，被杭州市警察局第二分局逮捕，二十九日死於杭州市警察局上倉橋看押所。于子三之死因，警方公佈係畏罪自戕；而共黨分子則說是被秘密殺害。于子三死後，中共上海局青年組通過杭州市工作委員會發動一場聲勢浩大的抗議運動，並得到全國二十個城市幾十所學校響應。這就是「于子三事件」，中共則稱之爲「于子三慘案」或「于子三運動」。

于子三事件發生於浙江大學，浙大是聞名的學府，有「東方劍橋」之稱，抗戰勝利後，浙大遷返杭州，學生便參與示威遊行活動。民國三十五年六月，杭州發生了以浙大學生爲主，有五千人參加反對出賣內河航行權、要求實現政協決議、組織聯合政府的遊行。同年十二月，沈崇事件發生，浙大學生舉行大規模的反美遊行。民國三十六年四月，杭州發生搶米風潮，學生生活艱困，浙大學生自治會自五月十八日起，宣布無限期罷課，並派代表八人赴南京請願，並成立請願執行委員會。南京五二〇事件發生後，浙大和杭州各校學生三千餘人於五月二十四日舉行反飢餓反內戰示威遊行，六月二日，浙大全體學生又通過了繼續無限期罷課決議，後經中共地下黨指示，從堅持長期鬥爭考慮，才予以復課。民國三十六年四月，屬中共南方局青年組指揮的杭州市工作委員會建立了中共浙大支部，統一策劃領導學潮的推展❻❾。

關於于子三事件發生的經過，浙江省政府新聞處曾發佈新聞云：「浙大畢業學生共黨陳建新、黃世民於十月二十五日由滬來杭，當晚

---

❻❾　張戰物，〈論于子三運動〉，《解放戰爭時期學生運動論文集》頁一五六～一五七。

在延齡路大同旅館開定房間，召集浙大學生自治會主席共黨中堅分子于子三與酈伯瑾舉行密議，商討如何展開學運，實行反總動員令之陰謀，為本市治安機關獲悉，即經警二分局派警前往當場搜出有關函件名單，及共黨書刊多種，當將人證一併扣送總局偵訊，即移送司法機關訊辦。又，浙大學生共黨分子陳建新、黃世民、酈伯瑾等已於二十九日午後移送法院訊辦。惟共黨中堅分子于子三於移送法院時，自知證據確鑿，陰謀暴露，畏罪乘隙自戕，當由看管者召醫施救不及，報經法院派檢察官檢驗，委係生前以銳角玻璃片自刺咽喉殞命。同時主管機關據情，通知浙大，當由竺校長、顧訓導長帶同該校校醫及學生代表二人同往查看屬實，正由校方辦理善後。聞法院對於檢驗自戕情形，即將詳細公告。」**⑰** 另外，浙江省主席沈鴻烈於十月二十九日兩通致行政院長張群的函電，內容亦相同**⑰**。皆謂于子三畏罪乘隙自戕，以銳角玻璃片割破咽喉致死。

但是民國三十六年十二月，浙江大學學生蔣世澂等八五二人為于子三事件聯名控告浙江省保安處副司令竺鳴濤之呈文中，對於于子三被捕經過及死因另有說詞。呈文的對象是國民政府蔣主席，文曰：「本校學生自治會代表會主席于子三，係農學院農藝系四年級同學，十月二十五日夜，與同級同學酈伯瑾等同往杭州清泰第二旅館，祝賀校友汪君敬羔之新婚。至十時許，住校本部數同學自汪君處辭歸。于酈兩同學因宿舍遠在離市區五華里之華家池農學院，當時自校本部至華家池之校車已停開，酈君以久患腳病不能夜行，于君則須於次晨參加本校張故教務長蓋謀先生之追悼會，為避免來往奔走，計乃趁便留宿於

⑰ 杭州《東南日報》民國三十六年十月三十日。

⑰ 〈浙江省主席沈鴻烈致行政院長張群函電〉，民國三十六年十月二十九日，錄自國史館檔案。

利用週末自滬來杭同賀汪君新婚之校友黃世民、陳建新兩君所闢之房內（延齡路大同旅館第五十二號），詎料於次晨二時許，竟為杭州市警察第二分局加以逮捕。是晨十時許，始為本仪同學發覺，經多方探詢，初則假稱不知，繼而推諉責任，後始悉黃酈兩君羈押於杭州市警察局，于陳兩君則羈押於浙江保安司令部。」❷ 呈文中認為于、酈、黃、陳等四位學生係被非法逮捕，于子三是「在獄中橫遭慘死」，進而指控「浙江省保安司令部、浙江省新聞處等以『共黨于子三用玻璃自殺』為飾詞，蒙蔽事實，虛構罪狀，與法醫之報告書及檢定書之未符實情與不合理之推斷」，並列舉十條證據，一一辯駁，最後認定「浙江省保安司令部及其副司令竺鳴濤所謂『共黨分子』、『畏罪用玻璃自殺』，殊難自圓其說，後之其為捏造『莫須有』罪名作有計畫之謀害，則事實昭然，顯然狡賴。」❸ 要求蔣主席徹查于案真相，並將竺鳴濤立予撤職查辦，科以民刑罪責。

于子三等人被捕後，消息傳到浙大，中共地下黨馬上組成「被捕同學營救會」，要求浙江治安當局在二十四小時內，將于子三等移交法院公開審訊，浙江區學聯發表書面談話，聲援于子三等人。十月二十五日下午七時，浙大學生自治會召開學生代表大會，決議向浙江當局提出強烈抗議，並提出三個要求：㈠立即無條件釋放被捕同學，或在二十四小時內將他們移送司法機關；㈡釋放前不得施用任何刑罰；㈢保證今後不再發生類似事件。大會還建議校方與學生採取一致行動，營救被捕學生。浙大接受學生的要求，派員和學生代表向保安警督處交涉，治安當局以「案情嚴重，問題複雜」為由推托。浙大學生自治會最後做出決定，如果于子三等四人二十九日仍不釋放，將從三十日

❷ 〈國立浙江大學學生呈蔣主席文〉，民國三十六年十二月，錄自國史館檔案。
❸ 同前注。

起罷課三天，同時募捐以充營救會的經費。到了二十九日，于子三等人仍未釋放，於是浙大各社團紛紛發表抗議書，當日晚上十時，于子三的死訊即傳至浙大[74]。

十月三十日上午，浙大學生三千多人在民主廣場集會，追悼于子三，並通過四項決議：㈠徹底清查慘案眞相；㈡聯合校方向各界控訴；㈢控告保安司令部及其負責人；㈣向全國和全世界揭露「國民黨反動派的罪行」[75]。午後三時至七時，浙大學生擡著于子三遺像和「冤沉何處」大字橫幅，集體赴保安司令部抗議。次日，浙大教授開會，到會三十餘人，決議十一月三日罷教一日；十一月一日，講師助教會也開會決定罷教一天。浙江當局對浙大教授會決定罷教一事甚爲不滿，要求中央政府電令浙大校長嚴加制止，浙江省主席沈鴻烈致電蔣主席云：「共黨陳建新等在校外逮捕，事後始悉爲浙大學生，並非不肯預爲通知，學生于子三確係自殺，已經法院檢驗公佈，地方治安機關一切遵令依法公開辦理，事實俱在，且該共黨陳建新等證據確鑿，無可隱諱。倘國立學校教授會爲校中共黨被捕而罷教，全體學生爲共黨學生之自殺而公葬遊行，尙復成何事體？今後治安機關又何以奉行戡亂決策，應請迅賜電令該校嚴加制止，以維紀綱，而免擴大，致中共匪奸計。」[76]

十一月一日，浙江省主席沈鴻烈約請浙大校長竺可楨及教授代表八人至省政府商談，浙大方面對治安當局未在二十四小時內將逮捕人犯移送法院，表示遺憾。沈鴻烈則表示，依照動員戡亂完成憲政實施

[74] 同[28]，頁二二一～二二二。

[75] 同前注，頁二二二。

[76] 〈浙江省主席沈鴻烈致蔣主席電〉，民國三十六年十月三十一日，錄自國史館檔案。

綱要第七條、第十六條，暨妨害國家總動員懲罰暫行條例第三條的規定，本案應交由軍法審判，因尊重學校當局意見，始移送法院。至於罷教一日之事，浙大方面解釋是希望緩和學生情緒，以便轉圜，並表示因十一月二日爲星期日，挽回不及。次日上午，沈鴻烈赴浙大訪竺校長，要求取消罷教，竺校長表示：㈠十一月三日校方宣布復課；㈡萬一因通知不及未能上課時，其性質決非罷課，校中教職員在言語文字上亦決不提罷課兩字❼。

中共地下黨方面，十月三十日，負責浙大學運的中共杭州工委書記洪德銘在上海回杭州的火車上，從《東南日報》看到于子三死亡的消息後，即找浙大地下黨支部成員許良英、李景先、吳大信等了解事件經過，商量對策，決定突破浙江當局的新聞封鎖，派同學到上海等地通過全國學聯、上海學聯宣傳于子三事件，請求支援❽。十一月二日，適逢浙大學生自治會改選，在中共地下黨組織、新民主主義青年社的運作下，二十三名左傾學生當選理事，中共地下黨掌握學生自治會，並由中共黨員李景先任第一副主席。「至此，中共地下黨完全掌握了學生自治會的領導權，成爲領導這次運動的中堅。」❾

十一月三日，中共地下黨拉開了于子三事件鬥爭的序幕。當天，浙大師生一致行動，學生罷課，教師罷教，工人罷工，同時由浙大學生三百餘人組織宣傳申訴隊，分別赴杭州各大中學校、街頭巷尾宣傳。中共上海局青年組負責人錢瑛亦於本日聽取杭州市工委的匯報後，指示：「要團結教育廣大中間群衆，要爭取做好教師、校方的工作，盡

---

❼ 〈浙江省主席沈鴻烈致蔣主席電〉民國三十六年十一月二日，錄自國史館檔案。

❽ 〈許良英、洪德銘等人回憶〉，《杭州黨史資料》一九八五年，第二期。

❾ 同❽，頁一五八。

可能運用合法形式進行鬥爭。」**⑧**上海局同時將其意見向全國學聯及各地各校地下黨傳達。中共上海局的指示傳到杭州後，浙大地下黨支部舉行了會議，決定擴大學潮。

十一月九日晚，浙大學生自治會召開會議，做成三項決議：㈠自十號起再罷課一星期；㈡將學生會原設之控訴營救治喪三委員會合併為慘案處理委員會，設法邀請學校老師加入對抗政府；㈢充實人權保障委員會，以與北平該會相呼應**⑧**。緊接著發表新的罷課宣言、舉行大規模公祭活動、舉行于子三遺物展覽、舉辦懷念于子三晚會等，另發表「抗議杭州保安司令部非法逮捕四同學並慘殺本會主席于子三君告同胞書」及長篇文告「天堂血淚」，渲染于子三事件之經過，激起社會各界的同情。

十一月十七日，浙大學生復課，被捕共黨陳建新等三人亦於上午公審，浙大師生二十餘人到場旁聽，因于子三事件引起之浙大學潮暫告一段落。隨後中共上海局指示浙大地下黨云：「今後的鬥爭應轉入以合法為主，以得到教師、校方和社會支持，又可掩護我們贏得時間，用主要精力去抓群眾和校外工作，擴大運動成果，在浙大以外的杭州大中學校中發展黨的組織和進步力量。」**⑧**中共杭州市工委和浙大地下黨支部乃根據這一指示，利用學生自治會的合法形式，聯合浙大當局，經過談判，迫使浙江省政府同意學生為于子三出殯，同意學生自治會在《大公報》、《東南日報》刊載出殯訃文。從十月二十八日于子三死亡到次年三月十四日出殯期間，浙大學生利用此一事件進行抗

---

⑧　同前註。

⑧　〈浙江省主席沈鴻烈致蔣主席電〉，民國三十六年十一月十日，錄自國史館檔案。

⑧　同**⑥**，頁一五九。

爭，引起全國各界的注意。

于子三事件發生後，首先以罷課聲援的是北大、清華兩校；十一月三日，清華大學學生自治會開會決定自四日起罷課三天，並進行募捐；北大則於十一月四日晚舉行院聯會及人權保障委員會聯席會議，決定自次日起舉行「罷課簽名」。十一月五日，北大自治會代表大會決議：㈠六、七兩日罷課兩天，並發表宣言。㈡要求當局允許同學代表探視北大被捕同學。㈢六日下午一時開于子三同學追悼會，在民主廣場舉行。㈣以節食所得款作爲于子三同學治喪費。㈤向校外及校內募捐，校外募得部分充于子三同學治喪費，校內部分充慰問被捕同學之費用及人權保障委員會經費❸。十一月六日，北平大中學校學生總罷課一天；清華、北大、燕京、中法、朝陽、輔仁等大專院校及貝滿女中學生三千餘人，在北大民主廣場舉行于子三追悼會，會後舉行遊行。同日，昆明市三十餘所大中學校二萬餘名學生，舉行總罷課，聲援浙大學生。

十一月八日，南京金陵大學學生罷課一天，以示聲援。十一月十日，上海交通大學及南京中央大學學生均罷課一天，聲援浙大學生；同日，平津十四院校決定暫時「休罷一星期」。十一月十一日，上海聖約翰大學、同濟大學、復旦大學響應學聯號召，以總罷課一天聲援浙大學生。接著，金華英士大學、廈門大學、南京金陵女子文理學院、東吳大學、大夏大學、武漢大學均舉行了聲勢浩大的抗議遊行及罷課鬥爭。燕京大學、北京大學、武陵大學學生自治會及華北學聯、上海學聯均發出唁電；浙大重慶校友、臺灣校友、香港校友及南洋地區校友亦多發了唁電或唁函。

---

❸　北平《世界日報》民國三十六年十一月六日。

　　根據概略的估計，全國約有二十個城市十五萬名學生參加了悼念于子三的活動[84]。在政府頒佈戡亂總動員令後，中共地下黨仍能以合法形式發動學潮，突破政府的禁令，對政府而言，係一強烈之打擊。

三　上海同濟一二九事件

　　五月學潮以後，由於政府對學潮採取嚴厲的措施，因此中共地下黨乃改以「合法形式」策動學潮來進行反政府的活動。張戰物在評論于子三運動的歷史地位時曾說：

> 于子三運動是我黨領導下的一次非常成功的學生運動，它表明中共在白區的工作方針是非常正確的，在國統區工作的黨的幹部已初步學會了利用合法形式同國民黨政府進行鬥爭。從于子三慘案發生到翌年四月鬥爭勝利結束的整個運動過程中，我黨始終堅持了有理、有利、有節的原則，沒有暴露一個黨員，也沒有一個進步人士遭到綁架。通過鬥爭還充分顯示了民主的力量、人民的力量以及全體學生的人心所向，這是國民黨特務最為害怕的。[85]

在所謂的「合法形式」中，學生自治會是最正式的學生代表機關，因此中共地下黨極力爭取學生自治會的領導權；後來，各大學的學生自治會幾成為中共製造學潮的公開機關。

　　民國三十六年十二月十六日，政府為根本消弭中共地下黨及左傾學生的活動，乃頒佈「修正學生自治會規則」，規定各校學生自治會幹

---

[84]　同[69]，頁一六○。
[85]　同前注，頁一六○～一六一。

部應由各校當局指派、圈定或批准；學生自治會的活動祇能限於校內的課外時間，不得參加社會上各種團體和活動，也不得組織校際聯合會和往來；學生自治會的任務，限於學藝、健康、服務、風紀等範圍，並須由學校派人監督；對違反校規的學生自治會，學校當局可以隨時解散❽。「修正學生自治會規則」頒佈後，引起部分學校的反對，北大等五校自治會聯合發表聲明，表示不予承認，並呼籲全校同學共同起來爭取自治權利，維護國家教育前途及個人民主權利的尊嚴；南京中央大學亦堅不遵從，該校乃於十二月二十二日將學生自治會解散，部分學生不服，於二十五日罷課抗議，學校當局旋將罷課發起者開除。

民國三十七年一月，反對教育部「修正學生自治會規則」的學潮在上海同濟大學激烈爆發。同濟大學的前身是德國醫生埃里希‧寶隆（Erich Paulun）於一九○七年在上海創辦的德文醫學堂，民國元年增設工科後改名為同濟醫工學堂，民國六年由我國接辦後改名為私立同濟醫工專門學校，民國十二年改名為私立同濟大學，民國十六年又易名為國立同濟大學。到民國二十六年抗戰爆發前，同濟大學已成為一所具有醫、工、理三個學院的大學，抗戰時，同濟大學輾轉內遷六次，最後遷至四川南溪縣的李庄鎮，抗戰勝利後，於民國三十五年春始復原遷回上海❽。

民國三十七年元旦過後，同濟大學學生自治會屆臨改選，中共同濟地下黨總支部乃策動左傾學生，搶先發動自由選舉。一月九日，同濟大學當局貼出佈告，按照教育部「修正學生自治會規則」規定，由

---

❽ 李國祁等，《近代中國青年運動史》臺北，嵩山出版社，民國七十九年七月，頁二○九。

❽ 陳種美等，〈同濟大學在雲南四川的歲月〉，《抗戰時期內遷西南的高等學校》頁五八～七○。

校方決定籌備人員和理事人選，且由各學院分別成立自治會，不允許有全校性組織。這個公告引起共黨分子和左傾學生的激烈反對，一月十三日，自治會未經學校同意擅自舉行改選，參加投票的學生有一九三〇人，佔全校學生的百分之八十五，結果選出二十一名理事，組成新的學生自治會，潘承邦當選爲理事長；晚上，上海市八十多所大中學校學生三千餘人舉行「上海市大中學生救飢救寒運動勝利結束暨同濟大學第三屆學生自治會改選完成慶功大會」。

　　一月十四日，同濟大學當局以歪曲事實、挑撥離間、破壞秩序等罪名開除上屆自治會理事杜受百，以毀壞公物、藐視師長的罪名開除寒衣勸募委員會的負責人何長城 **88**。佈告貼出後，學生表示異議，自治會致函校長丁文淵要求收回成命。次日，該校學生一千六百餘人齊集北四川路法學院廣場，向校長請願，要求：㈠承認本屆普選之自治會代表大會。㈡收回開除上屆自治會理事杜受百、何長城成命 **89**。最後校長允許十六日召開訓導會議，重予考慮。在學生請願時，有北四川路警察分局警員蔡延祚在校園內向外通話，爲學生發現，而將其送地檢處請求偵查。下午七時餘，上海治安當局派來三卡車武裝軍警，包圍學校，學生們乃在文法學院內遊行一週後解散。十六日下午二時，全校學生又到總辦公處等候，這天天氣寒冷，北風怒號，一直到下午五時仍未有結論，於是系科代表會開會決定十七日罷課，參加抗議英帝九龍暴行的示威遊行。十九、二十兩日罷課，抗議學校當局的「迫害與欺騙」。

　　十八日，同濟大學又貼出佈告，開除第二批學潮學生五人，處分四人，並限被開除者三日內離校，禁止自治會一切活動，必要時還要

88　上海《大公報》民國三十七年一月十五日。
89　上海《申報》民國三十七年一月十六日。

通知治安機關來校維持秩序。這時，中共地下黨國立大學區委和同濟大學總支認為必須加以反擊，於是提出「反迫害、爭民主」的口號。十九日下午，第三次系科代表大會決議：㈠無限期罷課。㈡向校方交涉收回成命，如無結果，晉京請願。㈢要校長辭職以謝國人。同時為了抗議學校當局，二十一日絕食一天。自治會並決定二十日晚在工學院禮堂召開「控訴晚會」⑨。「控訴晚會」有四十多所大中學校參加，杜百受、何長城等被開除學生先後上臺「控訴」，部分教授講師亦上臺講演，支持學生，譴責學校當局。交大代表表示支持同濟學生晉京請願；劇專代表表示要設法義演以支援經費；會場掛著巨幅標語：「撞呀，撞呀，撞呀，撞向那宣布黑暗與魔鬼們死亡的喪鐘！」旁邊配以漫畫，非常聳動。

　　同濟大學當局對學生的抗議不加理會，仍繼續採取強硬態度。二十一日，又宣布開除蕭榮錚等四名學生，另十三名留校察看，十七名記大過，當日，被開除學生到交大等五所學校「控訴」。二十三日晚會，上海學聯送給同濟學生自治會二千萬元及白紙一令；復旦大學送錦旗及四百萬元；交大、大夏、上法、附中、浦東中學等亦多送錦旗。二十五日，在交大、復旦倡議下，五十八所學校學生組成「上海市學生反迫害、爭民主、支援同濟聯合會」，發表文告，聲援同濟學生，而同濟大學學生自治會為擴大社會影響，乃決定於二十九日赴南京請願。同濟學生自治會新聞組出版的新聞「爭民主反迫害快報」第三號號外說：「晉京請願團今日（按指二十八日）向校方提出之交涉，終告全面破裂，今後對校方已不存任何希望矣。請願團定明日晨（按指二十九日）出發，先在工院集合，再向北火車站進發，分批購票晉京。預

---

⑨　同⑦，頁二二五～二二六。

計大隊可趕上上午十時開南京的早車，四時半可到京，中大、金大、劇專等校學生數十人將親至下關迎接。又本市六十餘大中學均將齊赴北站歡送，並將發動行動支援。」❶二十八日晚，上海當局獲知同濟學生欲晉京請願，市長吳國楨派警察局長俞叔平出面阻止，但無效果，於是警方亦決定強行阻止。

二十九日清晨五時，上海治安當局出動軍警幾千人，包圍同濟工學院。「五輛架著機槍的『飛行堡壘』鐵甲車堵住了同濟工學院的正門，校園四周佈滿了武裝警察。沿其美路（今四平路）往南方向設了武裝警察、騎巡隊、步兵三道防線，從其美路通向北火車站的橋樑要隘都架著機關槍。」❷上午九時，復旦的歡送隊伍和同濟理學院、附中、新生院的請願隊伍一千二百人在工學院北面一百公尺處受阻，集中在工學院內的一千名學生則被困在裡面，直到十時，始扭開右大門鐵鎖衝出校門。這時，交大、約大、大夏、中華工商、上海、南洋模範、啓秀女中等二十七所院校學生千餘人從四面八方繞道趕來，和同濟學生共計約四千人排列在其美路上，與軍警對峙。兩小時後，市長吳國楨帶警察局長俞叔平、警備司令宣鐵吾等來到其美路，勸學生推派十名代表晉京，但未爲學生所接受。中午十二時，吳國楨在工學院附近「康隴酒家」與學生代表談判。

下午三時，請願學生隊伍決定向前推進，遂與軍警發生衝突，吳國楨亦在混亂中遭踢打，呢帽、眼鏡、煙斗一齊失落。上海《申報》報導其經過云：「正當此際前面隊伍中忽見騷動，傳來同濟法學院二年級學生趙仁保被捕之消息。市長當即步出酒坊，前往調查，大混亂

---

❶　上海《大公報》民國三十七年一月二十九日。

❷　劉作民等，〈一場民主和獨裁的大搏鬥〉，《解放戰爭時期學生運動論文集》頁一六四。

之序幕，於焉開始。當市長到達學生之行列前，即聞學生群中紛紛叫喊不已，或稱被捕二人，或稱被捕五六人，經市長詢問警察結果，承認捕獲學生一人，已解送派出所內，市長當飭令釋放，但因派出所與校址間有相當距離，往返費時，故稍等不至，學生又起騷動，大隊忽又向前猛衝，時埋伏路旁田內之學生，早已集有多量碎石，但聞一聲呼喊之後，即見滿天飛石，紛紛投落軍警隊伍與馬隊之中，一時形勢大亂，馬騎受驚，警士當場即有八人受傷。更有一部分學生就近又將市長包圍，首先搶走其頭戴之呢帽，繼用竹棍木棒紛擊其頭部，當時市長尚擬趨避，但旋為學生將其領帶拉住，復扼其頸部，揪至泥地上在其背腰腿部，拳足交加，市長此時猶恐警士不能忍耐，尚高聲命令警士不准開槍。正在危急之際，始由少數警員衝入人群中，將市長搶救而出。但此時市長已失去其終日不能離身之眼鏡與煙斗，且滿身泥跡，頭髮蓬亂。」❽

在此次衝突中，軍警和學生各有受傷。據中央社報導，受傷警察共有十八名，三名重傷。學生方面，據申報報導十四人受傷，三人傷重需住院治療外，其餘均包紮後立即出院❾。但中共事後的紀錄，卻稱有六十九名學生受傷，四人重傷，三十三人失蹤❺，將此一事件渲染為血案，稱為「同濟血案」。

二十九日晚，中共地下黨以「各校聯合領導小組」名義，召集同濟和二十七校代表緊急會議，決定派五名代表與吳國楨談判，其餘學生在同濟工學院禮堂舉行所謂「血債晚會」，十時左右，上海治安當局至會場搜捕毆打吳市長的嫌疑犯。

吳國楨被學生圍毆的消息傳出後，引起政府及社會各界的關注，

---

❽ 上海《申報》民國三十七年一月三十日。

❾ 同前註。

❺ 同❽，頁一六六。

蔣主席聞訊大為震怒，除下令嚴辦肇事者外，並致電慰問；行政院長張群亦電飭上海市當局嚴懲行凶學生。此外，蔣夫人、朱家驊、蔣經國等亦都以長途電話慰問，教育部並派次長杭立武赴上海處理。輿論對吳市長受學生毆辱，亦多表關懷，上海《申報》社論云：「日昨本市醞釀已久的同濟大學風潮終於擴大，而且擴大的情勢，簡直非常理所可測度。吳市長昨晨為應同濟學生之請求，親赴該校設法調解，不料反被學生群衆兇毆；幸而市長極度忍耐，雖在被學生揪毆仆地之時，猶復大聲疾呼，力阻在場軍警不得開槍，使蓄意製造群衆慘案的陰謀分子，無所施其技。吳市長這種氣度、這種精神，實在可佩。他從上午走進了同濟，下午被毆以後，一直到深夜，還始終在學校附近，堅持學風必須整飭，午飯晚餐，沒有下嚥。為地方、為教育，市長這樣苦幹，我們尤其要敬致深摯的慰問。」 **96**

關於吳國楨被學生圍毆一節，中共事後加以否認，認為是吳踩進路溝跌倒。王水湘記云：「在人群動亂中，站在學生旁邊的吳國楨，踩進乾涸的路溝跌倒，丟了呢帽、煙斗、眼鏡，特務乘機亂叫：『吳市長被打了！』並撥動機槍，吳國楨拚命喊叫：『不要開槍！』談判代表為了顧全大局也說服同學鎮靜。」 **97** 吳國楨致蔣主席電則云：「下午三時，學生不良分子散播謠言，致起暴動，竟將職按倒扼頸部，拳足交加，並以竹棍猛擊，職深恐造成流血慘案，乃忍受毆辱，高聲阻止警士開槍，暴動風潮，幸告平息，並經拘獲行凶者三人，肇事嫌疑者多人。」 **98**

96　〈慰問市長痛惜教育〉，上海《申報》民國三十七年一月三十日。

97　同 **90**，頁二二八。

98　〈上海市長吳國楨致蔣主席電〉，民國三十七年一月三十日，錄自國史館檔案。

　　吳國楨的報告中亦提及從被捕學生身上搜出「共匪宣傳品，如『四七』小冊子有毛澤東照片及毛澤東一九四七年新年之文告及迎接新年、歐遊彙記等刊物數本」，因此，吳國楨認爲此次學潮「係共匪預定陰謀」❾。事後，中共的記載亦稱當時上海中共地下黨的負責人，都親臨第一線指揮。劉作民等云：「上海地下黨組織關懷著這場鬥爭。地下黨學委負責人吳學謙、吳增亮，國立大學區委費瑛、王光華、浦作，同濟黨總支書記喬石等，先後來到現場。同濟、交大、復旦等大中學校的幾百名黨員，站在鬥爭的第一線。」❿政府和中共地下黨的負責人都親臨第一線，若說這不是戰鬥，那又是什麼呢？

　　同濟一二九事件發生後，中共方面發動各界聲援，華北學聯於二月七日下午在北大舉行「華北學生聲援同濟血案抗議非法逮捕示威控訴大會」，有北大、清華、燕京、師院、中法、朝陽等校及一部分中學學生，共約三千人參加，會中除表示聲援同濟血案外，並對教育部頒佈「自治會組織章程」表示強烈反對⓫。另外，武漢大學絕食一日以示聲援；馬敘倫等所謂民主人士亦在香港發表宣言，大力抨擊政府。

　　從民國三十六年十二月至三十七年一月間，上海市各界在目睹中共策動之「救飢救寒運動」、「九龍事件大遊行」及「同濟一二九事件」等三次學潮後，都體認到學潮之猖獗，因此呼籲政府拿出魄力整頓學風。上海市參議會、市商會等二十五個團體在同濟一二九事件後致電中樞，除推崇吳市長外，並要求整頓學風。電云：

　　　目睹身受國家培育之青年，當此國家開始行憲之時代，處此國

---

❾　同前注。

❿　同❾❷，頁一六四。

⓫　天津《大公報》民國三十七年二月八日。

際文化中心之機會，竟有少數敗類，演出此一幕目無法紀野蠻
暴亂之怪劇，則不禁爲我教育前途痛，爲我民族前途憂。本市
各團體，代表全市市民，深以教育爲國家之命脈，學風爲教育
之前提，今日學風之窳敗，已至不堪言狀之境，喧囂罷課，已
屬常經，犯上毆師，亦成慣例，頹風所及，將使師道淪亡，教
育破產。敬祈賜飭主管員司亟應力挽橫流，嚴予整頓，務使青
年學子，群趨正軌，民族根基，於焉奠立。⑩

上海《申報》亦呼籲教育當局要痛下決心，徹底整頓學風。社論
云：「同濟風潮，今既鬧到如此，舉一反三，我們以爲教育當局必須
下一番大決心，徹底整頓學風；否則因循敷衍，但求粉飾一時，將來
必更無可收拾。學風之敗壞，不自今日始，而今日如果還不痛加整頓，
力矯頹風，則由秋而冬，肅殺氣象更將不堪設想。學生去年打過局長，
今年打了市長，這樣下去，學生變了打手，打風遍地，國家社會爲什
麼還要培養這些打手？我們明知這不過少數橫暴之徒的行爲，決非多
數善良學生所願見，然而多數善良學生一盤散沙，沒有組織，只讓那
些少數『職業的學生』結合了橫衝直撞，眞成了害群之馬。師嚴而後
道尊，我們今天要呼籲整頓學風，尤其要請求政府和社會十二萬分的
尊師重道，使品學兼優的教師負起領導學生的責任，同時盡一切可能
的力量，安定學校的環境，維護一般善良學生求學的權利。」⑩

《中央日報》在論述如何整頓學風時，則一針見血指出學潮的擴
大都是共匪及其工具所製造，是其利用學生開闢第二戰場的政治陰謀
⑩。該報認爲解決之道，首在肅清各學校裡的職業學生，打破中共以學

---

⑩　〈上海各界致蔣主席電〉，民國三十六年一月三十日，錄自國史館檔案。
⑩　上海《申報》民國三十七年一月三十日。

校爲第二戰場的陰謀；其次解散全國學聯。社論云：「共匪既以學生爲鬥爭工具，學校即永遠不能安定，今天整頓學風，第一要打破共匪以學校爲第二戰場的陰謀。據我們所知，共匪策動學潮，均賴其派赴各校的職業學生。此種職業學生，往往有極高的程度，大學畢業生再去進大學，甚至有留學生，掩蔽起過去的學籍，改名換姓，從大學新生做起，亦有已讀至三四年級，請求改系自動降爲一年級或轉學他校一年級者。此種職業學生，其教育程度，本已超越其所居學級，故雖不讀書亦能應付考試，又因經過鬥爭的訓練，其言行貌似謹飭，從不露出馬腳，只在背後指揮操縱，以致其老師同學，均不易看出破綻，誰知許多風潮，都是這些職業學生所發動？故學校一天存留了職業學生，即一日不得安定，我們要整頓學風，首先就要肅清各學校的職業學生。其次，共匪利用少數職業學生所組織的冒稱的全國學聯，應立予解散，今後更不許有任何共匪利用假冒的全國性學生組織。過去，共匪爲操縱學潮，曾密令其職業學生製造一個所謂全國學聯，強姦青年意志，以爲各校學生假借名義，發動學潮的機構。每次學潮發生，共匪即用其發號施令，儼然與政府對抗，此種非法組織，若不立予解散，本年學潮仍將層出不窮。」[105]

民國三十七年二月二十三日，教育部發表「整頓學風令」，可說是上海同濟一二九事件最直接導致之結果。

第三節　第二條戰線的激化

由於中共所策動的學潮和其武裝叛亂相呼應，給政府帶來極爲不

---

[104]　南京《中央日報》民國三十七年二月二十四日。
[105]　同前注。

利的影響，政府爲謀求徹底的解決之道，除先後頒佈「戡平共匪叛變
總動員令」、「動員戡亂實施綱要」、「修正學生自治會規則」、「整頓學
風令」等加以規範外，民國三十七年二月二十五日，立法院通過「特
種刑事法庭組織條例」和「特種刑事法庭審判條例」，計畫在全國設立
二十四個特種刑事法庭，以政治性的司法機構，來審理違害戡亂工作
的叛徒，而策動學潮的共黨分子、職業學生和哄擡物價的奸商則爲主
要的懲處對象。

　　從上海同濟一二九事件後，到大陸淪陷爲止，中共策動的重要學
潮有四月學潮、反美扶日運動、北平七五事件等，除反美扶日運動已
列入排外學潮說明外，其餘分四月學潮、北平七五事件及淪陷前夕的
戰鬥等三部分說明如後：

一　四月學潮

　　民國三十七年四月三日至二十二日，中共地下黨以抗議政府解散
華北學聯及爭取全面公費爲訴求，在北平發動的所謂「反飢餓、反迫
害運動」，獲得全國十七個城市三十六所大中學校聲援響應，進而公然
與政府爲敵。此一事件稱之爲「四月學潮」，中共稱之爲「四月風暴」。

　　上海同濟一二九事件的爆發，中共予以很高的評價，認爲此一事
件是其學運新階段的開始，並提出其今後學運的基本任務爲「從基本
上迅速而有利地動搖及摧毀反動派的統治」，策略有五：㈠學運中的
舊形式必須予以揚棄，要靈活地運用一切可能及有利的條件；㈡著重
宣傳敎育效果，避免無謂犧牲；㈢打擊妥協主義、失敗主義，糾正盲
動主義；㈣加強全市、全國的聯繫，避免被「各個擊破」；㈤隨時準備
出擊，不以小勝爲滿足。此外，並指示學運的範圍，在政治方面是爭
民主、反迫害；在經濟方面是反飢餓；在國際方面是反美，而最終目

的是在以學潮配合軍事行動，使學潮成為城市擾亂的核心[106]。

　　四月學潮雖係以「反飢餓、反迫害」為訴求，但事實上係以所謂的「反迫害」為中心，其序幕可溯源至民國三十六年十月一日，北大、燕京、清華等校五位共黨分子被政府逮捕，北大學生曾簽名要求釋放被捕學生。兩天後，北大孟憲功等兩名共黨分子及貝滿女中兩位教員被北平警備司令部逮捕，北大學生曾聯合清華學生罷課三天抗議，並成立人權保障委員會，召開維護人權座談會。北大、清華、中法等三校教授亦發表「為學生罷課抗議非法逮捕保障人權事告社會人士書」。于子三事件發生後，北大和清華等校學生五千人曾於十一月六日舉行追悼大會。上海同濟一二九事件後，北大等校曾在民主廣場舉行控訴大會。教育部頒佈「修正學生自治會規則」及「整頓學風令」時，北大學生亦皆加以抵制[107]。面對政府所採取的一連串嚴厲措施，及「整頓學風令」頒佈後輿論有肅清各校職業學生和解散學聯之建議，中共地下黨乃策動學生舉行聯歡，激發學生的情緒，凝聚向心力，以做為日後抗爭之準備。

　　這種有計畫、有目的之聯歡活動，在平津、滬杭均曾舉行。在平津地區，中共地下黨透過華北學聯，在北平舉辦平津學生春季大聯歡，三月二十七日，天津及唐山學生五百多人赴北平。次日，天津、唐山學生分別參觀燕京大學和清華大學，晚上，在北京大學民主廣場舉行營火晚會，約有一萬餘人參加。營火晚會的現場是這樣：「場中央燃起了熊熊烈火，把民主廣場照得通明。會上，北平同學將民主的旗幟獻給天津同學，象徵著平津兩地青年學生在民主運動中的大團結。接

---

[106]　上海學生聯合會編，《中國學生運動的當前任務》新華書店，一九四六年十月，頁六。

[107]　蕭超然等，《北京大學校史》頁二八八。

著，晚會執行主席報告了當前形勢和全國學聯、世界學聯的動態，他
說在印度的加爾各答召開的東南亞青年大會上，中國學聯當選為世界
學聯副主席兼殖民地半殖民地部部長，我們的隊伍是壯大的，全東南
亞、全世界的民主青年正在跟我們並肩前進之時，整個廣場歡騰起來，
掌聲雷動。」⑩最後，大會主席宣布平津唐八院校（北大、清華、燕
京、師院、中法、南開、北洋、河北）學生自治會聯合會成立，會中
並通過：「同甘苦，共生存，一校受迫害，七校支援！一人被摧殘，
全體營救。」後來，河北工學院要求加入，八院校聯防擴大為九院校
聯防，其目的就是要保衛自治會、保衛華北學聯，一人被捕九校罷課。

　　在滬杭地區，中共地下黨通過上海學聯發動上海、寧波、紹興、
蕭山等地大中學生，共二十三院校，自四月二日起赴杭州，與杭州學
生舉行春季聯歡大會。公開的活動有座談、聯誼及公祭于子三等；秘
密的活動有「大學聯」、「中學聯」代表大會之舉行。一直到四月十一
日止，決定一校一事原則，並立即返校發動罷課，以響應平津學潮。
同時，南京學聯亦以春季旅行為名，密派人赴上海、杭州聯絡，此為
京滬杭學潮之先聲⑩。

　　三月二十九日，北平各報刊登中央社消息，謂北平警備司令部二
十七日奉行轅轉中央電令，以學聯會為共匪策動之組織，應立即依法
嚴禁華北學聯的活動。有關報紙還刊登了「學潮綜合分析結果」，宣稱
年來學潮均受共匪策動，並受國際共黨學聯領導。當天下午，華北學
聯在北大民主廣場召開黃花岡七十二烈士死難三十七週年紀念大會，
北平治安當局宣佈沙灘區戒嚴，軍警包圍北大，不准學生出入。次日，

---

⑩　同㊶，頁四〇九。
⑩　中央聯秘處編印，《共匪策動之四月學潮綜合研究》民國三十七年五月，頁
　　四。

華北學聯發表聲明，號召團結保衛學聯，晚上，華北學聯根據中共地下黨的指示，在北大召開會議，針對政府查禁華北學聯研究對策，最後決定發動各校罷課抗議，組織學生奮起自衛⑩。

　　四月一日，北大舉行保衛學聯座談會，發動學生簽名支持罷課；醫學院、工學院亦召開理事會通過支持學聯。四月二日，北京大學組成罷課委員會。另外，北大、清華、燕京、中法、北師院、南開、北洋等七校學生自治會代表亦聯合到北平行轅請願，要求收回查禁華北學聯的命令，未獲結果。四月三日，北大、清華、燕京、中法、北師院五校學生自治會代表舉行聯席會議，決定五院校即日起總罷課三天，同時發表了「北平五大學為抗議非法查禁學聯罷課宣言」。天津的南開大學、北洋大學、唐山的交通大學亦起而響應，先後罷課三天。罷課期間，清華、燕京兩校聯合舉行所謂「保衛學聯控訴示威營火大會」，北京大學舉行了所謂「反迫害保衛學聯大會」，北平師範學院、中法大學亦分別召開保衛學聯控訴大會和座談會，各校學生還分別組成宣傳隊，上街進行宣傳⑪。

　　四月五日，北京大學、清華大學及北平研究院教職員工警等七個團體發表「為爭取合理待遇告社會人士書」，要求改善生活待遇，並決定次日起罷教、罷職、罷工、罷研、罷診三天。四月六日，北大等七院校學生自治會聯合發表「反迫害、反飢餓罷課宣言」，決定即日起罷課三天。故從四月六日起，形成了北平各校的「六罷合流」，即講師、助教、職員和工友等罷教、罷職、罷工；北平研究院的研究人員罷研；北大醫院的醫生護士罷診，學生罷課⑫。

---

⑩　同⑩，頁二八九。

⑪　同⑩，頁四一〇。

⑫　同㉘，頁二三二。

四月八日,華北學聯召開各院校代表會議,認為此次「六罷」浪潮已獲得「初步的勝利」,決定暫時「休罷」,轉入經常工作⑬。然因前一日,北平市警備司令陳繼承和市長何思源命令北大當局將柯在鍊等十二名學生自治會理事及人權保障會委員,於次日上午十二時前送交警備司令部,否則將逕行逮捕。學生自治會乃於八日上午十時,在民主廣場召開全體同學大會,決定保護十二名同學,並提出:「一人被捕,全體坐牢!」於是學生用凳子圍成許多圈,把十二名同學圍在中心,保衛他們不被逮捕,北平治安當局為避免與學生直接衝突,造成流血事件,乃暫停逮捕行動。

四月九日凌晨,北平治安當局進入北平師範學院,逮捕姚坰、房世泰、王公宇、陳定宇、邱錫思、梁守勛、閻和祥、趙學勤等八名學生,發生衝突,致有學生受傷,稱為「四九事件」,中共則稱之為「四九血案」。事件發生後中共地下黨馬上採取抗議的行動,張啓華等回憶云:「這時,在地下黨領導下,召開了學生自治會和和平社團聯席會議。會議決定:連夜進行組織、宣傳和聯絡工作,天亮後召開控訴大會,進行請願的準備。於是,自治會首先組織了百餘人的糾察隊,守衛校門和在校內巡邏。宣傳部組織了數十位同學趕印快報,書寫標語;聯絡部即與北大、清華等各大學自治會聯絡,呼籲各校支援;並通知訓導長、教務長等學校負責人和各系主任、進步教授,請他們立即到校商量對策;還拍電報給在南京參加偽國大的校長袁敦禮,請他立即返校。」⑭

上午七時,學生自治會召開全體同學緊急大會,通報情況,研究

---

⑬　張啓華等,〈衝破黑暗,迎接黎明〉,《北平地下黨鬥爭史料》北京出版社,一九八八年十二月,頁九五。

⑭　同前注,頁九七。

對策，最後決定到北平行轅請願。當時對於是否舉行請願遊行，亦有
一番爭論，張啓華等回憶云：「在開控訴大會的同時，學生自治會和
『和平社團』又開聯席會議，分析形勢，討論能不能請願的問題。有
些同志認為，『戡亂總動員令已下，請願示威格殺勿論，這時出去請願，
只有遭到更大迫害。』『我們可以通過罷課，並請教授和學校當局出面
交涉，營救被捕同學。』但多數同志認為，『只有請願，才有可能救回
被捕同學，其他方式，國民黨根本不會理睬。』『面對反動派殘酷的迫
害，必須勇敢地迎擊，不能軟下來！』正在雙方爭論未決時，同學們
迫不及待，排起隊伍，要求馬上出發。這時南系和北系地下黨負責人
趙鴻勣、朱熿、張啓華、劉鴻綱等透過何大海交換意見，一致認為，
敵人正在召開國大，蔣介石和李宗仁存在矛盾，特務捕人非法理屈，
群眾鬥爭情緒高昂，決定不失時機地立即帶領同學前往行轅請願。當
即派出聯絡員韓杰、馬文卿、賈志杰、王存華等前去華北學聯及北大、
清華、燕京、中法等各大學聯絡，呼籲各校同學採取一致行動，同時
沿路偵察軍警行動。」❶❺

　　上午九時，北平師範學院八百多名學生組成的請願隊伍，舉著「反
迫害，要活命」的標語，前往新華門北平行轅請願，並推派魏景濱、
王積忠、劉鴻綱等三人進入行轅談判，但未獲接見。到了下午三時，
前來聲援的學校計有北大、清華、燕京、北平鐵道管理學院、中法、
朝陽等校學生六千餘人。學生請願代表提出六項要求：㈠立即釋放師
院被捕同學；㈡停止傳訊北大十二位同學；㈢撤銷查禁華北學聯命
令；㈣釋放朝陽大學赴京請願代表；㈤懲辦血案凶手，賠償一切損
失，保證不再發生同類事件；㈥提高教育經費，改善教職工警待遇，

---

❶❺　同前注，頁九八。

按照物價指數發薪，切實配發實物，私立大學學生一律給予公費**⑯**。談判一直拖延到晚上九時，最後北平當局答應當晚釋放北師院八名被捕學生及不再傳訊北大十二名學生，晚上十一時，八名被捕學生由北師院訓導長領回，請願才告結束。

四月十一日，北平市參議會、商會、農會、青年聯誼會、大車工會等團體，在天安門前舉行北平市學生民眾清共大會，參加者約有五千人，會後舉行「反暴亂、反罷課、清共大遊行」。遊行的隊伍除了前往北平行轅抗議處置學潮過份軟弱外，同時前往北京大學及北平師範學院示威。此次反制行動，稱之為「四一一事件」。

四一一事件後，北大教授會為抗議反制行動決議罷教七天；清華、燕京、中法等校教授、講師、助教亦繼續罷教，以示聲援；北師院教授亦連續三次發表罷教宣言。四月十二日，在華北學聯領導下，平、津、唐十一院校學生自治會代表團向北平行轅請願，提出：抗議四一一暴行、嚴懲凶犯、保障安全等八項要求。北師院學生自治會為擴大影響，除了組織宣傳隊，攜帶血衣、凶器至各校控訴，並發動募捐，舉行所謂「特務暴行展覽會」等。

四九與四一一兩事件，中共策動各地地下黨加以聲援，因此，天津南開、北洋，上海復旦、交大、同濟、暨大，南京中大、金大，武漢武大、杭州浙大、昆明雲大、福建廈大、成都川大等院校，紛紛發出慰問電或聲援信。北師院學生自治會同時發表告世界人士書，譯成外文，寄給國際學聯及各國駐華使館及各國通訊社**⑰**。

四月十六日，青年部長陳雪屏「銜命飛平，調查處理學潮」。陳雪屏接見北師院學生自治會代表魏景濱等，魏等提出嚴懲凶手、賠償損

---

⑯ 同前注，頁一〇一。

⑰ 同前注，頁一〇八～一〇九。

失、保證今後不再發生同類事件等三項要求，由於未獲解決，北師院師生一直罷教、罷課至四月下旬，後來北平當局只好退讓；四月二十三日，北平市長何思源、警備司令陳繼承聯合致函北平師範學院稱：「職司治安，疏於防範，公私交責，愧憾何似，飭屬嚴究肇事責任，依法懲辦，親往貴院探視慰問。至於貴院此次所有損失，當負責妥爲彌補。」⑱由於北平當局表示道歉，於是北師院學生自治會同意學校當局和教授會的意見，自四月二十六日開始復課，其餘各校亦先後復課，延續了將近一個月的四月學潮始告結束。

二 北平七五事件

四月學潮後，中共中央在五月一日的勞動節口號中提出「反對美國帝國主義扶植日本侵略勢力的復活」的呼籲。五月七日，全國學聯爲反對美帝國主義扶植日本軍國主義發表告同學書，號召同學們行動起來。此後至六月中旬，在政府區即展開全國性的反美扶日運動，突破政府戡亂時期不准遊行的禁令，給予政府沉重的打擊。反美扶日運動是大陸淪陷前最後一次全國性的學潮，之後則都是地區性學潮，其中影響較大的是民國三十七年七月五日發生在北平的「東北學生事件」，或稱「七五事件」。在此一事件中，因有學生、市民九人死亡，十九人輕重傷，故中共稱之爲「七五血案」。

民國三十七年三月至七月，國共主力連續交鋒於東北、華北、西北及華中地區，國軍除在豫東一役獲勝外，其他戰役無不挫敗；廣大地區除幾座孤城繼續控制在國軍手中外，大部分的鄉村及城市間交通都爲共軍所佔領，東北尤呈不保之勢，大批難民紛紛入關，集中於平

---

⑱ 南京《中央日報》民國三十七年八月二十八日。

津各地，等待政府救濟。政府對流亡的青年學生素極重視，在三十七年三月間，即在北平天津分別籌辦東北臨時大學及臨時中學，以撫輯輾轉南來的東北學生，惟當時環境至為困難，籌設的臨時大中學始終無法正式開學，近萬名東北流亡學生寢食無處，或睡在屋檐走廊，或擠在城防洞中，或躺在破寺廟中，食不果腹，原國立大學學生因有公費，尚可餬口，私立大中學學生，沒有公費，則更艱辛。監察院發表的七五事件調查報告云：「東北自永吉撤守，長瀋孤立，糧價奇昂，一般人生活咸感困難，均紛紛入關，而學生集結至平者日衆，自教育部公佈在平津兩市辦東北臨大臨中後，大中學生蜂擁而來，以無準備，食宿均成問題，散居廟宇及公園廊下，甚至有宿於城牆洞內者，流離失所之狀，殊堪憫惻。」可謂真實之寫照。

民國三十七年七月四日，北平各報刊登北平市參議會通過之「救濟東北來平學生緊急辦法」，其內容有三：㈠學生均須受軍訓，學籍思想良好者，於受訓後分發各大學借讀。思想不良者，予以管訓。學力不合者，即撥入軍隊入伍。㈡停發東北國立學校之經費，轉撥傅總司令核發，或改匯東北臨大，作為經費，並將東北各校一律停辦。㈢東北教職員以原薪（天津指數）在學生軍訓班或臨大工作⓲。東北學生聞之大譁，情緒激昂，當晚遂召開東北各大中學校聯席會議，決定於次日遊行，要求市參議會收回議案，並向東北學生道歉。

七月五日上午七時，北平市東北學生至中南海門前集合，至八時餘，約十餘單位學生四千餘名，首先至北平市參議會抗議，十一時許學生隊伍至北長街李副總統官邸請願，學生要求命令市參議會向學生道歉，李宗仁答以市參議會為民意代表，其不能支配，學生不滿，乃

⓲　北平《世界日報》民國三十七年七月四日。

結隊至市參議會議長許惠東宅請願，北平治安當局派軍警二百餘人至東交民巷東口一號許宅內佈防戒嚴，抗議的學生大肆破壞，以磚石亂擲憲警，終引起流血衝突，造成學生八名死亡，市民一名死亡，學生輕重傷十九名，共計二十八名傷亡之事件 ⑫。而中共方面的記載，則稱死亡九人，重傷三十八人，輕傷一百餘人 ⑫。

　　在請願的東北學生中，事實上有很多共黨分子潛伏其中，導致請願行動特別激越。王水湘記云：「日本投降後，中共晉察冀分局城工部，從北平派出十幾名地下黨員到瀋陽從事學運工作。一九四八年四月，敵人宣佈遷校時，反遷校運動使東北大學和瀋陽醫學院學生分成兩部分：一部分遷北平，一部分留瀋陽。由於正統觀念作祟，多數師生贊成遷校，部分黨員和盟員（中國進步青年聯盟）分批隨同學進關。地下黨組織決定，黨員和盟員參加到遊行隊伍中去因勢利導；同時派人去北大、清華等校聯繫，要求支援。」⑫

　　由於有共黨分子混雜其中，故其請願隊伍有強烈暴力傾向，監察院的調查報告曾記述東北學生在市參議會的請願經過：「七月五日上午七時，平市東北學生由各處紛至中南海門前集合，至八時餘，約十餘單位學生四千餘名，蜂擁衝入北平市參議會內以磚石木棒搗毀辦公室及宿舍，並呼『反飢餓』、『反迫害』、『打死參議員』等口號貼標語，以疊羅漢方法爬上大門楣，將北平市參議會門額改為『土豪劣紳會』、『三老四少會』，並有北平學聯學生數十人，高舉綠色紅字之『要生存』、『要自由』之旗幟，向東北學生慰勞，作煽惑之講演，歡迎東北學生參加學聯，並搗毀『平市戡亂建國動員委員會』與『平市民眾清

⑫　〈七五事件調查報告〉，南京《中央日報》民國三十七年八月二十八日。
⑫　《北京青年運動史》、《近代中國學生運動簡史》均作此種記載。
⑫　同⑫，頁二四二。

共委員會』(此二機構均與市參議會在一樓中) 員工及維持秩序之警憲，略受微傷，此時學生席坐馬路中，要求該會負責人出面答覆，但無人接見。十一時，有臨大主任陳克孚和教授一人，向學生勸導，靜候合理解決，亦未生效。學生等又闖入參議會，大事搗毀，憲兵十九團團長梅慶嵐被擊眼鏡破碎，經警憲勸阻，始行退出。後又結隊向北長街李副總統官邸而去。」❿ 由以上之經過，足見請願學生一開始就有滋事意圖，遂導致後來在許惠東宅發生槍擊事件，造成傷亡。

在許惠東宅前發生槍擊的經過是這樣：「當日二時許，徒手警察二百餘人，憲兵一排，有二十餘人帶槍者，均已到東交民巷裡口一號許宅門內佈防戒嚴，少時學生代表三人先到，聲稱要求見許議長或負責之參議員向學生答覆。許未接見，學生大隊跑步到一號門前，向門內直衝，經警憲在門內阻擋，大門被擠裂。憲兵見情勢緊急，乃向空鳴槍，學生稍退。內七分局局員張乃仁，因勸阻被學生群眾以磚擊傷頭部，昏厥於地，經救護送入醫院，其佩帶之手槍，亦於當場遺失(翌日方由學生王大有手中收回，失去子彈一粒)。學生既不得入正門，遂在一號之圍牆東南角拆毀一缺口闖入，以磚石亂擲憲警。嗣經憲兵對空鳴槍，始又退去。學生分爲兩部分，集於門之東西，席坐地上，叫囂不已，雙方僵持至五時許，二〇八師搜索營營長趙昌會，奉警備總部命令，率部隊兩連到達，不久快速部隊裝甲車開來四輛，停於一號門前兩輛，門西兩輛，搜索營兵士佈防一號門前東西，警戒哨兵持有衝鋒槍、輕機槍，分向東西，槍口指向學生群中。斯時學生推代表十八人，入院內與憲警交涉，當經現場指揮官警察局副局長白世維告以明日負責答覆，並要求學生代表代爲清查張局員失落之手槍，如今日

❿　同⓴。

不能查得，明日亦可，並謂已奉陳總司令命令，於七時宣佈戒嚴，勸
導學生暫時回去，一切明日解決，學生亦因飢渴疲勞過度，允即散去。
此時學生麕集東部者，在牌樓外，西部者，在一號門以西，相距約六
十公尺，中間爲裝甲車與搜索營士兵佈防。七時餘白副局長出門西往
向學生勸導歸去，學生多起立整隊之際，忽聽槍聲一響由東傳來，旋
即槍聲大作，約三分鐘稍停，嗣槍聲又響一二分鐘，白副局長頓足大
呼不准開槍，但無人理會，此時學生聞槍一發，即行伏地，槍停之後，
由保警隊陳大隊長偕同二〇八師搜索營連長出門制止時，然已死傷多
人矣。」❷當時因槍聲一響，士兵遂相繼開槍，但第一槍究竟是從何
處而來，成爲爭議的焦點。根據監察院的調查，第一槍似由學生群中
發出，但學生則堅持第一槍係由牌樓內一穿馬靴之軍官發出，各執一
詞。

　　事件發生後，中共地下黨方面立即召開會議，研究對策，最後「決
定抓住這一事件，利用正在北平的副總統李宗仁和蔣介石之間的矛
盾，向國民黨反動派進行一次堅決的鬥爭，鬥爭的目的是揭露反動派
的暴行，爭取社會輿論的支持，進一步孤立敵人，並促使東北同學覺
醒，引導他們參加到民主運動的行列中來」❷。七月六日，華北學聯在
北京大學沙灘北樓召開緊急會議，成立華北十三院校學生抗議七五慘
案後援會，決定以多種形式聲援東北學生。同日，來平東北學生抗議
七五血案聯合會，亦決定組織同學展開控訴悼念活動。七月八日，華
北學聯接受中共地下黨的指示再次召開會議，決定舉行遊行請願和追
悼大會。

　　七月九日上午九時，東北、華北學生萬餘人齊集北大民主廣場，

❷　同前注。
❷　同❶，頁四二〇。

大會主席突然宣佈先到李宗仁副總統私邸請願，再回民主廣場開所謂的追悼控訴大會。由於事前未宣佈舉行遊行請願，故北平治安當局並未作準備，學生高舉「反剿民，要活命」的巨幅橫標，以一路小跑步來到李宗仁私邸，向李宗仁提出嚴懲兇手、撤銷市參議會無理決議等十項要求，並發表「東北、華北學生爲七五慘案死難同學伸冤、反剿民暴行向李副總統請願書」，但請願並無具體結果。下午五時，學生在北大民主廣場舉行東北、華北學生抗議七五血案控訴示威大會，會中並成立東北、華北學生抗議七五血案聯合會。七月十二日，北平各校教授、講師四〇四人發表七五血案抗議書。十三、十四日，北平治安當局兩度封鎖北大，阻止集合在北大的東北學生上街募捐及阻止各校學生到北大集會。七月三十日，東北華北學生抗議七五血案聯合會組成南下請願團，赴南京上海請願，以擴大宣傳。

民國三十七年八月二十六日，監察院表發谷鳳翔、胡文暉二委員對北平七五事件中措置失當官員之糾舉書，認爲北平警備司令陳繼承、靑年軍第二〇八師搜索營營長趙昌言暨北平市警察局副局長白世維等，對七五事件之措置顯有失當及縱屬殺人情事，依法提案糾舉，移送行政院辦理；趙昌言縱屬殺人部分，交軍法審判，以明責任，而慰輿情[126]。八月三十一日，華北剿匪總司令傅作義電呈蔣總統、翁院長，陳述四點理由，表示願意負擔所有責任[127]。然而輿論與民意則認爲七五事件係負責治安之軍憲警依法擔當警戒職務，不應負失職處分。北平市商會、工會、農會、婦女會、教育會、律師公會、記者公會等人民團體聯銜上電總統，電云：「東北學生，不堪奸匪壓迫，間道入關，繼續求學，人數衆多，臨時湧集，主管機關未能適時安頓，

[126]　南京《中央日報》民國三十七年八月二十七日。
[127]　南京《中央日報》民國三十七年九月一日。

致使流離失所。市參議會關懷殷切，通過議案，建議救濟，詎爲同學誤解，釀成『七五』事件。所有善後事宜、肇事責任，正由傅總司令督飭地方指派專人妥爲處理間，監察委員谷鳳翔、胡文暉蒞平調查，日前發表報告及糾舉書，對於治安當局課以失職之責。傅總司令虛懷引咎，自請處分，全體市民深爲詫異。查谷胡兩委員之調查報告，敍述事實與當日情形大致相符，對於事件之責任，擬議則似欠縝密之考慮。」[128]他們認爲首先發槍出於學生方面，且槍擊發生時間係在宣佈戒嚴之後，軍警可不必負任何責任。

南京《中央日報》的社論亦認爲事件的責任應由「組織暴動製造慘案的共匪間諜負其責任」，傅作義是沒有法律上任何責任的。社論云：「民主國家沒有特殊階級，學生不是特殊階級，學生與其他國民同爲國民，即同受法律平等的待遇。七五事件決不能因其爲學生群衆所製造，而超越國家法律以外，單獨以感情觀點加以處理。」「如果學生群衆製造了暴動，不受制裁，而彈壓暴動的軍警反受處分，其結果將使學校都成了爲共匪製造暴動的據點，學生都成了共匪暴動的資材。這在戡亂時期，實足以危害國家的生存與社會的安定，政府決不能聽任其如此。」[129]就事後觀察整個事件的經過，這個看法是很接近事實的，只是在當時究竟發揮多少導正輿論的效果，則不得而知了。

三 淪陷前夕的戰鬥

國軍的剿共行動，至民國三十七年下半年後，進入決戰階段，政府鑑於學生暴亂，對民心士氣影響太大，因此決心作最後之整頓。在

[128] 南京《中央日報》民國三十七年九月八日。
[129] 〈法律觀點與感情觀點〉，南京《中央日報》民國三十七年九月二日。

反美扶日學潮最激烈之際,《中央日報》社論即曾建議政府當局速下「操刀一割」之決心。民國三十七年八月十五日,該報又發表社論,認為肅清中共職業學生為戡亂時期在後方所應執行的一件急務。社論云:「近年以來,共匪間諜學生,在匪黨『民主青年聯盟』的組織之下,專門以製造風潮、擴大慘案、增加社會紛爭事件為職業。據教育行政當局的統計,在此為時一年有半的短短期間,竟發動了一〇九次的學潮,全國重要都市中,有十八地區遭受波及。我們對此少數興風作浪、喪失了國家民族觀念的害群之馬,深為痛恨,曾一再向社會公正人士呼籲,希望以道義來制裁暴徒;也曾申請政府當局速下『操刀一割』的決心,為國家救危亡,為民族去敗類,為社會謀安全,為子孫造幸福,這的確是戡亂期中,在後方所應執行的一件急務。」❶

　　在這個社論中,也指出中共訓練大批職業學生,滲進學生群中,乘機鼓動風潮,擴大事件範圍,製造血禍慘案,來達成摧毀政府基礎,擾亂後方社會安寧;職業學生的陰謀詭計有五:即擴小事件為大風潮、策應匪黨的指示、預謀製造血禍慘案、反對政府戡亂、有意破壞政府威信。故最後建議:「今前方將士與匪徒作血肉生死之爭,而職業學生卻可聽其潛伏城市,作國際間諜走狗,擾亂後方社會的安寧,散播謠言,搖動人心,實在是極大的矛盾,令人百思不得其解。為完成戡亂任務計,為國家民族前途計,我們謹再申『操刀一割』之請。」❶

　　民國三十七年八月十七日,國民政府公佈「特種刑事檢舉法」,設立特種刑事法庭;是日,行政院即令各地治安機關依據此法徹底肅清匪諜。次日,《中央日報》配合政府政策,開始系列刊出中共製造學潮

❶　〈肅清共匪職業學生!〉,南京《中央日報》民國三十七年八月十五日。
❶　同前注。

及擾亂金融的證據，號召全國愛國青年挺身檢舉「學匪」，並與之「作生死之鬥爭」。同時國民黨中央青年部亦展開部署，分別在北平、上海及南京聯絡當地軍警機關組成「學運小組」，專門對付各校的職業學生。八月十八日，北平及南京的特種刑事法庭正式票傳各校「共匪嫌疑分子」，共三百九十七人，其中以北京大學爲最多。八月十九日，北平各報刊登北平十一所大學二百五十位學生的名單，其罪名是「奸匪嫌疑」、「危害國家」，限定在八月二十日前投案，否則將派軍警前往逮捕。接著，天津、上海、武漢、廣州、重慶也展開行動，先後拘提人數在三千人以上。八月二十二日，蔣總統在南京發表談話，表示政府將徹底執行財政經濟改革，清除各大學潛伏匪諜，決不姑息；戡亂乃抗戰之延長，本質上爲民族戰爭，中央此次逮捕行動係爲免國家淪於俄共之赤化❸。

八月二十九日，上海《申報》發表題爲「哀矜的用心與除惡的決心」的社論，副題是「清除職業學生中對大學教授和當局說幾句話」，指出清除匪諜必須包括其在大學裡活動的重要分子，這個行動是政府一件不容再事姑息的責任。社論云：「我們認爲清除學生中害群之馬，是順應輿論要求之事。因爲現除非盲目式存心爲共匪外圍的人，決沒有再不相信年來大學學潮是由共黨職業學生核心主導的，只要略作回溯，我們都記得大學生罷課示威等行爲，是從去年五月動員戡亂命令以後才多起來，越是剿共軍事緊張，這種毀滅性的學潮也越是繁多蔓延而且暴烈。據敎部統計，此一學年中共發生學潮九十六次，求學時間的曠誤達五〇六天之多。尤其自今年四、五月以後，他們的鼓煽活動更見暴烈，學生群衆大家明白一切學潮是由共黨僭竊把持爲主導，

---

❸　同❽，頁二一六。

我們願再向大學校長教授與崇尚理智的純正學生申說一句：政府此次的決心與舉動，不僅是政治上的必要，也是謀教育安全的唯一出路。我們必須認識，共匪之破壞與叛亂，已到與教育與國家利益絕對相背的地步；今日之舉，是爲淸除叛徒，絕對不是『迫害』靑年；是肅淸國家生存的障礙，絕沒有侵犯學府的自由；是驅除反科學反教育的魔鬼，絕不是破壞學術與教育的尊嚴。政府固當存謹愼小心的態度，而大學師生必須認淸時代，辨明利害，協同合作，才能使當局善盡任務，恢復學府的安定與進步。」⓭

　　九月二日，南京大中學生聯誼會發表告全國同學書，對於政府肅淸潛伏各校之匪諜，安定後方秩序，表示支持擁護。告全國同胞書云：

> 共匪除武裝叛變外，更嗾使大批匪諜潛伏後方，視學校如「租界」，假同學作「外圍」，藉此掩護其所謂「第二戰場」的鬥爭活動。年來各地學潮迭起，莫不由彼輩從中主使，一有機會即藉口製造事件，初則一地一校，終至蔓及全國，影響所及，社會秩序爲之紊亂，學術自由失其保障。
>
> 時至今日，他們——匪諜學生——益發肆無忌憚，不惜一再暴露身分，公然與政府居於敵對立場，甚至公開侮蔑元首。最近他們更以各種宣傳方式，爲匪張目，直接翻版新華社的狂妄囈語，企圖動搖戡亂的民心士氣。另則申言團結，組織所謂「大聯防」，欲憑藉暴力，作共匪攻城的內應，這樣危害國家利益，顯已超越學生行動應有的範圍，自干法紀。政府按律治罪，我們認爲是極應該的極必要的措置。⓮

⓭　上海《申報》民國三十七年八月二十九日。
⓮　南京《中央日報》民國三十七年九月二日。

　　九月二十日，華北剿匪總司令傅作義發表告華北同胞書，在戡亂建國的工作中，除了在第一線上打敗匪軍之外，更要在第二線上打敗匪黨一切潛伏分子。他認為中共開闢「城市戰線」，在城市中策動工潮、學潮，發揮很大的效果。他說：「匪軍為了挽救其作戰上的脆弱和衰敗，遂企圖在我們後方城市和鄉村中加緊間諜活動，並開闢所謂『城市戰線』。在鄉村中滲入潛伏匪探、匪幹，一方面蠱惑人民，一方面破壞我們的行政組織；在城市中製造學潮、工潮，散佈失敗主義，腐蝕我們戡亂建國的精神。這些活動說明我們今天的工作不僅在軍事上、政治上、經濟上要打敗共匪，同時還必須在城市鄉村中嚴密組織，畫清敵我界限，在清匪除奸工作上粉碎共匪的一切陰謀和活動。因而清匪除奸這一工作就成為我們各階層人民當前最迫切的共同任務，它與第一線作戰的價值同其重大。這就是說，我們不只在第一線上要打敗匪軍，還必須在第二線上打敗匪黨一切潛伏分子。」[135]因此，他呼籲全華北同胞，起而粉碎「城市戰線」的陰謀，清匪除奸，徹底摧毀「第二戰線」。

　　由於政府採取嚴厲的整肅行動，中共方面自八月中旬起，即陸續地自各校疏散其職業學生，或撤回解放區，或託庇於親共人士家中，或停止活動。八月二十二日，周恩來為中共中央起草的指示中，亦明確地要求中共地下黨疏散。指示云：「現在敵人已向你們發出最後警號了。一切蔣管區的城市，尤其是上海，應實行有秩序的疏散。不論黨內黨外，凡是已經暴露或為敵特注意的分子，都應設法離開崗位，首先向解放區撤退。其已進入解放區受訓者（如泊頭），目前絕不容許

---

[135]　天津《大公報》民國三十七年九月二十日。

再出去。如一時無法進入解放區而又有可能回至家鄉者，即回家鄉進行隱蔽工作；不能回家者，即須轉移地區，另找職業隱蔽。凡未暴露而又未爲敵特注意的分子，應繼續深入隱蔽，在檢舉風浪過去後，再謀有步驟的發展，以便積蓄新的力量，等待時機。」⑱這個指示下達後，自抗戰勝利以來，舉國紛擾不寧的學潮暴亂，終在政府全面取締的壓力下漸告平息。

在北平淪陷前夕，中共地下黨利用金圓券發行後，物價飛漲，公教人員生活窘困，發動所謂的「反飢餓爭溫飽」運動。十月十三日，北京大學三百多名自費生爲爭取全面待遇而罷課。隨後，該校八十多名教授、講師爲要爭增薪、配麵、發多煤停教三天，其他院校的師生，也先後罷課停教，影響所及，中小學也紛紛響應。十月十九日，全市公立小學教師召開代表大會，有二三四所學校，約二八○位教師參加，最後以擠購麵粉爲由請假四天，次日，全市公立小學教員「總請假」。在十月下旬至十一月份，北平市各級學校陷入停課狀態⑲。次年一月二十三日，北平淪陷。

民國三十八年一月一日，蔣總統發表元旦文告，闡明政府和戰方針，並表示不計個人進退，促成國內和平。中共方面，對於蔣總統呼籲和平之苦心誠意，不但不爲所動，相反的，毛澤東於一月五日發表「評戰犯求和」，以歪曲的言論批駁蔣總統在元旦文告中所提的幾點重要原則。嗣後，毛澤東又於一月十四日發表「關於時局的聲明」，提出和談八條件，即：懲辦戰爭罪犯、廢除僞憲法、廢除僞法統、依據民主原則改編一切反動軍隊、沒收官僚資本、改革土地制度、廢除黨國條約、召開沒有反動分子參加的政治協商會議、成立民主聯合政府、

---

⑱　同⑰，頁三一一～三一二。
⑲　同⑩，頁四二六～四二七。

接收南京國民黨反動政府及其所屬各級政府的一切權力 ⓲。一月二十
一日，蔣總統宣布引退，由副總統李宗仁代行其職權。次日李宗仁即
電邀李濟琛、章伯鈞、張東蓀等共同策進和平運動；同日行政院會議
亦通過邵力子等為和談代表。四月一日，和談代表到達北平與中共進
行和平談判時，中共地下黨策動南京十一個專科以上學校學生六千餘
人舉行示威遊行，要求政府接受中共和平八條件。學生於示威遊行時
與軍警發生衝突，造成學生二人死亡，一百餘人受傷，稱為「南京四
一事件」，中共則稱之為「四一慘案」。上海方面，於四一事件發生後，
發動學生召開追悼大會，舉行罷課抗議，募捐慰問死亡學生家屬等，
但未敢舉行示威遊行 ⓳。這是南京、上海淪陷前夕最後一次的學潮鬥
爭。

　　民國三十八年四月二十三日，南京陷落，政府遷廣州辦公。五月，
政府下令中山大學提前結束，即日疏散。中山大學教授會在中共地下
黨策動下，以生活艱難為由，向政府請願，並在教育部門前掛起「國
立中山大學教授活命大拍賣」的大字招牌，予政府難堪。七月二十三
日，廣州警備司令葉肇下令軍警封鎖中山大學石牌校區，逮捕張作人
等五名教授；在文明路平山堂，逮捕三名教授，總共逮捕了一六七名
師生，稱之為「七二三事件」 ⓴。這是大陸淪陷前夕最後一次的學潮鬥
爭。

⓲　〈中共中央毛澤東主席關於時局的聲明〉，《毛澤東選集》第四卷，頁一三九
　　四。

⓳　吳學謙，〈解放前夜的上海學生運動〉，《解放戰爭時期學生運動論文集》頁
　　四二。

⓴　梁山等著，《中山大學校史(1924-1949)》上海教育出版社，一九八二年二月，
　　頁一三八。

第四節 影響

自從毛澤東宣稱學生運動是國共軍事戰爭外的第二條戰線後，學潮的鬥爭愈形尖銳化，政府方面除了採取傳統的「以宣傳對宣傳，以組織對組織，以行動對行動」的反制政策外，同時陸續制訂頒佈了許多法令，甚至成立政治性的司法機構，做為取締整肅共黨職業學生的根據，換言之，即以法律的形式來打壓學潮的發生。中共方面，除了採取「有理、有利、有節」的鬥爭策略外，並充分發揮將政治鬥爭和經濟鬥爭、將非法秘密鬥爭和合法公開鬥爭結合起來的鬥爭藝術，使非法鬥爭取得合法的形式，利用因經濟危機所產生的怨恨不滿社會心理，不斷地突破政府的法律形式，使政府的威信破產。另外在戰線化學潮之前，政府訂頒「維持社會秩序臨時辦法」六條，希望藉以制止變亂相循的請願示威遊行，然而卻被南京五二○事件的示威遊行突破了。在戰線化學潮時期，教育部頒佈「修正學生自治會規則」，希望導正學生自治會之功能，但卻被上海同濟大學發動的一二九事件破壞了。北平警備司令部一本中央戡亂方針，宣佈華北學聯為非法組織，禁止其活動，但次日華北學聯即以挑戰姿態，發表反迫害聲明，同時鼓勵各校學生罷課抗議，政府也莫可奈何。北平警備司令部要逮捕北大共黨職業學生，而學生卻用凳子圍成許多圈，將這些共黨職業學生圈在中心，加以保衛，而軍警也束手無策。這些事實都逐漸地使政府及治安當局的威信，在學生的心目中破產，這是學潮對政府造成的最大傷害。

在南京五二○事件後，中共及各左傾團體爭相報導，渲染為「血案」，各地學生發動所謂「反迫害」示威遊行聲援，政府認定學潮係中

共所策動，決心強力對付，因此自五月下旬起，全面執行維持社會秩
序臨時辦法，許多學校都遭到軍警搜查，激進學生亦受到監視或拘捕。
七月四日，政府通過「厲行全國總動員戡平共匪叛變方案」，頒佈總動
員令後，中共地下黨面對政府戡亂的決心，只好採取迂迴策略，發動
所謂的助學運動，以互助互愛為號召，以協助清寒學生解決經濟問題
為訴求。崔明三在回憶武漢大學助學運動的成效時說：「通過助學運
動，不但使大批同學在經濟上得到了一些幫助，更重要的是用實際行
動向廣大人民揭露和控訴了國民黨擴大內戰、通貨膨脹給人民帶來的
巨大災難；至於國民黨官方的高唱助學，實際上陰謀破壞的行徑，也
使同學們進一步認識了他們的反動本質。這一次助學運動，鼓舞了進
步同學，團結了廣大的中間同學，鞏固了我們的群眾基礎，為以後學
生自治會的競選，準備了有利的條件；扭轉了六一慘案後短暫的沉悶
局面，把武大的學生運動向新的階段推進，走向更寬廣的前途。正像
長江經過了三峽的澎湃急流之後，進入了表面平靜而實際上更寬廣深
沉的浩蕩巨流。」⑭

　　助學運動是一場宣傳教育運動，中共地下黨透過這個運動打擊政
府，使學生對政府生不滿。《北京青年運動史》一書這樣寫道：

　　　　助學運動還是一場宣傳教育運動。清華大學劇藝社在北京大學
　　　第四院上演的諷刺國民黨反動派的著名話劇「升官圖」場場爆
　　　滿，震動了北平，教育了廣大群眾，同學們通過街頭講演，深
　　　刻揭露了國民黨打內戰的罪惡和對廣大人民的摧殘。其實，青
　　　年學生們走上社會，為清寒同學奔走募捐學費，這本身就是對

---

⑭　同⑩，頁一四六。

國民黨反動派的控訴。同學們透過助學運動不僅教育了人民，也給自己上了一堂生動的教育課，得到了比金錢貴重得多的收穫。在募捐過程中，同學們最初把眼睛盯在有錢人身上，可從他們那裡遭到的白眼和奚落比得到的鈔票要多得多。相反，同學們卻從窮人那裡得到了更多的同情和支持。一次，在一輛三輪車面前，當坐在車上的有錢人一再拒絕捐款時，三輪車工人說：「你把車錢給我，我來捐！」事實使青年學生們認識到，同情窮人痛苦的也正是那些挨著餓的窮人。解決窮人受窮的問題，決不能指望富人的施捨，而是要推翻製造貧窮的剝削制度。[142]

如果以上的說法屬實，助學運動在平津京滬等各大城市廣泛展開，各級學校普遍參與，各地動員勸募的學生有數千人之多，所發揮的影響委實難以估計。在街上勸募的過程，學生免不了會受到挫折與羞辱，一經挑撥，自然對政府離心離德。南京《新民報》社論說：「助學運動，不是要求救濟，也不是伸手討乞；而是青年學生，用自身的力量來保障自己讀書的權利，他們讀書的權利不應剝奪。在社會安定、物價無波、財富未畸形集中、人人皆有飯吃的情形下，這種權利斷不會遭受威脅。然而，今天他這一權利，在事實上，卻已危如累卵，隨時有被摧毀之虞。因此，今天的社會、今天的國家，今天的政府，嚴格說來，對於這些青年同學，欠了一筆難以計算的債務。現在他們發動助學運動，客氣一點說，是要求社會各界人士幫助，若要不客氣的說，則是收回他們千萬分之一的債務。所以，凡達官顯宦、富商巨賈，應該趕緊及時來還債。」[143]經過這種刺激性的挑撥，學生自然而然對

[142] 同[51]，頁三九六。

[143] 〈大家一起來助學〉，南京《新民報》民國三十七年二月八日。

政府、對社會產生偏激不滿的心理，這是助學運動影響最巨大、最深遠之處。

助學運動是中共地下黨在政府對學潮採取強硬措施下的變通方式，但影響所及，也使學潮的激情受到冷卻，這種情形一直到浙大于子三事件發生後才扭轉過來。中共認為「于子三運動是繼五二○運動以後的又一次全國性學生運動，這次學運看起來不帶有任何口號，然事實上卻是以聲淚俱下的悼念為形式，在半年時間內引起了二十個城市十五萬學生的響應，進一步喚醒了學生對國民黨統治的反民主和法西斯本質的認識，這種合法的、又能打動全體學生心靈的鬥爭藝術已達到很高程度。當時任弼時同志和新華社的評論都充分肯定了于子三運動對正在進行的人民解放戰爭起了推動作用。」●

于子三事件最大的影響是使政府執法的形象受損，同時也牽涉到人權問題，這些都被引為攻擊的藉口，而政府百口難辯，無法招架。燕京大學師生為各地學生被捕事發表宣言時，即呼籲政府要保障人權，促進法治。宣言云：「燕京大學教職員學生為保障人權促進法治，籲請中華民國國民政府於逮捕審判反對政府之嫌疑犯時，應依中國現有之法律規定，並取合法手續。吾人認為近來北平、上海、杭州及其他各地逮捕學生之方法，非特違反中國法律，且與人類正義背馳，而影響國際視聽，於政府之聲望誠有莫大之損害。吾人復以政府對於學生及其他人士之業已被捕者，如能迅為合法公開之審判，則可增強人民對於政府之信任，及政府之國際地位，謹此宣言。」●宣言中批評政府不遵守法律，濫施逮捕，對政府的聲望與形象均有損傷。

于子三被逮捕後，死於獄中，無論是自殺或遭受酷刑致死，治安

● 同●，頁一六一。
● 天津《大公報》民國三十六年十一月七日。

機關皆難辭其咎。浙大教授會宣言云:「負責治安機關逮捕嫌疑人犯固屬職所應為,惟既為治安機關則尤應嚴守法律,尊重人權,方足以安定地方,而乃違反法律遷延時日,不送法院,此應任其咎者一;不能迅送法院,而又監守不慎致令慘死羈押之所,此應任其咎者二;以綜合事實,其是否至於自殺頗多疑竇,如非自殺有草菅人命之嫌,此應任其咎者三。」⑭

北平《世界日報》題為「學生應慎用罷課手段」的社論中,除了勸告學生慎用罷課手段外,對于子三事件的發生,亦有嚴屬的批評,建議政府對於于子三案負責之官吏應徹查嚴懲,以示保障人權尊重法治之決心。社論云:「對於于子三事件之發生,平心而論,我們對政府方面負責辦理此案者,不能不有所責備。當于子三被捕送交看守所之後,按通常的規例,犯人的所有一切可能用以自殺的東西都應該事先檢查扣存,當然在看守所裡面也不能有任何可供自殺的物件遺留在內。同時對於犯人之行動,看守者應該隨時注意,何能還有四、五吋長的玻璃片可以被犯人拿到,以致自殺而死?從這一點,即可見該機關主持人及看守所負責人平時是如何疏忽糊塗,也可以說是無能腐敗的暴露,這是政府當局所應特別重視的問題。我們以為無論于子三的罪行如何,決不能便以其『畏罪自殺』了案,對於這些失職無能的官吏,應即予以嚴重的處分,必須如此才能表示政府保障人權、尊重法治的決心,也才能平息青年學生的憤懣,並使此類不幸事情不至於再發生。」⑭對于子三事件抱持這樣的見解,似是當時的普遍心理,這也是中共地下黨能利用此案進行合法形式鬥爭的基礎。

在中共的宣傳中,于子三和其他被捕的三人都是無辜的,因此,

⑭　新加坡《南僑日報》民國三十六年十一月二十日。
⑭　〈學生應慎用罷課手段〉,北平《世界日報》民國三十六年十一月八日。

于子三絕非畏罪自殺，而是酷刑致死的謀殺。中國學聯的「爲于子三同學被殺告海外同胞書」就這樣寫道：「五月的腥風還沒有過去，反動派又開始了新的恐怖，繼上海北平昆明等地大舉捕人以後，杭州國立浙江大學學生自治會的主席于子三同學，被非法逮捕後。又於十月二十九日被酷刑毒打後，慘死獄中了，事後當局還要栽誣他是『共黨陰謀分子』、『畏罪自殺』，然而這種企圖掩飾全世界人民耳目的卑鄙手段，只有更暴露了反動派的殘酷面目，只有更激起人民的憤怒，我們呼籲全國的同學起來，抗議政府這種血淋淋屠殺青年的行動。」❽

　　另外，部分媒體對於陳建新、黃世民、酈伯瑾等三人被判處七年徒刑，則認爲判決不公，大肆的抨擊法律。如北平《燕京新聞》的杭州通訊寫道：「在今天，人民還沒有站起身來的時候，法律只不過是統治階級的御用工具，而會使無辜者蒙受不白之冤的。看吧！浙大的三位同學，陳建新、黃世民、酈伯瑾，莫名其妙的被抓去，又莫名其妙的的被浙江高等法院以『破壞國體，竊據國土，變更國憲，顛覆政府』的罪名判處七年徒刑。眞理，眞理，到那裡去了？我們對於埋沒眞理的法院，要提出控訴。」「鐵一般的事實，鐵一般的言辭！但又有什麼用呢？大權操在政府手裡，法律也操在政府手裡，政府認定某人有罪，法律當然是會判他有罪的。聲辯在法庭上沒有答覆，中國司法一點也沒有尊嚴。三天之後，宣判了：七年徒刑落在三個無辜青年底頭上，我們爲中國的法律哭，我們爲中國的政治痛心，站在正義的立場上，我們要反對這個不公正的判決。」❾像以這樣激越的言論攻擊司法，污衊法律，對於政府統治基礎的動搖一定會發生某種程度的作用。

　　繼于子三事件之後發生的上海同濟一二九事件，其性質和鬥爭方

❽　新加坡《南僑日報》民國三十六年十一月二十日。
❾　北平《燕京新聞》民國三十六年十二月一日。

式與于子三事件完全不同。上海同濟一二九事件導因於對學生自治會
的產生方式的堅持，教育部規定由校方指派，而左傾學生則堅持自由
選舉；學校採取強硬措施，禁止自治會活動，開除滋事學生，而學生
則發動晉京請願。在這種針鋒相對的情況下，軍警和學生終於如兩軍
般對峙；而上海當局的首長，如市長吳國楨、警備司令宣鐵吾、警察
局長俞叔平等，及中共地下黨上海負責人，如學委吳學謙、吳增亮、
國立大學區委費瑛、王光華、浦作，同濟黨總支書記喬石等，都親臨
第一線指揮、談判，儼然兩軍對陣，是「第二條戰線」最真實的寫照。

　　同濟一二九事件爆發的衝突中，學生行為過於囂張，毆打前往調
解的市長，引起朝野的強烈批評，導致輿論要求檢討學風，這對發動
學潮的中共地下黨而言，自有不利影響的。上海《申報》的社論云：
「同濟大學學生組織自治會，既不遵照教育部頒發的章則，丁校長不
予承認，這是應該的。學生縱有理由，儘可盡情陳述，乃動輒罷課，
少數學生甚且將鋪蓋搬入教室，盤踞不去，阻撓其餘有心讀書的同學，
也只好聽他們擺佈，這已非尋常學生應有的行動。學校當局擇其首要，
分別予以開除學籍或留校察看之處分，也是職分以內無可非議之舉。
何況就是這些處分，學生如果要懇求學校從寬，則有教授在，有老校
友在，他們都可排解，何以學生竟要堅持大隊入京請願？尤可怪者，
此僅為同濟之事，與他校無涉，然昨天先後竟有若干大學中學的學生，
結隊前往，聲言歡送，自稱『打氣』。試問：各校學生當初入校，究抱
何種目的？迨大隊集結同濟以後，紛吥喧囂之不足，最後竟出於動手
行兇，毆辱市長，以堂堂學府的青年，行動乖張至於如此，當復成何
體統？數十年來，國家興辦教育，不知耗費若干金錢，社會重視青年，
不知寄予何等厚望，而今落得這般現象，我們不但為青年子弟惜，尤
不禁為民族前途痛哭！」❿

　　中共事後的檢討，亦認爲在同濟一二九事件的鬥爭中，「策略不夠靈活」，「對鬥爭的複雜性估計不足，對敵人的矛盾和弱點利用不夠」，「沒有能將我方的損失減少到最低程度」。劉作民等檢討說：「在一九四七年十二月爭民主的過程中，當同濟當局開除第二批學生後，我方就提出『無限期罷課』，這在策略上不夠靈活，是不利於爭取中間同學和廣大教師的，在『晉京請願』的問題上，我方對鬥爭的複雜性估計不足，對敵人的矛盾和弱點利用不夠，因而面對敵人的鎮壓，沒有能將我方的損失減少到最低限度。其美路上敵我雙方對抗，我方動員不少學校的地下黨員和積極分子參加，而其中有不少人沒有準備合法的身分，因而是帶有冒險性的。一二九血案發生後，同濟進步學生被開除一〇七人，其他大、中學校被開除的共有二一七人，雖然黨組織安排他們轉移撤退，但從積蓄力量的角度看，損失是較大的。」⑮

　　上海同濟一二九事件係因強烈反抗「修正學生自治會規則」而起，事件之後，教育部不敢堅持執行此一規則，交大、約大、武大、北大、清華、浙大等校學生自治會相繼改選成功。「修正的學生自治會規則就變成一張廢紙，被掃進歷史的垃圾堆。」⑮教育部希望藉著掌控學生自治會，以消弭學潮的計畫算是落空了。

　　中共在評述同濟一二九事件的影響時，曾特別提及此一事件打亂政府的部署，加深了「處在第二線的蔣介石、朱家驊和處在第一線的吳國楨之間的矛盾。」⑮他們認爲中央主張殺一儆百，解散同濟，而

---

⑮　上海《申報》民國三十七年一月三十日。

⑮　劉作民等，〈一場民主和獨裁的大搏鬥〉，《解放戰爭時期學生運動論文集》頁一七一。

⑮　同前注，頁一七。

⑮　同前注，頁一六八。

吳國楨則拒不執行。「一九四八年一月三十日晨，國民黨政府特派教育部次長杭立武攜帶解散命令到滬，稱奉教育部長朱家驊之命，三十一日即將宣布解散同濟。吳國楨認為，解散學校，影響太大，恐引來他校學生之反響，軍警力量不足分配，如必欲執行，地方無法負責，如教部必欲解散，則請教部自行執行。二月五日，蔣介石打電報給吳國楨，重申解散同濟『原期徹底整理』，『如不解散恐將來難免再起風潮』，並指責『地方政府多所顧慮，無從實現』，『如此姑息養奸，以貽後患』。吳國楨二月七日急忙電覆蔣介石，力陳不能解散同濟的理由道：『以二十九日同濟風潮經驗而論，學生一千餘人，軍警動員約二千人，始克了事。若宣布解散之後，同濟學生共有三千人，萬一全體集合，不肯接受命令或離校，勢必動用軍警四、五千人不可。在此情形之下，若雙方僵持，交通大學及其他學校出動支持同濟，軍警力量當不敷分配』，『日下冬防期間，年終獎勵金尚有醞釀工潮可慮，不能以全部軍警力量應付學潮，須防他變』；『若三十一日果下了解散令，軍警力量必膠著於同濟，社局搗毀，申新工潮，將無力處理，而事實演變有不堪設想者。』」❶❺❹當時中央與上海當局對於解散同濟大學容有不同意見，若將此解釋為內部的矛盾，則似乎言過其實。

上海同濟一二九事件後，學潮轉趨沉寂，直到四月學潮時，才又變得激昂起來。四月學潮以反飢餓、反迫害為訴求，學生在經濟性方面發動的運動，如搶救教育危機、全面公費、請求貸金等，成為學界團結的基礎。自民國三十六年十月以後，政府的戡亂軍事行動漸趨失

---

❶❺❹　同前注，頁一六八～一六九。社局搗毀，係指上海二十九家舞廳的從業人員四千餘人，為反對當局強迫抽簽停業，連同他們的家屬，集體到上海社會局請願，被逮捕七九七人。申新工潮，係指申新九廠六千多人為抗議廠方停發配給物品，於一月二十九日開始罷工。

利，經濟情況更是每下愈況，社會秩序已失去了控制；中央及地方當局對學潮的嚴厲整肅，雖遏止了中共地下黨的氣焰，但對大多數學生及教職員生活困境的改善並無幫助，因此，若干態度原較爲持重的學生及中下級教員，反而轉趨同情激進學生的立場和行動，故當華北學聯發動抗議學潮後，四月五日就有清華講師助教聯合會、北大講師助教聯合會、北平研究院助研人員聯合會、清華職員工會、工警聯合會、北大職員會、工警工會等團體，發表告社會人士書，要求立即改善低劣待遇，按照生活指數調整薪津，並自四月六日起罷教、罷職、罷研、罷診、罷工，加上學生罷課，就形成所謂的「六罷合流」，擴大了反政府的陣線。中共方面在檢討四月學潮的成果時亦說：

> 反飢餓和反迫害緊密的結合，促成了師生員工大團結。四九血案形成運動高潮，不僅動員了絕大多數同學，而且吸引了大多數教授、講師、助教、工警也參加了鬥爭，結成了廣泛的革命統一戰線。在各大學間，實現了一校有事、各校支援的誓言。全國有十七個城市，二十九個大專院校支援，配合行動。🅖

在四月學潮中，由於北平當局的退讓，使學生的氣勢愈盛，如四月八日，北平警備司令部放棄逮捕柯在鍊等十二名北大學生；四月九日，北平行轅在六千學生的強大聲勢下，於晚上九時被迫答應當晚釋放北平師範學院八名被捕學生和不再傳訊北大的十二名學生；四月二十三日，北平警備司令陳繼承和市長何思源聯合致函向學生致歉等退讓行爲，中共地下黨及學生都認爲是學運史上的大勝利。張啓華等云：

🅖　張啓華等，〈衝破黑暗，迎接黎明〉，《北平地下黨鬥爭史料》頁一一一。

「由於師生員工緊密團結，擊退了反動派一連串的迫害。四九大請願，
當天救回八位同學，在華北學運史上是空前的勝利。」「四九的勝利是
衝破國民黨禁令，舉行突擊請願的結果。如果我們思想軟弱，不敢衝
破國民黨的禁令，僅僅依靠國民黨法令允許的合法鬥爭，或僅僅採取
罷課手段是不可能取得勝利的。」**⑮**

　　由於學生自以爲獲得勝利，氣焰愈加高張，肆無忌憚，許多學校
師生甚至公開傳閱共黨的宣傳品，收聽並轉播中共電臺廣播，展示「解
放區」圖片及播映俄共、中共製作的電影，其抗議的方式已不限於本
身利益。在四一一事件後，各校實施聯防自衛，和政府形成對壘之勢，
各大學成了所謂的「小解放區」，其情形是這樣：「爲了迎擊反動派新
的迫害，北平各大學都加強了聯防自衛工作。師大成立了聯防總指揮
部，由趙鴻勛、何大海等擔任指揮，把全校同學按宿舍編爲連、排，
日夜輪流守衛各個宿舍，由糾察隊和校警一起守衛校門和在校內各處
巡邏。另外，通訊班一天二十四小時輪班看守電話，聯絡員每天到華
北學聯和各大學聯絡，互道情報，校內特務學生都已逃離學校，不敢
進校。這時，師大和北大、清大、燕京、中法等各大學一起，眞成爲
當時人們所說的『小解放區』了。」**⑰**

　　四月學潮發動之際，第一屆國民大會亦於三月二十九日在南京揭
幕，選舉第一任總統、副總統。中共地下黨利用李宗仁選舉副總統所
產生的矛盾，達成請願的目標，張啓華等回憶道：「四九大請願，我
們抓住國民黨正在召開國大，特務捕人非法理屈、蔣李之間存在矛盾、
行轅不敢擴大事態等有利因素，堅持要求行轅下令釋放被捕同學。採
取的鬥爭方式是請願要人，而不是遊行示威。在行轅門前，圍而不衝，

---

⑮　同前注。
⑰　同前注，頁一一〇。

不放人不走。這樣有理、有利、有節，終於取得鬥爭的勝利。」❸李
宗仁亦自認為其處理學潮的態度和中央不同，他說：「在北平，我不
僅竭力禁止軍警和學生衝突，且令軍警保護遊行學生，等他們把忿氣、
熱情發洩盡了，自會散隊休息。在此政策下，學潮聖地的北平居然平
安無事了。國民黨的職業學生固然不敢過於越分，共產黨的職業學生
也失去了煽起暴動的口實。不過我的作風似非南京所能容忍。」❹中
共地下黨即利用此種矛盾，擴大四月學潮的效果，最後甚至促成北平
當局聯合備函致歉，承認四九事件及四一一事件咎在政府當局，使挑
戰政府禁令的學生獲得徹底的勝利，另方面不免令擁護政府者氣短。

　　四月學潮之後，接著就是五、六月的反美扶日運動，這亦是大陸
淪陷之前最後一次全國性的學潮。反美扶日運動是針對美國準備積極
協助戰後日本復甦的計畫而起，有濃厚的民族主義色彩，很獲得教授
及社會人士的贊同，其影響在第四章第四節已有說明，然反美扶日運
動持續了近兩個月，雖未中止美國對國民政府經援之決定，但卻也造
成美國國內普遍對華反感；而國內的知識分子對政府日益離心，各校
及地方當局愈不能控制學潮，社會秩序更亂，黨政高階層不能協調合
作，戡亂更趨失利，由學潮所造成的政治、社會、經濟之惡性循環已
沉疴難起，病入膏肓。

　　北平七五事件及其引發的七九請願遊行，是華北地區完全陷共前
最後一次大規模的學潮。七五事件的發生，暴露政府在處理流亡的失
學失業青年學生所遭遇到的困境，因此，在北平的東北學生學業與生
活如何安頓，引起各界的注意與關懷。《中央日報》在論及七五事件解

---

❸　同前注，頁一一一～一一二。

❹　李宗仁口述，唐德剛撰寫，《李宗仁回憶錄》下冊，臺北，翻印本，民國七十
　　五年四月，頁八三九。

決之道時曾云：「七五這樣一個慘痛的事件旣已發生，有關當局只有發現事實的眞相，尋覓事實的起因，默察群衆的心理，在法律與人情兩者之間，衡量至當，自不難於解決。其中最爲切迫的一個問題，仍然是東北學生的學業與生活如何纔有適當的安頓，這一問題如不迅速解決，則北平市內醞釀著一個不安的因素，而東北父老的心理上也深印著一道痛苦的烙痕。而七五事件本身的處理，也受其深切的影響。」⑯

　　由於七五事件造成學生八人死亡的流血慘劇，所以引起東北人士的義憤，言論不免激越，傅作義曾分析道：「七五事件不幸發生後，東北父老因關懷子弟情殷，言論或不免有所激憤，各方人士對善後處理亦多予以重大注意，其動機純眞，深可感佩。蓋東北青年即中華民國之青年，來平後即爲北平之青年，愛護關切，人同此心，豈僅東北父老爲然？而東北人士自九一八以來歷盡流浪之苦，不無冷落之感。勝利後以失土未復，不得重返家園，情緒抑鬱悲憤，刺激之來易受激動。然此乃正義磅礡之呼喊，實應予以保愛與鼓勵，以期發而爲剿匪救民之忠勇行動。」⑯爲了撫平東北人士的情緒，除了監察院派谷鳳翔、胡文暉兩委員進行調查外，行政院亦派秦德純赴平調查眞相；在國民黨方面，青年部長陳雪屏亦奉蔣總裁之命赴平視察並慰問東北學生。八月十四日，教育部制訂頒佈東北臨大、臨中收容學生辦法，徹底解決東北學生生活及學業問題。

　　七五事件發生後，中共方面即極力進行宣傳，指責政府誘騙東北學生來平，就是要搜羅打內戰的炮灰，而北平市參議會通過「救濟來平東北學生緊急辦法」，要對東北學生施以軍事訓練，乃是因爲政府徵兵失敗，兵源發生恐慌。一篇題爲「北平血案」的社論云：「當局何

⑯　南京《中央日報》民國三十七年七月三十日。
⑯　南京《中央日報》民國三十七年九月一日。

以下令軍警對學生開槍呢？因爲學生不願進夏令營去受軍事訓練。何以學生不願入夏令營受軍訓呢？因爲入夏令營就等於被徵入伍，受軍訓就等於去做內戰炮灰。獨裁政府把東北學生騙入關來做炮灰的陰謀，早就有人揭穿。翦伯贊先生在〈揭穿蔣府文化撤退的陰謀〉一文中，曾引東北友人的信，說獨裁政府『企圖利用文化逃離，把東北的一些大學變相解散，然後將大批的知識青年從快要解放的地方騙進關來，送到蔣介石的軍訓團。』東北學生被騙到北平之後，經過那麼長的期間，當局還沒有把他們妥當地分別送入各校求學，讓他們流離失所，痛苦異常，然後突然來一道命令，要把他們送入所謂夏令營。當局也許根據『飢者易爲食，渴者易爲飲』的原則，認爲生活困苦中的東北難生一定容易就範，可是學生不願充內戰炮灰和殘殺自己同胞的兇手，拒絕進入夏令營。騙拉壯丁的陰謀受到了阻撓，當局圖窮匕現，就開槍大屠殺了。」⑯這種說詞，對於不明究裡的同胞或僑胞，會產生很大的誤導作用，影響對政府的向心。而這種挑撥離間的宣傳，當然使飽經憂患的東北流亡學生深受刺激，大部分人難免對政府心生怨恨，而甘於投奔共黨陣營，間接造成後來國軍在平津保衛戰的失敗。

七五事件發生時，華北剿匪正進行襄樊戰役，戰況激烈，中共地下黨乃利用此一事件發動所謂七九遊行，藉以破壞華北剿匪當局所公佈的臨時戒嚴命令。七月七日，傅作義發表嚴正聲明，呼籲青年學生行動勿越常軌，應絕對避免聚衆遊行⑯。但學生仍然在七月九日以突擊方式至李副總統官邸請願，在請願過程中變相遊行,其過程是這樣：「各院校學生及東北流亡來平學生約四千人，於（九）日晨十時許以所謂突擊方式，陸續集合北長街李副總統官邸請願，各校學生自治會

⑯　〈北平血案〉，新加坡《南僑日報》民國三十七年七月八日。

⑯　南京《新民報》民國三十七年七月八日。

及少數奸匪分子,在戒嚴期間採取『共匪竄擾』方式,極盡鼓煽之能事,今日請願已非要吃飯要讀書之單純行動,已成爲與政府獨立之狀態。學生於集中北長街之途中,沿路書寫標語,詆辱地方首長,呼喊反動口號。在李副總統官邸請願時,係以疲勞轟炸之方式,由所謂學生代表分批進見副總統,此去彼來,嘵嘵不休,卒至李副總統舌敝唇焦,不耐再談,乃令憲警將彼等押送回校,彼等乘機要求由副總統官邸所地之北長街出南長街東去,折往南池子北池子返沙灘北大,以達到其破壞臨時戒嚴命令,變相遊行,而收穫其預定『勝利』之目的。」❿ 這次的「突擊請願」和「變相遊行」,目的在突破戒嚴令,發揮第二條戰線的干擾效果。

民國三十七年八月十七日,國民政府公佈「特種刑事檢舉法」,行政院當日亦下令各地治安機關根據此法徹底肅清匪諜。隨即,政府即展開所謂的「八一九大逮捕」,中共懍於政府的整肅行動,亦通令疏散其職業學生,學潮趨於平息,其地下黨員及職業學生一部分逃回所謂的「解放區」,實際參加武裝鬥爭,一部分則潛伏下來,作爲共軍的內應。蕭松等回憶說:「八一九後,北平學委負責人佘滌清同志向華北城工部匯報了工作,回來之後傳達了中央九月會議的精神,明確了解放城市靠人民解放軍,敵佔區的黨不必搞武裝鬥爭裡應外合,主要的任務是:堅守陣地、保存力量和發展黨的組織,進行護廠護校的鬥爭,同時開展統一戰線的工作,要利用學生社會關係廣的特點,加強對社會各界人士的統戰工作,要大力勸阻教授專家不要隨國民黨南下,爭取他們留在北平。」❿ 根據這個指示,中共地下黨領導學生在城市內進行宣傳和統戰的工作,如:「在寒風凜冽的夜晚,『中國人民解放軍

---

❿ 南京《中央日報》民國三十七年七月十日。
❿ 蕭松等,〈沸騰的沙灘〉,《北平地下黨鬥爭史料》頁五九五。

平津前線司令部告北平市民書』、『中國人民解放軍約法八章』等文件，被秘密投送到全市的各家各戶。」「北京大學有一臺葉劍英同志率領北平軍事調處執行部我方代表團返回延安前留下的五燈收音機，地下黨派專人每天深夜在物理實驗室裡收聽延安的新華社廣播，把消息紀錄下來，然後通過壁報等形式貼在民主牆上。」「北京大學還在該校印刷廠建立了秘密印刷點，將黨的各項政策、解放區的消息、告民衆書等成批地印刷出來，使北平各階層人民能夠迅速地了解形勢和黨的政策，安心迎接解放。」「學校、地下黨員、外圍組織成員深入到教授家中，或促膝談心，或送去黨關於知識分子政策的小冊子，幫助他們分析形勢，解除顧慮。」❻

　　類似的工作，不只是在北平進行，其他的大城市，中共地下黨員及外圍組織都在做同樣的工作。吳學謙回憶「解放前夜」他在上海的工作情形說：「在各校爭生存的合法鬥爭掩護下，開展保護學校、迎接解放的活動，建立各種內容的護校隊，如糾察隊、救護隊、宣傳隊等，而以發展宣傳隊爲重點。參加宣傳隊的同學組織收聽解放區電臺廣播，學習黨的城市政策，收集材料編寫街頭活報劇，學唱解放區流行歌曲，排秧歌舞，畫宣傳畫；利用民衆夜校打入原有的民校或者開辦新的民校，並開展學校附近的工人和貧民的工作等等。此外，還組織一部分同學分工調查收集全市各區社會經濟情況和戰犯特務的地址、名單。這些活動吸收了越來越多的同學參加，運動迅速發展到全市大中學校。群衆通過這些活動，擴大了眼界，提高了覺悟，他們從實踐中認識到解放上海同維護自己切身利益的關係，認識到必須組織起來，積極參加直接解放的各種運動。」❼

---

❻　同前注，頁五九六～五九七。
❼　同❿，頁四〇～四一。

民國三十八年一月三十一日，北平淪陷，共軍進城時，北京大學的師生湧上了前門大街，代表北平市大中學校向共軍獻旗。「北平解放了，但是全國的解放戰爭尚未結束，學委指示北京大學輸送一批幹部參軍南下。一百多名黨員、民青、民聯帶頭參加了南下工作團，支援了全國的解放戰爭，還有一大批黨員、民青、民聯盟員和進步同學由黨組織調出到北平市各單位參加了接管工作。」⓱在學潮過程中為中共所吸收之青年學生，在中共所謂全國解放戰爭中，的確做了裡應外合的工作，為共軍攻城掠地提供了助力。

⓱ 同⓯，頁五九九。

第七章　結　論

　　回顧戰後學潮的發展，從昆明學潮起至南京四一事件止，幾乎全部和反對內戰、要求和平有關。不論學潮的發生是青年學生自動自發而起，抑或中共地下黨、民盟分子的鼓動操控，反戰訴求在學潮中均扮演重要的角色。從民國三十四年十一月五日，毛澤東發表「用一切方法制止內戰」的談話後，中共即輕易地掌握反內戰宣傳的主動地位，以「戰死的將士還未盡掩埋，血染的戰袍還未盡脫卸，征屬還在啼飢號寒，難民還在流離失所」、「田園荒蕪了未曾修復，工廠停閉了未曾興建，商店倒塌了未曾重理」、「內戰就是自殺」❶等感性訴求，贏得民眾的同情支持，塑造了中共「反對戰爭、愛好和平」的良好印象（image）。

　　在中共的反內戰宣傳攻勢下，政府成了「窮兵黷武的侵略主義的法西斯」。蔣中正曾感慨地說：

　　　　在法律上，國民政府與任何民主國家的政府一樣，對於國內的
　　　　叛亂不能不加以戡定，以維持政治社會秩序。這是政府的職責，
　　　　也是政府的權力，但是國際共黨及其同路人「反內戰」的宣傳，
　　　　竟使國內外人士抹煞國民政府的應有職責和合法權力，誤認國
　　　　民政府為窮兵黷武的侵略主義的法西斯，而加以詆譭；同時誤

---

❶　〈反內戰〉，《罷委會通訊》第十三期，《史料選編》（上），頁二四六。

信共匪的叛亂爲民主運動和土地改革運動，而寄予同情。❷

　　所以他指出「反戰運動」是「共匪在中國反共鬥爭中所以致勝最重要的一個魔術」❸。反戰運動與學生運動結合在一起，是戰後學潮的特色；也由於戰爭對青年學生之生命與前途有立即之妨害，故反戰運動極易獲得青年學生的共鳴與支持，這是導致戰後學潮擴大蔓延的主因。

　　戰後學潮的另一個特色是排外；排外以民族主義爲基點，是民國學潮的重要傳統。近代中國由於受到帝國主義的侵凌，造成民族的危機，青年學生因「救亡圖存」而奮起，爲維護主權領土的完整和挽救民族的危機而奮鬥，大都能獲得各界的共鳴，而使學潮展現成波瀾壯闊的愛國運動。在戰後三個排外學潮中，國民黨策動者一次，共產黨策動者二次，然皆自稱爲愛國運動。三次排外學潮的策動均屬輕而易舉，一呼百應，在很短期間就蔓延至全國各地，達成學潮預期的目標。嚴格而論，戰後排外學潮亦與反戰運動有關。二二二反蘇運動除了要求蘇聯切實履行中蘇友好同盟條約，自東北撤軍外，更反對其在東北培植地方武力，樹立特殊政權，造成中國的分裂。沈崇事件引發的反美運動和反美扶日運動，則認爲美軍駐華和美援是助長中國內戰的因素，因此極力反對。從反內戰學潮和排外學潮的史實，可以歸納如下的結論：反戰與排外是戰後學潮的核心問題，學潮的蔓延擴大，必需有反戰的切身感或排外的民族情感做爲基礎，這樣才能獲得青年學生普遍的共鳴與支持，發展成全國性的運動，發揮巨大的影響力。捨此，學潮只能在局部性、地方性發展，很難獲得普遍的回應。

❷　蔣中正，《蘇俄在中國》頁一五七。
❸　同前注，頁二三四。

　　因反戰或排外而爆發的學潮，對政府而言，並非一定是壞事，只要政府能因勢利導，妥善解決，化阻力為助力，學潮反而可能成為社會改革和進步的力量。然而，戰後中國在政治、經濟、社會各方面，均百廢待興，問題叢生，誠如李雲漢教授所言：「戰後中國贏得了勝利，卻喪失了和平；湔雪了舊的國恥，卻面臨著新的國難；戰勝了外敵的侵略，卻養成了內賊的坐大。總而言之，戰後的中國，迥然不同於美英蘇等戰時的盟邦，他們戰後的唯一要務是復員，中國則又遭遇到重重難關。新起的俄患、中共的倡亂、復員的困難、制憲的波折以及美國的干預等問題，迫使中華民國政府窮於應付，人民又要忍受更多更重且更久的災禍。」❹ 在險象環生的情況下，學潮發生，政府不僅無法回應青年學生所提出之問題，反而因壓制致使事態擴大。以五月學潮為例，即可知政治、經濟、社會、外交等問題，對學潮的惡化往往有催化、激化的作用。在五月學潮中，把反飢餓和反內戰結合起來，是學潮策動者最厲害的一著，把因通貨膨脹、物價高漲所引起的貧乏困苦，歸諸於內戰，當學生指責政府將錢拿去打內戰時，政府百口難辯，完全居於劣勢。

　　從戰後學潮的發展過程，可以看出學潮與國內政局的演變有密切的關係；學潮一方面受到政經局勢的左右，一方面亦影響政經局勢的變化，昆明學潮就是最佳的例子。抗戰勝利後，國共因受降接收問題，雙方劍拔弩張，戰爭一觸即發，中共採取兩面手法，一方面全面進攻，一方面進行反內戰宣傳，昆明學潮就是在這樣的狀況下爆發的。昆明學潮最大的影響是成功地進行反內戰宣傳，亦即中共所謂的「揭穿了國民黨政府堅持內戰政策的本相」，使政府背負發動內戰的罪名。昆明

---

❹ 李雲漢，《中國近代史》頁五八四。

學潮的平息，與中共接受美國的調停有密切的關係，民國三十四年十二月十五日，美國總統杜魯門發表對華聲明，隨即派馬歇爾將軍來華調停國共糾紛，中共中央於十二月十七日正式發表談話，聲稱歡迎杜魯門的對華政策說明，並表示願意停止敵對行爲。由於國共兩黨均表示願意接受調停，停止軍事衝突，那麼昆明學潮反內戰的訴求自然失去時效，學潮也因之平息。

戰後學潮的發生，對國共兩黨勢力的消長有密切的關係。學潮造成政府處理的困難，反制和整肅的行動，導致政府人心漸失，易勞逸在論及昆明學潮的影響時指出，事件的結果必然造成學生與知識分子的不滿，危害國民政府的威望，「自此以後，全國知識分子中擁護國民政府的，逐漸減少」❺。從戰後學潮的處理觀察，政府每處理一次學潮，就失去一些人心，這種情形尤其在五月學潮以後，更爲明顯，蓋政府面對連串學潮及因經濟崩潰所造成的社會秩序混亂，處境愈爲艱難，因此不得不採取斷然處置，然而政府愈是高壓，學生的行動愈容易獲得社會大衆的同情。這種情形在政府處理浙大于子三事件、反美扶日運動及北平七五事件時，亦均曾明顯表露出來。

關於戰後學潮的影響，中共學者沙健孫曾指出四點：第一，在政治上揭露和孤立美蔣反動派，擴大中國共產黨的影響。第二，促進若干重大問題的解決，直接推動中國革命的進程。第三，牽制國民黨的力量，削弱它的第一線兵力。第四，輸送幹部支援解放戰爭，配合人民軍隊接管城市❻。這是中共方面對戰後學潮所發生的影響的評估；

---

❺ 易勞逸，〈地方政府和中央政府：雲南與重慶〉，《八年對日抗戰中之國民政府》頁三七八。

❻ 沙健孫，〈論全國解放戰爭時期的學生運動〉，《解放戰爭時期學生運動論文集》頁六～一一。

戰後學潮由於受到中共地下黨的操控，故學生在每次運動中所提出之口號，與中共的口號均相一致，因此每發動一次學潮，中共的影響力就擴大一些。政府方面亦察覺及此，而認定學潮係共產黨所操縱的，但處理上卻倍加困難，這種困難的詭異性，沙健孫說：「由於國民黨攻擊『共產黨操縱學運』，並且企圖用扣紅帽子的辦法來威嚇爲人民吶喊的青年學生，這樣也就無異從反面證明，只有共產黨是代表人民要求的，是同愛國青年站在一起的。難怪當時就有人指出：國民黨『把這一類最能代表老百姓要求、最符合國家利益的大好事，都諉諸共產黨，而自己卻鮮明地站在反對內戰的對立面，這實在不能不懷疑到這些先生們的政治智慧啊？』」 ❼

　　最嚴重的情況是學潮成了政府的後顧之憂，國軍在與中共武裝鬥爭之餘，尚要留駐大量的兵力來防範學生。以民國三十六年七月的狀況爲例，當時國軍總兵力有三百七十萬，但大部兵力用於守備，整個戰場上的機動兵力僅有四十個旅；共軍總數爲一百九十五萬人，其中正規軍一百萬人，但由於不須分兵守衛後方供給線和城市，因此其機動兵力超過國軍，所以，中共在兵數尚居劣勢時，就敢開始發動戰略進攻 ❽。從這個具體的事實觀察，就可了解學潮在毛澤東所謂的「第二條戰線」上發揮的效果。另外，就中共所謂「鄉村包圍城市」的戰略而言，學潮亦給予極大的幫助，因爲政府掌控大城市，而通貨膨脹亦以城市最爲嚴重，加上大學亦均設在大城市，學潮的策動，使中共城市戰線的進行更爲順利。十七世紀霍布斯(T. Hobbes)所謂：「大學在我國，正如木馬之於特洛伊。」❾足爲當時最佳之寫照。

---

❼　同前注，頁八。

❽　同前注，頁十。

❾　Lipset, M. S. ed., *Student Politics,* N.Y.: Basic Books, 1967, p. 76.

　　學潮對中共發展壯大的助益，除了消極的牽制外，亦發揮積極的幫助作用。大學生是社會的菁英，是國家未來的棟樑，周恩來就曾說：「誰有青年誰就有將來。」⓾在學潮的過程中，許多激進的青年學生在政府的武力壓制或中共地下黨蠱惑下，紛紛投入共產黨的陣營；尤其在政府對學潮分子採取整肅手段後，更令知識分子及青年學生反感，投效共產黨的行動愈發明顯。學潮爲中共造就了幹部，民國三十七年下半年，從北平到所謂「解放區」的青年學生「達到一兩千人」；從上海進入「解放區」的也有二千人，其中學生爲一千人⓫。在共軍進犯大城市時，許多參加過學潮的青年學生成了內應，積極進行宣傳和護校的工作，做到中共中央所指示的，「通過城市內部的有組織的人民群衆力量和外部人民解放軍的力量相配合，用一切有效的方法，實現城市的完整的接收和管理」的要求⓬。

　　戰後學潮不僅是對國內政局有所影響，對於戰後中美蘇三國外交關係的變化，亦起相當的作用。二二二反蘇運動因抗議蘇聯未如期從東北撤軍及張莘夫接收東北卻遭殺害而起，雖然，由於國民黨內部黨政兩方面意見不一致，使運動的效果打了折扣，然反蘇運動的爆發，亦令蘇聯當局極爲不快，反蘇的結果促成蘇聯自東北撤軍，然亦使中蘇兩國日後的交涉愈加困難，間接加強蘇聯扶植中共的決心。因沈崇事件引發之反美運動，以「美軍退出中國」爲宣傳訴求，在全國各地熱烈響應所謂「抗議美軍駐華暴行運動」後，美國國務院終於在民國

⓾　《新華日報》民國三十四年十二月十三日。

⓫　同❽，頁一一。

⓬　〈中共中央華北局關於平津地下黨的組織在解放與接管城市中應如何工作的指示〉民國三十七年十二月三十一日，《中共中央青年運動文件選編》頁六九六。

三十六年一月二十九日宣布，「決定結束美國與三人小組的關係，自
（軍事調處）執行總部撤退美方人員。這個決定，使在華北的全部海
軍陸戰隊，除去在青島美國海軍訓練團訓練中國海軍人員的所在地的
一部分擔任警衛的人員外，都可能撤退了。」**⓭**這個決定對中共而言
是「消除了人民解放事業向前發展的一個嚴重障礙」**⓮**，就往後中共的
武裝叛亂而言，是極其有利的；反之，對政府來說，則是中美關係的
一個挫折，反美運動的結果，「美國政府就陸續撤退其駐北平、天津、
青島各地的美軍，並停止其對中國軍事援助。於是中美兩國六年來對
日共同作戰，共同受降，共同維護東亞和平，這一段並肩作戰的光榮
歷史，就為中共及其國際『同志』們在莫斯科指使之下，肆意侮蔑，
盡力摧毀，而中美兩國百年來傳統的親善無間的友誼，亦留下黯淡悲
慘的一頁。」**⓯**

　　排外學潮中的反美扶日運動，名義上是抗議美國扶植日本，造成
民族危機，事實上，中共欲藉此破壞中美關係，阻止美國對華的經援。
反美扶日運動因涉及民族主義，很獲得各界的支持，各地各界反美學
潮因此如火如荼展開。美方對於中國的反美運動，無法忍受，故在民
國三十七年五月底，即有上海美商報紙譴責聖約翰大學的反美運動，
提醒學生要記住所唸的大學是靠美國的支助，且若非美國擊敗日本，
中國學生不可能在上海享受自由。五月三十日，美國駐上海總領事卡
波特更公開講演，指責反美扶日運動是受奸人蠱惑，中國學生受教育
是受惠於美國，不應忘恩負義。六月四日，美國駐華大使司徒雷登發

⓭　美國國務院，《美國與中國的關係》第五章，轉引自《解放戰爭時期學生運動
　　論文集》頁九。
⓮　同**⓭**，頁九。
⓯　同**⓮**，頁一九二。

表聲明，否認美國有任何威脅中國的對日政策，警告中國學生反美是一種無理及不負責任的陰謀，如果繼續下去，將導致不幸之後果。美方一連串的激烈反應，足見反美扶日運動已給予美國方面強大的壓力。反美扶日運動持續了近兩個月，雖未影響美國政府對國民政府援助之決定，但卻造成美國國內普遍的對華反感，影響中美的邦交至鉅。

最後，檢討國共兩黨對戰後學潮策動、處理的得失。中共認為戰後學生運動是其重要的成就，因此，曾歸納這個時期的學生運動的基本經驗，以作為往後之借鏡。沙健孫認為解放戰爭時期學生運動的基本經驗有四：第一，學生運動只有在它反映歷史前進的要求和人民群眾的願望，有它與整個革命鬥爭相配合並擔負起時代的使命時，才能具有深刻的內容、堅強的生命力和歷史的意義。第二，學生群眾只有在中國共產黨的領導下進行自覺的有組織的鬥爭，才能把握正確的方向，走上通向勝利的道路。第三，學生鬥爭要勝利，不僅要有高度的革命熱情，而且要掌握巧妙的鬥爭藝術，即必須把原則的堅定性和策略的靈活性結合起來。第四，通過學習馬克斯主義和實行同工農相結合，使自己逐步地從民主主義者轉變為共產主義者，這是當時青年學生中的先進分子所走的共同道路 ❻。這四個基本經驗，事實上即是共黨學生運動的基本原理，也是整個戰後學生運動的指導方針。這種堅實的理論和積極的實踐，是中共在戰後學潮鬥爭中佔優勢的原因。

中共策動的戰後學潮，是與其武裝叛國的歷程緊密配合，在昆明學潮時，由於國共實力懸殊，中共在武裝鬥爭方面並無勝算，加上厭戰心理流行，於是提出「反對內戰，爭取民主自由」的訴求，佔盡宣傳上的優勢。等到了所謂全面內戰爆發後，中共為了削弱美國對國民

---

❻　同❽，頁一二～一九。

政府的支持，於是策動反美學潮，在以沈崇事件爲藉口的反美學潮中，
中共提出「美軍退出中國」的宣傳訴求，另外加以輔助性口號，如「抗
議媚外外交」、「反對內戰，要求和平」、「反對欽定憲法」等，用以破
壞中美的友誼，孤立國民政府。到了五月學潮，毛澤東提出「反飢餓、
反內戰、反迫害」、「要飯吃、要和平、要自由」的宣傳訴求，把生活
鬥爭和政治鬥爭結合起來，把經濟問題和政治問題結合起來，在宣傳
上使民眾更容易接受，學潮的蔓延也因此更廣、更深。等到中共自覺
在軍事上佔優勢時，就不再提出「反內戰」的口號了，而改以「反飢
餓、反迫害」爲訴求。宣傳訴求的成功，是學潮成功的必要因素，因
爲唯有宣傳訴求符合群眾願望，學潮鬥爭才會受到群眾的支持，中共
所策動的戰後學潮，無疑的已經做到了這一點。民國三十七年五月，
《觀察》雜誌在評論當時的學潮時，曾說：「學生已經成爲人民利益
的代言人。」「他們所爭取的內容，已不僅僅限於他們自身的權利，他
們的呼喊業已成爲一種時代的聲音。」「他們在現實的分析、理想的追
求、辦事的能力、奮鬥的精神上，均已表現出驚人的成就，他們已儼
然成爲一個推動時代的巨輪。」**⓱**

　　在戰後學潮的發展中，中共中央一直是居於主導的地位；從中共
所公佈的學運指示中，可以看出中共的領導人對學運的狀況相當瞭
解，指示中除了對工作的策略、方法、應注意事項做詳細說明外，小
至宣傳的口吻亦加以提示，如「宣傳中注意用悲憤的口吻，不要用高
興的口吻，以取得更廣大的同情」**⓲**。中共中央對學潮的指揮，詳細而

⓱　〈愛國運動的新高漲〉民國三十七年六月十八日新華社社論，《五二○運動資
　　料》頁四七～四八。

⓲　〈中央關於響應北平學生反美蔣運動的指示〉，《中共中央青年運動文件選
　　編》頁六四二。

富有彈性，是其最大的特色，指示中常出現如下的文字：「究如何爲好，由你們依實際指導之」、「各地所採方法應因地因時因人制宜，不要刻板照抄」、「採取適合環境的辦法，進行各種不同方式的傳達，以避免損失」等。中共對於其策動領導學潮的事實，甚爲自得，沙健孫說：「解放戰爭時期的學生運動並不是學生群衆自發的散亂的行動，而是在共產黨領導之下的自覺有組織的鬥爭。中國共產黨不僅以自己的政治號召爲鬥爭指明了方向，而且通過具體的組織領導工作保證鬥爭走上了健康發展的道路。」❶

　　中共爲了達成主導學運的目標，曾建立嚴密的組織加以配合。中共在中央設有城市工作部，用以統一領導在國民政府統治地區的城市鬥爭。民國三十五年年底城工部改組，由周恩來兼任部長，策動學潮的工作轉趨積極。中央之下，各中央局、中央分局也設有城工部。如晉察冀中央局管轄察哈爾、冀中及平津；上海局管轄長江流域、西南各省及平津一部分原屬南方局領導的組織。中共在國民政府統治區的組織活動是非法的，故採秘密方式進行，如北平的學運工作，由中共北平地下黨市委所屬的學生工作委員會領導。在地下黨的周圍，建立各種名目的所謂「先進青年的群衆組織」，即外圍組織，如北平，有中共南系黨組織領導的民主青年同盟（民青）和北系黨組織領導的民主青年聯盟（民聯）；成都有民主青年協會（民協）；南京中央大學，有新民主主義青年社（新青社）；上海交大有新民主主義青年聯合會（新青聯）等等；中共地下黨透過這些外圍組織進行活動。此外，在各校中還成立各種社團，利用社團與一般學生進行聯繫；在有計畫的努力下，社團的核心成員通過民主選舉，擔任學生自治會幹部，掌握了領

---

❶　同❽，頁一四。

導權，間接地也掌握了學潮的聯合組織，如昆明學潮時的「昆明市大
中學校學生罷課委員會」、反美運動中的「抗議美軍暴行聯合會」、五
月學潮時的「華北反飢餓反內戰聯合會」等。嚴密的組織體系，是中
共一經發動學潮，即能獲得全國性響應的關鍵。

　　中共黨組織在學潮中的發展，有如滾雪球一般，迅速壯大；中共
地下黨策動學潮，鼓動青年學生參與，然後再從參與的青年學生中吸
收黨員，壯大組織。五月學潮以後，中共地下黨在各大學的陣地已經
穩固下來，尤其在北大、清華、燕京等校，更是佔優勢，所以當時就
有「北大、清華是小解放區」、「北大、清華、燕京形同租借」的說法，
「政府的法令在這些學校中全失效果」。在民國三十七年時，北大學生
總數約三千人，中共地下黨員有四百人，外圍組織民青、民聯成員有
三百人，中共地下黨完全控制了北大的局勢❷。燕京大學學生總數為
八百人，中共地下黨黨員有一百四十人，外圍組織成員有近二百人，
中共地下黨有組織的力量佔全校人數的四分之一，有時甚至近三分之
一❷。在大陸淪陷前夕，清華大學中共黨員有二百四十人，加上已撤
離的，合計近四百人；上海交大的情況，也與此類似，當時交大地下
黨員有一百五十人，外圍組織新民主主義青年聯合會會員有四百人。
黨員人數的增加，校園控制力量的加強，是中共策動學潮的大收穫。

　　在戰後學潮鬥爭中，中共逐漸掌握並創造了一系列著有成效的鬥
爭方法和策略，這些方法和策略，不僅成為往後中共學運的圭臬，而
且最足以顯示此一時期學潮鬥爭的特色。歸納而言，中共地下黨主要
的鬥爭策略有五：即「第一，要將有理、有利、有節三者有機地結合

---

❷　蕭松等，〈沸騰的沙灘〉，《北平地下黨鬥爭史料》頁五四四～五四六。
❷　〈未名湖畔的風雲——記解放戰爭時期北平燕京大學地下黨的鬥爭〉，《北平
　　地下黨鬥爭史料》頁六八三。

起來」、「第二，將轟轟烈烈的政治運動和紮紮實實的日常群眾工作結合起來」、「第三，將政治鬥爭和經濟鬥爭結合起來」、「第四，將非法、秘密鬥爭與合法、公開鬥爭結合起來」、「第五，將青年工作同統一戰線工作結合起來」❷。在這五個學潮鬥爭策略中，「有理、有利、有節」是最重要的策略原則。所謂有理，就是每一次學潮都要抓住理，都要「抓好題目，師出有名」，以爭取社會各界的同情與支持，而避免有被鎮壓的口實；有利，就是每一次學潮都要有收穫，使力量更壯大，儘量避免挫傷群眾，削弱自己的力量；有節，就是要適可而止，不可搞得太過火，授人以柄。學生的特點是熱情衝動，不易妥協，所以學潮往往一經發動，即無法掌握，失控的狀態很容易引起社會大眾的反感，遭到血腥鎮壓的命運。從戰後學潮歷史中，可以發現中共地下黨一直遵循「有理、有利、有節」的原則，如五月學潮後，原本要舉行「六二全國反戰日」，發動罷課、罷工、罷市和遊行示威，但在中共地下黨衡量情勢，認爲政府可能採取武力鎮壓後，即取消校外活動，改在校內舉行，就是最好的例子；而這也是戰後學潮能夠一個接一個蔓延下去的主因。其他如注意平常的群眾工作，關心學生切身利益問題，使非法鬥爭取得合法的形式及與社會各界聯合起來等，亦都是極有效的鬥爭方法，中共在戰後學潮中也都普遍運用。

　　中共對於學運幹部的素質與形象，非常重視，在新四軍事件後，周恩來曾提出所謂「三勤」政策，即勤業、勤學、勤交友。以西南聯大爲例，「當時黨的總支書記、師院歷史系學生熊德基，成爲名列全院第二的優秀生。他關心同學的學習和生活，勤勤懇懇地爲群眾福利服務，在廣大同學中威信日益提高。中文系共產黨員齊亮，忘我地爲同

---

❷　共青團北京市委青年運動史研究室編，《北京青年運動史》頁四三○。

學辦伙食，深得同學愛戴。」❷這種素質的要求，在戰後仍保持下去。
此外，中共地下黨並鼓勵學生閱讀書籍，「從思想上靠近了共產黨」，
「比如在北大，理論學習主要是在社團中進行的。實學社的哲學組就
曾集體討論《新哲學大綱》，社會學組則曾集體討論《歷史唯物論》。
出借進步書刊的五四圖書室和子民圖書室，每天借出書籍平均爲一〇
八次，日常流通書籍達七至八百本。對於在國民黨統治下的一個有三
千學生的學校來說，這個數字是相當可觀的。」❷這種以讀書勤學做
爲培訓學運幹部的方式，除了鞏固了思想基礎外，並給予外界良好的
印象，對於其學運的進行有正面的影響。

　　在戰後學潮鬥爭中，做爲學生示威抗議對象的政府及執政黨，除
了二二二反蘇運動外，其餘都居於被動的地位。二二二反蘇運動原本
可以發展爲一個成功的學生運動，但由於目標的混淆和國民黨內部黨
政意見不一，使運動的效果受到影響。在其他的學潮中，政府則完全
居於守勢，只做防制與善後的工作，故其處理學潮的理念與手段，值
得檢討。政府處理學潮，可分治本和治標兩方面加以說明：在治本方
面，是通過思想教育、反共教育、訓導制度、軍訓及黨團活動等措施，
防範學潮的發生；在治標的方面，初期以反制的行動來抵消學潮的力
量，五月學潮以後，則以法律的形式來壓制整肅，但由於客觀政經環
境的急遽惡化及軍事行動失利，學潮問題並未徹底解決，最後只是隨
著大陸淪陷而告終止。

　　「反制」是政府當局對抗學潮的最常用方式，其具體的內容是「以
宣傳對宣傳，以組織對組織，以行動對行動」。在戰後學潮的歷史中，
幾乎歷次學潮的處理均採用此種方法。民國三十八年四月，南京淪陷

❷　蕭超然等，《北京大學校史》頁二三〇。
❷　同❽，頁二〇。

前夕召開的黨政軍幹部聯席會議上，仍十分強調這一方針㉕。所謂「以宣傳對宣傳」，就是運用所有傳播媒體，對學潮進行輿論「圍剿」，其手段包括封鎖新聞、輿論導正、印發傳單、張貼壁報、散佈小道消息等，以抵消學生及中共地下黨的宣傳。這個情形在昆明學潮、沈崇事件、武漢六一事件時，均有很成功地運用。「以組織對組織」是通過組織各種反制團體和中共地下黨及學運團體進行對抗反制，以遏止學潮。國民黨曾在其黨政軍系統設置各級「學運小組」，與中共地下黨「學委」相抗衡，在昆明學潮中，雲南黨政軍當局組織「反罷課委員會」對抗「罷課委員會」；沈崇事件中，北平當局組成「北平各大學學生正義聯合會」對抗「北平學生團體抗議美軍暴行聯合會」；五月學潮時，南京當局組織「南京愛國護校聯合會」與「南京市學聯」唱對臺戲。反制團體對遏止學潮擴大有一定的作用，如五月學潮時，三青團重慶支部集合四十餘所大中學校組成的「重慶市學生爭取安定維護學業聯合會」，就曾阻止五月學潮在重慶爆發。

　　「以行動對行動」是動員軍警或黨團人員，採取對抗性的行動，這種做法在昆明學潮中採行最多。雲南當局曾指示做法云：「以黨團同志大量參加各校集會，使奸黨分子不能開會」、「奸黨分子如遊行，我黨團同志即以國民身分參加哄散」。在實際行動方面，昆明市黨團人員分赴各校及街頭，搗毀壁報標語，阻止學生在街頭宣傳，一二一事件的發生即導因於此。民國三十五年六月，上海當局組成「上海市學生反內亂大同盟」，舉行「反內亂遊行」，以對抗中共上海地下黨策動的「六二三反內戰大示威」。民國三十七年四月十一日，北平當局召開「北平市學生民眾清共大會」，舉行「反暴亂反罷課清共大遊行」，對

㉕　劉杰，〈試析一九四五至一九四九年國民黨對學生運動的策略〉，《解放戰爭時期學生運動論文集》頁三〇〇。

北大師生示威。反制的行動有其效果，然忌太頻繁、太露骨，否則會引起一般學生及社會民眾反感，得不償失。

民國三十六年五月十八日，政府爲制止學潮，曾頒布「維持社會秩序臨時辦法」，開始以法律來禁止學生的請願、示威遊行。七月四日，政府通過「厲行全國總動員戡平共匪叛亂方案」，以對付中共。十二月十六日，頒布「修正學生自治會規則」，以整頓控制學生自治會。十二月二十二日，立法院通過「戡亂時期危害國家緊急治罪條例」，次年，二月二十五日又頒佈「特種刑事法庭組織條例」與「特種刑事法庭審判條例」，並在中央與地方先後成立「特種刑事法庭」，卻以政治化的法律機構來整肅共黨職業學生。民國三十七年八月，政府根據這些法律傳訊和逮捕共黨職業學生，在當時的確發生了嚇阻的作用，中共中央不得不指示其地下黨要以「清醒的頭腦和靈活的策略」來進行撤退、疏散和隱蔽，以躲避政府的整肅行動。

對於遏止消弭學潮而言，以法律爲根據進行壓制整肅，收效最速，然而，由於青年學生先天具有反抗性，對於現存體制常持批判態度，加上學生時期特具有的道德意識，所以在政府當局採取鎮壓整肅時，會造成「通電」的作用，使原本不活躍的學生，在第二階段投入對抗行動；學生因爲道德意識受到壓制行動的冒犯而投入的，比激進者還要多 ❷，這是學潮往往在政府採取壓制行動後，反而擴大的原因。基於青年學生的特質，政府對學生運動的處置，必須謹愼，非萬不得已，絕不可採行武力壓制行動；若旣已採行武力壓制行動，就等於與青年學生宣戰，那麼政權危機的警號也就發出了。由此觀之，戰後的學潮的處理正是國民黨在大陸挫敗的最有力的註腳。

---

❷ Lipset, M. S. & el., *Student in Revolt,* Boston: Houghton Mafflin, 1969, p. 28.

徵引及參考書目

一、檔案及資料彙編

國史館檔案

1. 〈北平市長何思源等致國民政府蔣主席報告平津唐五月學潮處理情形電〉等，民國三十六年五月二十四日，六件。

2. 〈廣西省政府主席羅卓英致國民政府蔣主席報告中山大學學潮處理情形電〉等，民國三十六年六月一日，四件。

3. 〈臺灣省政府主席魏道明致行政院長張群報告臺北學潮、工潮情形電〉，民國三十六年六月二日。

4. 〈江西省政府主席王陵基致行政院長張群報告中正大學學潮處理情形電〉等，民國三十六年五月二十日，六件。

5. 〈河南省政府主席劉茂恩致行政院長張群報告河南大學學潮處理情形電〉等，民國三十六年五月二十三日，三件。

6. 〈雲南省政府主席盧漢致國民政府蔣主席報告處理雲大學潮處理情形電〉等。民國三十六年十一月十八日，六件。

7. 〈貴州省政府主席林森致行政院長張群報告貴陽學潮處理情形電〉，民國三十六年五月二十一日。

8. 〈湖北省政府秘書長鄧翔海致行政院長張群報告武大學潮處理情

形電〉等，民國三十六年五月二十三日，二十三件。

9.〈浙江省政府主席沈鴻烈致行政院長張群報告浙大于子三事件處
理情形電〉等，民國三十六年六月一日，二十一件。

10.〈上海市長吳國楨致國民政府蔣主席報告同濟大學學潮處理情形
電〉等，民國三十七年一月三十日，三件。

11.〈四川省政府主席鄧錫侯致行政院長張群報告成華大學學潮處理
情形電〉等，民國三十六年十一月二十六日，五件。

12.〈武漢行轅主任程潛致行政院長張群報告武漢大學六一事件處理
情形電〉等，民國三十六年八月二十三日，三件。

中國國民黨中央黨史委員會檔案

1.〈中國國民黨中央執行委員會對陪都學生爲東北問題醞釀活動事
致各省市當局指示處理方針電〉，民國三十五年二月二十日。

2.〈重慶黨政小組臨時談話會會議紀錄〉，民國三十五年二月二十、
二十一日，二件。

3.〈吳鐵城陳立夫等上蔣總裁報告沙坪壩學生醞釀遊行出於自動勢
難勸阻正設法疏導電〉，民國三十五年二月二十一日。

4.〈吳鐵城陳立夫等上蔣總裁報告重慶沙磁區學生遊行經過電〉，民
國三十五年二月二十二日。

5.〈中國國民黨中央執行委員會爲各地學生愛國遊行事致各省市黨
團部指示應注意事項電〉，民國三十五年二月二十二日。

6.〈重慶學生愛國運動遊行大會有關文件〉，五件。

7.〈北平學生愛國運動大會宣言〉，民國三十五年二月二十六日。

8.〈山西學生愛國運動〉，六件。

中國國民黨中央黨史委員會編，《中華民國重要史料初編——對日抗

戰時期》第七編,《戰後中國》共四冊,臺北,中國國民黨中央黨
　　史委員會,民國七十年九月,初版。

中共團中央青運史研究室、中央檔案館編,《中共中央青年運動文件選
　　編》北京,中國青年出版社,一九八八年二月,初版。

一二一運動史編寫組編,《一二一運動史料選編》上下冊,昆明,雲南
　　人民出版社,一九八○年十一月,初版。

許任華、李路主編,《五二○運動資料》第一輯,北京,人民出版社,
　　一九八五年六月,初版。

中共北京市委黨史研究室編,《抗議美軍駐華暴行運動資料匯編》北
　　京,北京大學出版社,一九八九年十二月,初版。

卓兆恒等編,《停戰談判資料》成都,四川人民出版社,一九八一年五
　　月,初版。

《共匪禍國史料彙編》第三冊,《中華民國開國五十年文獻附錄》臺北,
　　中華民國開國五十年文獻編纂委員會,民國五十三年,初版。

《中日外交史料叢編》臺北,中華民國外交研究會,初版。

香港七十年代月刊編,《中美關係文件彙編(1940～1976)》香港,七十
　　年代月刊社,一九七七年五月,初版(附中美關係大事年表)。

北京市政協文史資料研究委員會編,《北平地下黨鬥爭史料》北京,北
　　京出版社,一九八八年十二月,第一版。

中共中央統戰部編,《中共中央解放戰爭時期統一戰線文件選編》北
　　京,檔案出版社,一九八八年四月,初版。

《共黨青運調查專報》第一號,中國國民黨中央委員會圖書館典藏。

　　《最近學潮的起源及其演變》第一輯,中國國民黨中央改造委員
　　會圖書館藏。

交通大學校史撰寫組編,《交通大學校史資料選編(1927～1949)》第二

卷，西安，西安交通大學出版社，一九八六年五月，第一版。

燕大文史資料編委會，《燕大文史資料》第一輯，北京，北京大學出版

　社，一九八八年四月，第一版。

《燕大文史資料》第三輯，北京，北京大學出版社，一九九〇年三月，

　第一版。

二、報紙及剪報資料

報紙

重慶《和平日報》	天津《民國日報》
重慶《世界日報》	北平《華北日報》
重慶《國民公報》	北平《世界日報》
重慶《中央日報》	北平《燕京新聞》
重慶《時事新報》	北平《新民報》
重慶《民主日報》	北平《益世報》
重慶《新華日報》	南京《學生論壇報》
重慶《新民報》	南京《和平日報》
重慶《大公報》	南京《救國日報》
重慶《益世報》	南京《中央日報》
重慶《民主報》	南京《大剛報》
重慶《新蜀報》	南京《益世報》
上海《前線日報》	南京《新民報》
上海《大公報》	南京《人報》
上海《文匯報》	香港《華商日報》

上海《申報》	香港《華僑日報》
天津《大公報》	漢口《武漢日報》
天津《益世報》	臺灣《中華日報》
杭州《東南日報》	
新加坡《南僑日報》	
《解放日報》	

剪報資料

（中央通訊社徵集部剪報資料，藏國立政治大學社會科學資料中心）

1. 〈鈔票發行情形〉，民國三十七年五月至八月。
2. 〈鈔票發行及其問題〉，民國三十四年十二月至民國三十七年四月。
3. 〈物價指數〉，民國三十七年二月至八日。
4. 〈談物價〉，民國三十四年二月至三十七年十二月。
5. 〈物價上漲因果〉，民國三十五年三月至三十七年二月。
6. 〈各地物價概況〉，民國三十四年十月至三十五年二月。
7. 〈全國金融面面觀〉，民國三十七年一月至十二月。
8. 〈中共與美國〉，民國三十六年八月至三十七年十一月。
9. 〈國共商談〉，民國三十四年十月至三十五年一月。
10. 〈國共問題〉，民國三十一年十二月至三十四年十月。
11. 〈國府問題：國府重要指示〉，民國三十二年一月至三十七年五月。
12. 〈政府改組之經過〉，民國三十五年四月至三十六年五月。
13. 〈政治協商會議〉，民國三十四年十月至三十五年四月。
14. 〈政協會閉幕後：一般輿論及各方態度〉，民國三十五年二月至

三月。

15. 〈知識分子的出路〉，民國三十七年二月至十二月。

16. 〈青年問題〉，民國三十一年三月至十一月。

17. 〈三民主義青年團〉，民國三十四年五月至三十七年三月、三十七年八月至十月。

18. 〈三民主義青年團：一般概況與言論〉（二冊），民國二十九年五月至三十三年五月。

19. 〈三民主義青年團之外界評議〉，民國三十七年八月至十月。

20. 〈民主同盟動態〉，民國三十四年七月至三十六年六月。

21. 〈民主同盟全貌〉，民國三十五年二月至三十七年一月。

22. 〈蘇軍共軍暴行〉，民國三十五年八月至三十六年四月。

23. 〈國共軍事衝突，一般反內戰情況〉，民國三十四年十月至三十五年一月。

24. 〈東北軍事衝突〉，民國三十四年十一月至三十七年一月。

25. 〈軍事調處之執行〉，民國三十五年一月至三十六年二月。

26. 〈國共軍事衝突：一般輿論〉，民國三十四年十月至十二月。

27. 〈國軍與匪軍〉，民國三十七年十月至十二月。

28. 〈國共軍事衝突經過〉，民國三十四年十月至三十五年一月。

29. 〈一二九同濟學潮〉，民國三十七年一月至三月。

30. 〈學風與學潮〉，民國三十七年一月至三月。

31. 〈反扶日運動〉，民國三十七年六月至十一月。

32. 〈浙大學生于子三事件〉，民國三十六年十月至三十七年一月。

33. 〈助學運動〉，民國三十六年至三十七年四月。

34. 〈較場口事件、追悼李聞、昆明學潮及政治協商會補遺〉。

35. 〈論大學教育及其問題〉，民國三十四年六月至三十七年五月。

36.〈教職員待遇及生活〉,民國三十四年四月至三十六年二月、三十六年六月至三十七年三月。

37.〈較場口慘案:慶祝政協成功大會之前因後果〉,民國三十五年二月。

38.〈學生護校運動〉,民國三十六年一月至六月。

39.〈學生學費問題〉,民國三十六年一月至三十七年三月。

40.〈愛國運動之前因後果:張莘夫案、二二二大遊行、新華日報被搗毀案、復旦谷風事件等〉,民國三十五年三月至三十六年二月。

41.〈北平七五事件〉,民國三十七年七月至八月。

42.〈特刑庭〉(二冊),民國三十七年八月至十月、十月至十二月。

43.〈學生公費與副食費問題〉,民國三十四年四月至三十七年二月。

三、期刊文章

中共中央,〈紀念五一勞動節口號〉,《群眾》(香港),第二卷第十七期,民國三十七年五月。

學新,〈擊退黑夜,迎接黎明——五四在上海〉,《群眾》(香港),第二卷第十八期,民國三十七年五月。

何家仁,〈五月學運的新發展〉,《群眾》(香港),第二卷第二十二期,民國三十七年六月。

郭敏,〈戰鬥的一年間〉,《群眾》(香港),第二卷第二十一期,民國三十七年六月。

——,〈隊伍愈走愈長(記上海學生大示威)〉,《群眾》(香港),第二卷第三期,一九四八年一月。

楚揚,〈反對美帝扶日與干涉教育〉,《群眾》(香港),第二卷第二十二

期，民國三十七年六月。

章靜蘭，〈黑暗發抖了〉，《群眾》（香港），第二卷第二十一期，民國三
　　十七年六月。

穎梅，〈反美扶日突擊大遊行〉，《群眾》（香港），第二卷第二十四期，
　　民國三十七年六月。

──，〈內戰不止，行動不止〉，《群眾》（香港），第十九期，民國三十
　　六年六月。

林煥成，〈略談現階段的青年運動〉，《群眾》（香港），第一卷第十五
　　期，民國三十六年五月。

沈友谷，〈從學生運動中所看的〉，《群眾》（香港），第一卷第十八期，
　　民國三十六年五月。

卓芸，〈反迫害，反飢餓！〉，《群眾》（香港），第二卷第十四期，民國
　　三十七年四月。

──，〈爭取勝利的迅速到來〉，《群眾》（香港），第二十一期，民國三
　　十六年六月。

黃沉，〈于子三怎麼死的？〉，《群眾》（香港），第一卷第四十二期，民
　　國三十六年十一月。

杜霞，〈北平屠殺東北學生大血案〉，《群眾》（香港），第二卷第二十七
　　期，民國三十七年七月。

化葦，〈北平五二○幾個鏡頭〉，《群眾》（香港），第二十一期，民國三
　　十六年六月。

李邈，〈五月的火花〉，《群眾》（香港），第十八期，民國三十六年五月。

蘇健，〈五二○大遊行〉，《群眾》（香港），第十八期，民國三十六年五
　　月。

錢甄，〈到南京去要飯吃〉，《群眾》（香港），第十八期，民國三十六年

五月。

錢璉，〈滬杭學生大聯歡〉，《群眾》（香港），第二卷第十七期，民國三
　　十七年五月。

沙英，〈蔣區學運新高潮〉，《新時代雜誌》，第三十五期，民國三十六
　　年八月。

曹庸澤，〈中國目前學生運動的檢討〉，《現代新聞》，第五期，民國三
　　十六年六月。

馬寅初，〈論學生運動〉，《現代新聞》，第五期，民國三十六年六月。

陳蔚，〈五二○慘案──南京學生流血紀實〉，《現代新聞》，第五期，
　　民國三十六年六月。

鹿冰，〈上海學生運動怎樣被摧殘的？〉，《現代新聞》，第五期，民國
　　三十六年六月。

偶然，〈沈崇案的前前後後〉，《現代知識》，第二卷第一期，民國三十
　　六年五月。

王芸生，〈我看學潮〉，《現代知識》，第三卷第一期，民國三十六年六
　　月。

S. Y.，〈浙大學生被捕詳記〉，《觀察》，第五卷第四期，民國三十七年
　　九月。

林一榮，〈北平的四罷和請願〉，《時與文》，第三卷第一期，民國三十
　　七年四月。

──，〈北平四罷的延續與陳雪屏的蒞臨〉，《時與文》，第三卷第三
　　期，民國三十七年四月。

凌華，〈北平的浪潮〉，《時與文》，第二卷第十期，民國三十六年十一
　　月。

克夫，〈雲南學生的苦難〉，《北大半月刊》，第十、十一期，民國三十

七年九月。

小蘋，〈全國學生運動總報告〉，《現代新聞》，第四期，民國三十六年
　　五月。

艾原，〈北平學生反扶日大遊行〉，《時與文》，第三卷第十期，民國三
　　十七年六月。

石武陽，〈學生運動的回顧與展望〉，《清華旬刊》，第八期，民國三十
　　七年四月。

李彥，〈記一年(1946)來的北平學運〉，《知識》，第四卷第二期，民國
　　三十六年七月。

鄧之誠，〈哀學潮〉，《現代知識》，第一卷第三期，民國三十六年六月。

翦伯贊，〈學潮平議〉，《時與文》，第一卷第十三期，民國三十六年六
　　月。

向曉，〈目前的學生運動〉，《時與文》，第一卷第四期，民國三十六年
　　四月。

高光，〈一二一慘案與紀綱〉，《民主週刊》，第二卷第二十期，昆明，
　　民國三十四年十二月。

王季，〈一一二五至一二一慘案的報導〉，《人民週刊》，民國三十四年
　　十二月八日。

吳海雲，〈恐怖的古城〉，《群眾》，第一卷第七期，民國三十六年三月
　　十三日。

林一新，〈五四運動的歷史意義〉，《中華文化復興月刊》，第十卷第六
　　期，民國六十六年六月。

吳煥章，〈抗戰勝利後接收東北的回憶〉，《傳記文學》，二十四卷二
　　期，民國六十三年二月。

四、叢書及工具書

張玉法主編，《中國現代史論集》臺北，聯經出版事業公司，民國七十四年十一月，二版。

中國大陸研究出版社，《中共禍國史實年表㈠》臺北，中國大陸研究出版社，民國七十一年六月，初版。

郭廷以，《中華民國史事日誌》第四冊，臺北，中央研究院近代史研究所，民國七十四年五月，初版。

華世編輯部編，《中國歷史大事年表》臺北，華世出版社，民國七十五年三月，初版。

《中華民國史事紀要 (初稿)》中華民國三十四年十至十二月份，臺北，國史館，民國七十九年六月，初版。

《中華民國史事紀要 (初稿)》中華民國三十五年一至三月份，臺北，國史館，民國七十八年五月，初版。

李勇、張仲田編，《解放戰爭時期統一戰線大事記》北京，中國經濟出版社，一九八八年十一月，初版。

樊如編，《中外歷史大事年表》香港，中華書局，一九八六年十二月，重印。

軍事科學院軍事歷史研究所編，《中國人民解放軍六十年大事記(1927～1978)》北京，軍事科學出版社，一九八八年十二月，初版。

李松林、齊福麟、許小軍、張桂蘭等編，《中國國民黨大事記》北京，解放軍出版社，一九八八年八月，初版。

吳民、蕭楓合編，《從五四到中華人民共和國的誕生 (中國新民主主義革命史年表)》北京，新潮書店，一九五一年四月，初版。

王維禮主編，《中國現代史大事紀事本末(1919～1949)》哈爾濱，黑龍
　　江人民出版社，一九八七年四月，初版。

中國國民黨中央委員會黨史委員會編，《中國國民黨九十年大事年表》
　　臺北，中國國民黨中央委員會黨史委員會，民國七十三年十一月，
　　初版。

五、傳紀、年譜及回憶錄

張愛萍、蕭華等著，《青年運動回憶錄》北京，中國青年出版社，一九
　　七八年十二月，初版。

湖北人民出版社編輯，《武漢地下鬥爭回憶錄》湖北，湖北人民出版社，
　　一九八一年五月，初版。

許德珩，《為了民主與科學——許德珩回憶錄》北京，中國青年出版社，
　　一九八七年四月，初版。

唐德剛撰，《李宗仁回憶錄》上下冊，臺中，翻印本，民國七十五年
　　四月。

程思遠，《白崇禧傳》香港，南粵出版社，一九八九年五月，初版。

江南，《龍雲傳》臺北，天元出版社，民國七十六年十二月，初版。

古屋奎二著，中央日報譯，《蔣總統秘錄——中日關係八十年之證言》
　　臺北，中央日報社，民國六十六年七月，初版。

陶希聖，《潮流與點滴》臺北，傳記文學出版社，民國六十八年六月，
　　再版。

萬亞剛，《國共鬥爭的見聞》臺北，李敖出版社，民國七十九年三月，
　　初版。

沈醉，《軍統內幕》臺北，李敖出版社，民國七十八年六月，初版。

李宗黃,《李宗黃回憶錄——八十三年奮鬥史》臺北,中國地方自治學
　　會,民國六十一年一月,初版。

陝西省戶縣政協文史資料委員會編,《關麟徵將軍》北京,中國文史出
　　版社,一九八九年,第一版。

Peter Vladimirov原著,周新譯,《延安日記》臺北,聯經出版事業公
　　司,民國六十五年五月,第二版。

中共天津市委黨史資料徵集委員會編,《天津解放紀實》北京,中共黨
　　史資料出版社,一九八八年十月,第一版。

天津市政協編譯委員會譯,《今井武夫回憶錄》北京,中國文史出版社,
　　一九八七年八月,第一版。

政協北京市委員會文史資料研究委員會編,《北京的黎明》北京,北京
　　出版社,一九八八年十二月,第一版。

周天度主編,《七君子傳》北京,中國社會科學出版社,一九八九年八
　　月,第一版。

王康,《聞一多傳》翻印本,未載明出版時地。

曾虛白,《曾虛白自傳》臺北,聯經出版事業公司,民國七十九年九月,
　　初版。

鴻鳴編,《學潮憶舊》香港,中原出版社,一九九○年五月,初版。

易竹賢,《胡適傳》湖北,湖北人民出版社,一九八七年四月,第一版。

耿雲志,《胡適年譜》香港,中華書局香港分局,一九八六年六月,港
　　版。

董顯光,《蔣總統傳》臺北,中國文化大學出版部,民國六十九年九月,
　　初版。

司待雷登原著,李宜培等譯,《司徒雷登回憶錄——旅華五十年記》臺
　　北,大華晚報社,民國四十三年十二月,初版。

《王世杰日記》南港，中央研究院近代史研究所影印本。

左舜生，《近三十年見聞雜記》九龍，自由出版社，民國四十一年，初
　　版。

董彥平，《蘇俄據東北》臺北，反攻出版社，民國五十四年十月，初版。

陳嘉驥，《白山黑水的悲歌》臺北，長歌出版社，民國六十五年，初版。

何應欽，《八年抗戰之經過》未註明出版單位，民國五十八年七月，再
　　版。

中國社會科學院近代史研究所翻譯室譯，《馬歇爾使華（美國特使馬歇
　　爾出使中國報告書)》北京，中華書局，一九八一年七月，初版。

北京市檔案館編，《北平和平解放前後》北京，北京出版社，一九八八
　　年十二月，第一版。

政協西南地區文史資料協作會議編，《大西南的抗日救亡運動》重慶，
　　重慶文史書店，一九八七年十月，初版。

──《抗戰時期內遷西南的高等院校》貴州，貴州民族出版社，一九八
　　八年八月，初版。

中國青年出版社編，《青年英烈──解放戰爭時期青年烈士傳》北京，
　　中國青年出版社，一九八六年十二月，初版。

吳鐵城，《吳鐵城回憶錄》臺北，三民書局，民國六十年二月，再版。

政協全國委員會文史資料研究委員會編，《法幣、金圓券與黃金風潮》
　　北京，文史資料出版社，一九八五年二月，初版。

何東、陳明顯，《北平和平解放始末》北京，解放軍出版社，一九八五
　　年八月，第一版。

劉定一，《一二九至七七在北京》開封，河南大學出版社，一九八八年
　　二月，初版。

政協全國委員會文史資料研究委員會編，《傅作義生平》北京，文史資

料出版社，一九八五年六月，初版。

R. 特里爾原著，劉路新等譯，《毛澤東傳》石家庄市，河北人民出版社，一九九〇年七月，四版。

中共中央文獻研究室編，《周恩來傳(1899-1949)》北京，人民出版社，一九八九年二月，初版。

王萍訪問，《杭立武先生訪問紀錄》臺北，中央研究院近代史研究所，民國七十九年六月，初版。

張玉法等訪問，《董文琦先生訪問紀錄》臺北，中央研究院近代史研究所，民國七十五年六月，初版。

六、遺稿及文集

重慶出版社編，《大後方的青年運動——新華日報文選》重慶，重慶出版社，一九八四年十一月，初版。

朱成甲，《中共黨史研究論文選》長沙，湖南人民出版社，一九八四年八月，初版。

許倬雲、丘宏達主編，《抗戰勝利的代價——抗戰勝利四十週年學術論文》臺北，聯合報社，民國七十五年九月，初版。

丘宏達、任孝琦主編，《中共談判策略研究》臺北，聯合報社，民國七十六年八月，初版。

中央文物供應社編，《認識敵人專題彙編》臺北，中央文物供應社，民國四十一年九月。

上海市學生聯合會編，《中國學生運動的當前任務》上海，新華書店，一九四九年。

方仲伯編，《李公樸文集》昆明，雲南人民出版社，一九八七年七月，

初版。

北京大學校友聯絡處編,《笳吹弦誦情彌切──國立西南聯合大學五
　　十周年紀念文集》北京,中國文史出版社,一九八八年十月,初
　　版。

郭沫若,《文史論集》北京,人民出版社,一九六一年一月,初版。

中國社會科學院近代史研究所編,《范文瀾歷史論文選集》北京,中國
　　社會科學出版社,一九七九年七月,初版。

張其昀編,《先總統蔣公全集》臺北,中國文化大學出版部,民國七十
　　三年四月,初版。

《蔣總統集》臺北,國防研究院,民國五十年,初版。

《毛澤東著作選讀(乙種本)》北京,中國青年出版社,一九六五年,
　　初版。

《毛澤東選集》北京,人民出版社,一九六九年二月,初版。

《周恩來選集》北京,人民出版社,一九八一年二月,再版。

蔣經國,《風雨中的寧靜》臺北,幼獅書店,民國六十三年三月,初版。

上海學生聯合會編,《中國學生運動的當前任務》新華書店,一九四六
　　年十月,初版。

鍾華編,《由昆明學潮說到青年運動》正論社,民國三十五年三月,初
　　版。

《四川省紀念抗日戰爭勝利四十周年學術討論會論文暨史料選㈡》成
　　都,四川省社會科學院出版社,一九八五年九月,初版。

陳善光,《青年運動史論集》廣州,華南理工大學出版社,一九八八年
　　九月,初版。

共青團中央青運史研究室等編,《解放戰爭時期學生運動論文集》上
　　海,同濟大學出版社,一九八八年十二月,初版。

梁敬錞，《中美關係論文集》臺北，聯經出版事業公司，民國七十七年
　　九月，第三版。

張玉法，《歷史學的新領域》臺北，聯經出版事業公司，民國七十年十
　　月，第三版。

逯耀東，《史學危機的呼聲》臺北，聯經出版事業公司，民國七十六年
　　十一月，初版。

中國人民解放軍西安政治學院等編，《毛澤東論統一戰線》北京，中國
　　文史出版社，一九八八年六月，初版。

汪榮祖，《五四研究論文集》臺北，聯經出版事業公司，民國六十八年
　　五月，初版。

七、專著

共青團北京市委青年運動史研究室，《北京青年運動史(1919～1949)》
　　北京，北京出版社，一九八九年四月，初版。

蕭超然、沙健孫、周承恩、梁柱等，《北京大學校史(1899～1949)》上
　　海，上海教育出版社，一九八一年十月，初版。

魏宏運主編，《中國現代史稿》上下冊，哈爾濱，黑龍江人民出版社，
　　一九八四年三月，三版。

清華大學校史編研組，《戰鬥在一二九運動的前列》北京，清華大學出
　　版社，一九八五年十一月，初版。

賀允宜等，《中華民國建國史綱》臺北，黎明文化事業公司，民國七十
　　三年三月，初版。

張玉法，《中國現代史》上下冊，臺北，東華書局，民國六十六年七月，
　　初版。

——《中國現代政治史論》臺北，東華書局，民國七十七年九月，初版。

李雲漢，《中國近代史》臺北，三民書局，民國七十四年九月，初版。

薛光前編，《八年對日抗戰中之國民政府（一九三七年至一九四五年）》
　　臺北，臺灣商務印書館，民國六十七年九月，二版。

香港專上學生聯會編，《香港學生運動回顧》香港，廣角鏡出版社，一
　　九八三年一月，初版。

中央研究院近代史研究所六十年來的中國近代史研究編輯委員會，
　　《六十年來的中國近代史研究》上冊，南港，中央研究院近代史
　　研究所，民國七十七年六月，初版。

包遵彭，《中國青年運動史》臺北，正中書局，民國四十三年十一月，
　　初版。

曾廣順，《中共對青年的控制與運用的研究》臺北，海外出版社，民國
　　六十一年，初版。

——《共匪與中國青年》臺北，中國青年反共救國團總團部，民國五十
　　年一月，初版。

阿喆，《中國現代學生運動史》香港，大生出版社，出版時間不詳。

蔣中正，《蘇俄在中國》臺北，中央文物供應社，民國四十五年十二月，
　　初版。

王章陵，《中國共產主義青年團史論》臺北，國立政治大學東亞研究所，
　　民國六十二年六月，初版。

王淦，《青運工作概論》臺北，知識青年黨部，民國五十九年，初版。

金達凱，《中共宣傳政策與應用》香港，近代史研究所，民國四十三年
　　十月，初版。

張九如，《和談覆轍在中國》作者自印，民國五十七年，初版。

牛軍，《從赫爾利到馬歇爾——美國調處國共矛盾始末》福州，福建人

民出版社，一九八九年五月，初版。

中聯出版社編，《共匪策動下之學潮內幕》臺北，中聯出版社，民國三
　　十六年九月。

李守孔，《中國現代史》臺北，三民書局，民國六十六年八月，初版。

溫連熙，《中國政黨史》臺北，華夏文化出版社，民國四十九年，初版。

共青團中央青運史研究室，《中國青年運動史》北京，中國青年出版社，
　　一九八四年十二月，初版。

潘崖譯，達林原著，《蘇聯與遠東》臺北，國立編譯館，民國三十九年，
　　初版。

司馬長風，《中國現代史綱》臺北，波文書局，一九七五年，初版。

梁山等著，《中山大學校史》上海，上海教育出版社，一九八二年八月，
　　初版。

《太平洋學會調查報告》臺北，天下圖書公司，民國五十九年，初版。

李澤厚，《中國近代思想史論》臺北，谷風出版社，民國七十五年九月，
　　初版。

廖光生，《排外與中國政治》香港，香港中文大學出版社，一九八四年，
　　初版。

服部卓四郎，《大東亞戰爭㈣》臺北，國防部計畫局編譯室，初版。

陳孝威，《為什麼失去大陸》臺北，聯合出版中心，民國五十三年，初
　　版。

王健民，《中國共產黨史》臺北，漢京文化公司，民國五十四年，初版。

政大國際關係研究中心編，《國共關係簡史》臺北，政大國關中心，民
　　國七十二年四月，初版。

柯貝特，《遠東是怎樣失去的》臺北，國防部總政治作戰部，民國五十
　　九年六月，初版。

國防部史政局編，《戡亂簡史》臺北，國防部史政局，民國五十一年六
　　月，初版。

林滿紅等譯，《現代中國史》臺北，經世書局，民國七十二年九月，初
　　版。

郭廷以，《近代中國史綱》香港，中文大學出版社，一九八〇年二月，
　　初版。

郭華倫，《中共史論》臺北，國立政治大學國際關係研究中心，民國五
　　十八年，初版。

何幹之，《中國現代革命史(1911～1956)》北京，高等教育出版社，一
　　九五六年，初版。

劉珍，《中共史綱》臺北，自由太平洋文化事業公司，民國五十四年三
　　月，初版。

王水湘，《中國學生的光榮歷程──近代中國學生運動簡史》北京，人
　　民教育出版社，一九八九年三月，初版。

王覺源，《中國黨派史》臺北，正中書局，民國七十二年十月，初版。

蔡國裕，《中共黨史》臺北，國史館，民國七十九年六月，初版。

李國祁等，《近代中國青年運動史》臺北，嵩山出版社，民國七十九年
　　七月，初版。

中共中央黨史研究班，《一二九運動史要》中共中央黨校出版社，一九
　　八六年二月，初版。

宋春主編，《中國國民黨史》長春，吉林文史出版社，一九九〇年四月，
　　初版。

杜維運，《中西古代史學比較》臺北，東大圖書公司，民國七十七年八
　　月，初版。

──《史學方法論》臺北，華世出版社，民國六十八年二月，初版。

閻沁恆，《大眾傳播學研究方法》臺北，臺北市新聞記者公會，民國六
　　　十一年九月，初版。

胡華，《中國新民主主義革命史》北京，中國青年出版社，一九八一年
　　　四月，初版。

M.沙勒著，郭濟祖譯，《美利堅在中國》臺北，南方叢書出版社，民國
　　　七十六年十一月，初版。

姜平，《中國民主黨派史》武昌，武漢大學出版社，一九八七年，初版。

八、論文

汪學文，〈中共竊據大陸以前策動學潮之始末〉，收入中華文化復興委
　　　員會主編，《中國近代史論集》第二十七編，臺北，商務印書館，
　　　民國七十五年八月，初版。

沙健孫，〈論一二一運動〉，收入朱成甲編，《中共黨史研究論文選》下
　　　冊，長沙，湖南人民出版社，一九八四年三月，初版。

方亭，〈解放戰爭時期北平地下黨的鬥爭〉，收入朱成甲編，《中共黨史
　　　研究論文選》，下冊，長沙，湖南人民出版社，一九八四年三月，
　　　初版。

李雲漢，〈抗戰前中國知識分子的救國運動（民國二十年至二十六
　　　年)〉，臺北，《中華文化復興月刊》第十卷第十期，民國六十六年
　　　十月。

黃福慶，〈五四前夕留日學生的排日運動〉，南港，《中央研究院近代史
　　　研究所集刊》第三期，上冊，民國六十一年七月。

衛民，〈中國學生與政治：一個史實的考察(1915～1921)〉，國立政治
　　　大學三民主義研究所碩士學位論文。

栗國成,〈中國抗日戰爭前的學生運動(1931～1936)〉,中國文化大學歷史研究所碩士學位論文。

周謀添,〈抗戰勝利後中共的青年學生運動(1945～1949)〉,國立政治大學東亞研究所碩士學位論文。

陳錦肇,〈中共學運策略研究(1945～1949)〉,政治作戰學校政治研究所碩士論文。

閻沁恆,〈內容分析與歷史的客觀性解釋及判斷〉,臺北,新聞學研究,第四期,民國五十八年二月。

許湘濤,〈戰後初期之中蘇關係(1945年8月至1946年8月)〉,收入張玉法編,《中國現代史論集》第十輯,臺北,聯經出版事業公司,民國七十一年。

九、西文著作

Arthur N. Young, *China's Wartime Finance and Inflation 1937～1945,* Cambridge: Harvard University Press, 1965.

Barnett A. Doak, *China On the Eve of Communist Take-over,* Frederick A. Praeger, 1961.

Berkowitz, "Aggression Cues in Aggressive Behavior and Hostility Catharsis", *Psychological Review*, No. 71, 1964.

Chow Tse-tsung, *The May Fourth Movement*, Taiwan Rainbow-Bridge Book Co., 1971.

David, J. Dallin, *Soviet Russia and the Far East*, New Haven: Yale Univ. Press, 1948.

Dean G. Pruitt and Richard C. Snyder (ed.), *Theory and*

Research of the Causes of War, N.J.: Prentice-Hall, Inc., 1969.

Douald K. Emmerson (ed.), *Students and Politics in Developing Nations*, Praeger, 1968.

Herbert Feis, *The China Tangle*, Princeton University Press, 1953.

Kiang Wen Han, *Chinese Student Movement*, N.Y.: Kings' Crown Press, 1948.

Jessie G. Lutz, "December 9, 1935: Student Nationalism and the China Christian College", *The Journal of Asia Study*, Vol. XXVI, No. 4.

John Israel, Donald W. Klein, *Rebels and Bureaucrats: China's December 9ers*, Berkeley, 1977.

——, *Student Nationalism in China 1927～1937*, Stanford: Stanford Univ. Press, 1966.

——, *The Chinese Student Movement 1927～1937: A Biographical Essay Based on the Resources of the Hoover Institution*, Stanford, 1959.

John, K. Fairbank, *The United States and China*, third edition, Harvard University Press, 1971.

Joseph T. Chen, *The May Fourth Movement in Shanghai: The Making of a Social Movement in Modern China*, Leiden, 1972.

Lipset, M. S. & el., *Student in Revolt*, Boston: Houghton Mafflin, 1969.

Lipset, M. S. ed., *Student Politics*, N.Y.: Basic Books, 1967.

Max Beloff, *Soviet Policy in the Far East 1944～1951*, London: Oxford Univ. Press, 1953.

Pichon P. Y. Loh, *The Kuomintang Debacle of 1949*, D.C. Heath and Company, 1965.

R. Stagner, "Nationalism", in P. L. Harriman (ed.), *The Encyclopedia of Psychology*, N.Y.: Philosophical Library, 1946.

Robert, C. North, *Moscow and Chinese Communist*, Stanford: Stanford University Press, 1965.

Robert H. Lauer, *Social Movement and Social Change*, Southern Illinois University Press, Feffer & Simous, Inc., 1976.

Suzanne Pepper, "The Student Movement and the Chinese Civil War 1945～1949", The *China Quarterly*, Vol. 48, 1971.

Truman, Harry S., *Year of Decision*, New York Doubleday & Company Inc., 1955.

附　　錄

1.民國 35 年 2 月反蘇遊行照片八幀

反蘇遊行照片之一：南京學生遊行行列

反蘇遊行照片之二：南京學生遊行行列及觀衆

反蘇遊行照片之三：南京學生在馬路上書寫「我們防止第二個

九一八」字樣

反蘇遊行照片之四：南京學生在馬路上書寫「不願再見第二個
九一八」字樣

反蘇遊行照片之五：重慶學生遊行行列

反蘇遊行照片之六：重慶遊行學生等待會見官員

反蘇遊行照片之七：重慶遊行隊伍至國民參政會前由祕書長
邵力子接見

反蘇遊行照片之八：遊行隊伍經過新華日報門前，

群情激憤，曾入內搗毀營業部

2. 民國 36 年 3 月南京學生舉行愛國護權遊行照片二幀

南京學生舉行愛國護權遊行照片之一

南京學生舉行愛國護權遊行照片之二

3.民國 36 年南京五二〇事件遊行路線圖
（取自五二〇運動資料）

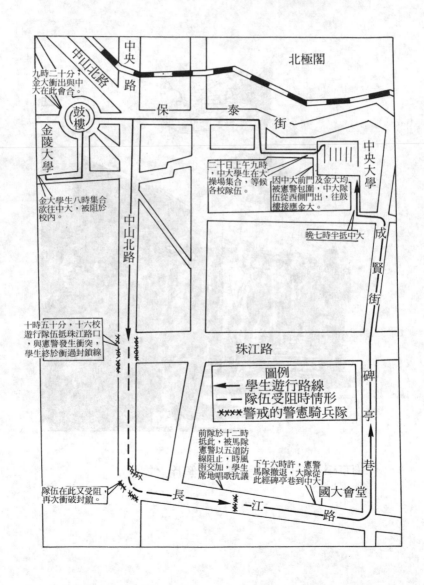

九時二十分，金大衝出與中大在此會合。

中山北路

中央路

北極閣

鼓樓

金陵大學

保　泰　　街

金大學生八時集合欲往中大，被阻於校內。

二十日上午九時，中大學生在大操場集合，等候各校隊伍。

因中大前門及金大均被憲警包圍，中大隊伍從西側門出，往鼓樓接應金大。

中央大學

晚七時半抵中大

成賢街

中山北路

十時五十分，十六校遊行隊伍抵珠江路口，與憲警發生衝突，學生終於衝過封鎖線。

珠江路

碑亭巷

圖例
→ 學生遊行路線
--- 隊伍受阻時情形
＊＊＊＊警戒的警憲騎兵隊

前隊於十二時抵此，被馬隊憲警以五道防線阻止，時風雨交加，學生席地唱歌抗議

下午六時許，憲警馬隊撤退，大隊從此經碑亭巷到中大

隊伍在此又受阻，再次衝破封鎖。

長　　江　　路

國大會堂

4. 南京五二〇事件警方配置圖(取自五二〇運動資料)

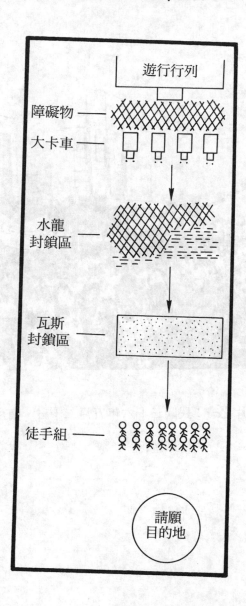

5.五二〇遊行照片八幀

五二〇遊行照片之一：民國三十六年五月二十日，南京學生舉行

示威遊行

五二〇遊行照片之二：徒手警察，排成橫隊，阻止學生前進

五二〇遊行照片之三：示威學生強行通過阻止線，與警察發生衝突

五二〇遊行照片之四：警察發放水龍，阻止學生

五二〇遊行照片之五：憲兵騎兵隊，阻止學生遊行

五二〇遊行照片之六：參政會秘書長邵力子前往協調

五二〇遊行照片之七：示威學生書寫「反對內戰」標語

五二〇遊行照片之八：示威學生書寫「反對內戰」標語

6.反飢餓反內戰漫畫（取自群眾週刊）

7.諷刺米價高漲漫畫（取自群衆週刊）

米市奇觀

索 引

三劃

四劃

八劃

十劃

十二劃

三民大專用書書目——歷史・地理

書名	著者		服務單位
蜀漢風雲人物	惜秋	撰	
隋唐風雲人物	惜秋	撰	
宋初風雲人物	惜秋	撰	
民初風雲人物（上）（下）	惜秋	撰	
世界通史	王曾才	著	臺灣大學
西洋上古史	吳圳義	著	政治大學
世界近代史	李方晨	著	
世界現代史（上）（下）	王曾才	著	臺灣大學
西洋現代史	李邁先	著	前臺灣大學
東歐諸國史	李邁先	著	前臺灣大學
英國史綱	許介鱗	著	臺灣大學
德意志帝國史話	郭恒鈺	著	柏林自由大學
印度史	吳俊才	著	政治大學
日本史	林明德	著	臺灣師大
日本信史的開始——問題初探	陶天翼	著	臺灣大學
日本現代史	許介鱗	著	臺灣大學
臺灣史綱	黃大受	著	臺灣師大
近代中日關係史	林明德	著	臺灣師大
美洲地理	林鈞祥	著	臺灣師大
非洲地理	劉鴻喜	著	臺灣師大
自然地理學	劉鴻喜	著	臺灣師大
地形學綱要	劉鴻喜	著	臺灣師大
聚落地理學	胡振洲	著	臺灣藝專
海事地理學	胡振洲	著	臺灣藝專
經濟地理	胡振洲	著	前臺灣藝專
經濟地理	陳伯中	著	臺灣大學
都市地理學	陳伯中	著	前臺灣大學
中國地理（上）（下）（合）	任德庚		